本书的翻译与初版受到文化部清史纂修与研究中心资助

守望者
The Catcher

海外中国研究文库
一力馆　董建中 - 主编

Monarchs and Ministers
君主与大臣

清中期的军机处
The Grand Council in Mid-Ch'ing China
1723—1820

[美] 白彬菊（Beatrice S. Bartlett）- 著
董建中 - 译

中国人民大学出版社
· 北京 ·

▲ 作者与译者合影（2014 年 7 月 9 日 · 北京）

▲ 图 1　军机处（白彬菊拍摄，1974 年，故宫）

中文版序言

本书的英文本出版于 1991 年。而今，二十多年过去了，很高兴看到许多著述仍在引用它。更令我兴奋的是，它的中文译本将要面世，我要感谢译者付出的辛劳，更期盼着能从中国朋友那里得到对本书的意见。

我参加耶鲁大学博士生口试的时候，中国 18 世纪历史的所有英文研究著作只有六种，且所有作者都没有机会参考原始档案，只是利用了少量已出版的档案。我的这本书源于我的博士论文，后因有了无比宝贵的机会，阅读到保存很好的清代档案才最后定型：开始是 1970 年代在台北（当时美国人不能到北京进行研究），接着是 1980—1981 年在北京的中国第一历史档案馆，当时美中学术交流委员会资助我及其他的美国人到中国大陆。1985 年再次来北京查看了一些新近开放的满文档案。在两地，我与许多学者交流，获益良多：台北，有庄吉发、赵中孚、张伟仁；北京，有韦庆远、单士魁、鞠德源。这六位先生只是与我疑义相析、成果分享的主要朋友，还有许多朋友恕不能一一列名。

在这里，我要向中国同行致敬，他们为学习中国历史的外国人做出了重大贡献；想到中国学者能看到这个序言，我特别高兴。最重要的是，大量的档案专家、学者从事繁重的整理、编目、出版、缩微等工作，近来又将他们负责的百万计的文件数字化，以便于检索；如果接触不到这些珍宝，我们的研究定然困难重重。我们要感激的不只是今天的中国人：如果清朝内阁与军机处的学者—官员们认识不到需要有完备的档案，或是没有创造出完善的分类与保存体系，那么我们今天的研究将何去何从？清朝覆亡后有人想毁掉这些档案，如果不是一些人奋力抢救，那么我们今天的研究又将何去何从？我们要感谢成百上千的中国人——过去的与现在的。我在注释中引用了大量的档案，毫无疑问，它们是我研究的立足之本。西方许多学者的研究亦复如是。

能与现当代中国学者交流，阅读中文著述，这对于我们的研究也极为重要。身为西方学者，我们受惠于有着先行研究的许多中国学者。18世纪的数位士大夫以及近人已写有军机处的历史，值得称道。我开始研究军机处时，首先做的是文献回顾。后来，在台北和北京长期停留期间，我有幸与当地的学者讨论。有机会在中国人的圈子中生活，对于我的研究以及后来的教学都至关重要。最终我认识到，军机处的建立与发展是清史的一大关节。我在台北的老师赵中孚一再强调，皇帝崇信分而治之的做法，是中国专制统治者成功的一大法宝。庄吉发先生与我分享了他深邃的见解：雍正皇帝操控着一个非正式的内廷，在内廷，皇帝的大量谕令不会自动转化为法律。此外，军机处的发展代表了历史悠久的外朝（这一时期由内阁和六部主导）与内廷（康熙皇帝与雍正皇帝极力发展的高层心腹和小规模机构）间竞争的新阶段，这一见识是我研读傅宗懋、钱穆、吴秀良著作的心得。这些想法的灵感不是来自西方学者，而是来自中国学者。

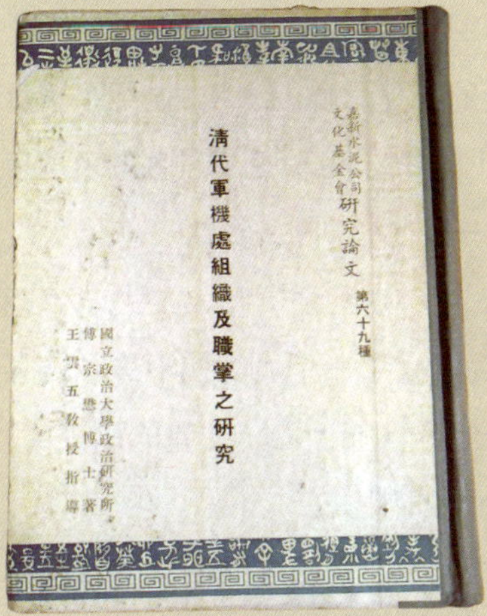

▲ 图2 傅宗懋《清代军机处组织及职掌之研究》封面

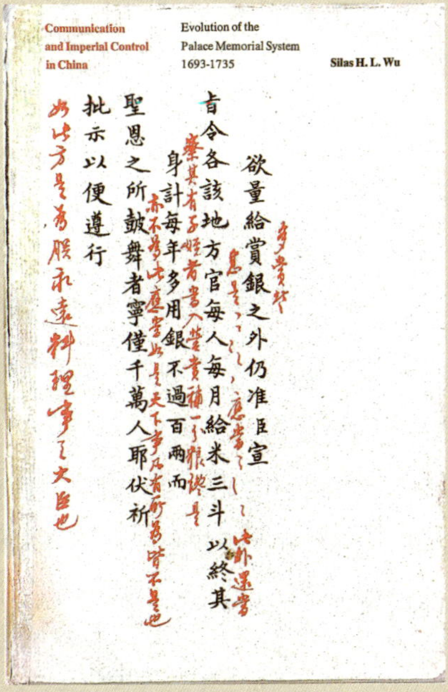

▲ 图3 吴秀良《通信与帝国控制》封面

二十年前，有书评批评我没有使用西方学者如查尔斯·蒂利（Charles Tilly）的国家建构等理论。事实上我了解蒂利的想法，但认为不如中国学者的想法更贴近我的研究。遗憾的是，美国或欧洲的书评者们没有评论我使用的内外朝斗争的分析方法，而我发现，这对于理解我的研究至关重要。

最后要说的是，通过挖掘档案，我对清中期三个重要问题提出了新的认识：（1）军机处的设立（因为档案所揭示的与流行的说法完全不同）；（2）对军机处的业务流程的新的描述，以及对18世纪军机处的发展原因的新解释；（3）朝廷决策上的根本性改变，这也带来了皇帝权力行使上的变化。18世纪盛清——清朝发展的顶点——的大批档案，是理解这些过程的钥匙。我认为，18世纪中叶，中央政府运行方式有着方向性的变化，特别是因为创立了一个新的使中央政府强大的内廷组织，对于其后清朝的历史进程影响至深。在我的研究中，台北和北京的档案不可或缺，两者有时互相补充。

我的书并没有提供这些问题的终极答案，进一步的研究会找到新的材料，并会有新的解释。我期待着看到中国学者对于这些问题的研究。

白彬菊（Beatrice S. Bartlett）

2013年4月于纽黑文

致谢

很高兴能向这些年来在各方面支持我事业的同事、朋友、家人 xi
表示感谢。在耶鲁大学开始研究生学习并决定要研究嘉庆朝（1796—1820）历史后，我向数位学者请教，对于这一朝，什么事是他们最想知道的。有些回答关切的是这时的皇权发生了什么样的变化。那些谈话之后，我的研究远离了此题，而且，身为历史研究者也促使我的研究要回溯到嘉庆朝以前，我的一个发现是，军机处的兴起可能确实影响着皇权。

在清史知识上给予我帮助的良师益友，还包括台湾“中央研究院”近代史研究所的赵中孚、台北“故宫博物院”的庄吉发、北京中国第一历史档案馆的鞠德源、中国人民大学档案系的韦庆远。毋庸置疑，没有这些同事和朋友，我的工作早就半途而废了。

关于军机处的头一百年，已有了许多相关的研究，其中一些已经出版，将来会出现更多。军机处自身的大量文献是我研究的基础。理解清朝各种通信的往来与变化，对于利用这些文件并理解内廷通信体系在军机处兴起并居主导地位问题上的作用至关重要。下面要感谢的多是在此问题及相关辅助研究上给我帮助的人。

此前对于军机处及其通信诸方面的研究，价值无法估量。我有 xii

幸与以下学者（除一人外）探讨过他们的著作：庄吉发，傅宗懋，黄培，鞠德源，刘子扬，单士魁（已故），吴秀良。我在台北的最初几年，吴教授慷慨地与我分享了他对于清代文献的渊博知识，对我帮助尤巨。

感谢台北“故宫博物院”院长蒋复璁博士，他在清代档案利用上给予我特别照顾。在蒋博士的领导下，该院开放所藏重要的清代档案供学者使用，本书所做的研究才成为可能。我在台北“故宫”做研究时极为愉快，结识了许多朋友。难以开列所有我应感谢的人，但还是要特别提及以下几位：张临生，昌彼得，陈启福，陈捷先，冯明珠，侯俊德，赖永武，李如珍，那志良，索玉明，苏笃仁，唐裕瑞，王景鸿，吴哲夫，吴玉璋（已故）。当时一些身在台湾的人也给予我帮助，包括：Jerome Cavanaugh，张伟仁，胡映芬，Robert Irick，李光涛，Jean Oi，P’eng Hung Hsiao-ju，Robert Weiss，Yang Shuo-hsiang，尹志文，尹王锦。

在北京，我得到了以下诸位的帮助：韩毓虎，黄啸曾，江桥，鞠德源，林永匡，刘桂林，刘忠英，王澈，吴体乾，延永生，杨乃济。我尤其感谢韦庆远教授，1981 年 3 月他两次安排我与单氏兄弟（已故的单士魁、单士元）面谈。我也感谢中国国家档案局的邀请，使我能作为政府客人出席 1985 年在北京召开的明清学术研讨会。有幸的是，通过那次访问，我进一步查阅新近整理的满汉文档案资料，而这是以前无法看到的，这些资料对于本书极为重要。

在日本，我得到了 Michael and Carol Freeman，宫崎市定，Ishikure Kyoko，Robert Somers（已故）的帮助。在香港地区，我在与香港博物馆登记员 Robert Lam 的联系中得到有用信息，吕元骢为我安排查阅了廖日荣的论文，还要感谢容启东、容何露珍（已故）。

在美国和海外给予我帮助的学者，包括：A. Doak Barnett, Knight Biggerstaff，陈弱水，陈国栋，Janis Cochran，James Cole，Pamela Crossley，Natalie Zemon Davis，Jack Dull，Ulla Dydo，Robert Entenmann，John King Fairbank，Edward L. Farmer，Joseph F. Fletcher（已故），Charlotte Furth，Bob Geyer，L. Carrington Goodrich（已故），R. Kent Guy，Lottc Hamburger，Michael Ipson，Robert Jenks，Rick Johnston，Hideo Kaneko，Robert Kapp，Philip A. Kuhn，Hong Yung Lee，Ruth Barcan Marcus，Tony Marr，Alynn Nathanson，Don C. Price， xiii
William and Priscilla Rope，William T. Rowe，Benjamin I. Schwartz，Stephen Shutt，Kent C. Smith，Hugh Stimson，Leonard Thompson，David Ts'ai，杜维运，Frederic Wakeman，Joanna Waley-Cohen，王国斌，Edmund Worthy，Arthur and Mary Wright（已故），吴展良，余英时与陈淑平夫妇。在此特别要提到 Susan Naquin 教授，我分享了她大量阅读与广泛浏览清朝档案的信息和经验。我也感谢 Joseph F. Fletcher 教授接纳我作为 1981 年哈佛大学他最初开设的满语班的一员。我对满文的识读，在解决关于军机处发展的一些问题时起到了不可或缺的作用。

阅读本书的书稿需要非凡耐心，很幸运有许多评议者审读了不同的章节，我对他们的评说、质疑、争论表示感谢。感谢 Thomas C. Bartlett，Marie Borroff，Sherman Cochran，Joseph Hamburger，Emily Honig，Howard Lamar，Kenneth Lieberthal，Ann Lindbeck，Dian Murray，Elizabeth J. Perry，John Shepherd，Jonathan Spence，Lynn Struve，魏白蒂，Margaret Wimsatt。书稿的一部分曾提交哥伦比亚

大学近代中国研讨班（Modern China Seminar），我要感谢 Madeleine Zelin 对此的安排，并特别感谢我以前的老师 C. Martin Wilbur 教授的深入评析。书稿的一部分也曾提交新英格兰历史学会，Michi Aoki 和 Terry MacDougall 都给予了有益的批评。我曾提交亚洲研究协会新英格兰分会年会一篇文章，得益于余英时的评述；我 1988 年春天在塞布鲁克学院做报告，从该学院我的同事那里获得教益。当然，所有这些人无须为书中的错误负责。

加利福尼亚大学出版社对我的帮助极大。我最初与负责人 James Clark 的联系后来被证明是明智之举。我从两位审读者——Jerry Dennerline 和 Madeleine Zelin——的评论中得到了许多有价值的见解。本书的编辑 Betsey Scheiner 始终支持我，我也特别幸运遇到文字编辑 Anne G. Canright。各阶段文稿录入，我要感谢 Janis Cochran，Katy Greenebaum，Ginny Guin，Joan Hill，Stephen Shutt，Florence Thomas，Karin Weng，Gretta Yao。

我要感谢以下清代档案的收藏单位：在台湾地区，是“中央研究院”历史语言研究所（藏有明清史料）和近代史研究所，当然，首先是台北“故宫博物院”，那里有细致分类和著录的档案。在中国大
xiv 陆，我主要使用中国第一历史档案馆的极好馆藏，还有机会查阅了位于沈阳的辽宁省档案馆的档案（在那里得到了沈微、吴福恒的帮助），也有其价值。在伦敦，我查阅大英图书馆的资料和京报，要感谢负责人 Howard Nelson。我利用的图书馆主要有：大英图书馆、台北傅斯年图书馆、哈佛—燕京学社图书馆、美国国会图书馆、台北“中央图书馆”、台北“故宫博物院”图书馆、耶鲁大学东亚图书馆。

本研究有经费上的支持，许多年前就得到了布里尔利学校的特别

教员资助，这是全国性的国防外语奖项。最初前往台湾，得到了富布莱特-海斯经费资助。在台湾的研究工作得到了如下支持：美国学术团体委员会（资助的是另一个但与此有关的课题），嘉兴水泥公司文化基金会以及亚洲研究协会内亚委员会（也是资助另一个课题）的资助。美中学术交流委员会支持我在北京查阅档案，当时这些档案已经整理并向外国人开放。1985 年我应中国国家档案局邀请，并得到美国学术团体委员会和耶鲁大学惠特尼·格列斯伍德师资基金的赞助，能够短期回到北京。本书的撰写部分得到了耶鲁大学国家和区域研究中心的研究资助。我在哈佛大学做博士后研究的时候，还未着手本书的写作，但仍然要感谢费正清中心所提供的学者间交流，并使用哈佛大学的图书馆准备本研究工作。

最后，我感到欣慰的是，我的家庭对于知识的渴求之情并不逊色于中国的家庭，我能对他们的支持表示感激是高兴且温馨的事情，他们是 Russell S. Bartlett（已故），Julia M. Bartlett（已故），William M. Bartlett，Susan Dwight Bliss（已故），Susan B. Bull（已故），Stanley and Dorothea Daggett（已故），Sarah Barney Bartlett Finley（已故），Alexander and James Finley，Carter Keane，Emilie Daggett Reynolds（已故）。

白彬菊（Beatrice S. Bartlett）

1989 年 7 月 15 日

书中提到的大事

雍正朝（1723—1735）

康熙六十一年十一月十三日（1722 年 12 月 20 日）	康熙皇帝去世，时年 68 岁；设立总理事务王大臣，在服丧期间辅佐新皇帝。 xviii
雍正元年四月初七日（1723 年 5 月 11 日）	怡亲王被任命总理户部。
雍正元年至二年（1723—1724）	罗卜藏丹津率和硕特蒙古在青海叛乱；年羹尧、岳锺琪平定，罗卜藏丹津逃脱。
雍正三年二月十四日（1725 年 3 月 27 日）	解散总理事务王大臣。
雍正四年（1726）	计划对准之役，户部大臣和内廷代理人怡亲王、张廷玉、蒋廷锡在京负责筹划，岳锺琪负责西线。
雍正五年（1727）	召岳锺琪回京商议。
雍正五年十二月初十日（1728 年 1 月 20 日）	现存最早的廷寄（给岳锺琪）。
雍正七年（1729）	设立户部军需房，以翁藻为首，由内廷代理人监管。
雍正七年闰七月二十一日（1729 年 9 月 13 日）	岳锺琪开始率军队“出关”（从甘肃西部的肃州前去新疆的巴里坤）。 xix
雍正八年五月初四日（1730 年 6 月 18 日）	怡亲王去世；西北战事叫停，召岳锺琪回京商议。

续前表

雍正朝（1723—1735）

雍正八年十一月（1730年末）	岳锺琪回到西北前线。
雍正八年十二月（1731年初）	最早出现办理军需大臣；廷寄承旨人员名单扩大，开始有了内廷代理人以外的人。
雍正十年三月初三日（1732年3月28日）	铸办理军机处印信。
雍正十年（1732）	鄂尔泰加入内廷代理人行列；岳锺琪遭弹劾、召回，下狱。
雍正十一年（1733）	“办理军需大臣”逐渐变成“办理军机大臣”。
雍正十三年八月二十三日（1735年10月8日）	雍正皇帝去世，时年57岁。

乾隆朝（1736—1799）

注：下面的雍正朝是指雍正皇帝去世之后，这时乾隆皇帝已掌权。嘉庆朝是从乾隆皇帝做太上皇开始的。乾隆六十年加上三年太上皇时期，使他成为中国王朝历史上统治时间最长者。

雍正十三年八月二十三日（1735年10月8日）	雍正皇帝去世；遗诏设立总理事务王大臣辅佐新皇帝，它的成员包括两位亲王和两位仍在世的雍正的内廷代理人——鄂尔泰和张廷玉。
雍正十三年九月初三日（1735年10月18日）	乾隆皇帝在太和殿登极。
雍正十三年九月二十二日（1735年11月6日）	解散军需房，档案转交户部堂官（也就是交总理事务王大臣）。
雍正十三年十月二十九日（1735年12月12日）	解散军机处，职责交总理事务王大臣。

续前表

乾隆朝（1736—1799）

乾隆二年十一月二十八日（1738 年 1 月 17 日）	解散总理事务王大臣，以“军机处”为名继续存在；张廷玉是第一位汉军机大臣。 xx
乾隆十三年至十四年（1748—1749）	第一次金川之役刺激了军机处的发展，人员增多，有了靠近皇帝的新值房；设立方略馆。
乾隆十四年（1749）	处死军机大臣、第一次金川之役的经略讷亲。
乾隆十四年至三十五年（1749—1770）	傅恒任领班军机大臣。
乾隆二十一年（1756）	赵翼成为军机章京。
乾隆二十四年（1759）	对蒙古战争结束。
乾隆二十八年（1763）	阿桂成为军机大臣。
乾隆三十七年（1772）	刘统勋成为首位汉领班军机大臣。
乾隆三十八年至四十一年（1773—1776）	第二次金川之役，许多军机大臣和章京派往前线。
乾隆四十一年（1776）	和珅成为军机大臣。
乾隆四十二年（1777）	任命阿桂为大学士。
乾隆四十五年（1780）	任命阿桂为领班军机大臣。
乾隆五十一年（1786）	任命和珅为大学士。
嘉庆元年正月初一日（1796 年 2 月 9 日）	乾隆皇帝禅位，成为太上皇，继续幕后掌权。
嘉庆二年（1797）	阿桂去世，和珅成为领班军机大臣。
嘉庆四年正月初三日（1799 年 2 月 7 日）	乾隆皇帝去世，时年 87 岁。

续前表

嘉庆朝（1796—1820）

嘉庆元年正月初一日（1796年2月9日）	乾隆皇帝禅位，嘉庆皇帝登极（见上）。
嘉庆四年正月初三日（1799年2月7日）	太上皇去世。
xxi 嘉庆四年正月（1799年2月）	整个军机处大换血，嘉庆皇帝斥责“副封”的存在及专门送达和珅。
嘉庆四年正月十五日（1799年2月19日）	历数和珅罪行，取消密记处。
嘉庆四年正月十六日（1799年2月20日）	首次规范军机章京的任命。
嘉庆四年正月十八日（1799年2月22日）	嘉庆皇帝令和珅自裁。
嘉庆五年（1800）	上谕要求加强军机处的安全措施。
嘉庆七年（1802）	嘉庆朝御史反对军机处（反对它垄断谕旨的撰拟）。
嘉庆二十三年（1818）	在《清会典》中第一次刊行有关军机处的条目。
嘉庆二十五年七月二十五日（1820年9月2日）	嘉庆皇帝去世，时年59岁。

序 言

本书描述的是18世纪时清朝（1644—1911）统治的重大转型，1 许多中央机构合并为一个新的具有管理与协调职责的内廷枢密组织——军机处。清初的皇帝与在京各种机构打交道，多能亲力亲为，处理当时相对不复杂的政务，仅有一些大臣和办事人员在旁协助。清中期（1723—1820）这一转型的结果是，数个分立的辅佐皇帝的集团合并为一个新的机构——军机处，这一组织位于君主和中央各机构中间，是一个能够处理清朝中期激增事务的实体。这一转型对于最终击败西北边疆敌对的蒙古人，以及乾隆皇帝十全武功的军事胜利，都是重要的因素，十全武功将中华帝国的边界推至历史上的极远（仅次于1206—1368年的元帝国，当时中国是该帝国的一部分）。鸦片战争（1839—1842）之后，这一富有经验的班子要应对清朝最后五十年的种种紧急情况，包括大规模叛乱、皇帝幼冲、摄政体制以及西方日紧的入侵。可以说，有了18世纪从皇帝亲理政务向君主—军机大臣共治的这一转型，才推动了清朝在中期达到盛世，并延续了自身存在，直至覆亡。

本书主要是探求18世纪这一转型如何发生，何以发生；是什么导致军机处的形成并令其崛起，能够在这么短的时间内就凌驾于

2 中华帝国的几乎整个中央政府；在律令密如凝脂且对于大臣与官僚（ministerial and bureaucratic）间的党争极为敏感的行政环境中，一个新的高层机构何以被推至主导的地位。当我们放宽眼界，考察军机处形成与发展的头一百年历史时，现有的军机处起源诸学说——通常认为起源于雍正皇帝在位（1723—1735）的最后七年间，是否有助于我们对上述问题的理解呢？

军机处起源的雍正三阶段模式

大多数对于军机处在雍正朝发展的记载都承袭了清朝官方的观点，这是从后来强大、集权的班子的立场往回看，描述的是公认睿智、洞察一切的雍正皇帝自觉地创建了这一强大、集权的内廷机构——英语称为“Grand Council”（军机处）。尽管这些分析稍有不同，但通常的看法是，早期的军机处——其源起被认为是内阁的一个分支——有三个明确的发展步骤。起初是雍正七年（1729）的“军需房”，它在内廷建立，接近皇帝以办理针对西北准噶尔蒙古的战争。接着它变为中间阶段的“军机房”。最后成为强大的“军机处”。所有这三阶段被认为是在雍正皇帝统治期间的最后七年内完成的。[1]

一个机构日益壮大并多次改名，这种描述存在着解释上的困难。台北“故宫博物院”庄吉发已经指出，“军机房”一词在雍正时期的文件中根本不存在。[2] 吴秀良在 1970 年出版的《通信与帝国控制：奏折制度的发展（1693—1735）》一书中，也质疑了这种通行观点。他在描述一个辅佐皇帝的小规模、紧密结合的集团时，发现这些人并不是应付西北战事的这一不断变化的机构的成员，他们确是在履行后来的军机大臣的特有职责。这些辅佐皇帝的内廷人员，有时称作“内中堂”，是皇帝的高级心腹，执行皇帝指派的一切任务。他们关切其他的内廷行政机构，但不是作为全职的成员，而是兼职的监管者。[3] 吴教授著作中的这一睿识，为理解雍正内廷的行政作用提供了至关重要的一步：它不是由单一、强大的机构所组成的，因此它与后世的军机处并不完全相像。毋宁说，雍正内廷是由数个非正式、不具有法定地位的集团组成的，这种设计意在便于皇帝控制。

随后，我自己从档案中的发现完善了这一新的解释框架。1970 3
年代在台北“故宫博物院”时，想到乾隆皇帝登极之后臣下会向他汇报情况，顺此我发掘出了一份关键性奏折，它暴露出上述通行解释的又一缺陷。这份文件显示，军需房作为户部堂官下属部门创设之后，从未变更过名字，也未有任何形式上的变化，它以雍正七年时所被赋予的权限和名字运作，直至雍正皇帝统治结束。1980—1981年，我在利用中国第一历史档案馆所藏的汉文材料时，发现反复提到另一内廷机构“办理军需大臣”，它创建于雍正八年末（1731 年初），后来改名为“办理军机大臣”（有时也称“军机处”，满文是 Cooha-i nashūn-i ba）。这证明当时还存在着一个机构——远不及后来的军机处强大，却有着相同的名字。[4] 像另两个机构一样，这个机构也是独立存在，直到雍正皇帝统治结束。

1985 年秋，我在北京参加一个研讨会时，获允查看新近整理的廷寄上谕、满文奏折和档册。这些提供了关于内廷心腹和办理军需大臣更进一步的细节材料：他们的职责、人员构成和组织结构。这些档案的发现最终证实，雍正的内廷行政部门继承了康熙内廷分立模式。雍正的内廷由分立的个人及小规模的机构组成，而不是一个统一的军机处。这是本书第一部分所讲的内容。内廷从分立到统一的关键转型还要等到乾隆皇帝统治（1735 年末—1795 年）初年，这将在第二部分讨论。

内廷—外朝模式与乾隆朝军机处的壮大

关于雍正朝军机处的起源问题，学者们的研究专著、文章有数十种之多，与此形成对比的是，军机处在乾隆朝令人惊诧地崛起并权倾中央政府，迄今却几乎没有研究。然而，人们对于清朝之前的类似情况有过描述，常常用以分析皇帝集团的内廷与官僚集团的外朝间的权力斗争。[5]一方是皇帝、他的内府及私人枢密辅助班子；另一方是官员，他们把持着各部院，管理整个帝国。这些争斗各朝各代情况
4 各异。强势的皇帝能号令行政官员；强势的官僚也会孤立皇帝，独立管理国家。有些时期，争斗完全发生在内廷，宫中太监时常起着主导作用。然而，除黄培的作品外，绝大多数清史著述未能强调这种分裂对立。黄培敏锐地看到了早期军机处“本质上”是“内廷”的一种“再创造”。[6]事实上，内廷与外朝的划分确实存在于清廷中枢。而且，这密切关乎军机处的发展。

清朝大多数时期通行的两种通信体系，为上述内廷与外朝的二分法提供了很好的例证，也提供了适用的研究之道。承袭明朝而来的本章制度在外朝盛行。这是一种公开、透明、有章可循的官僚政治渠道，它的许多文件——报告以及对之批答的谕旨——最终会在邸抄上刊行。为了支持和进一步使用本章，外朝拥有自己的档案庋藏

部门，并利用这些档案编纂实录、国史等官书。

与本章制度不同，奏折制度始于康熙朝，是皇帝的私人通信渠道，文件需要保密，并仅在内廷和外省通信者间流通。对于奏折的两种主要正式批示，一是朱批，用皇帝专用的朱红色书写意味着这些批示出自皇帝之手；二是廷寄上谕。这些批示完全在内廷的圈子内书写、交付、处理。在雍正朝，内廷也开始发展出自己的档案庋藏之地，最初只是奏折，后来有了其他类别的文件。在接下来的乾隆朝，授权军机处可以自己编书，最有名的是方略，是利用内廷档案编纂的。这一特殊的内廷通信体系在军机处的这些发展中起着关键作用，为君主及其内廷大臣提供了保密渠道，他们也因此可以接触重要信息。

内廷与外朝的种种差别同样也表现在中央政府管理结构上。外朝官僚体系由主要的行政机构组成，大部分承袭明及以前诸朝。这些机构的主要任务是处理本章——这些文件来自全国各地，几乎囊括了政务的所有重要方面。外朝依法运作，也就是说，行政法规支配着管理帝国的外朝人员，这对于理解外朝在18世纪的发展极其重要。

与承袭而来、基本没有变化且依法行事的外朝机构不同，清初的内廷是皇帝特许的产物，而且每朝都有变化。例如，尽管雍正皇 5
帝允许乃父的议政王大臣和南书房继续存在，但很少使用它们，它们也就渐渐式微。取而代之的是他为自己的内廷设计的一个新方案，任命最高层亲信一至四人组成高级辅佐大臣，以及两个新的中层机构——户部军需房和办理军需大臣（上面已提到）。乾隆皇帝继位，发生了另一重大的变化，雍正的三个内廷实体合而为一。办理军机处，即这一机构的旧有名字，被再次启用，作为新合并机构的名称（现在英语可以恰当地将它译作“Grand Council”），成为主要的行政机构，直至清朝覆亡。这就解释了为什么此后的清人及近现代的人都认为，强大、统一的内廷军机处创建于雍正朝。现在我们知道，这种说法仅仅在机构名称的意义上是正确的。

在本书中，我使用英文“bureaucrat”（官僚）、“bureaucracy”（官僚机构）——几如雍正皇帝自己看待这些人一样——来指称庞大的外朝人员。而内廷上层官员，我称为“ministers”（大臣，指某些大学士、尚书、侍郎，他们是皇帝笼络的重点），这些人由皇帝特简，差不多每天与皇帝接触。尽管他们已变成了内廷侍臣，但雍正皇帝通过他们在外朝的兼职，指派他们管理外朝官僚机构。在雍正皇帝和乾隆皇帝看来，这些人不是普通的外朝官僚，因此我也避免使用外朝的术语来描述他们。

如果我们将这项研究中的起因（也就是军机处创设与成长的原因）仅仅视作皇帝长期谋划发展内廷以及由此加强专制者统治能力的结果的话，那将是错误的。其他因素也促成了军机处发展成为拥有两百多人、指挥着帝国政府的一个大规模内廷组织。军机处对于一种全面完备的通信渠道的垄断，在它的成长中起着重要作用，这同将内廷活动与军机处扩张隐藏起来以避免外朝嫉妒和报复的保密性所起的作用一样。时代的特殊情势——雍正皇帝对外朝易于渎职的担心、军事行动的需求，乾隆皇帝对巡幸的热衷——也要求一个由大臣掌握的小规模、紧密团结的班子，而这些大臣是皇帝熟悉和信任的。大臣们的野心尽管难以测算，但也必须算作军机处地位崛起的一个因素。

最后一点，内廷的非正式性——雍正的内廷尤其明显——是 6
军机处成长的又一重要因素。雍正的新内廷机构，法条无明文规定，也无正式机构应有的名分。相反，他的三个内廷机构所起的作用超出了行政法规的规定，拥有我称之为“法外活力”（the extralegal dynamic）的优势条件。在乾隆朝，当这些机构结合起来挑战存在已久的外朝机构时，这种不受法律羁绊的自由促进了它们的成长。军机处的法外地位允许它采取新的行动，进行种种扩张，而行政法规禁止它的对手外朝机构如此行事。这种优势条件的一个例证出现在第六章结尾处，那里叙述的是军机大臣兼职问题——这是由于军机处自身没有专任职位造成的。这些兼职大臣所承担的一些外朝职责被转移到了军机处的辖下，从而扩大了它的职掌。兼职使得军机处人员与整个京城官僚系统有了非正式的接触，也使他们能接触到广泛、分散的信息来源。由此带来了耐人寻味之处：雍正皇帝发展内廷，但坚持使之弱势、分立，不具有正式地位，屈从于他的意志，这反倒成为在接下来的乾隆朝军机处如日中天的一个重要原因。

对此，读者可能会问，在公认朕即法的专制情形下，怎么会赋予法外活力的特权？皇帝若要改变内廷或外朝的法律安排，他肯定有权这样做。

关键在于内廷和外朝相异的法律地位。政府的外朝机构是依行政法规建置的，一般来说要依照会典及会典事例行事。尽管君主可能随意改变这些制度（的确有一些这样的例子），但大多数情况下，皇帝还是尊重先例并听从臣下的建言。可以说，外朝更多的是依法律和多数人的意见运作，而不是被迫接受皇帝粗暴的权力，尽管统治的言辞总是强烈地暗示着这种权力的存在。

相形之下，在18世纪初——也就是我们研究的起点——法律没有对内廷做出限定。当时辅助皇帝的大小官员被认为是皇帝自己的人：由他任命，听他指挥。在内廷没有会典可以援引以挫败君主的意愿。君主的意志就是法律。内廷不受法律约束，享有可以对抗外朝对手的灵活性。

7 第二部分所讨论的是，成熟的军机处在什么地方符合内廷—外朝这一框架。它是一个效忠于清中晚期皇帝并促成他们专制计划的私属班子吗？抑或它最终发展出了自己的利益所在，成为一个指挥官僚的外朝行政机构呢？换言之，进入19世纪，军机处是皇帝的爪牙还是官僚机构的领袖？我的研究认为，在斗争中军机处并未偏袒一方，而是抓住了双方所提供的机会。它依然忠诚于皇帝，而同时又发展到可以指挥外朝的大多数机构。结果，内廷的优势极大扩展，但这是大臣和君主二者都强大的优势局面。专制统治的框架依然存在，但作为实现专制统治不可或缺条件的内廷业务及大臣技能的膨胀，削弱了君主全面管理和指挥政府的能力。结果，中央政府（内廷和外朝）以及外省多听命于内廷这一新合并的机构。

本书的安排

本书分为两大部分。第一部分考察了雍正时期军机处的起源，这时处于一位不信任拥有全权的组织的君主统治之下。这几章（第一章至第四章）描述了雍正皇帝对于可能成为自己对手的替代权力中心存有猜忌，追求分而治之的政策，更愿意直接与简任的个人和小规模、非正式集团打交道，决不希望它们联合，在内廷的心脏地区成为单一、强大的私人枢密班子。第一章，我描述了雍正皇帝继位时所面对的内廷—外朝形势，决意强化内廷显然是为应对他所面临的困难。第二章展现了如何逐渐使用两位内廷亲信来处理一系列高端任务。第三章，我解释了他们二人是如何成为一个极小规模、无名的内廷高层管理梯队——我称之为“内廷代理人”（inner deputies）——的核心的。第四章是雍正朝研究的最后一章，描述了雍正时期为应付军事行动而建立两个下属机构的过程。可以说，尽管雍正皇帝建立了作为军机处前身的众多内廷组织，但他总是令它们分立，并极力避免产生一个配得上译作“Grand Council”（军机处）的单一、强大的组织。

并非所有的读者都会对第一部分的细节感兴趣，许多人会直接翻到第二部分，这部分描述的是 18 世纪成熟的军机处。与第一部分集中论述短暂的十三年不同，第二部分包括乾隆皇帝在位的六十年，另加禅位后的三年，因此不能刻画太细。作为导言性质的第五章，叙 8
述了雍正时期三个非正式内廷机构在服丧期合并为过渡性的“总理事务王大臣”，并解释了雍正时期的一个内廷机构的名称“军机处”如何在乾隆初年再次被使用，作为新的扩大了的内廷机构的名称，之后这一机构被译作“Grand Council”是合适的。接下来的第六章和第七章，探讨的是乾隆皇帝统治六十多年间的军机处。这里对军机处的发展做了一些叙述，但对于它成长过程中的迂回曲折则少有细节描述。这几章主要用力之处是要表明中央政府文牍事宜剧增，以及由此带来的乾隆时期军机处职责的极度膨胀。

最后是第八章，描述的是军机处权力达到巅峰之后和珅的专擅以及 1799—1820 年嘉庆改革。军机处的一些方面得以改革，但进程受限，嘉庆朝以降军机处基本上没有变化。关于军机处这一新的行政与决策的议事机构对中央政府的政策制定的影响，我本想做详细考察，但这里只能是概述。需要另一本书来描述 19 世纪的军机处，揭示在 1911 年 5 月它被撤销前所发挥的作用。[7] 将来的研究可能揭示特别班子的传统（council traditions）通过什么方式塑造了现今中国的政府和官僚。

资料

清朝军机处的大量档案保存了下来，这对中国历代枢密班子来说绝无仅有。在我研究的过程中，北京和台北所存大量的清朝档案得到了整理，并向外国人开放。我开始所做的研究，主题与军机处稍有差别，我使用了台北"故宫博物院"编目做得很好的军机处档案。就在我将要完成工作的时候，由魏斐德（Frederic Wakeman）教授率领的学者代表团正在考察大陆的档案馆。结果，第二年这里的部分宝藏向外国人开放，我前往北京的申请得到了批准。

在北京，我所面对的是档案的海洋，数目是我先前在台北做研究时的十倍。我认识到，令人瞠目的众多新档案使撰写 18 世纪君主个人专制统治向军机处管理转变（monarchical-conciliar transition）的研究成为可能，这段历史在台北的档案中模糊不清。最后，我重新调整了主题，写了一本几乎全新的书。

9 北京的档案数量庞大，利用也困难。1980—1981 年时，档案馆规定不允许有研究助手，复印和制成缩微胶片也非易事。我不得不手抄任何可能有用的档案，最后要用中文撰写所抄档案的摘由上报档案

▲ 图 4　位于故宫西华门内的中国第一历史档案馆

馆。我上报的摘由有108页之多！1985年下半年，我再次造访档案馆，很高兴看到档案的利用条件大有改观，但因时间短促，不能一一检视新近能看的浩瀚材料。结果，因这两次档案馆之行，我不得不将研究限于台北档案涉及不多的军机处历史时段——主要是雍正晚期和乾隆早期（约1728—1760）。即便是这些年份也只能有所割舍，同时我不情愿但又不得不忽略北京所藏其他大部分年份的档案。这种专注使我可以对军机处的形成期做透彻的研究——下限约为乾隆二十五年（1760），这个时候新的议事制度得以形成——但对乾隆皇帝统治的剩余年份着墨较少。

北京的档案对于本书的研究诚然重要，但仅仅依靠一地的档案还不够。尽管早在18世纪军机处有着录副甚至是有三份副本（甚至更多）的做法，然而台北和北京都有数种各自独有的档案。若无两地的关键档案，本书是无法着笔的。

研究军机处必须利用档案。已出版的原始资料未能讲述军机处的来龙去脉。军机处早期的成长，部分为内廷的保密性遮蔽，后来的研究者看不清它的发展。保密的做法在19世纪还很盛行。作为一个正式条目，军机处最终收入了1818年的《嘉庆会典》和《嘉庆会典事例》,《嘉庆会典》对军机处有简短的描述，而《嘉庆会典事例》则几乎付诸阙如。[8]

军机大臣也保守着军机处的秘密。已出版的军机大臣自传性质的著述和奏疏汇编，比如张廷玉（1672—1755）、阿桂（1717—1797）的著作都对军机处重要活动信息略而不载，从而保守了机密。以张廷玉的自订年谱为例，直到雍正十一年（1733）才提到这一由大臣所组成的集团，而这已是它建立两年多之后了，尽管这一时期张廷玉一直密切地参与其中业务。[9] 而且，18 世纪的一些军机章京（如王昶，尤其是赵翼）留下了关于军机处业务流程有价值的记述，但他们很显然也自我审查，避开敏感的信息。军机章京梁章钜（1775—1849）广泛收集已有资料，于 1882 年纂成了关于军机处历史和业务流程的著作《枢垣记略》，但可能也存在类似问题。梁章钜接触到了军机处大量的档案，然而他的整个资料具有高度选择性。近年来，一些学者利用了边缘人物如席吴鏊、叶凤毛的片断回忆材料，此二人曾对军机 10
处前身的一些活动做了有限的观察，并在多年后记述了军机处的起源。但是，经与档案证据比对，可以证实这些回忆只有部分是准确的，而有的甚至完全令人走入歧途。对这些材料的依赖有时令现代学者偏离了轨道，徒添对雍正时期研究的困难。我的研究重点放在雍正皇帝忠诚的弟弟怡亲王允祥和户部大臣所起的作用上，他们是雍正朝内廷重要的促成因素，这一点是从档案资料中得出的，而这些档案资料要比那些模糊回忆的作者刊行他们观察所得的时间早许多。

18 世纪军机处的文件数以万计，每年所产生的满汉文档案可能有数千件之多；不消说，即便是能接触到这些材料，我也不可能将它们读完。因此，在许多问题上，我已尽力对材料做了概述，以适应现代学术出版的篇幅要求。我看到了对于研究军机处有用的大量公文，包括奏折——以原件即朱批奏折形式保存着，还有奏折的抄件即录副奏折，以及各种档册。与此前相比，所有这些档案为军机处研究提供了更细致、更直接的资料。

雍正朝有一种极不寻常的文献保留至今：皇帝亲笔批示的大量奏折，批示用皇帝专属的颜色——朱红色书写。雍正皇帝在批示时，常常心理不设防，将他的想法自然吐露给他最信任的一些人。有些

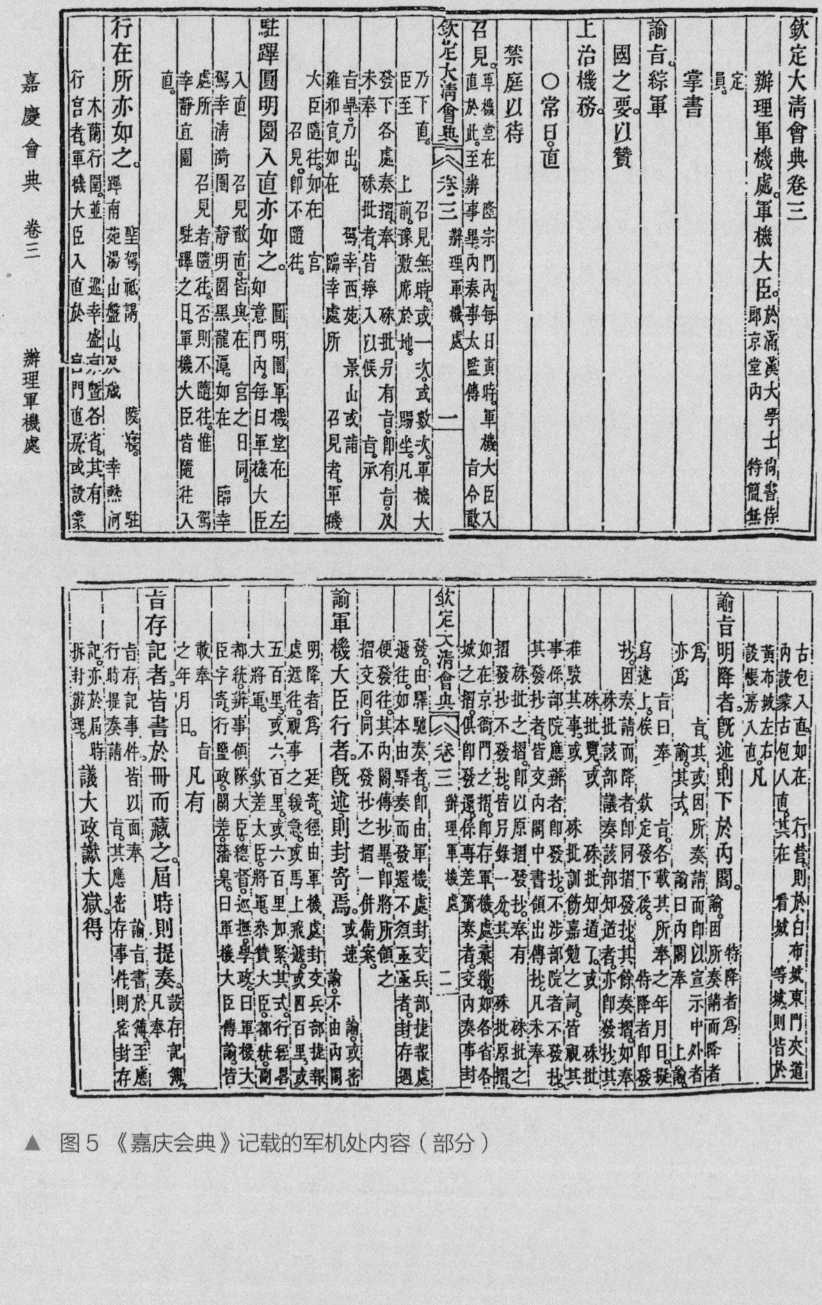

▲ 图 5 《嘉庆会典》记载的军机处内容（部分）

樞垣記略

原序

自雍正庚戌設立軍機處迨茲九十餘年綱舉目張人才輩出而載稽故實尚缺成書章鉅於嘉慶戊寅選充章京儤直餘閒紬閱舊檔輒思輯爲一書隨筆甄綜日有所積至道光壬午春季奉

命守郡匆匆出直此後遂無由再綴一詞因思五年以來手不停披在方略館宿直時常徹夜爲之或屢代人夜直爲之以用力之勤竊喜稍存梗概因於簿書之隙重加勘彙閱月而成編爲門七爲卷十有六卷首恭錄

訓諭次列

除授又次紀

恩敘又次詳規制又次攷題名而以詩文及雜記附末適補章鉅缺入直者爲李侍讀彦章因以稿本寄之拾遺正誤又經年而稿還時章鉅已爲淮海監司遂付梓人書中畫限仍以壬午春季爲斷俟好事者續增焉軍機處爲我

朝政府攷官制者謂卽唐宋之樞密因題爲樞垣記略云

道光癸未秋仲梁章鉅識於清江浦之以政學齋

樞垣記略　原序　一

▲ 图 6　梁章钜像、《枢垣记略》封面及自序（认为雍正八年设立军机处）

批示长达数页，等于是“意识流”信件。我们今天读到这些，仿佛雍正皇帝正在对我们直接说话，没有敷衍之词。而我们还没有看到帝制中国的任何其他统治者有如此大量的自我表露的东西。

雍正皇帝的材料常常揭示他的所思所想，但这些证据也有使用上的困难。雍正皇帝的行事风格时常混乱无序——为此，我设立了一种卡片，名为“雍正混乱无序”（Yung-cheng chaos）。此类文件所抄录的内容，显示出雍正皇帝对统治认真、狂热关注的背后，处处是偏爱独立处理政务，时常随意甚或任性。例如，雍正皇帝常常在奏折上书写决定，然后该折就返给具奏人，因而京中的档案对此未留任何记载。为了解皇帝这些只言片语，高级辅助官员们很快就创立了一些方法，这样做不足为异。“雍正混乱无序”文件所表现出的又一特
11 色，是雍正皇帝喜爱用不同的字眼指称同一事物，或是用同一个词表示不同的事物。熟悉雍正材料的研究者不会奇怪，何以在乾隆皇帝统治伊始，官员们就要通过建立更严格的程式对此加以弥补。

乾隆和嘉庆朝的档案材料发生了变化。尽管比雍正朝更为完整，档册更多，但这两个时期的材料缺少了雍正材料中皇帝许多自然流露的心底话。因此，与雍正皇帝长篇累牍一吐肺腑、开诚布公不同，乾隆皇帝的批语通常精练且格式化，这一事实反映出新的乾隆朝一开始就正规化了。结果，研究者再不能看到雍正皇帝朱批所揭示信息的那种引人入胜，聊以宽慰的是，这时信息总量在增多。

乾隆时期的另一个现象是军机处活动范围不断扩大，这可以从方略馆的档案数量窥得一二。这些档案展现了由军机处直接管理的档案和史书编纂机构的运作及发展。方略馆这一新出版机构在刊行许多方略之前，能够审查（同意、修饰或查禁）原始档案，在乾隆时期

刊印了数目特别巨大的方略，以歌颂清朝的开疆拓土。军机处也负责前几朝遗留下的一些出版事宜。另有一些档案是有关军机处满伴的，直到现在人们还未注意到这一集团的活动，可能是普遍认为，清朝确实如它所宣称的那样实行了不偏不倚的满汉复职制。内阁对于题本票拟的指导性册籍（如“票部本式样”）反映出，内阁和六部官僚化的程度是以前所想象不到的，上面有上千条的细节规定，没有给上传下达或是拟定决策留多少独立行事的空间。在北京的档案馆，我也翻阅了军机处自己庋藏的档案，档案目录表明了军机处职责范围的日益变化。档案中有官僚文书往来，开启了观察中层官僚活动的领域，而这一层次的官僚迄今基本上还没有进入研究者的视野。

在本研究关涉的整个时期，军机大臣所写的奏片是为了向皇帝解释说明情况，而它在 20 世纪，对于我这个心怀感激的研究者来说起着同样的作用。

注

301 1. 近来这种分析的例子，参见季士家：《浅论清军机处与集权政治》，载《清史论丛》，第 5 辑（1984 年），180 页。对于军机处设立日期和名称变化争论的评述，参见黄培：《清代的军机处：一项史学研究》，载《伦敦大学亚非学院学报》，第 48 卷第 3 期（1985 年），506 ~ 509 页。关于雍正朝军机处设立的现代研究很多，而关于随后乾隆及以后时期军机处发展的细致研究几乎完全空白。关
302 于雍正军机处前身的著述，参见庄吉发：《清世宗与办理军机处的设立》，载《食货月刊》，第 6 卷第 12 期（1977 年 3 月）；冯尔康：《雍正传》（北京，1985 年），第 7 章；黄培：《雍正史之论》（印第安纳州布鲁明顿，1974 年），第 6 章“专制统治的新工具——军机处”；李宗侗：《办理军机处略考》，载《幼狮学报》，第 1 卷第 2 期（1959 年 4 月），1 ~ 19 页；杜联喆：《关于军机处的建置》（堪培拉，1963 年）；吴秀良：《通信与帝国控制：奏折制度的发展（1693—1735）》（马萨诸塞州坎布里奇，1970 年），尤其是第 7 章“军机处与新的通信—决策结构”。吴教授也写过一篇文章，其中分析了雍正时期主要的第一手资料，参见《清代军机处建置的再检讨》，载《“故宫”文献》，第 2 卷第 4 期（1971 年 10 月），21 ~ 45 页。对于整个清朝军机处的探讨文章，参见这一注释开头提到的两篇，以及傅宗懋的扎实研究（他的档案资料主要限于台北的军机处录副奏折，参见《清代军机处组织及其职掌研究》，台北，1967 年）；钱实甫：《清代的军机处》，见中国人民大学清史研究所编：《清史论文选集》第 1 辑，473 ~ 483 页，北京，1979 年（文章写于 1962 年）；何国梁：《清代的军机处》，载《远东季刊》，第 11 卷第 2 期（1952 年 2 月），167 ~ 182 页；李鹏年等：《清代中央国家机关概述》（哈尔滨，1983 年）；刘子扬：《清代的军机处》，载《历史档案》，1981 年第 2 期（1981 年 5 月），99 ~ 104 页；蔡日荣：《清代军机处：起源及 1861 年之前的组织研究》（香港大学硕士学位论文，1966 年）；邓文如、王锺翰：《谈军机处》，载《史学年报》，第 2 卷第 4 期（1937 年），193 ~ 198 页。上述最后一篇文章显示了作者很强的事业心，他们采访了当时健在的、曾在清末出任军机大臣或章京的人。（经核，邓之诚先生有此想法，但这些人“惜年俱老，旧事恐已遗忘，仓卒间亦无从领教”。——译者）

2. 1979 年 8 月与庄吉发先生的谈话。我注意到正式材料中最早提到军机房是

在乾隆时期的回溯性认识中，参见《清高宗实录》卷355，页1b ~ 2，乾隆十四年的条目；席吴鏊：《内阁志》（完成于1766年，1920年上海重印本），3页；王昶：《军机处题名记》，见《皇朝经世文编》上册（1827年版，1963年台北重印本），卷14，页19a ~ b；叶凤毛：《内阁小志》（1836年），11页。我对于北京所藏档案的研究证实了庄吉发的说法，雍正朝始终没有提到过军机房。在当时术语混乱的情况下，偶尔有其他用法，例子可参见（北京）“录副”2188-11，雍正十年十月初四日，张广泗奏折中提到的办理军需处。

3. 吴秀良：《通信与帝国控制》第8章，尤其是84 ~ 86页。

4. 雍正后期汉文写作“军机处”的这一组织的权限，参见杜联喆：《关于军机处的建置》，17页；吴秀良：《通信与帝国控制》，86页。

5. 钱穆：《中国历代政治得失》（台北，1969年）。此书由薛君度、陶慕廉英译（纽约，1982年）。

6. 参见黄培：《清代的军机处：一项史学研究》，载《伦敦大学亚非学院学报》，第48卷第3期（1985年），509 ~ 511页；引文见509页。

7. 军机处在宣统三年四月初十日（1911年5月8日）被废除，取而代之的是“责任内阁”，参见《宣统政纪》卷52，页18及以后。但是现实与表象不同：所 303
谓的新内阁，成员中有四位是军机处终结时的成员，参见《清史》第4册，2512页；钱实甫编：《清代职官年表》（北京，1980年），第1册，156页。此外，当考察台北“故宫博物院”所藏当时的军机处档册时，我注意到，除在军机处废除后有一短暂中断外，档案记录没有发生变化：档册是同样的形式、同样的种类。例如，1911年军机处的电报档案即电寄档（现存台北“故宫博物院”），在军机处废除后继续存在，直至1912年的中国农历新年。档册的中断发生在夏季开始的头十天，即宣统三年四月初十日（1911年5月8日）之后，但秋季时得以赓续，直至该年底，档案规模甚巨。可以说，在清朝的最后八个月，军机处名义上被废除了，但它的档案和办事程序依然继续，没有变化。

8. 在《乾隆会典》中偶尔提及，例子参见《乾隆会典则例》卷2，页6。

9. 张廷玉：《澄怀主人自订年谱》（1749年序，1970年台北重印本），卷3，页6。

10. 叶凤毛在乾隆三十年完成了他的著作，席吴鏊的著作完成稍早。参见吴秀良：《清代军机处建置的再检讨》，载《“故宫”文献》，第2卷第4期（1971年10月），22 ~ 23页。

目　录 | contents

第二部分 乾隆内廷统一时期军机处的建立与扩张（1735—1799）

第五章 总理事务王大臣时期内廷的转型（1735—1738）

第六章 18世纪军机处的结构

第七章 军机处下属组织

第三部分 结局

第一部分

雍正朝分立的内廷：军机处的前身

（1723—1735）

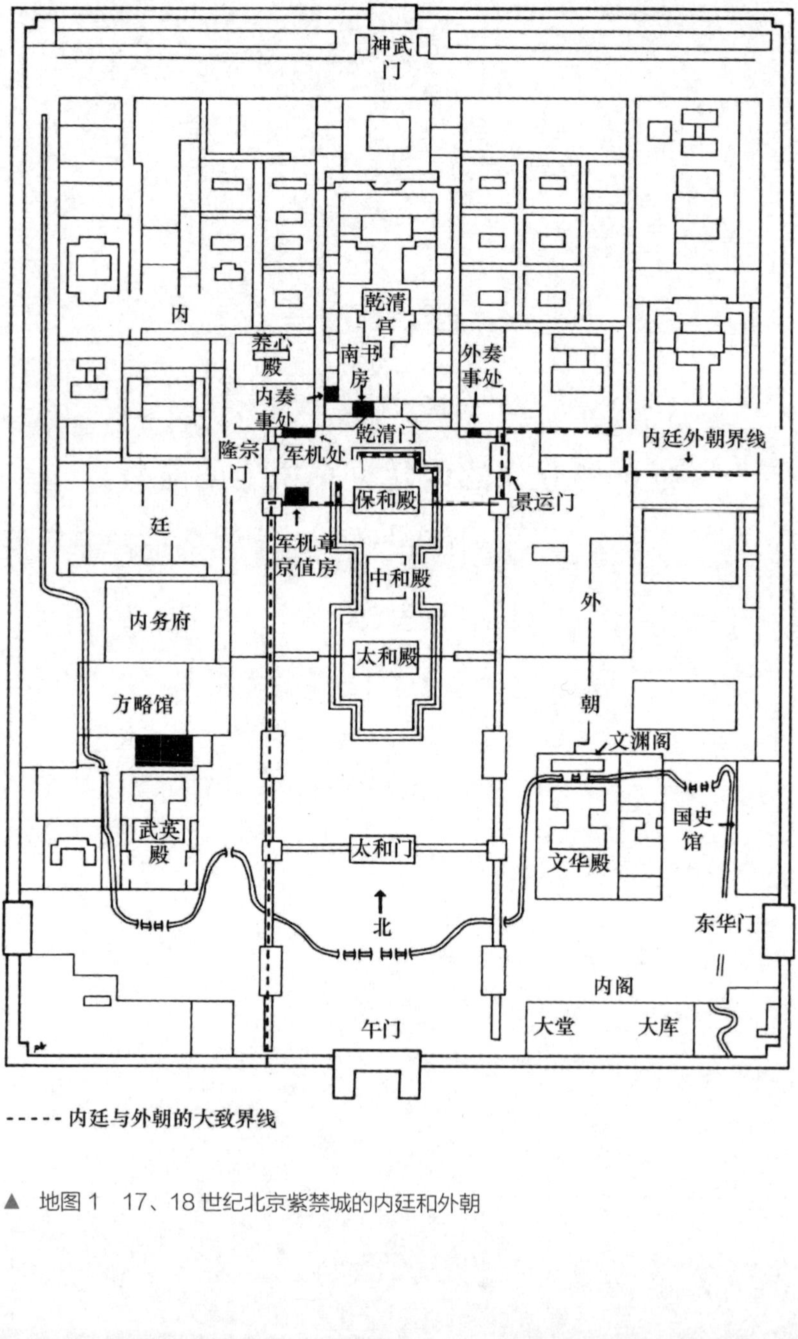

▲ 地图 1　17、18 世纪北京紫禁城的内廷和外朝

康熙朝及以后，内廷新使用的房间和建筑用黑色阴影标示。图中也标出了本书提及的一些外朝衙署（六部位置太靠南，无法显示）。内廷与外朝间没有固定的界线，但虚线还是表示了大致的分界。该图以朱偰的《北京宫阙图说》（长沙，商务印书馆，1938 年）为基础，由 Pamela Baldwin 重新绘制。 15

我是在与已故吴雨昌先生的交谈中，第一次了解到清朝紫禁城的往事，当时他是台北“故宫博物院”的副院长。（1925 年紫禁城向公众开放时，吴先生已经在曾是军机章京值房的矮小建筑中工作了。）对于紫禁城的了解，我还要感谢费思堂（Thomas Fisher）教授和韩书瑞（Susan Naquin）教授。最重要的是，我 1980 年抵达北京开始研究不久，幸遇建筑历史研究所的杨乃济先生。杨先生慷慨地与我分享了他渊博的紫禁城知识，并为我提供了很多有用的信息。

为绘制这幅图，我参考了如下资料，其中一些含有有用的地图：

阿灵顿、卢因森：《寻找老北京》（北平，［魏智］法国书店，1935 年），26 ~ 27 页。

裴丽珠：《北京纪胜》（上海，1931 年），196 ~ 197 页地图（Hyacinth Bichurin 神甫 1829 年绘）。

章唐容编：《清宫述闻》（台北 1969 年重印本），卷 4，页 1 等处。

《乾隆京城全图》（北平，1940 年）（年代定为乾隆十四年至十五年［1739—1740］，参见下面相关文章）。

《清内府藏京城全图年代考》，载《文献特刊》（北平，1935 年），“报告”部分，37 ~ 38 页。

方甦生编：《清内阁库贮旧档辑刊》（北平，1934 年），特别是第一册前面的地图。

谢敏聪：《明清北京的城垣与宫阙之研究》（台北，1980 年），61 页等处。

《光绪顺天府志》（1886 年），卷 2，页 7b ~ 8。

《宫史续编》。

侯仁之编：《北京历史地图集》（北京，1985 年）。

《北平故宫博物院文献馆一览》（北平，1932 年），页 8 ~ 9 等处。

杨乃济：《乾隆京城全图考略》，载《故宫博物院院刊》，1984 年第 3 期（1984 年 8 月），4 ~ 24 页。

《清世宗实录》卷 4，页 13b。

要注意的是，傅宗懋《清代军机处组织及职掌之研究》一书 108 页的解释，错误地认为内廷与外朝的界线在太和门，这过于偏南了。

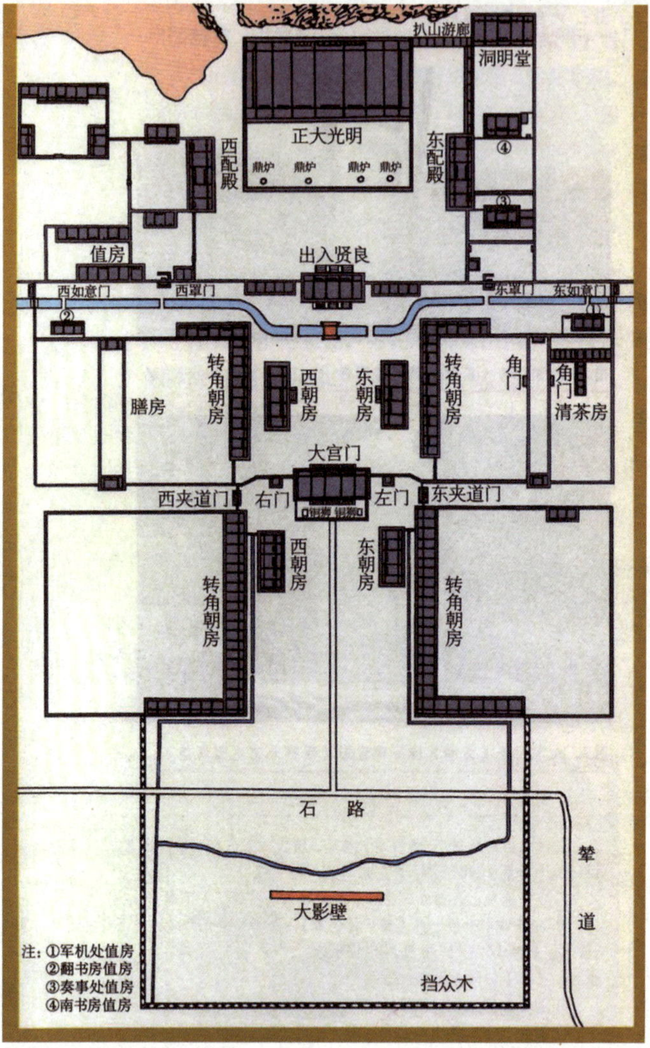

▲ 图 7　圆明园“正大光明”景区示意图（圆明园管理处编：《圆明园百景图志》，北京，中国大百科全书出版社，2010）。除紫禁城外，军机处在圆明园也有值房。图中①就是位于圆明园“正大光明”景区的军机处值房

第一章

雍正初年内廷的加强

雍正八年（1730）秋季的一天，临近正午，北京郊区发生了轻微地震，损毁了一些房屋，但没有对京城造成严重破坏。灾难发生时，雍正皇帝（1723—1735年在位）[1]正行舟宫苑湖面。看见远处岸上房屋摇晃，人群四处奔逃，他才意识到发生了地震。当时，因有湖水的缓冲，他和大臣们平安无事。[2]

这一场景可以用来比喻雍正朝所取得的一项主要成就：这是与其他地方隔离的内廷安全避难所，在这里君主及其最高层的大臣尽可能地控制中央政府，内廷的保密性是它的缓冲，与遥远的外朝官僚活动相分离。为强化权力，雍正皇帝将他的内廷打造成秘密的、与外界隔绝的地方——一处与其他地方相区隔的皇帝的自留地。内廷要成为自己的专属领域，他居中统治，旨意就是法律。雍正皇帝达此目的的途径之一，是创建新的内廷班子，侍奉左右。但他一直保持这些机构的小规模、分立和非正式地位，如此他就可以完全掌控它们。由于强化了内廷，雍正皇帝就能够总揽大权，包括以前不

▲ 图 8　雍正皇帝像

直接听命于他的事务。政务尽可能纳入内廷，在内廷是君主与他的亲近辅佐大臣而不是外朝的官僚说了算。

这些重组，为18世纪清朝中央政府重大转型奠定了基石，转型的标志是下一朝即乾隆朝初年军机处的出现。[3]与雍正朝分立的内廷不同，乾隆皇帝（1736—1795年在位，外加三年［1796—1798］太上皇的统治）时，这一枢密班子统一了内廷的行政部门，将雍正朝分立的各机构合并为一个强权组织。此后主导着清朝政府的军机处，既承袭了雍正皇帝所设计机构的非正式、非法定、分立特点，又有着乾隆时的强权统一体的特色。正如我们将要看到的，这两方面是18世纪军机处非凡成长中的重要内容。这一成长的关键推动力是雍正皇帝决意强化内廷，这远远超迈乃父统治时期的已有成就。

内廷的一百多年行政变迁——始于康熙，经雍正，由乾隆皇帝 19
最终完成，可以从地图1中用阴影标识的狭小、局促建筑，以及图表1方框内的各机构中真切地感受到。在行政改革之前，负责中央政务的衙署远离皇帝起居区域，它们位于紫禁城南部和紫禁城外的“外朝”，鲜有例外。而到乾隆末，在内廷建立了数个办公场所，位于紫禁城北部的皇帝私人生活区的边缘。19世纪伊始，在这些新办公场所的人员可能多达250人，负责帝国的许多管理事务。地图1
和图表1形象地显示了康雍乾时期外朝和内廷间的权力争夺以及内 20
廷的发展。

相似的权力之争在整个中国王朝历史上已多次发生，形式各异。[4]官僚跟皇帝及他的私人侍从斗争不断。“内廷”与“外朝”的术语被用来作为隐喻，将上千年来各种复杂的情形归并为两方面的斗争：皇帝集团和官僚集团。以前各朝代的争斗形式多样，清朝显

18 图表 1　17、18 世纪新的内廷机构。

通信与档案录副	议政和管理	官方出版机构及其档案部门
	内廷	
	皇帝	
	议政王大臣会议	
	南书房（1677）	
	宗室王公	
	总理事务王大臣	
秦折制度（1693）	内廷代理人（1726—1735）	方略馆（1749）
外奏事处（可能是雍正初年）	军需房（1729—1735）	
内奏事处	办理军需大臣（后来是办理军机大臣）（1731—1735）	
	军机处（1735或1738）	
	内务府	
	侍卫	
方略馆，军机处录副奏折（1749）		
	管理部务大臣（此前就有，雍正元年起任命更多）	
	会考府（1723）	

19

	外朝	
本章	六部和六科	翰林院
内阁	都察院；九卿	国史馆
通政司	大理寺	实录馆
		起居注馆
		武英殿
		皇史宬
		内阁大库

康熙、雍正、乾隆朝所增加的内廷行政机构在方框中开列。每一类都有相应的重要外朝机构，可以看出同一时期外朝没有堪与内廷匹敌的机构创新。

然也自有特点。在清朝，满蒙同盟在中央政治中地位特殊，跨越了多少存在着“缝隙”的内廷—外朝界限。有些结盟与组织——内阁、九卿、朝中各种派别——也效力于这条理解上模糊不清的分界线的两边。即便如此，清前中期的皇帝们常常强调行政的内廷—外朝框架，并力图纠正他们所认为的不平衡，因为这妨碍了皇帝的利益且有利于外朝增强实力和独立——此乃因袭明朝而来。

雍正初年的外朝

北京宫廷即紫禁城中的外朝，大致可以圈定为紫禁城南部的区域，文职官员在此办公，国家重大、公开的典礼在此举行。清朝时，外朝一词常常指位居紫禁城中枢线上的三大殿及附近成片的办事衙署。清朝在三大殿举行一些最庄重的仪式：冬至、元旦和皇帝万寿节时的朝会。在此进行科举考试最高等级的殿试，接见外国使节，许多商定国是的大规模正式朝会也在此举行。最精心安排的仪式之一是，在每朝实录编纂完成后，修纂人员隆重庆贺，行三跪九叩礼。有时在其中一座大殿举行擢升官员的正式考试。冬天时还特别安设炭盆，确保应试人员的墨汁不结冰。[5]

衙署是外朝的另一个主要内容，坐落在紫禁城的不起眼处——建筑物的过道或是厚重宫墙局促的空间内，还有的位于特别的房间与建筑内——散布在紫禁城的南部和东部，以及紫禁城的南门外。
雍正初期，这些机构负责外朝的四大类事务：管理政务，负责所有 21
活动的通信联系，保存公文，出版清朝的史书。

行政

行政主要由内阁和六部负责，六部是吏、户、礼、兵、刑、工六个部。外朝还包括许多其他机构，比如都察院、翰林院、理藩院、三法司及负责祭祀的机构，还有一些编撰史书等的部门。到雍正初，这些外朝机构人员可能有数千人，人员与职责都有极细致的规定。[6]外朝机构通常负责政府所有具有连续性的例行事宜。

举例来说，户部的一些清吏司对税收报告予以审核，而税收是帝国最重要的政务职责之一。它们负责监管解送至北京银库的税银（用中空、特制的木鞘载运）的验收，确保白银的成色、数量与所开列的数目吻合。覆核支出，要符合各种定额与章程，凡有不符之处就要调查。所缴送的不论是田赋、杂税、逋欠还是罚项，都必须验看文件，以保证征收与应缴相符。所有这一切都要求有详尽的档案，以备查核各种章程、补充规定及特殊情形，同时也保存全国各地上报的材料。要明了这些巨量信息，户部的中层官员即司员必须熟悉从而最终专精于他们的业务。[7]结果，就连主事的名字也出现在呈递皇帝的议覆中，因为作为户部最知情和最有经验的人员，他们常常对问题的讨论起决定性作用。其他部院也是如此，要熟悉变动中的章程，对于外省章奏依规定或准或驳。

通信

各部院业务得到通信体系的极大支持，本章制度（主要是题本）
22 承袭自明朝[8]；题本由内阁处理；内阁负责审核文件，并依详尽规定处置[9]。待各外朝部院处置完所报的信息（这一工作常常需要长时间研究和商议），经皇帝批准的建议就作为决定，通常与原题本摘取的一些内容一道在邸抄即塘报上发布。（邸抄是朝廷公报，全国的官员借此可以及时了解政务。）[10]

档案

为保存大量文件，外朝各部院都有存储文件的地方。[11] 此外，有两个主要的外朝档案存放地：皇史宬和内阁大库。两者都创建于明朝。[12] 皇史宬藏有多种文献，最有名的是一套历朝实录，它保存在外面有精美金色浮龙图案的巨大柜子中。[13] 内阁大库保存珍稀图书，也有一套实录以及大量题本（清朝结束时有两百万件）。[14] 外朝的档案管理人员发挥着多重作用，除保管珍贵书籍外，也管理用于决策参考和史书编纂的文件。

出版

外朝也有一些出版机构，有的利用档案编写清朝所取得的成就。有一个起居注官供职的衙署，这些人依时序详尽记录皇帝的言行。[15] 外朝还有一个实录馆，负责编写每一朝编年史——实录，还有圣训，也时常编辑御制诗文集等。国史馆官员编写国史各部分的初稿。[16] 其他机构如会典馆和律例馆，定期修订行政法规。许多机构的人员来自翰林院，这是全国最高的文化和知识机构，成员从极具竞争性的科举考试中选拔，这些考试考查他们的文学和学术水平。可以说，外朝官僚机构数千文职官员及属员主要是处理文件，不仅 23
管理着国家，而且将这些丰厚的管理记录留给了后代子孙。

占地广大的宫殿基址及其上一二层的建筑，不便于君主与外朝

▲ 图 9　皇史宬及内部放实录、圣训等的金匮

官僚间的联系。尽管皇帝偶尔现身外朝，参加在三大殿或午门举行的典礼，但这种情形很少见。皇帝也定期命令外朝官员来内廷和他讨论问题，但两者间隔甚远，上了年岁的大学士，顶炎炎烈日或冒刺骨寒风，踱着方步，从内阁走到君主接见臣工的温馨的内廷宫殿，需要十五到二十分钟。部院堂官要走的路更长，他们必须从紫禁城外的衙署走过来。然而，一些君主对于接见这些大臣不感兴趣。晚明的一位统治者二十多年不见他的首辅大学士，这一情形对于明代外朝独立性的发展意义重大。[17]位居内廷的君主和外朝机构间的空间距离，加深了政府的这两个主要部分的鸿沟。

雍正初年的内廷

内廷在不同的记载中含混不清，大致包括紫禁城北部的后三宫，这一区域是从乾清门前的广场到紫禁城最北端的大门——神武门。此外，内廷也包括紫禁城的西部区域，那里是内务府等衙署所在地。雍正初，内廷既包括一些衙署，也包括皇帝私人生活区域。[18]它们大部分由护军守护，阻止所有无正当理由进入紫禁城的人，并承担那些进入人员的护卫任务。对于内廷人员（尤其是太监）的一些规定则与上面的相反，是将他们严格地隔离开来，防止他们交结活动区域以外的官员及其他人等。[19]尽管内廷界线因记载不同而有轻微变化，但一致的是，它包括皇帝的生活区域以及附近侍奉皇帝的官员衙署。这样，内廷的地域空间分布及其人员活动就都与外朝区分开了。

雍正皇帝从乃父那里继承的内廷，主要是依据宫殿、用膳、穿戴以及保卫皇帝个人、他的家眷、随从等进行组织的。由内务府管
24 理的数以千计的太监，不仅侍奉居住在紫禁城的皇帝，还侍奉皇后、妃嫔、皇子、公主以及其他皇室成员。[20] 内务府负责宫廷事务，管理太监、厨师、宫女、织工、剃头匠、按摩人员以及其他提供给皇帝舒适生活的必需人员。内务府仓库存放着全国各地最好的土产：丝绸、瓷器、皮毛、玉石等精美物品。内务府人员也充任并经办宫外的产业，比如垄断获利丰厚的食盐、人参、玉石贸易，掌管征收内地和海关关税的机构，这些收入存贮在内务府仓库。18 世纪，内务府每年的收入常常超过户部。[21] 紫禁城上下尤其是在内廷，处处可见内务府活跃的身影。

内廷人员保卫皇帝及其生活区域。据说，随时都有数百侍卫轮流在内廷当值[22]，挑选出的数以百计的满洲和蒙古八旗兵负责所有门禁的安全，也在内廷的出入口站岗值勤[23]。但是，这些衙署和职位基本上是为了满足内廷的需求，它们与国家治理少有干系。如果一位君主希望的不仅是名义上的而且也是实际的统治的话，他就必须既要通过与外朝和各省文官保持种种联系，又要通过强大的内廷，来发展自己的管理部门。康熙皇帝内廷的行政机构规模很小，部分是承袭以前的，他也创立了一个新机构。此外，他创设了奏折制度——一种新的特殊的通信体系，其中的文件基本上来自外省，当时仅在京城的内廷机构中流转。我们将会看到，雍正皇帝与乃父的内廷机构合作，同时也尝试着数种新的方法。

雍正皇帝继位时面临的种种问题

雍正皇帝是康熙皇帝的第四子，登得大位却疑云重重。他经历数十年跌宕起伏，在与受康熙皇帝恩宠且更具野心的一些儿子及他们集团的支持者、跟随者的争斗之后，登上皇位，时年四十五岁。对于这位新皇帝的继位，当时就有质疑，并且从未彻底平息。[24]一种说法指斥雍正皇帝篡改康熙皇帝遗诏，将皇位传于他而不是康熙皇帝真正想传位的人。据这种说法，奄奄一息的康熙皇帝实际上已将皇位传给他的“十四”子，也就是声望很高、在边疆领兵的允禵，但是雍正皇帝在康熙皇帝病危之际数次进见，设法得到遗诏， 25
将“十”改为“第”，如此一来，就成为“第四”子——也就是他自己。[25]雍正皇帝就这样在北京掌握了大权，而允禵正在前线。结果，雍正皇帝统治伊始，朝廷上下就充斥着失败者的失落，他们中伤新皇帝，同时担心雍正皇帝报复他们。

满洲人在政府中居优

对雍正皇帝继位的质疑是一更广泛问题的组成部分，事关满洲王公贵族在内廷议事机构中占据优势。从清朝建立开始，满洲人和一些蒙古人就主导着内廷顾问机构。清朝的开国皇帝努尔哈赤（1559—1626），通过要求诸王等协助他的继任者，以确保共治。[26]这些王公和其他满洲、蒙古权贵也是议政王大臣会议（或称议政处）的成员，他们在军事政策的制定上举足轻重。皇族成员和其他满洲、蒙古显贵执掌内务府，他们在此办公，离皇帝很近，并掌管朝廷某些最有利可图的营生。在初期，为首的诸王也掌控满洲人的主

▲ 图 10 胤禛像

要社会、经济和军事组织——八旗。满洲人在朝廷的强势影响，可以视作身为中华帝国征服者应得的奖赏，但这也是皇帝身边的刺草。一些君主已经努力通过削减——尽管不能完全清除——这些王公的领导作用来限制满洲人势力。康熙皇帝众多皇子以及曾令他晚年心力交瘁的立储问题，现今却突出表现为宗室王公及其追随者的分裂与潜在的破坏倾向。

雍正皇帝一登极，就与储位斗争集团中的一个和解，来安抚桀骜不驯的兄弟。雍正皇帝任命同父异母兄弟允禩以及允禩的支持者、大学士马齐为总理事务王大臣成员，这一机构被指派在皇帝服丧期间执掌政府。但是雍正皇帝对于其他失望且更有权势的皇子集团没有做同样的让步。例如允禵的威胁更大：他广受爱戴，早已希冀皇位归属于他，除了朝中有支持者，他还手握边疆的上万军队。当看到兄长登上那自认为本应属于自己的皇位时，他内心充满了怨恨。只有傻瓜才会想赢得这样的对手的支持。

如果雍正皇帝希望通过将橄榄枝抛给允禩集团从而赢得支持
的话，那他很快就失望了。这些王公的问题不仅仅是竞争者个人 26
夺得皇位的问题，而且是将性命押在某个储位竞争者身上、指望着他能成功的众多支持者和追随者的问题。朝廷之上到处是希望破灭之人。[27]

我们不知道是什么事情引发了雍正皇帝和允禩的决裂，但当允禩说出“头尚不知落于何时！”这句话时，局面已难以控驭，雍正皇帝闻此震怒，开始时指责允禩执掌工部——他被任命办理工部事务——做事“糊涂”。[28]后来雍正皇帝给他起了一个讨人厌的名字“阿其那”（据说意为“恶狗”），并多方羞辱。[29]雍正元年底，雍正

▲ 图 11　允禩像

▲ 图 12　允禵像

皇帝对允禩所上的一件奏折怒不可遏，批示说他还是“死”了的好，皇帝威逼他，两行批示文字中两次出现“死”字（满文 bucehe）。[30] 允禩最终毙命狱中，可能是被毒死的。[31] 雍正皇帝也惩处了受人爱戴的允禵，但拘禁他已是在雍正皇帝自己的地位稳固之后。[32] 这位新皇帝急待完成的一项重大任务，是抑止满人给满洲政权带来的危险。

对蒙古的战争

允禵的问题、满洲人在政府中的影响，与当时的另一个重大问题密切关联：对蒙古的战争。17 世纪末和 18 世纪的这场战争是中国未安定的内陆边疆的更长历史的组成部分，从西南的西藏到西部和北部的蒙古诸部，数世纪以来争执与战争不断。到雍正皇帝继位时，蒙古问题呈现出多面性。有时它确实是个军事问题，将越界的蒙古部落打回去；有时它也是一个边疆问题，要打破蒙古各部间具有危险性的联合，或是阻止俄国人支持它们。宗教方面涉及西藏，关乎中央对它的保护以及必要时扣押达赖喇嘛，这样做是为了不会利用在边疆占主导地位的宗教——黄教来反对满洲人的利益。尤其是雍正皇帝不得不继续针对准噶尔部（“左翼”之人，位于西北）的战争；此外，雍正元年，和硕特蒙古人在青海造反，而他们通常是温顺并效忠清朝的。

开战的决定在雍正皇帝继位前已经做出。但是，这位新皇帝及 27
其谋臣制定了这一时期——这场战争一直持续到乾隆朝——所遵循的方针。雍正皇帝的风格有别于乃父。1690 年代，康熙皇帝三次亲征准噶尔部首领噶尔丹，噶尔丹最后溃逃，死去。[33] 后来康熙皇帝派儿子允禵作为前线的两个主要将领之一。

与上述不同，雍正皇帝没有在前线领兵打仗，但他以其他方式积极投入战争。他在选派将领到前线的关键问题上殚精竭虑。我们将会看到，他对于战争计划的种种细节煞费苦心，尤其是对贯穿雍正朝大部分时间的平准之役，三年的备战自身就构成了一场微型战争。他给前线将领写下了大量批示，着意奉承他们，激励他们全力以赴，并给出了自己的建议。有一次，雍正皇帝费神查阅历书，为军队规定了出兵的吉利日子和时辰，以求长途行军取胜。[34]有的御批建议如何应付敌军：甚至是当敌人愿意投降时，他还提醒说，可能“有诈”，无论这种人发什么誓愿都“绝不可信”。[35]

雍正皇帝尽管承袭了满洲人旧有的内廷议政王大臣会议——它在康熙及先前各朝负责军事政策的制定，但不久他就厌恶了这些作威作福的满洲权贵，其中许多人属于储位之争中失败、心怀怨恨的集团。雍正皇帝发展了其他的内廷商讨军事来源，一开始极倚重他的兄弟——可资信赖的怡亲王允祥，以及数名特别挑选出的心腹。他努力创建一个高效且低调的内廷军事建议来源，以取代议政王大臣会议，这最终导向了新机构的产生，这些就是军机处的前身。

脆弱的财政

雍正皇帝在统治之初也极关注军费问题。事实上，他很快就要被迫应对，不仅是绵延的军事补给线，而且是更大范围、普遍存在的国家财政不良状况。康熙朝后期，各级文武官员已经习惯从公共经费中任意拿取，对此雍正皇帝深恶痛绝，斥为“百弊丛生”，贻害国家数十年。[36]他一继位就被告知，仅拖欠的田赋收入就多达令人吃惊的二百五十万两。[37] 国家的财政困难在下面的章节中会有更细致的讨论，在这里它作为雍正皇帝继位之初所面临的一个主要困难还是应被提及。 28

满洲王公贵族在政府中占尽优势、对蒙古的战争、财政危机，这些与内廷和外朝设计中行政结构诸问题交错影响，加剧了雍正皇帝所承袭下来的困难。有时，这位新皇帝发现自己无法在外朝或内廷行事：一方面，他可能发现自己受阻于外朝的自治，而另一方面，在内廷得不到足够多的人员支持。对于君主的控制而言，政府组织软弱无力，远比欲复仇的朝臣、西北战事以及经济不景气等临时性问题严重，是更深层的威胁。最大问题在于外朝和内廷自身。

外朝存在的问题

外朝的自治始于怠政的晚明皇帝，他们许多是无所作为的统治者，未能在政治中起主导作用，前面已经说过了皇帝不见首辅大学士长达二十多年的例子。明朝的君主权力在初期因摄政体制而遭到削弱，权力由幼冲的皇帝转向无经验的摄政皇太后及其顾问。接下来进一步受到打击：敌对的蒙古军队俘虏了明朝皇帝并将他囚禁了十多年。[38] 然而，皇帝疏于统治并没有拖累所有的政务，使之停滞不前。相反，这意味着外朝设计出了（我们能够猜测出，外朝的官僚甚至更愿意如此）没有君主干涉的种种运作方法。到了晚明，许多日常政务是在远离皇帝的外朝处理，不必每每向他请旨。

明朝发展出的外朝自治给清初意欲专制统治的人造成了一些问题。通信安排尤其令人烦恼。承袭明朝的本章制度所带来的首要难题，在于它有利于外朝官僚对中央政府决策的控制，减少了皇帝决策的机会。大部分中央政府政策是由一些在外朝各部院办事的专家处理题本时形成的。向皇帝提交他们所给出的意见，即票拟（拟票或票签），其用意不在于要得到内廷的建议和意见，而在于要得到皇帝的认可（以朱笔在票拟上画圈的形式），以便将他们自己的建议正式颁布。

29 这一制度给皇帝及其内廷顾问带来了两大不利之处：第一，在大多数问题上缺乏专家，使得内廷无法形成自己的意见，结果皇帝常常不得不支持由外朝专家提出的方案，因为手头缺乏更好的办法；第二，一旦将外朝已通过的一项意见驳回，则必然招致中央和地方整个议事上的蓄意阻挠。[39] 可以说，理论上内廷制约着外朝，但事实上，本章制度使得内廷在决策和执行上的作用微不足道。当然，专制君主还有报复外朝的最后一招——有权罢免官员，但这样做只可能是将一班新的投机官僚带入外朝罢了。

皇帝的特别干预极少发生。有一次雍正皇帝拿起笔改签，张廷玉发出惊叹，这表明了皇帝这种行动是多么稀见。[40] 绝大多数情况下，外朝的建议会原封不动地得到通过。

清前中期皇帝所反对的主要是本章制度在决策上易造成的官僚优势地位，但问题还不止于此。遵守程序或是过于关注文件流程而造成的延误，违背了快速批答的要求。遵循先例（官僚的许多票拟是“依例”行事的）令人窒息。外朝的运作也陷入了章程的泥潭，章程详尽规定了这些机构的人事和职责，有时规定之细叫人气馁。特别有破坏性的是，外朝公文处理过程毫无秘密可言，这对于军事行动尤为有害。18 世纪的一位官员夸饰说，处理文件时“经数十手”，这实际上是集体决定比个人拿主意更为安全的做法。[41] 在外朝

月十二日次子若澄畢姻請　假三日以成
吉禮是月　京察屆期廷玉遵
例自陳懇
賜罷斥閣臣擬票進呈
御筆更改發出奉
旨卿誠恪和平公忠敏練簡任機務兼總銓曹正
資倚任著照舊供職京師夏月雨澤愆期奉
命同大學士鄂爾泰尚書訥親海望及刑部堂官
清理刑獄六月初五日甘霖普降次日
特召大學士及　內廷翰林入

▲ 图 13　张廷玉《澄怀主人自订年谱》中雍正皇帝更改票签的记载

公文流转过程中，一份公文暴露在众人眼前；在邸抄上发布，所有人都看得到；保存在档案柜中，但并不总是妥善，且最终要写进官修史书。当然，尽管存在着以上做法，文件还是可以做到保密，但这不是过程的结果，而是经过了特别的努力。

外朝的独立也滋生了数种几近非法的行为。例如，与外朝机构打交道，小额馈赠以表谢意和需要拿钱予以打点的贿赂之间的界限日益模糊不清。人们提前得到各种消息，就能从中捞到好处，这些人付给消息传递者大量的好处。题本在获准印发之前就通过小抄流
30 布，这成为外朝的又一种不法行为，如同造假一样——文件的日期和数字可以窜改，为不法者带来种种好处。[42] 部费——可能视作贿赂更恰当，为的是能使含有以上种种问题的地方报告获得批准，雍正皇帝创设了一个特别的内廷机构以消除这种做法。独立自主、远离皇帝、规模大、缺乏保密性、由来已久的工作模式、缺少弹性、详尽至极的规定、不法行径以及具有约束性的正式上下等级——所有这些都使得皇帝难以强加意志，令外朝唯其马首是瞻。解决之道，一是尽量将外朝更紧密地置于皇帝的控制之下；二是建立内廷机构，避开外朝的干预，处理某些关键的行政领域事务。我们将会看到，雍正皇帝尝试了这两种办法。

内廷存在的问题

雍正皇帝对于所承袭的康熙朝内廷构成并不满意。主导着乃父内廷的满洲人已习惯于发号施令。高层满洲人和蒙古人垄断了康熙朝两个主要内廷行政组织——内务府和议政王大臣会议——的最高职位。他们常常主导着为解决特殊问题而成立的临时班子。尽管任

命高级别的汉人学者进入康熙朝另一个内廷机构南书房，这应该能抵消满洲人在内廷的优势地位，但南书房只有汉人，这种排他性反而孤立了内廷的汉人，使他们远离其他重要的内廷部门。可以说，南书房这个由汉人组成的新机构的出现，尽管承担着撰拟谕旨这样的重要工作，但还不足以削减满洲人在内廷的影响。

满洲人和蒙古人占据优势地位的机构都是正式设立的。这些人在其中颐指气使。与其中地位较低的被任命人员相比，他们更少顺从君主的领导。总之，他们声名显赫。对雍正皇帝继位的质疑和不满，令这些人胆大妄为，这使得新皇帝要扳倒他们须下更大的决心。

面对这些困难，雍正皇帝采取了审慎的做法。他明智地将乃父的内廷组织降级，而不是彻底解散。结果，他从未完全令它们在眼前消失，但是他也从未允许它们凌驾于自己。同时，他没有利用乃父时代旧有的权贵集团，而是创设了新的内廷组织，并任命了自己的人。在一项具有特殊意义的提议中——这大概是他削弱满洲人在政府中势力做法的一部分，对于最高层，他放弃了乃父内廷的民族区分，任命汉人与满人一体办事。这些做法强化了内廷，是接下来 31
的乾隆朝军机处建立的基础。

雍正皇帝控制外朝的尝试

为了赢得对外朝的优势地位，雍正皇帝尝试使用各种各样的内廷机构——总理事务王大臣、大学士、管理部务大臣、会考府——以抵消外朝运作所带来的种种问题。此外，他尝试一些外朝通信体系的改革。但显然这些方法的效果令他失望，他的外朝改革终告失败。取而代之的是他求助于绕过外朝，发展他的内廷。

总理事务王大臣

总理事务王大臣是雍正皇帝最早的内廷班子，在康熙皇帝去世后第二天就设立了。但从根本上讲，它不属于创设内廷机构以与外朝相联络政策的一部分。实际上它的建立是效仿之前的清朝辅政班子的模式，主要是赞襄新皇帝处理服丧期事务。但是，该班子得到皇帝授权，职责广泛，有些便于内廷干预外朝。总理事务王大臣被授权负责除皇帝“藩邸事件”外的“所有启奏诸事”；“凡有谕旨”，必经他们。因此，它有权管理并负责外朝的一些活动。[43]

雍正皇帝亲自任命四位声名显赫的官员作为总理事务王大臣，他们都是满人，包括两位亲王廉亲王允禩、怡亲王允祥，还有大学士马齐和尚书隆科多，后者长期执掌步军统领一职。[44] 此外，该班子的职责也要求设有中层司员和低层吏役等。起初，雍正皇帝向它交办许多重要的事情——比如，负责康熙皇帝的葬礼、大量新官员的任命和军事问题。[45] 但在很短的时间内，他对该机构就不再信任了。

总理事务王大臣拥有设立时被赋予的广泛权力，但并没有成为地位牢固、握有实权的机构；事实证明它非但没有垄断“所有启奏诸事”，甚至连自己的专属职责也没有掌控。总理事务王大臣设立不久，雍正皇帝开始通过亲自任命其他的人来削弱它——这些人包
32 括议政王大臣、各部院堂官以及大学士，来处理以前分配给总理事务王大臣的事务。[46] 大学士为皇帝撰拟一些谕旨，这一职责似乎从来就不是总理事务王大臣的任务，并且大学士被授权覆核皇帝对于

奏折的朱批，甚至被要求当皇帝有错时要向皇帝指出并“陈奏”。[47]另外，雍正元年底，雍正皇帝宣称对于题本他“内借大学士”处理。[48]大学士，而不是总理事务王大臣，被指派荐举《国史列传》的编纂人员，这一任务触及全国有声望地位之人的神经并关系到大臣的家庭。[49]可以说，总理事务王大臣绝非负责除皇帝私事外的“所有”事情。如果雍正皇帝要想通过建立中间环节来影响外朝的话，那么，由满洲王公贵族所组成的班子是无法胜任的。

时移势异，雍正皇帝也不再信任某些总理事务王大臣，他凌辱兄弟允禩，并向人们暗示隆科多不再得宠。[50]总理事务王大臣依然忙碌，但雍正三年二月十四日（1725 年 3 月 27 日）它被撤销，这表明了它在雍正政府中起着怎样的作用；它既没被别的机构取代，也没有谕旨将它的职责重新分配。[51]这说明雍正皇帝早就绕开了它。

两位心腹令皇帝失望，受此牵累，先前所赋予总理事务王大臣的许多职权后来都被雍正皇帝剥夺了。它不再是雍正皇帝实验重建内廷以求进一步发展的备选对象。与后来乾隆元年至二年（1736—1737）的辅政班子——它保存了下来——相比，雍正朝总理事务王大臣的失败显示了雍正初年的特殊形势。雍正皇帝希望建立内廷机构来辅佐他治理国家，但同时担心赋予这些机构大权会使其变成自己的对手。出于这一考虑，他最终采用的是由低层、中层官员个人与非正式的集团所组成的分立的内廷。由于被赋予过多的权力和成员不可靠，雍正皇帝难以驾驭总理事务王大臣。

大学士与内阁

如同这一章将要描述的其他某些集团一样，大学士所处的位置

也不同寻常，横跨外朝和内廷。他们属下人员的组织——内阁，显然是外朝机构，坐落在远离皇帝的紫禁城东南角。与此形成对比的
33 是，率领这一机构的大学士是外朝和内廷两个世界的高官显贵，这种情况从他们的历史中可以得到最好的理解。

雍正朝之前，大学士早已长期存在。1380 年废除了丞相制度后，洪武皇帝（1368—1398 年在位）就创建了这些职位作为内廷的顾问。尽管明朝大学士的品级很低（正五品），但实际上，他们通常拥有兼职，这极大加强了他们的声望和权威。[52] 许多大学士出自翰林院，这是一种荣誉，以彰显他们是从进士精华中特别选出的。至明朝结束时，他们的权力已极为膨胀，《明史》——忽略了晚明太监所起的重要作用——多少有些夸大地宣称，到 17 世纪，"政府交付内阁"。[53] 一些关键因素促成了明朝大学士的这种巨大影响，其中包括他们对通信的管理职责，他们手下庞大的外朝人员，还有就是一些明朝皇帝通过在内廷使唤他们，既作为联系外朝通信处理的渠道，也作为绕开外朝的手段，提升了他们对于君主的有用性。[54] 可以说，向下传给清朝的这一大学士的组织势力强大。

清初，内阁的地位变化不定。有时它权势之大令人胆怯。满洲人行政早期的一些做法要削弱它，有时还用其他机构取而代之，这没有什么可奇怪的。[55] 起初，满大学士的品级高于汉大学士，在内廷和外朝间，这两个集团起起伏伏，时进时退，这要看不同的皇帝和辅政大臣是否愿意使用他们作为皇帝亲近的助手。年轻的康熙皇帝于康熙九年（1670）亲掌大权，这时他又重建内阁，并令所有大学士品级划一（满与汉），同为正二品。[56] 在康熙皇帝亲自掌权期间（康熙九年至六十一年［1670—1722］），大学士在五至九人间变化，

平均每年 5.5 人。[57] 但是，康熙皇帝未能将内阁中低级的满汉官员平等划一，汉不及满，他们在康熙朝进一步失衡。

雍正皇帝的做法是强化大学士的作用，但并未让他们继续在政府关键部门居主导地位。同此前有的君主一样，雍正皇帝将一些大学士移入内廷作为高级助手，这种安排使得对题本的一些掌控移入内廷。[58] 另外，在雍正朝，任命了十一位大学士管理部务（职位要高于尚书），而时间上要长得多的康熙朝仅有六人，相比而言雍正朝增加明显。随着时间的推移，雍正皇帝挑选的大学士在内廷作用 34
日著，他不得不任命额外的大学士来应付外朝并处置题本。新设的协办大学士，从尚书中选任一至二名，是为了减轻大学士一些日益繁重的工作，特别是外朝的题本压力。他将早期担任这一职位的两人分别称为“署大学士”和“协理大学士”，这是雍正皇帝喜好通过耍弄大臣们的头衔让他们的位置不稳的典型做法。中央政府文牍的增加，加上雍正皇帝为内廷挑选了数位大学士，这就使大学士的平均数目升至每年 7.38 人，与乃父的每年 5.5 人相比显著增多。[59]

雍正八年（1730）年中，为了表示对大学士的支持，雍正皇帝将他们擢升为正一品，位极文臣。这个时候，所有大学士都另兼殿阁衔，许多人还拥师、傅、保等荣衔。[60] 这些新的高贵官衔及其他荣誉使大学士升至中央政府行政的最高点。[61] 但是，雍正皇帝赏赐大学士最高文职品级可能有着特殊政治目的，或许意在补偿外朝大学士权威的丧失，在当时，平准战争和日益膨胀的奏折体系导致的不是外朝权力的增加，而是内廷权力的膨胀。

大学士和内阁主导着题本的处置，成员训练有素，有着长期经验及固定的业务模式，在雍正皇帝加强内廷的方针下，似乎很有希望成为起最重要作用的备选对象。但最终雍正皇帝在重组中并没有重用这些人，他对待大学士及其机构与对待从乃父那里继承的内廷机构差不多：一方面，他延续了使用而不疏远的做法；另一方面，削弱它们的实力，使它们成为不能行使重要内廷权力的集团。在内廷，大多数大学士被撇在了一旁，越来越多的重要上谕由特别挑选、位于内廷的皇帝心腹和特别班子成员撰拟——其中仅有一些人是大学士。

雍正皇帝重组内廷时，无视内阁这一有影响力、经验丰富的机构，可能有几个原因。内阁坐落在外朝，它与外朝官僚的联系——
35 包括卷入外朝贪污腐败的可能性——妨碍了它适于作为皇帝的私人内廷机构。内阁的外朝运作的公开性也可能是要考虑的因素，尤其是当必须做到保密时。内阁控制了与外省联系的主要渠道，可能会吸引皇帝与它合作，但雍正皇帝对于外朝占据优势地位的担心再次将内阁排除在外。内阁的外朝关系和经验，加上它一直垄断着题本，的确意味着这样一个高度成熟、由身居高位的大学士和大批属员组成的组织在某种条件下可以威胁皇权。结果，雍正皇帝撇下内阁，令它作为一个专注处理外朝事务的机构。偶尔有大学士会被邀请赞襄内廷，但是雍正皇帝小心翼翼，确保他——而不是在内廷的大学士——掌控一切。最终他决定绕过外朝，创建内廷的专制统治。对于这种做法，外朝的内阁并不是这种政策的合适工具。

内廷的管理部务大臣

从统治伊始，雍正皇帝就恢复了清初的管理部务大臣职位，以控制外朝，他经常将心腹内廷高层人员置于某些外朝机构——主要是六部的最高行政职位。图表 2 中部的那条想象的线条，显示出一个部是怎样一分为二，低级的行政部门（位于外朝）处于底部，它们之上是该部的堂官。皇帝可能很熟悉许多或所有的堂官，有时他们被指派在内廷工作。将管理部务大臣置于所有这些官员之上，身居最高层，处于监管一切部务的优势地位。

图表 2　一个部的典型构成，显示了堂官和各清吏司以及管理部务大臣与其他人员间的划分。 36

堂官

管理部务大臣（并不总是任命）

满人或汉人，但更多的是满人

两尚书

一满人，一汉人

四侍郎

二满人，二汉人

堂官与清吏司的分界线

清吏司

郎中

员外郎

主事

庶务人员：

司务、誊录、吏役等

这一图表提供了各部上层的一个极简略的结构图。图中的分界线将清吏司与上层的堂官分开。尽管六部属于外朝，但皇帝通常很熟悉各部堂官，这些人常在内廷办公。

依复职制的规定，六部的最高长官尚书和侍郎在满汉间严格按比例分配，然而，管理部务大臣这一职位常常由满洲人或蒙古人担任，且该职位并不常设。雍正皇帝和乾隆皇帝率先频繁命人担任此职，即便如此，他们也经常允许一些部院在没有管理部务大臣的情况下工作。18 世纪的管理部务大臣通常是内廷人员，即宗室王公或大学士等皇帝的高级心腹。在 18 世纪下半叶，也任命一些军机大臣。

19 世纪初，情况发生了变化，内廷与各部堂官高层的联络不是通过所任命的管理部务大臣，而是通过军机大臣，这些人被视作内廷任命的人员，同时兼任部院尚书。19 世纪下半叶，管理部务大臣的任命更为少见，有时由王公担任。

资料来源：卜内特、哈盖尔斯特洛姆：《当代中国的政治组织》，贝勒成科、墨澜英译（上海：别发洋行，1912 年），97 ~ 102 页；卜德、莫里斯：《中华帝国的法律》（马萨诸塞州剑桥，1967 年），123 ~ 124 页。

依照满汉复职制做法，六部的长官即尚书和侍郎严格按比例在满人和汉人间分配。然而，在 18 世纪重新设立管理部务大臣后，这些最高职位通常由内廷人员比如宗室王公，尤其是皇帝心腹的满洲和蒙古大学士担任。尽管有一些重要的汉人也是管理部务大臣，但大体说来，这一职位的任命削弱了清朝传统的政府任命上满汉平等的做法。

现在对于管理部务大臣一职了解不多。[62] 这一职位很难研究——会典及会典事例并未开列，《清史》部院大臣表中也没有标注。[63] 这一职位可能承袭明朝任命大学士兼任各部尚书的做法。在
37 清初，这种任命偶尔一见，基本上限于宗室亲王、郡王、贝勒和贝子担任，他们是 1631 年六部初设时被任命担任六部最高长官的。[64] 对诸王的任用持续到 1640 年代，顺治皇帝（1644—1661 年在位）时摄政王多尔衮予以废止。[65] 尽管管理部务大臣很快得以恢复，但康熙皇帝对此的任命很有限，在实际亲政的五十三年间，仅有六次——大部分是从大学士而不是从诸王中指派。[66] 雍正皇帝任命了更多的管理部务大臣，但当认识到许多宗室不值得信任后，很快就转向其他人员——比如大学士——来填充这些职位。[67]

雍正皇帝强化清初的管理部务大臣职位，但做法与传统的并不

完全相同。他增添了数方面的内容，在做法上自有特色。他任命这些职位充满了不确定性。[68]他的用词变化无常，使用各种各样的动词："总理"、"管"或"管理"、"料理"、"兼"或"兼理"。它们上下高低的区别大概只有皇帝自己清楚。（这种多样性的例子，参见表 1。）如是，雍正皇帝将这种最高级的任命给予少数他所青睐之人，一方面赏给他们受人尊崇的品级和权力，另一面用仅稍有变化的名称，引其前行。[69]

表 1　雍正初年管理部务大臣的任命。该表显示雍正初年六部和其他外朝部门的一 38
些管理部务大臣的任命，特别列出了雍正皇帝明显多变的用语，这些实质上应具有同样的职责。

时间	姓名	主管	用语
康熙 61/12/13[a]	廉亲王允禩	理藩院	管
康熙 61/12/13	富宁安（当日任大学士）	吏部	兼
康熙 61/12/15	怡亲王允祥	户部三库	总理
康熙 61/12/18	白潢（当日任大学士，雍正 3/7/27 解任）	兵部	仍兼
雍正 1/1/19	履郡王允裪	工部	料理
雍正 1/2/2	张鹏翮（当日任大学士，雍正 3/3/15 卒）	吏部	兼
雍正 1/2/17	廉亲王允禩	工部	办理
雍正 1/2/17	裕亲王保泰	理藩院	办理
雍正 1/4/7	怡亲王允祥	户部	总理
雍正 1/10	贝子允祹	礼部	管理
雍正 2/6/5	裕亲王保泰	礼部	办理
雍正 3/4/24	田从典	吏部	兼

续前表

时间	姓名	主管	用语
雍正 3/9/20	朱轼	吏部	仍管[b]
雍正 4/2/28	张廷玉	户部	仍管
雍正 4/8/16	拉锡（当日撤职）	理藩院	办理

资料来源：《清世宗实录》；《清史》第 4 册，2416 页（大学士表），以及 2609 ~ 2613 页（部院大臣表）；这一时期的奏章。

a. 康熙六十一年的最后六个星期（1722 年末至 1723 年的中国新年），这时老皇帝已去世（康熙六十一年十一月十三日，即 1722 年 12 月 20 日），雍正皇帝继位。表中的时期不一定代表任命职务的日期。由于这些职位的秘密性，这些任命的记载并不总是很清楚，这里提供的日期仅表明是我所能找到的最早提及的日期——在缺乏其他材料的情况下，一些日期不得已引自这些被任命者写有他们自己官位的奏章。

b. 部院大臣表中记载有朱轼升任大学士，但第二年他仍管的尚书却略去不载，我将此作为管理部务大臣职位。

雍正皇帝任命管理部务大臣，满汉并用，但在初年，更多的是满人，特别是满洲王公。满人占优可能是管理部务大臣不得不从官书的名单中略去的原因。这些职位倾覆了从六部堂官的复职制任命所推测出的平衡（复职制是清朝在官员任命上满汉数目相等的平衡做法）。为避免这一大肆渲染的行政目标的缺陷被揭露，掩饰是必需的。因此，这种任命一直是非正式的。当然官僚上层都是知道他们的，例如雍正三年（1725）和六年（1728）各部尚书名单中，未提及任何管理部务大臣，尽管我们知道当时存在着这种任命。[70] 这些官员是被遮掩的内廷人员，他们与君主和外朝的关系并不确定，由于亲近君主从而掌握着令人敬畏的权力。他们的职位当时就不甚清楚，因此这种做法肯定是有所考虑的。

一些管理部务大臣的任命——像深受雍正皇帝宠信的怡亲王在

户部任职——意在用内廷人员来监管外朝的一个关键机构。但一些人具有两面性，这很好地表明了雍正皇帝有意以一种模糊的形式来对付他的大臣。可以说，除了使用管理部务大臣职位以控制外朝机构，雍正皇帝也能利用这样的指派减少内廷实权人物的数目，对这 39
些人他不完全信任但又不能除去。

拥有权势且与皇帝关系密切的“舅舅”隆科多，显然就是这样的情况。雍正皇帝统治才一个月，就任命隆科多为吏部尚书，上谕认为对他应予赏赐、委以重任。而作为对他的制衡，雍正皇帝任命满洲权贵富宁安为大学士，同时命富宁安兼吏部尚书。[71]如此一来，富宁安获得了一个不确定的职位，似乎要削弱隆科多的权力：他不再出现在户部尚书名单中，隆科多取代他做满尚书；然而，尽管富宁安擢迁位列隆科多之上，他还是获命继续履行尚书职责。数周后，雍正皇帝再次采取行动抑制隆科多，擢升原吏部尚书（这次是汉人）张鹏翮为大学士，同时命他兼吏部尚书。[72]结果，吏部的状况一度模糊不清：有满尚书隆科多，两位管理部务大臣，一满人，一汉人。通过此种方式，雍正皇帝可以授管理部务大臣一职于人，以管理国家事务，又制衡最高层官员。在雍正皇帝手中，管理部务大臣既可以用来控驭外朝机构，有时也可控制皇帝的侍臣。

雍正皇帝在统治初期还任命过其他一些管理部务大臣（见表1）。怡亲王——在这方面作用突出，我们将在第二章详加讨论——首先被任命总理户部三库，数月后，还是在雍正元年，被任命总理户部事务。雍正初期，其他诸王还有大学士也得到任命。雍正皇帝始终支持怡亲王在户部的工作，但在怡亲王去世后，他放弃了使用其他兄弟、子侄出任此等职务。

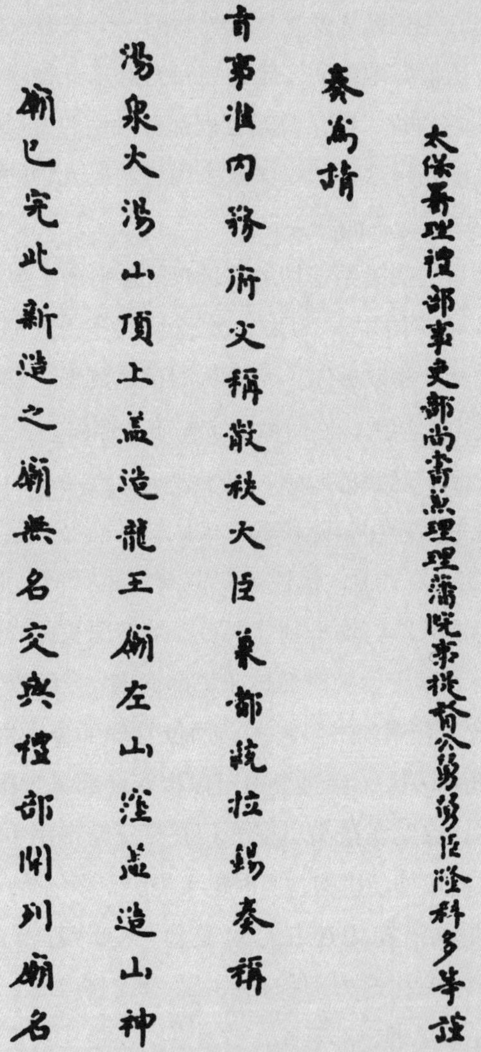
太保署理禮部事吏部尚書兼理理藩院事提督公舅舅臣隆科多等謹

奏為請

旨事准內務府文稱散秩大臣兼都統拉錫奏稱

湯泉大湯山頂上蓋造龍王廟左山窪蓋造山神

廟已完此新造之廟無名交與禮部開列廟名

▲ 图 14　雍正二年十二月十八日隆科多等所上的奏折（部分）。值得注意的是，包括雍正皇帝在内，都称“舅舅隆科多”，而隆科多本人也称自己是“舅舅”：太保署理礼部事吏部尚书兼理理藩院事提督公舅舅臣隆科多

雍正皇帝在管理部务大臣任命上最具意义的步骤，是在中期统治行将结束时，创立了户部第二个管理部务大臣职位，任命大学士张廷玉辅助怡亲王，另有大学士蒋廷锡被任命为其下的户部尚书。雍正皇帝的这三位忠实拥护者后来成为雍正内廷梯队最高层的核心，这个非正式的内廷代理人集团，直至雍正末年，最后转变成了乾隆军机处的最高层。

管理部务大臣是否涉身实际工作？吏部的安排看似制约隆科多， 40
还是另有所图？这很难做出评价。现存许多管理部务大臣署衔的奏章，比如允禩在负责工部期间就提交了一些。然而，隆科多极力维护自己吏部尚书的权力，显然忽视了他上面的管理部务大臣要寻求的超群地位。[73]这种差事可能因人而异。在乾隆朝，大学士、兼管吏部的张廷玉因年迈，恳请乾隆皇帝解除对他来说过重的管理部务责任，他说自己兼管吏部已有十一年，提到从未有他人如此长时间地担承如此繁重的责任，他倍感压力："今犬马之齿六十有七，自觉精神思虑迥不如前，事多遗忘，食渐减少。夫以望七之衰年，而兼繁剧之巨任，又不能时常入署检阅稽查，窃恐错误担延，在所不免。"张廷玉说，个人的声誉固无足惜，"而公事所系匪轻"。最后他动情地提醒说，担心能力不足带来严重后果："每念及此，汗流浃背。"[74]张廷玉对管理部务大臣的看法显示出该职位有相当大的责任，因此它确实有利于内廷对外朝的控制。

张廷玉正确认识到，管理部务大臣如同大多数高级职位一样，都是兼职，大臣会因事务众多而分心，很可能会犯错。雍正皇帝数次承认这一点，向管理部务大臣张廷玉及另一内廷重要人物鄂尔泰保证，他们不会因为这方面的过错而受到惩处。这一富有同情心的政策是雍正六年制定的，当时雍正皇帝告诉张廷玉：

> 朕所深信之大臣，始可委任。汝职掌繁多，日无宁晷。朕本不忍再以铨部之事累汝，但再四思维，无有出汝右者。汝第总领大纲，不必躬亲细事，即偶有忽略处，朕皆原谅，不督汝也。[75]

雍正十二年（1734），有人建议，户部堂官和司员应为行政上的细微差错受罚。雍正皇帝的答复则是宽免管理部务的张廷玉，但依
41 然要惩处其他人："大学士张廷玉日在内廷，所办事件甚多，此等部内细事何暇料理！不必罚俸。"[76] 第二年再次重申了同样的处理方式，除鄂尔泰和张廷玉外，也适用于整个部堂：

> 此案吏部堂官处分俱著宽免。至于大学士张廷玉实无应处分之处，即宽免二字，朕亦不忍出诸口。伊与大学士鄂尔泰二人办理事务甚多，自朝至夕，无片刻之暇，以一身之精神，岂能于部中一切细事悉行查到？从前曾降旨，鄂尔泰于旗务公错不必入议，今应照此例，嗣后鄂尔泰、张廷玉兼管部务，凡堂官公办之事，有似此处分者，伊等俱不必入议。[77]

继雍正皇帝之后，乾隆皇帝在统治初期对他的内廷大臣继续着宽免政策。[78] 当鄂尔泰之子因泄露军机处秘密遭弹劾时，乾隆皇帝宽恕鄂尔泰，禁止对他进行讯问。[79]

雍正皇帝对清初管理部务大臣职位的兴趣以及特别使用方法，不仅有助于内廷控制外朝某些机构，而且也是他实验内廷新组织结构的一部分。管理部务大臣的使用很成功，以至在乾隆二十年就有上谕宣称这种管理部务的做法应成为王朝的定制。近一个世纪后，当时因已有全面发展的内廷军机处，雍正皇帝的孙子嘉庆皇帝能够放弃管理部务大臣，取而代之的是将军机大臣置于每部之上，这与任命他们兼任尚书的做法大致相同。事实上，嘉庆皇帝高度称赞这一做法，将军机大臣分派各部做尚书，而不是管理部务。[80] 这一内廷控制外朝机构的方法，康熙时偶尔一用，雍正皇帝予以强化，为清政府的这一持续存在的模式奠定了基础，在此种模式下，外朝各部院通过内廷官员，分层分级地与君主保持联系。[81]

会考府

让外朝机构置于内廷管理部务大臣的监管之下，这只是雍正皇帝自己与外朝联系的一种方法。另一种是建立一个内廷调查机构，
以处理特别恼人的外朝问题。继位后的第二个月，雍正皇帝成立会 42
考府以打击非法的外朝“部费”，这种贿赂已经成为官僚违法行为的突出表现。

部院向各省索要部费，这样各省每年的财务报告才能获得批准并核销。依规定要求，部院拒收有错或不准确的报告并将它们退回以做修订，腐败的部院官员时常驳回数字准确、诚实的奏报，因为提交它们时没有缴纳这种必要的非法款项。正如魏斐德所描述的清初外朝官僚：“随便拎出一吏员，那人准是大贪。”各省官员不能无视这种金钱的索要——他们的升转会因案件和奏报悬滞于部而搁

议。结果，这种贿赂不仅成了与部院公事往来的要求，也成为进一步升迁的必要条件。[82]

雍正元年（1723）设立会考府的上谕，描述了户部在处理田赋征收报告中存在的问题，并任命四人负责该机构，其中两满两汉——怡亲王、舅舅隆科多、大学士白潢、左都御史朱轼。雍正皇帝令他们商讨这一新机构的运作，寻议该机构共二十一人，郎中、员外郎满汉各二人，主事三人及笔帖式十人。地方正项和军需报告将是主要的核查对象。会考府要接管户部审核某些报告的独占地位，并对所有的报告或准或驳，斩去了过去部院征收非法费用的机会。[83]

会考府工作非常卖力，反对奏销制度中官僚的蓄意阻挠。在它存在的三年时间内，处理了550件报告，其中差不多五分之一被驳回。雍正皇帝对会考府的工作极感兴趣，有时就如何解释被驳回的账册给予具体指导，并强调要将那些不法之徒的名字向他报告。[84]但是这一新机构很快陷入困境。处理程序上存在冲突，比如，外省哪些账目应送部院（在那里它们被索要贿赂），哪些要送会考府。尽管有会考府的存在，部院继续索要部费并驳回没有部费的奏报，而不会受到任何惩罚。针对此，又有一项新的规定出台：今后所有被部院驳回的奏报都必须交会考府裁决。但各部院无视这一规定，还拒绝送交自己的材料以便协助会考府核查。人们抱怨说会考府不
43 能正常运作，无法按时完成工作，因此又设定了新的时限。[85]部院一有反抗，就有一项新的规定出台予以制止。

对会考府来说，具有讥讽意味的是，那些习惯了京官贪婪的外省官员完全误解了新机构的改革实质，继续着惯常的做法，在与会考府打交道的过程中，从他们的口袋拿出认为是必需的费用。[86]雍

雍正朝会考府汉文档案全编（上）

中国第一历史档案馆

会考府成立于雍正元年（1723年）正月，至雍正三年八月裁撤，存世不足三年。由于它具有准驳一切钱粮奏销事务大权，且由权位最重的怡亲王允祥、吏部尚书隆科多、大学士白潢、都察院左都御史朱轼任总理事务王、大臣，因此引起了清史研究者的特别关注。

馆藏会考府全宗档案共有115件，其中满文档案32件，其余为满汉合璧档案，现将汉文档案全部刊布，供研究参考。

雍正朝会考府汉文档案全编（下）

中国第一历史档案馆

▲ 图15 《历史档案》2003年第1期和第2期分（上）（下）两部分，公布了中国第一历史档案馆所藏会考府的全部汉文档案

正皇帝对此给予致命一击，在会考府存在三年后，突然撤销会考府，没有给出确切的原因，只是称“多一衙门即多一事”。[87]

作为抑制外朝不法行为的实验，会考府失败了。主要原因可能在于外朝有能力阻止皇帝的意图，因为当时运行的通信体系将会考府必需的财务报告直接送达各部院，而不是这一新的内廷调查机构。后来这一情形得以补救，许多至关紧要的财务奏报转归奏折体系。雍正皇帝放弃这一机构或另有原因。该机构中老谋深算的隆科多可能加速了它的“灭亡”——会考府被裁撤的当年，隆科多也失宠了。[88]

会考府展现了雍正皇帝重建内廷实验的几个特色。它可能坐落在内廷保密的地方（极可能在怡亲王的办公场所），远离打听消息的外朝耳目。它是一个特别的临时机构，依皇帝的意志建立，也同样依皇帝的意志解散。[89]它的行动不作为后人可以援引的先例。它变化且非正式，设立是为了实现皇帝的——而不是官僚的——目标。它也可能向皇帝提供了一种近距离管理并历练新的高层人员的途径。后来，雍正皇帝创立另一个内廷机构以核查与抑制财政不法行为，这次针对的是军需奏报。这就是户部的内廷军需房，与军机处的发展有关系，而且在许多方面很像会考府，但是在通信领域有着重大差别，因为到雍正中期，符合这一新机构要求的军需奏报是在奏折系统中写就的。题本的处理程序不再阻碍皇帝的意愿。

外朝通信体系存在问题的补救

外朝通信体系是雍正皇帝的又一兴趣所在。尽管外朝人员为皇帝批答题本做好了几乎所有的准备，但对于内廷来说，还是能够通

过数种在雍正及以前各朝所使用的方法介入其间。其中的主要做 44
法是在御门听政时讨论一些题本，以及皇帝将所呈递的票拟予以改签。[90] 另外，在内廷当值的大学士，作为与外朝通信体系的联络渠道，时常将他们要处理的题本带至内廷，而且有时也将他们的监管延展至外朝文件的处理上。尽管如此，如前所释，这些传统的、内廷控制外朝题本的办法远远不够。雍正皇帝实施其他的变革以解决题本问题。

变革之一是减少大规模正式、公开的朝会；康熙皇帝原是如此做法，他与大臣商讨，并对题本提出的许多问题做出决定。雍正皇帝尽管时断时续也御门听政，但实质上，他更倾向于书面联系而不是交谈，结果，他的工作日益有赖于书面文件以及与少数在朝心腹的亲密谈话。很显然，他不喜欢大规模朝会的公开性和礼仪的拘束，曾宣称，他的召见只是与一二在场之人的私人交谈，不允许其他人，甚至是“三尺之童”旁听。[91]

与讨厌公开听政一致的是，雍正皇帝也采取步骤减少外朝通信体系的公开性。他抱怨题本的副本太多，“往往紧要之事未达朕前，而先已传播众口”。事情已到了这样的程度：政府抓捕罪犯的计划正在泄露给要被跟踪的每个人。尽管题本有可能做到保密（然而并不常见），但雍正皇帝现在还是宣布，事关紧要问题的题本在京处理过程中应当密封，“以防漏泄”。[92] 国家机密出现在塘报即邸抄之上，雍正皇帝对此愤恨不已，为秘密起见采取了又一措施。解决的办法是要求重要题本的副本——揭贴要搁置五天，然后送塘报官员以做进一步散布。[93] 这一措施是为了推迟某些机密信息发布的时间，以前它们过早地出现在塘报中。

▲ 图 16　乾清门（御门听政处）

雍正皇帝借助“改签”这种不太常见的方法，能对付另一种他不满意的外朝情况：依程序规定，票拟几乎总是必须要被接受的。大多数情况下，皇帝默认外朝官员的票拟，因为这些票拟都是严格 45
依据先前的钦定事例撰拟，而君主和他的内廷顾问几乎没有经过很好研究的、可以作为替代的意见。但内廷有可能介入其间。雍正皇帝的做法通常是亲自在票签上书写批语，即所谓的“改签”。正因如此，雍正皇帝的心腹张廷玉自矜地上报说，他请求解职（大计时依例呈请），大学士票拟同意，而“御笔更改发出”。改签也可能是由负责内廷联络的大臣——先是大学士，后来是军机大臣——拿出意见。[94] 通过这种方法，票拟就受到了最高层的监控——不仅有皇帝，而且也有他亲近的内廷助手。如此一来，尽管惯性和传统通常要求皇帝自动认可票拟，但内廷若有特殊的想法还是可以强行改动。

一些提议反对通政司，要削弱它在通信体系中的支配地位。明朝时，这一机构大权在握，负责审查所有到来的题本（有的说甚至是最机密题本）；对于想要延迟或是阻止的题本，可以拒收，使它们无法进一步转至在京部门。尽管该机构在清朝时的运作不完全清楚，但很显然，它有权拒绝题本——经常是因为格式的原因，在清初还是如此。结果，这种做法在雍正朝也予禁止。另外，雍正时奏折的扩张和奏事处的建立——后者可能是在雍正初，也削弱了通政司。[95] 后来各朝，通政司的权力转给了内阁，它进一步被削弱。

本章制度其他的改革，包括厘清当时外省所上的两种主要公文类型（题本和奏本）的区别，题奏摘要——贴黄的字数，题奏中保举人员所必需的信息，在题本中上报议覆所应采取的适宜方法。[96] 此外，一些上谕严斥文件保管和档案保存的方法。例如，应认真监

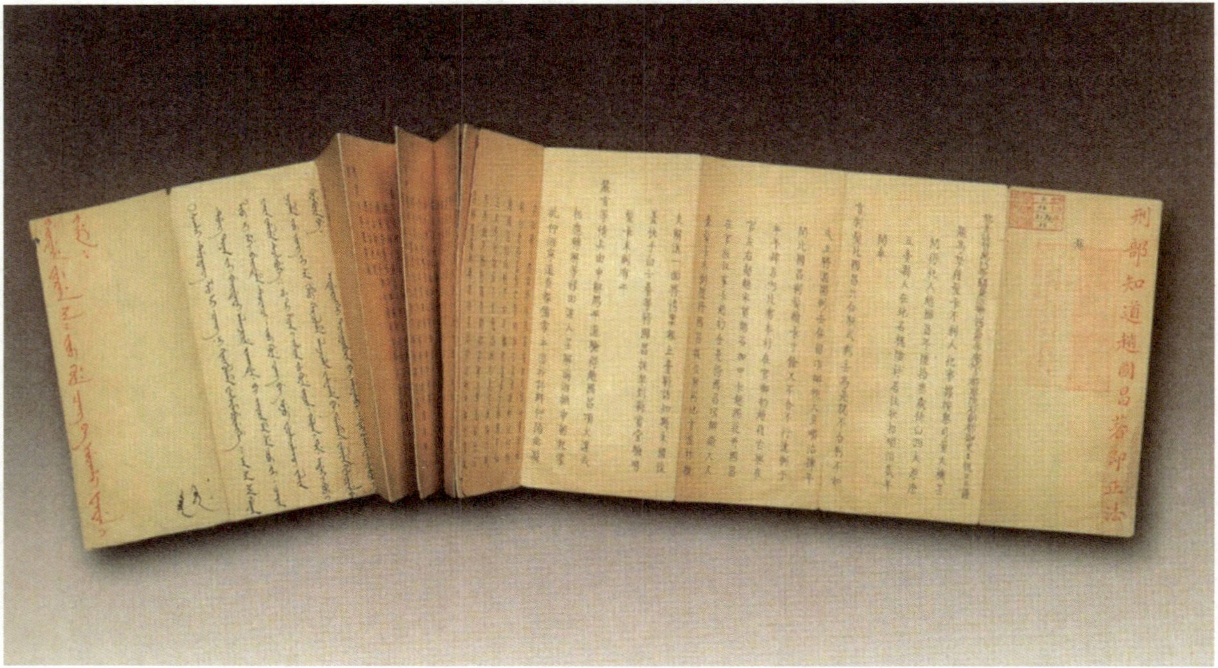

▲ 图17　题本

控档案保管人员，以免他们养成舞弊恶习。[97] 在大火烧毁了吏部大量档案后，出台了一项规定，要求本章的副本与原件分开归档。另有谕旨严令某些文件要抄录数份，以作不同的用途，也可“杜奸胥猾吏隐藏改换之弊”。[98] 由于某些题奏档案收藏不完备，书吏们常 46
常不得不到几处不同的文件保管地方，以收齐所有相关、可能需要核查的公文副本。结果，又制定了进一步的规范，将所有相关题奏档案保存在一处。[99] 但是外朝的通信问题根深蒂固，无法根除和改变。雍正皇帝的谕旨并没有纠缠外朝在本章票拟上的主导地位等问题。如下面数章所述，雍正皇帝反对外朝太过自治等棘手问题的主旨是要专注于内廷，创建一个机构以对抗另一个，强化新的奏折制度以对抗外朝旧有的制度。如此一来，雍正皇帝尽管继续运用传统的方法以插手外朝的决策——“改签”，偶尔御门听政时讨论问题，设立特别的调查小组及机构，以及使用内中堂和管理部务大臣作为与外朝的联系——但最终他解决外朝问题是用自己的新的内廷安排来规避外朝。

规避外朝的雍正内廷

雍正朝伊始，内廷行政构成主要包括：在内廷当值的大学士和管理部务大臣、服丧期的总理事务王大臣、南书房、议政王大臣会议、权贵组成的临时班子以及奏折制度。除了总理事务王大臣——这是唯一在康熙皇帝去世后设立的机构，康熙皇帝已经使用了所有这些（有些更为常用）作为统治的工具。康熙皇帝尤其使用南书房、议政王大臣会议、内廷临时议事班子和奏折，以规避外朝并完成某项行政任务——商讨军事战略，以及处理与在广州、北京的西方传教士有关的问题。雍正皇帝沿用了这些规避办法，但做了一些变动：一方面，允许有着很高声望的两个辅佐与议事机构继续存在，但降低它们的等级，逐渐交付一些不那么重要的事务；另一方面，雍正皇帝强调奏折的作用并推广使用。下面我将描述南书房和议政王大臣会议地位的下降以及雍正皇帝强化奏折的使用。康熙皇帝的临时性班子不是一直起作用，因此在第三章将它们与由雍正皇帝建立的一个类似班子一并讨论。

南书房

47 南书房（有时称南斋）设立于康熙十六年（1677），承担内廷的一些文墨任务[100]，包括撰拟敏感或重要谕旨，为朝廷一些考试挑选题目，陪皇帝练习书法，充任皇子老师以及作应制诗。[101] 从一开始，南书房就列入会典，承担重要工作（包括撰拟一些谕旨），负有盛誉。衙署被划定在内廷行政区域的核心，位于乾清门西侧。[102] 能担当如此重要的文墨和行政职责，又毗邻着皇帝生活区域，这样的任命令人垂涎。康熙朝，四十八位汉人和一位满人有幸进入这一声名显赫的机构。[103] 其中许多人来自翰林院。张廷玉之父、大学士张英供职南书房，是当时身居高位的知名学者。南书房办事效率极高，因为它的衙署位于内廷秘密之地——有次甚至一位尚书也被拒绝入内。这一位置使得皇帝可以很快见到南书房中的饱学之士，随时可以要求他们侍奉并确保商讨政策和撰拟谕旨的机密。[104]

雍正皇帝统治之初，延续乃父的做法，任命出类拔萃的汉人供职南书房。[105] 但不久雍正皇帝开始削弱南书房在朝廷中的显赫地位，任命一些中级人员、心腹官员的年轻子侄，甚至是新科进士。有一人被任命为“行走”，而康熙皇帝不可能选取这种人进入他最信任的汉人官员供职的内廷机构。[106] 南书房的办公场所也挪作他用。有记载说，张廷玉独在它的西炕间以行使内中堂的职责。在接下来的乾隆朝，它作为内廷人员办理庶务的场所，一度是抄录某一实录修订版本（清朝开国皇帝努尔哈赤的实录）的地方。雍正朝的最后三年间，圆明园中的南书房也被内中堂和另一内廷机构使用，后者即新建的非正式机构：办理军机大臣。南书房在内廷区域撰拟谕旨的重要职责也被削弱了，并逐步转移到了由雍正皇帝专门指派的内廷新的个人和机构手中。在乾隆朝，这一职责移至军机处，尽管南书房继续存在。[107]

雍正皇帝对南书房的处置，与最终成为他重组内廷的许多特色做法一脉相承。开始时，南书房作为从乃父那里继承的政府组织结构中的一部分，雍正皇帝小心翼翼地予以保留，但同时逐渐削弱它。南书房继续存在，但是光彩日少、职责日削。雍正皇帝希望建立自己的内廷机构并任命自己的人员。若需要任何重要的内廷机构，他就去创建。一个机构在半个世纪中与康熙皇帝亲近，拥有高官显贵，拥有法定地位，如此高的声望是雍正皇帝不能容忍的。 48

议政王大臣会议

雍正皇帝也从乃父那里继承了声名显赫的议政王大臣会议（有时简称议政处），这一由满洲权贵和中层人员组成的机构，它的建立可以上溯到满洲人的传统。[108] 议政王大臣会议的召集是非正式的，没有法定地位——这是清初一些内廷班子典型的特点，易于皇帝控制。康熙时期，议政王大臣会议承担着特殊职责，制定军事政策并商讨关系满人切身利益的事情：人员任命，保持风俗习惯，资助八旗穷人，以及是否允许从事对外贸易等。[109] 但是新皇帝意欲降低满洲王公和八旗的影响，这就要求削弱议政王大臣会议。[110] 为此目的，雍正皇帝实施积极和消极的两手，这是他应付从乃父那里承继的内廷机构的特色。结果，尽管他显得犹豫不决、优柔寡断，但事实上，他的解决办法与处置南书房的相同，既削弱了议政王大臣会议的重要性，又避免疏远有权势的满洲贵族。议政王大臣会议得以保留，继续任命议政王及议政大臣。雍正初期，赋予了它许多任务，商讨如人事任命与军队调遣等军务。[111] 然而，同时它慢慢被削弱。因事关议政王大臣会议中的满洲权贵，雍正皇帝不得不小心从事。

雍正皇帝对议政王大臣会议的不满，早在元年时就已表露无遗，他严厉斥责议政王大臣会议，因为一项决定“尚未行，早已泄露，人人皆知”。雍正皇帝大光其火，将其中一些大臣解职。后来雍正皇帝谕准任命一外省官员为朝中重要武职，但同时又吐露，他
49 不信任议政大臣所提供的信息。[112] 雍正皇帝也采用制衡的策略对付议政王大臣会议，不让它垄断议题、消息渠道或是文件。他最喜欢的方法是行使皇帝指定权力，变换讨论人员，这是一种“竞争性行政”。[113] 雍正朝头两年，议政王大臣会议常常与总理事务王大臣以及兵部共同议政，有时三个机构中的两个被任命来共同议事，但渐渐地，一个问题指派给一个机构单独商议，该机构负责再将该问题转交另一机构讨论。[114] 这种议程与康熙朝后期的情形大不相同，当

时议政王大臣会议总是负责讨论军事政策。不断变换议事集团的谋略，确保了雍正时没有哪个内廷机构可以独占对重要政策的制定。同时，议事不妥要受到处分，这样做是期望随后其他的议事人员能揭露这种不法行为。

但议政王大臣会议并没有彻底失势：偶尔会让它处理重要的事务。雍正七年（1729）指派它与刑部一同处理一起重要的煽动性言论的案件，这很显然不属于它通常所议的军事问题。此外，雍正初年，它的专门知识和经验也使它定期参议西藏问题。[115]但很显然，雍正皇帝知道议政王大臣会议中满人占优，声望很高，不易对付，这使得他寻求新的内廷机构来处置军务。在雍正朝后三分之二的时间内，为了筹划对准噶尔的战争，且不借助于议政王大臣会议，雍正皇帝转向由内廷代理人及其下属组成的新的高层内廷梯队：军需房和办理军需大臣（后来是办理军机大臣）。他的新安排很好地满足了他的要求：这些人员是非正式的，没有传统根基并且声望很低。[116]

使用奏折制度应对外朝

雍正皇帝所承袭的还有新的内廷通信制度：奏折制度。清朝的这种第二通信制度是为了避开外朝以确保皇帝和他的私属人员在内廷独自处置某些重要政务。[117]康熙皇帝已创制了奏折，以保证这一私人通信渠道，为自己提供外省事务的信息——骚乱、种种行政问题、雨雪状况、收成好坏等。在初期，与本章制度的公开以及由外朝官僚把持相比，秘密是奏折突出的特色。这些奏折经由私人传递渠道，利用当事人的折差，直接将文件交付内廷，防止了外朝机构的检查或介入。皇帝用朱笔——朱是皇帝专用的颜色——将批示 **50**

直接写在这些奏折上，这不同于本章制度下皇帝对大学士的票拟做批示，皇帝的控制得到进一步保证。奏折直接发还，这样具奏人就可以看到君主的批示。康熙时奏折制度的特点是：这是皇帝的私属渠道，数量有限的外省具奏人员，不经常上奏，缺少正规化，以及皇帝批示简洁。它满足了那个时期的需求：快速、非正式以及秘密奏报，特别是对于外省可能发生骚动的奏报。但它在随后的雍正朝被极大地改变了。

雍正皇帝继续使用奏折制度以避开外朝。如同乃父一样，他强调这一新制度的保密性，经常称这些文书为“密书奏折”（常简称为“密奏”或“密折”），强调它们的机密性，要求具奏人防止泄密并要他们亲自书写奏折，即便是各省大员的幕僚也不得援手。[118]

然而在雍正朝，奏折制度变化很大，以加强内廷在中央政府决策中的决定性作用。这一制度下的文件数量增加很快，雍正朝的十三年与康熙朝最后十三年比较，至少是后者的十倍，从约 2500 件上升到 25000 件，这一统计表明了数量上的根本变化。[119] 这种增加部分是因为一些新的问题被纳入奏折中处理。比如，本章制度要求，上报任何一个府州县收成情况，必先汇总一省的全部情况。比较起来，使用奏折就很方便，能够迅速了解一个关键点的情况。[120]（也可能正因如此，康熙皇帝才要求在新的制度中上报收成。）雍正时的一些新问题因本章制度其他规定所造成的延宕，同样可以在奏折制度中得到解决。

雍正皇帝也使用奏折解决不确定和实验性的事情，而这些在外朝处理过程中要么成为法规，要么遭拒绝，比如耗羡的奏报就很典型。正如雍正皇帝在上谕中承认的，“钱粮之加火耗原非应有之

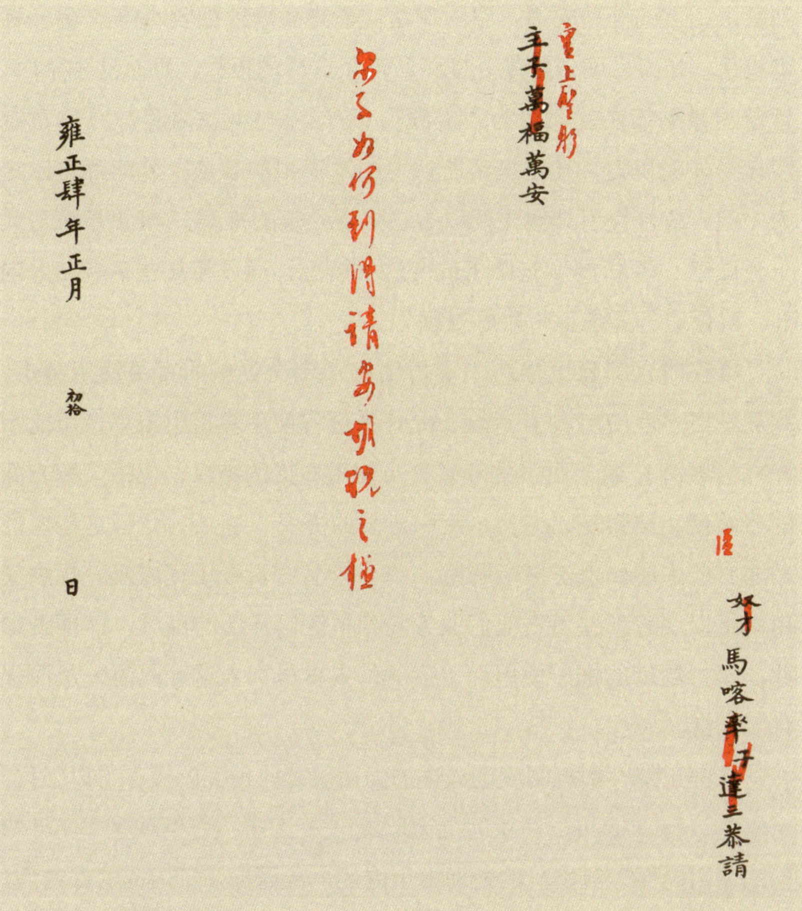

▲ 图 18 奏折及朱批

项”。关于此的一道上谕认为，耗羡合法性的含糊不清，意味着这一问题“只应具折奏闻，或咨部存案，不应见之本章”。如果耗羡问题走正常的外朝渠道，它的非法性最终会导致征收叫停。另一种
51 可能是，如果外朝依常规处理，认可了这样的报告，那么这种临时、暂定的缴纳很快就会成为“定额”，造成不可裁汰之势。[121] 本章制度赋予外朝权力，凡是皇帝所认可的本章中的政务，外朝都可以定为先例，或是援引其他先例以否决皇帝心仪的提案。雍正皇帝对此十分反感。奏折制度有助于改变这一情况，通过将某些事务转入内廷，确保它们能依皇帝所好处理。

雍正时，朝廷也推广了奏折制度，允许更多的官员使用奏折，并鼓励更多地使用。在京城，允许科道官使用奏折上报皇帝可能不知晓的事情。赋予更多的外省官员使用奏折的特权，包括文职方面的布政使、按察使、道员，武职方面的提督、总兵。[122] 但这些特别待遇有些未能如雍正皇帝所愿。许多外省官员受上司威慑，极少使用奏折以绕开那些负责他们业务并荐举他们升迁的官员。[123] 即便如此，奏折制度的推广使用让更多的外省官员加入这一网络，从而强化了内廷。

在雍正朝，奏折制度也通过加强使用某些种类的文件得以强化：京官的议覆奏折和一种新的上谕形式——廷寄（寄信或字寄）。它们的使用确保了对奏折的处理囿于内廷，从而提升了内廷的保密性。（对这些公文形式的具体讨论放在第三章。）随着新制度的推广，发展出了关于京内外官员奏折的档册以及抄录的副本即录副奏折，将现在由皇帝处理的大量公文条理化；也出现了大量的新档案系列（基本上是备份文件的档册），开始时主要用满文书写，到雍正末

年，这些满文档册有一百多册。后来，《平定准噶尔方略》就是在内廷的监管之下编纂的，这些档册被仔细翻阅并加以利用，作为研究雍正朝这部分历史的主要根据。

文件数目增加标志着政务激增，这是设置新的组织和人员处理现在已吞没了内廷的大量文牍的部分原因。雍正皇帝将从乃父那里接手的奏事太监转变为接收奏折的新机构——奏事处。外奏事处由官员负责，内奏事处由太监负责。[124] 两个新的非正式机构——内廷 52
代理人和办理军需大臣——部分责任就是阅览某些奏折并撰拟批示意见。（它们的活动将在第三章和第四章讨论。）

雍正皇帝注意到这一秘密制度可以用来达到他的许多目标。在他的统治下，康熙时用于外省奏报的新的、相对简单的通信方式变成了保存内廷秘密的精妙工具，雍正皇帝借此介入内廷管理，便于他主导政策制定过程，而且通过朱批这样一种私人联络方式，可以培植外省官员。奏折制度因此实现了雍正皇帝一些最为心仪的目的，即确保秘密并驾驭外朝和各省。最具意义的是，这一内廷通信制度也将权力影响置于皇帝最高层的内廷顾问之手，他们常常阅览奏折并与君主商讨其中的问题。在雍正朝，他们是内廷代理人；在接下来的乾隆朝，他们就是军机大臣。

保密　奏折的保密性使得皇帝的一些想法和行动免于公开，特别是免于遭受外朝审查，因此雍正皇帝可以袒露心迹，毫无保留地批示，而不必担心会泄露出去。这在皇帝应隐藏一切意见的人事问题上尤其有用。人们可以想见，若公开的题本中有着如此刻薄的朱批，会带来怎样的麻烦："何经文是一实心实力老成之员，朕甚赏之，但恐少粗些。此人秉性似与赵向奎相同，而赵向奎有才。"[125]

雍正皇帝曾以类似方式否决了他认为不实用且愚蠢的建议（请求除贴黄外对题本再行摘录）。对提议者，他的批示极尽揶揄口气："汝乃督抚中因不得人将就适用之中才。"[126]当时的情况是，即便是对地方官员率直的评价，比如一位巡抚无遮拦地贬斥一位属下"轻率"，都会惹怒那人的同党，给这位巡抚带来无尽的麻烦。而实际上，雍正时许多奏折直言不讳，甚至是挖苦人，藏身在内廷的档案中已有两百余年。尽管雍正朝一些无伤大雅的奏折出版了，部头很大，但还是有许多未刊，这是为了掩盖会引人怀疑的皇帝动机。这
53 些写在奏折上、雍正皇帝未事先演练及率直的、信手乱涂的文字和外省官员对此的回应，都是严格保密的。[127]

禁止内廷文件广泛传播　奏折的严格内廷保密性还有其他的好处，雍正皇帝可以拿出对奏折建议的处理意见，然后再将自己的决定下达部院。能够这样做，是因为禁止这些内廷文件转至内阁和六部。雍正皇帝坚决要求外朝和内廷的信息渠道严格分开，训斥甚至惩罚那些无视该规定、向外朝泄露奏折秘密的具奏人。[128]另外，对奏折的任何批示都必须以"密谕"对待，同样由内廷奏折体系而不是由本章体系处理。[129]这意味着对于奏折上的朱批不能向其他大臣透露，甚至是地方上同一衙署的官员。[130]通信渠道的严格区分向皇帝提供了他所希望的非正式性、保密性和私密性。但同时，当奏折的信息必须要正式处理时，雍正皇帝上述的关切就会遇到种种困难。

禁止将奏折送往外朝，这意味着如果问题必须由外朝处置，那么为适应本章制度的要求，就不得不书写一个全新的文件。这就导致了烦琐程序。首先，皇帝将奏折返还具奏人，命"具题来"。[131]接下来外省的具奏人将书写同样的内容（时常要删除不妥的词句），

以题本的形式再次送往京城。尽管这会造成延迟，但它给了皇帝充分考虑解决方案的时间，有一些在进入外朝议事程序之前就予以修订。[132] 有一次，一位巡抚请求延长一年时间以弥补藩库亏空，雍正皇帝对此表示同意，但他又指示具奏人："将不得体、不当入本之句删去，具本来奏。"[133] 又有一次，雍正皇帝与一位总督商议应对盐课征收缺短事宜。问题在于是否允许改变每年上缴的"盈余"数目。雍正皇帝知道这事必须要向外朝报告，但不希望有些信息扩散出内廷，他建议："应题奏者，具题。"[134] 内廷的保密性使得一些信息从未到达外朝官僚。

对于重新上呈题本的限制规定，在决定人事问题上特别有用。
例如有次雍正皇帝指示鄂尔泰（当时仍在西南任总督），要区别 54
对待给外朝吏部的信息与在奏折中直接上报皇帝的率直的人事评价："张广泗亦系上好实心任事之员，但未料有如此本领，甚属可嘉。具题时疏内应将他好处声明。此人宜两省何员升用处，折奏以闻。"[135]

尽管现在还缺少这些事例的后续信息，难以确切解释皇帝的建议动机，但一些建议似乎是为了保护地方特别的利益——可能一些例子关系到雍正皇帝着意培育的官员和地方士绅，而有的例子意欲保护内廷的特殊运作。雍正皇帝直言不讳地命令官员在题本中故意含糊其词，表明皇帝使用奏折制度的一个目的是要避开外朝机构，并且汇集不便外露的信息并在内廷做出决策。为避开外朝的公开与腐败，幕后的操作是必需的。例如，如果外朝某部院很可能接受了影响人员保举任命和欠税弥补的贿赂，那么，人事任命与欠税问题的决定就不得不在内廷做出。

甚是明晰應留在閩俟有水師守備缺出
酌量補用其未經補用之先臣當按月捐
給千總口糧合併聲明爲此具摺差家人
劉珍賫
進臣謹奏
聞
康熙五十年三月初四日

具題

▶ 图 19（上） 康熙皇帝在康熙五十年三月初四日福建浙江总督范时崇奏折上的朱批，令“具题”

此交部密議者不可令甚多部議事件仍照常抄錄應
題奏者具題

奏

總理戶部事務和碩怡親王臣允祥等謹
奏爲遵
旨密議事雲南巡撫管雲貴總督事鄂爾泰議覆李
衛增薪減價條奏一摺內稱黑鹽一井每年煎
正額鹽伍百陸拾肆萬觔每百觔額給薪本銀
柒錢伍分柒釐貳毫今議加銀肆分貳釐捌毫
共加銀貳千肆百壹拾柒兩玖錢玖分零又額
煎撥給不敷課款鹽貳拾肆萬觔每百觔給薪

▼ 图 19（下） 雍正皇帝在雍正四年四月二十六日怡亲王允祥奏折封面上的朱批，最后令“应题奏者具题”

使用内廷通信制度避开部院　奏折制度中皇帝的独尊地位也使得雍正皇帝可以无视外朝机构定然要捍卫的则例和事例。档案中有皇帝默许地方官员规避部院规定的例子，这一情况被小心翼翼地从当时传播的资料中拿掉了。雍正元年（1723），就保举人员如何避开部里一条讨厌的规定，雍正皇帝直接指示外省具奏人："如得其人，即越例题荐，不妨密折奏来。"情况还不止于此。在同一朱批里雍正皇帝反对候时过长，担心稍有耽搁就可能无法干预，从而保证选择他满意的地方官员。[136]

三年后，在另一份奏折的批示里，为避免部院可能将他中意的人选否决掉，雍正皇帝给出了不同的指示，因为到了此时，他更愿意用否决的方式直接对付各部：

> 不必拘例，竟行题请补授，但须于本内将不合例处声 55
> 明。部议不准，朕可特旨允行也。一切则例且不改定，暂于例外推行。试看之事颇多，朕于中有深意存焉。[137]

可以说，雍正皇帝凭借奏折制度不仅绕开了外朝，而且也绕开了法律。有时情况似乎是，只有那些允许雍正皇帝做他——而不是部院及其则例——认为需要做的事的规定才会被遵守。尽管雍正皇帝拥有随心所欲改变法律的权力，但如前引材料所表明的，在许多情况下，他更愿意根据自己的意愿在内廷行事，并且将不需要特别关注的事务交外朝处理，始终避免直接挑战外朝官僚。

雍正皇帝因不喜欢外朝的规定，就采取另一种形式，即使用"特"字（有时是"特密谕"），意思是特别指出——在上谕或是朱谕的结尾——他所做出的决定或所写的不应成为可以援引的先例。不将决定纳入则例，尽管雍正皇帝不是首创者，但他比前人更多地采用这一做法。例如，他为前线拨款的上谕很可能含有“特”字，因为这种拨款是一时之计，不可以自动地载入则例并在以后作为类似拨款的援引依据。有一次，雍正皇帝特别同意地方衙门保留某些御批，直到御批所下达的任务全部完成，而不是依通常的要求将它们即刻缴回，但是他也指出，下不为例。[138]

如此一来，利用奏折避开外朝给雍正皇帝带来了许多有利条件，使他能够在内廷保持秘密，从而断绝外朝影响有关决策的机会。另外，雍正皇帝可以使用奏折随心所欲，不必服从于则例。尽管他本可以修改则例，但他不愿意这样做，而是“一切则例且不改定”。在他的手里，奏折制度是促成他专制目标的利器，而不是为了向他的外朝官僚发动直接挑战。

使用奏折制度培植外省官员

56 除了避开外朝则例以及他不喜欢的人员举荐外，雍正皇帝还运用奏折联络外省官员，从而绕开本章制度下旧有的与外省联系的方式。依本章制度的规定，皇帝的批示并不经常出现在题本上。在极少数的情况，当皇帝对票拟改签时，他的改动留在票签上，而具奏人从未收到过。[139] 外省的具奏人员经常从邸抄上了解朝廷对他上报内容的批示。与此不同，奏折制度中的皇帝亲笔批示是一个新的重要内容，皇帝通过它直接介入，尤其是可以与外省官员亲自联系。雍正皇帝很擅长挥动他的朱笔，用来培植外省文武大员；他很清楚，收到长篇朱笔所书的心底话，哪怕只有一行皇帝亲笔书写的赞语，官员将会怎样受宠若惊。奏折制度向愿意进行必要书写的君主提供了营造与外省官员联系的机会。

档案中到处都是雍正皇帝在朱批中对外省官员拉拢、劝诱和嘉奖的例子。这里我只引用一个，即他与岳锺琪（1686—1754）的通信。他对岳锺琪奏折的批示包括了他与大多数外省大员的正面关系：鼓励，表扬，关注官员生活，评论与官员家庭成员的往来，恩赏，当然还有政策指导。另外，雍正皇帝亲笔写给岳锺琪的，包括他专门写给最受宠信之人的那种长信。选用与岳锺琪的通信，还在于他负责雍正四年至十年（1726—1732）西北战事的西线。这是雍正皇帝为了作战需要创造新的内廷机构的时间，而这一内廷机构最终变成了乾隆朝的军机处。因此，岳锺琪在西北的活动与军机处的历史有关联，他所得到的朱批阐释了奏折制度的另一用途：雍正皇帝尽力培植外省官员，并用朱笔筹划一场军事活动——通过书写进行决断。

清朝对准噶尔蒙古的战争始于康熙二十九年（1690），六十多年以后的乾隆二十年（1755）才宣告结束。雍正初期，雍正皇帝回击准噶尔威胁的愿望日益强烈。雍正五年（1727）末，他写给一位外 57
省官员，表示“朕意要大作用一番”。[140]

岳锺琪仅参与了这场战争中的两段。雍正二年（1724），他协助年羹尧在青海西部平定以罗卜藏丹津为首的和硕特叛乱。雍正四年至十年（1726—1732），他负责平准的西线战事。上述两场战争有联系，因为在平叛后，准噶尔人为罗卜藏丹津提供庇护所，站在了清军的对立面，向清朝挑衅。

岳锺琪参与的新一轮打击准噶尔的准备，始于雍正四年到五年

（1726—1727）。据后来雍正皇帝的两道上谕讲，战争的这一阶段秘密地始于在京的怡亲王、张廷玉和蒋廷锡负责的北线军需筹划，而在前线的岳锺琪负责西线的后勤。[141] 尽管通信往还速度惊人（这要看指挥人员所处的位置，单程通常一周或十天），但在京面对面的商议有时也是必需的，因此岳锺琪偶尔也应召回京。[142] 岳锺琪只是一位前线将领，但他是雍正皇帝最大心愿——最终战胜准噶尔——的关键。

雍正皇帝异常宠信岳锺琪，这始于雍正朝中期。早期有一些赞赏岳锺琪的谕旨，如雍正元年（1723）有一批示，奖劝说："朕于军机事宜，实信汝无疑。"[143] 但在七年（1729），当岳锺琪向辽远的西面进发，去完成雍正皇帝的"大作用"时，雍正皇帝下发一道谕旨，慷慨地称赞他是富有经验之人，"悉心经画"，备战有年。[144] 七年闰七月二十一日（1729 年 9 月 13 日），岳锺琪率领十二支先遣队伍"出关"，也就是出甘肃肃州向西，六个星期后抵达新疆的巴里坤。[145] 闻此消息，雍正皇帝热情洋溢地在上报此事的奏折上批写，表达对岳锺琪及属下的关心："朕躬甚妥好。卿出边越旬矣，诸凡如意否？鞍马风霜，卿好么？官弁兵丁人马安泰否？特谕。"[146] 雍正皇帝的这种恭维话在对其他地方臣子的批示中也不稀见。但雍正七年军事筹划日益紧张，令雍正皇帝更关心这位心腹将领。只要岳
58 锺琪准备出征，他们间的联系就伴有雍正皇帝的慷慨赏赐以及实际上相当于私人信件的长篇批示。[147]

在岳锺琪抵达偏远的巴里坤后，雍正皇帝送去精美食品、药品，开启了他们关系的新阶段。有次运达的东西包括一个洗脸盆、两个皮荷包、两匣奶饼、两匣"喇嘛饽饽"、一匣鹿尾和一篓熏猪肉。[148]

▲ 图 20　年羹尧像

▲ 图 21　岳锺琪像

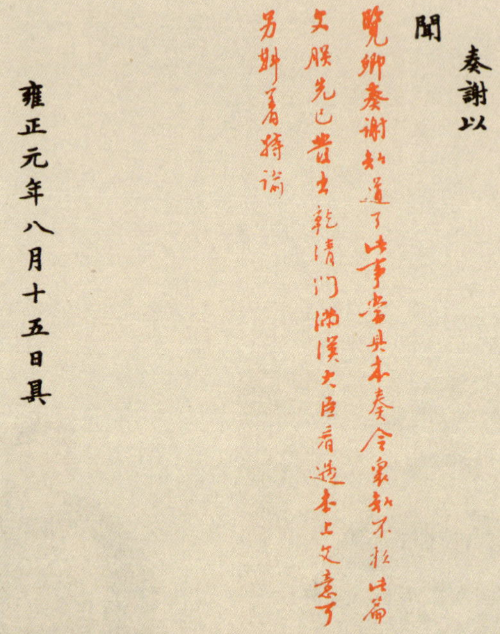

奏謝以

聞

覽卿奏謝知道了此事當與本奏今衆新不於此篇文朕先已書出乾清門滿漢大臣看過來上文意了另斟酌着特諭

雍正元年八月十五日具

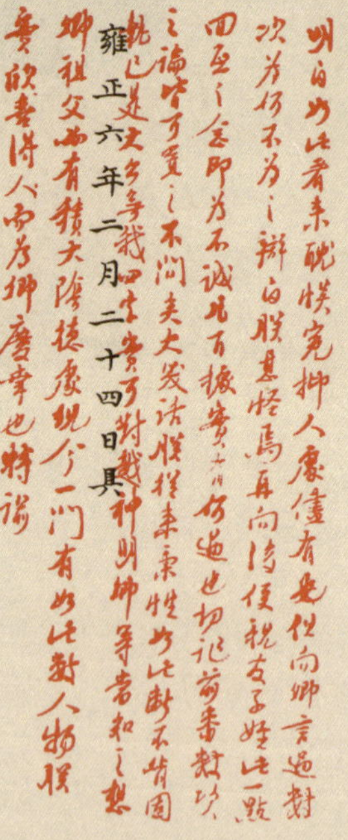

雍正六年二月二十四日具

▲ 图 22（上） 雍正皇帝在雍正元年八月十五日四川陕西总督年羹尧奏折上的朱批，以“特谕”结尾

◀ 图 22（下） 雍正皇帝在雍正六年二月二十四日陕西总督岳锺琪奏折上的朱批，以“特谕”结尾

运达的还有草药，以及皇帝对此的使用说明。一种丸药是依据皇帝心腹、河南巡抚田文镜的推荐制成的，雍正说“朕尝用，制造甚佳”。[149]还有一种瓶装药，也有雍正皇帝的说明：服药百日后才见全效。[150]雍正皇帝也送给岳锺琪数匣折扇，是他当皇子时画的（这里的画是一种装饰）。在所附的纸条上，他以信任的语气承认，“六年来，亦未暇书扇，偶书一二柄，自觉笔涩不及当年之兴致”。[151]得到珍贵的御用之物作为礼物，加上皇帝坦白自己的缺点，这是岳锺琪得到雍正皇帝宠信的最好证明。礼物经过长途转送，到达巴里坤后可能已很糟糕，但任何品质上的问题与受到皇帝如此垂青、如此褒奖所带来的飘飘然相比实在算不了什么。有了如此的讨好、信任，正在前线劳苦的臣子必定奋勇投入帝国的事业。

雍正皇帝也极力赞扬岳锺琪，数次恭维他处事得体。有次，雍正皇帝称岳锺琪“深知彼处官员”，命将题补、调补官员的权力交他，这种机会并不是所有前线将领都可以得到的。[152]还有一次，雍正皇帝将岳锺琪与怡亲王相提并论，这是很不寻常的赞誉。为了他的整个军事行动，雍正皇帝要赢得岳锺琪的忠诚。[153]雍正皇帝甚至喜欢岳锺琪的儿子岳濬：“岳濬，朕一见甚赏。见他，不料此子大有骨气，做官声名办事妥协，好之极。”[154]

一些写给岳锺琪的批语今天看来似乎平淡无奇，但是阅读它们时，我们必须记住，我们正在研究的是这样一个社会：其中，尽孝、吉兆以及能给中国北方干旱平原上的庄稼带来雨水的天气都是备受关注的问题。也因如此，雍正皇帝在一张纸上详述了他拜谒父亲康熙皇帝陵寝之行：

59 朕二月初十日起身，十三日谒陵，即日回銮。十四日途次卿奏到。一路来往甚如意。此日天气和平、预日雨雪，皆圣祖在天之灵明示昭感之所致。朕甚欣悦，谕卿知之。[155]

有些简短的批语——说给外省心腹，也包括岳锺琪——记录了雍正皇帝所思所想。现存一份请安折，上面有一圆形污渍，像是雍正皇帝的茶杯曾放在上面过，雍正皇帝在朱批中对此表示歉意："此朕几案上所污，恐汝恐惧，特谕。"正如黄培所指出的，雍正皇帝像教师拿着红笔批改作业。错误和误解同样成为雍正皇帝热切关注的焦点。有次，这位皇帝一教师甚至告诫一位具奏人，他写的内容没问题，但是他在奏折后面所留的空白纸太多了！[156]

在雍正七年（1729）冬一份不同寻常的长篇批示中，雍正皇帝向岳锺琪承认，因为久不下雪，他"深为忧虑"，但又说："十九日夜子时忽阴，丑时下大雪，至午约有五六寸尚有余。书此谕时，雪尚未止。实上天深恩，朕曷胜庆喜。特谕卿知之，同喜也。"

接着雍正皇帝话锋一转——他常常如此：

将卿从西安往军营出行吉期，选择发来。再，岳濬痊愈矣。钟元辅言，可以服丸药调理，无庸加减。

最后，雍正皇帝又说，希望岳锺琪休息调养数月，以慰"朕怀"。他用一种令人难忘的、多余的方式，结束了此次书写："随便写来让卿知道。"[157]可以随意书写是奏折制度的一大特色，这强烈吸引着雍正皇帝。

岳锺琪奏折中最令人称奇的是雍正皇帝写给他的长信。这些类似于对奏折的批示——用的是朱红墨汁，是专门写给个人的——但是它们的长度超出了通常认为的批示。字是竖排写在纸上的，长短
取决于皇帝。一些只有两三行。有的展开折纸有一两英尺，包括 60
二三十行竖写的文字。大多数都是古文的写法，没有标点，但是在断句的地方，雍正皇帝常常圈有小的圆点。这些信件是非正式、随意、即兴书写的。它们显示了雍正皇帝的无常多变，权衡方案利弊，征求岳锺琪的意见，甚至依靠岳锺琪制定重大决策以取得胜利，等等。这些是雍正皇帝的思想火花，因此，完全准确的英译大概是不可能的。这里所翻译的两个片段，是想反映出原文的这种不确定性以及雍正皇帝真实想法的自然流露。它们表明了雍正皇帝的另一面：一个写作的皇帝使用新的通信制度，将内廷处理事情的范围以及私密性扩展到整个帝国的文武官员。

首封这样的信大概是在雍正五年末（1728 年初），附在雍正皇帝和怡亲王谈话所形成的廷寄上谕撰拟文稿之后。很显然，雍正皇帝对文稿并不十分满意，他继续思考这一问题，又在后面添加了更多的意见。他写满了文稿的所有空白处，接着又另纸书写。怡亲王的文稿描述了近来准噶尔的数件暴行——下毒、剜眼和将反对者禁锢在地牢，以及朝廷难以弄清楚准噶尔的意图。现在的问题是如何利用准噶尔的领导层，给予清朝口实以重新开战。确定时间是关键所在。清朝所等待的开战时间，应是军队已然秣马厉兵（应需一整年），并在准噶尔地方进入寒冬之前，长途进军且可以取胜。

清朝正在寻找借口，恰好有一个很好的理由，那就是准噶尔收

留雍正二年青海和硕特反叛首领罗卜藏丹津，这就是有罪。清廷的计谋是释放在京的准噶尔使节，让他捎信，要求准噶尔交出反叛者。但是很难预测准噶尔会如何行动。他们大概会如清廷所希望的那样，拒绝交出和硕特首领，这样就为雍正皇帝所寻求的战争提供了口实。但他们也可能很温顺地遵从清廷的要求，将罗卜藏丹津送往北京，若是这样，借口将不复存在。然而雍正皇帝还有一个想法：即便准噶尔遵从了，还是有机会的，就说他们交人太晚。因此当务之急就是如何定下使节返回的时间。

信中雍正皇帝乐观但还未下定决心，这时还处于他继位以来第一次大规模打击准噶尔的起始点。由这封信，我们可能明白雍正皇
61 帝是如何抓住与岳锺琪通信的机会，书面交流，反复表白自己的看法以及他人（如怡亲王）的不同意见。但最后，他将事情交予岳锺琪，并承认事实上他还未痛下决心。下面的内容始于雍正书写的中间部分：

> 二来，若伊见大兵之势，若迎送罗卜藏丹尽，则难措置矣。莫若令早些去，伊不送极好，候年便兵到送来，已有辞矣。但又恐会早还，伊若即送丹尽来，则师出无名矣。伊未必给罗卜藏丹尽，然亦不可不料及此。
>
> 再者料令早回，倘彼见朕旨严切，不似讲好，或闻备兵风声，趁我兵未备齐，秋时骚扰边境，而所关又巨。二者朕意未定，与卿商酌。
>
> 再……朕意莫如明岁秋初，齐集阿尔泰。后年青草一出，直抵厄尔齐斯，则甚易矣。

> 怡亲王言，两事徒多靡费一分钱粮，又恐伊预闻为备，若将一切口粮、驼马，明年预备阿尔泰，兵到便更换前往。……可以一气行得云云。朕又以王之言为是。但朕意七八月间到厄尔齐斯。又望刈获伊之粮稼。王言此亦不可恃。彼预闻亦未必肯种，便种亦未必肯留。我兵还以所带籽种，必得下年有自种方可恃。王之言又甚有理。朕意只以一直过阿尔泰抵厄尔齐斯为难。朕意亦未定。
>
> 一者，不便向他人商酌。况谆噶儿来人在京。恐事机不密，亦无晓事练达、将良心来办国事者，随声附和，亦不过观朕意之向，迎合诺之而已。便商酌亦无益。因备细写来，得此三事，将卿之所见，熟思详悉筹画奏闻。朕再 62
> 与怡亲王酌定。
>
> 再将进兵抵谆噶儿地界，两路进取出机宜，彼逆战如何？逃躲如何？诱引如何？求好如何？彼属下归降投顺如何？战败逆灭进剿如何？就卿之预料，应如何料理，明春二三月间写呈朕观，以便训谕北路将帅，两路照应而行。凡事预则立，此一举乃真正大事。凡有念及者，朕不厌烦渎，一一奏闻，便先有所奏，后有虑及不妥协者，亦不妨改奏。将周开捷八字问来，随便奏朕，速些好。[158]

第二封信所表现的是雍正皇帝陷入沉思战争失利的痛苦。尽管在档案中，这封信与上一封相邻，实际上却要晚得多——但没有具体的日期。这里没有提及与怡亲王继续讨论问题，这时怡亲王应已去世。这封信与对准噶尔劫掠的叙述放在一起，表明写于雍正八年

（1730）左右。这里，雍正皇帝再一次向心腹将领袒露心扉：

> 自去岁至今，诸凡出乎意外。朕诚慌诚恐，痛自省责，一一皆我君臣自取之咎。兵法言骄兵者败，欺敌者败，不知彼者败，我军皆犯之。……此番两路之备，太过劳矣，朕悔之不及，惟自对天认罪，忏过之外，复有何辞！贼兵之势，至于如此，实出向日见闻意想之外。进剿灭贼之举，不但力所难能，睹此天心不顺之景，敢违天意而行乎？我君臣若两加之以奋兵，罪过更不取当也。但此意惟我君臣二人知之，副将军等亦不必令觉知者。或贼人逞其狂暴，若骄兵轻敌，果天厌时，很必有失机妄动之处。此时我以应兵，以听天恩，倘有雪耻复恨之日，未可定也。
>
> 63 今只以悔罪，求天恩赦。守之为主，进剿灭贼之念，亦不必举。但此事始初虽出于卿口，若朕无此意，而岂有轻信卿言而孟浪为此大举乎？况此举乃皇考未了心愿，兼国家之隐忧，卿不过以赤忠效力之心，迎合朕意。朕亦因乏人敢任此事，嘉卿之忠勇之诚任用之耳。是朕之未审、轻率，获罪于天地神明，何颜何忍，怪卿怨卿也。此实朕之良心、本心，恐卿识见不及此，知朕不及此，见今日之难势，愧前言之不能副，稍存奋激之念，方寸一乱，主见一失。若至令朕倘失倚望，则负朕莫过此也。若思感报，惟转保全为务，守边为要。[159]

在奏折—廷寄制度中能够书写这种御笔书信（这里仅是从档案

里众多信件中选出的两封而已），这一事实显示出雍正皇帝如何解决与外朝自治（这是承袭明代而来的）相关的通信问题。雍正皇帝发展了内廷奏折制度，他很容易绕开他的官僚以及摆脱约束本章制度处理的各种事例，独立、直接、充分地与外省官员联系。但是如果皇帝要在奏折上随意书写，那么，自然流露的思想、简短批语以及评论就必须严格保管在内廷的卷宗里。外朝散布的清朝必败的看法——如上述第二封信中存在的，当战事不明之时，可能会挫伤国家的锐气。整个国家不可能获知君主所感到的“慌恐”。康熙皇帝和雍正皇帝强化内廷通信制度提供了保密性，允许他们特别是雍正皇帝培植外省官员并秘密地制定决策。

这些书信也解决了关于前线将领历来就有的两难问题：不得不牵制这些人，而同时又要给予他们面对战事相机行动的自由。雍正皇帝的解决办法是将希望押在岳锺琪的忠诚上，但他首先通过与岳锺琪的奏折通信联系，极尽所能地培植他的这种忠诚。雍正皇帝利用新的奏折制度以鉴别有前途的臣子，并对他们在遥远前线的作为不予掣肘，丝毫不怀疑他们会蜕变，在边地结党，祸害朝廷，而以前中国历史上发生过太多这样的事情。可以说，这些改进是雍正皇帝将新的内廷通信制度打造成加强他专制统治极重要工具的又一途径。

早期的满洲皇帝试图依靠外朝来处理政务时，遇到了诸多困难，
因此雍正皇帝要寻求新的统治形式。早先的满洲君主仅是使用一小 64
群内廷顾问处理秘密、敏感事务，其他的都是直接交予外朝的部院处置。雍正皇帝不满意这些安排。但同时，他的内廷——主要是由满人占优并且因康熙朝后期党争而四分五裂——不足以肩负许多

额外的担子。因此，他需要新的办法，既能应对这些问题，又能赢得一场平准的军事胜利。

雍正皇帝通过两种重要的方法加强内廷：扩展政务范围和强化君主作为管理者的角色。他投入大量精力，处理烦杂政务，宵旰忧劳，无丝毫懈怠。在这一章中我们已经看到他事无巨细，勤勉有加：算计开战的良辰吉日，与怡亲王争论出征时间及路线，认真考察所派人员。雍正皇帝甚至为奏折上茶杯的污渍担当责任。现在回想起这一章最开始描述的地震情形，认识到他竟然有时间在上午泛舟湖上，人们怎能不惊诧！

仅有工作狂热是不够的，雍正皇帝还需别的努力。他对外朝缺陷的恼怒，对满洲王公贵族把持政务、外朝弥漫着腐败风气的不满，这些促成了他对内廷的创新。结果，内廷机构在初期是满足雍正的这些要求，而后来搭就了清朝新的枢密班子的框架。

注

1. 通常所说的清代各朝起讫时间，与统治者实际在位的时间不完全一致。例 303 如，雍正皇帝掌权不是在1723年——这是通常所给出的时间，而是始于他父亲去世的康熙六十一年十一月十三日（1722年12月20日）。所谓的雍正朝是从第二年的第一天，即雍正元年正月初一日（1723年2月5日）算起的。

2. 国家档案局明清档案馆编：《清代地震档案史料》（北京，1959年），1～2页；《清世宗实录》卷97，页15～16。后来对于这场地震的看法，参见《清高宗实录》卷19，页19b～20。

3. 军机处的其他名称包括办理军机处，军机大臣也称办理军机大臣。

4. 何炳棣：《中国遗产的突出方面》，见何炳棣、邹谠编：《危机中的中国》（芝加哥，1968年），20～21页；芮沃寿的评论，参见前书，40页；钱穆：《中国传统政治》，见查时杰编：《中国通史集论》（台北，1973年），84～128页；钱穆：《中国历代政治得失》，26～27页。对于用内外朝的框架研究军机处的适宜性，参见黄培：《清代的军机处：一项史学研究》，载《伦敦大学亚非学院学报》，第48卷第3期（1985年），尤其是35～36页。汉斯·比伦斯坦指出了要对这一术语的有用性存有戒心，参见《汉代的官僚制度》（纽约，1980年），155页。

5. 张廷玉：《澄怀主人自订年谱》卷2，页23b～24；徐珂编：《清稗类钞》（1917年，台北1966年重印本），第1册，宫苑类，1页；（北京）"议覆档"乾隆 304 二十五年五月二十二日，17～58页；《光绪会典》卷70，页9b；《光绪会典事例》卷319，页1及以后；萧奭：《永宪录》（台北1971年重印本），155页。

6. 清中期的行政机构，参见徐中约：《中国近代史》，第3版（纽约，1983年），第3章"政治与经济制度"。对于雍正朝行政的分析，参见黄培：《雍正史之论》。对于大多数部院及其他专用名词，我使用人们普遍接受的卜内特、哈盖尔斯特洛姆《当代中国的政治组织》的英文翻译，该书由贝勒成科、墨澜英译（上海，1912年）。晚明京城官员估计有两千人，参见黄仁宇：《万历十五年》（纽黑文，1981年），53页。

7. 任以都：《十九世纪中国的户部》，载《哈佛亚洲研究》，第24卷（1962—1963年），175～228页；曾小萍：《州县官的银两：18世纪中国的合理化财政改革》（伯克利和洛杉矶，1984年），16～17页。刑部职掌的记述，参见卜德、莫里斯：《中华帝国的法律》（马萨诸塞州剑桥，1967 年），122 ~ 131 页。

8. 明朝的本章制度，参见吴秀良：《明朝本章的办理与流程的演变（1368—1627）》，载《通报》，第 54 卷第 4 ~ 5 期（1968 年），275 ~ 287 页；张治安：《明代内阁的票拟》，载《“国立”政治大学学报》，第 24 卷（1971 年 12 月），143 ~ 156 页。时人描述清朝本章制度的运作，参见（北京）“议覆档”乾隆三年六月二十四日，277 ~ 279 页。

9. 内阁日常办公程序的规定，参见（北京）“票部本式样”以及中国第一历史档案馆所藏相同性质的档册。

10. 邸抄，参见白瑞华：《1800—1912 年的中文期刊》（上海，1933 年；台北 1966 年重印本），1 ~ 15 页；欧中坦：《大英博物馆所藏的邸报》，载《清史问题》，第 2 卷第 9 期（1973 年 1 月），35 ~ 49 页。

11. 例子参见任以都：《十九世纪中国的户部》，载《哈佛亚洲研究》，第 24 卷（1962—1963 年），190 ~ 191 页；卜德、莫里斯：《中华帝国的法律》，127 页。

12. 皇史宬建于明嘉靖十三年（1534），参见《明实录》（南港，1964—1966 年），序言，页 1a ~ b；《乾隆会典则例》卷 2，页 4a ~ b；《光绪会典事例》卷 14，页 36。内阁大库，参见王国维：《库书楼记》，见《王观堂先生全集》（台北，1968 年），第 3 册，1164 ~ 1168 页；谢国桢：《明清笔记丛谈》（上海，1962 年），149 ~ 150 页；吴哲夫：《“国立”故宫博物院藏书简介》，载《教育与文化》，第 418 期（1974 年 8 月），36 页；徐中舒：《内阁档案的由来及其整理》，载《明清史料》，甲编（台北 1972 年重印本），5 ~ 7 页；方甦生编：《清内阁库贮旧档辑刊》（北平，1934 年），册 1，地图；章唐容编：《清宫述闻》（台北，1969 年），卷 3，页 8b ~ 9；《北平故宫博物院文献馆一览》（北平，1932 年），8 ~ 9、16 页。

13. 朱偰：《北平宫阙图说》（长沙，1938 年），83 页。有数套实录，这里所描述的一套要永久保存，因此外人是看不到的。

14. 谢国桢：《明清笔记丛谈》，149 ~ 151 页；傅子浚、朱秀元：《明清档案馆历史档案整理工作在大跃进中》，载《历史研究》，1959 年第 1 期（1959 年 1 月），
305 95 页。韩书瑞惠赠后者的复印件，在此致谢。

15. 不应将起居注误认为是对于皇帝或其官员的私人载述。这是一种非常古老的体裁，它们理应是依据起居注官的观察与手书材料编纂，但事实上到清朝时，它们的许多材料抄自官方的朝会、陛见档案。

16. 方甦生编：《清内阁库贮旧档辑刊》册 1，页 18 ～ 20；《明实录》，序言，页 1a ～ b；张国瑞编：《故宫博物院文献馆现存清代实录总目》（北平，1934 年），11 页；谢国桢：《明清笔记丛谈》，150 ～ 151 页；（台北）“宫中档”雍正朝奏折 021251，雍正元年五月十五日，吏部奏折。使用明朝档案史料编纂史书，参见傅吾康：《〈明史〉的史料来源》（吉隆坡，1968 年），15 页及以后。

17. 黄仁宇：《万历十五年》，75 ～ 77 页。

18.（台北）“上谕档（方本）”，嘉庆八年三月二十九日，245 页；嘉庆二十三年七月初六日，39 ～ 41 页。皇帝出巡中内廷的安排显示，存在两个以皇帝个人为中心、差不多以同心圆排列的内廷。外圈的是“白布城”，这一区域相当于隆宗门和景运门间的乾清门广场。出巡途中，“白布城”必须用警戒线隔开，将闲杂人等排除在外，内廷人员和供应车辆可以进入。内圈“黄布城”相当于紫禁城北部的皇帝及其侍从的生活区域。“黄布城”，也可参见（北京）“上谕档（方本）”，雍正元年正月初八日，63 页。

19. 庆桂等编：《国朝宫史续编》（北平，1932 年），卷 2，页 2 ～ 3，页 4a ～ b；卷 6，页 1a ～ b 及 5b。《清史》第 1 册，228 页。《清世宗实录》卷 4，页 13b。《清高宗实录》卷 315，页 4 ～ 6b。《宫中现行则例》（咸丰朝），卷 1，页 13b ～ 14b，引用了乾隆十年的一道上谕。雍正朝的史料显示更早期的内廷也占有大约同样的空间，参见《清世宗实录》卷 64，页 1a ～ b；于敏中等编：《国朝宫史》（1761 年稿本重印本，台北 1970 年），卷 3，页 1。对于雍正朝内廷的回顾分析，参见龚自珍：《定盦文集补编》（台北 1968 年重印本），卷 4，页 312。

20. 宫里太监数目极大。对于晚明太监数目的一个估算，有十万之众，可能极度夸大了。黄仁宇（《万历十五年》，13 页）给出了一个小得多的，但对晚明来说仍然过高的数字：两万。清朝数字要小得多。从慈禧时的三千到清朝最后岁月的一千多人，参见陈绪纶：《万历时代（1572—1619）的北京》，见《研究亚洲历史学家国际协会：第二届双年会议论文集》（台北，1962 年），第 2 册，126 页；溥仪：《我的前半生》，詹纳英译本（北京，1979 年），第 1 册，62 页。也参见陶博：《康雍乾内务府考》（马萨诸塞州剑桥，1977 年），39、174 页。

21. 张德昌：《清代内务府的经济角色》，载《亚洲研究杂志》，第 31 卷第 2 期（1972 年 2 月），244、253 页；陶博：《康雍乾内务府考》，101 ～ 102 页等处。

22.（北京）“议覆档”乾隆元年十月十九日，289 ～ 295 页，开列有来自上三旗的侍卫465名，来自銮仪卫的侍卫88名，后者负责皇帝外出。也参见《清世宗实录》卷2，页38b ~ 39；（北京）“上谕档（方本）”，乾隆三十二年二月初一日，95 ~ 99页；（台北）“上谕档（方本）”，嘉庆十九年六月初七日，103 ~ 119页。

306 23.（台北）“上谕档（方本）”，嘉庆二十四年十月初三日，23页；当值的负责警卫的八旗前锋营共八班，人数据说超过六百。也参见（台北）“议覆档”乾隆五年六月十九日，125 ~ 128页。

24. 吴秀良勇敢地澄清几百年来加之于雍正皇帝的污名，参见《康熙朝储位斗争记实》（马萨诸塞州剑桥，1979年）。雍正继位的考察及近来文献的概述，参见费思堂：《雍正继位新论》，载《远东历史论文》，第17卷（1978年3月），103 ~ 136页。

25. 天嘏：《满清外史》（台北，1971年），23 ~ 24页。雍正皇帝在康熙皇帝弥留之际数次进见，这或许使他有机会改变遗诏，参见孟森：《清代史》（台北，1960年），478页。

26. 劳伦斯 · 凯思勒：《康熙和清朝统治的巩固（1661—1684）》（芝加哥，1976年），7 ~ 8页。

27. 萧一山：《清代通史》（台北，1967年），第1册，861 ~ 862页；《清代名人传略》，926 ~ 927页；吴秀良：《康熙朝储位斗争记实》，179 ~ 186页等处；史景迁：《中国的皇帝：康熙皇帝自画像》（纽约，1974年），123 ~ 139页；《清世宗实录》卷26，页11b ~ 13；《清史》第5册，3558 ~ 3560页。

28.《清史》第5册，3558 ~ 3560页；（北京）“上谕档（方本）”，雍正元年二月十一日，189页。

29.《清代名人传略》，927页。阿其那，参见第二章注8。

30. 满文批示见（台北）“宫中档”雍正朝奏折020610，雍正元年十月二十一日，允禩奏折。这份奏折的满文部分在出版时未被包括进去。感谢庄吉发先生提醒我注意这份奏折及朱批并对朱批的初步翻译。关于此点，也参见萧一山：《清代通史》第1册，864页；《清世宗实录》卷26，页11b ~ 13。

31. 萧一山：《清代通史》第1册，865页。允禩卒于1726年；后来乾隆皇帝为他恢复名誉，并重新承认他子嗣的宗室地位，参见《清史》第1册，129页第5栏；《清高宗实录》卷1048，页17b ~ 19。

32.《清代名人传略》，930 ~ 931页；《清圣祖实录》卷293，页4b。雍正皇帝拘禁允禵，参见庄吉发：《清世宗拘禁十四阿哥允禵始末》，载《大陆杂志》，第49卷第2期（1974年8月），24 ~ 38页。

33. 康熙皇帝追击噶尔丹的描述，参见史景迁：《中国的皇帝：康熙皇帝自画像》，17 ~ 22页。蒙古形势的一般背景，参见夏格巴：《西藏政治史》（纽黑文，1967年），125 ~ 139页；亨利·霍渥士：《九至十九世纪蒙古史》（伦敦，1875 ~ 1888年），第1卷，497 ~ 525页。

34. 朱批，（台北）"宫中档"雍正朝奏折000440，无日期，内封第7件。

35. 朱谕，（台北）"宫中档"雍正朝奏折000454，无日期。

36.（台北）"雍正上谕档"，雍正八年五月十四日，55页，第4行。对康熙皇帝经历的类似困难的描述，参见史景迁：《中国的皇帝：康熙皇帝自画像》，19 ~ 20页。

37.（台北）"雍正上谕档"，雍正八年五月十四日，53 ~ 57页。也可参见《清世宗实录》卷2，页14b ~ 15。（二百五十万两为户部银库亏空数目。——译者）

38. 这一灾难及随后的空位期，参见贺飞烈：《看守皇帝：代宗朱祁钰的政治史所揭示出的十五世纪中国皇帝制度的诸问题》（莱顿，1986年）。辅政、摄政，参见单士魁：《清代历史档案名词浅释》，见故宫明清档案部编：《清代档案史料丛编》，第3辑（北京，1979年），197 ~ 198页。（正文"摄政"等说法有误。明英宗于正统十四年［1449］被俘，第二年即释还。——译者）

39. 时人对题本处理过程的描述，参见（北京）"录副"内政类，乾隆二年三月二十九日，陈世倌奏折。 307

40.《乾隆会典则例》卷2，页4b；《光绪会典事例》卷1014，页2a ~ b及以后，康熙十七年条目；（北京）"议覆档"乾隆三年六月二十四日，277 ~ 279页；张廷玉：《澄怀主人自订年谱》卷4，页22b。（据此处史料，正文不是雍正帝，而是乾隆帝，这是乾隆三年的事；不过，雍正七年时，雍正帝也曾修改阁臣票拟，见卷2，页18a。——译者）

41. 席吴鳌：《内阁志》，6页。吴秀良：《工作中的皇帝：康熙和雍正的日常安排（1661—1735）》，载《"清华"学报》，新第8卷第1 ~ 2期合刊（1970年8月），214 ~ 215页。《清世宗实录》卷9，页10 ~ 12。《清高宗实录》卷70，页14a ~ b；卷1003，页22 ~ 23。《光绪会典》卷2，页5 ~ 9。《光绪会典事例》卷

14，页 2b ~ 3。撰写票拟的规定，参见（北京）“票部本式样”、类似名称的档册以及（台北）“宫中档”雍正朝奏折 013085，雍正八年五月二十二日，宪德奏折所引上谕。也可参见（北京）“议覆档”乾隆元年二月十三日，171 页。文件数目虽多，在本章制度中还是能做到保密，参见《光绪会典》卷 13 页 3 中早期的（顺治）谕令以及《清世宗实录》卷 54 页 23b ~ 24 中特别的谕令。

42.《光绪会典》卷 5，页 17。《光绪会典事例》卷 703，页 13b ~ 14；卷 1042，页 7。《清世宗实录》卷 4，页 16b ~ 17。（台北）“上谕档（方本）”，道光三十年正月初十日，103 ~ 108 页。庄吉发：《清世宗与奏折制度的发展》，载《“国立”台湾师范大学历史学报》，第 4 期（1976 年 4 月），198 页。皇帝斥责偷偷抄录的例子，参见《清圣祖实录》卷 278，页 2a ~ b。

43.《清世宗实录》卷 1，页 8b ~ 9。

44. 随后任命一位贝勒协办总理事务，参见《清世宗实录》卷 19，页 6a ~ b。

45.《清世宗实录》中许多地方记载了总理事务王大臣的运作。人员任命的例子，参见《清世宗实录》卷15，页9a ~ b。总理事务王大臣讨论军务的一个详例，参见《清世宗实录》卷 16，页 16a ~ b，页 18a ~ 21b，“寻议”内容。早期讨论军事的例子，参见《清世宗实录》卷 2，页 41a ~ b。讨论饥荒，参见《清世宗实录》卷 15，页 16。这一时期奏折中也有许多相关信息。总理事务王大臣制定政策及处理任命文武官员的引见问题，参见（台北）“宫中档”雍正朝奏折 021962，雍正元年三月十四日，吏部奏折引述了康熙六十一年十二月十五日的一道上谕（《清世宗实录》未载），以及（北京）“上谕档（方本）”，雍正元年三月初四日，257 页。

46. 常常要征求议政王及议政大臣关于议覆军机、分派军队及相关问题的意见，例子参见《清世宗实录》卷 17，页 21b ~ 24b。对于这类问题，雍正皇帝不使用他的总理事务王大臣，其他散见的例子包括《清世宗实录》卷 6，页 19b ~ 20（内地驻防的供应由吏部、户部和兵部商议）；卷 9，页 8 ~ 9b（工部讨论在青海建立一座新的军屯城镇战略等事项）；卷 15，页 15（兵部同意议政大臣对于直隶北部军队粮饷的意见）；卷 17，页 12b ~ 14b（江苏中部的军队、船只、巡逻，由总理事务王大臣之一的隆科多与其他两位——朱轼和张廷玉一起讨论）。有关人员的任命有时也交给别的机构或个人共同商议，例子参见《清世宗实录》卷 15，页 16a ~ b（刑部讨论对于不如实上报非法活动的处罚，这将会直接影响这些犯错人员的升迁）。

47.《清世宗实录》卷 6，页 19a ~ b。

48.《清世宗实录》卷9，页10 ~ 12;《雍正上谕内阁》，雍正二年三月十二日。

49.《清世宗实录》卷 13，页 10b ~ 11。

50. 参见《清世宗实录》卷 29，页 10b ~ 13；卷 30，页 7 ~ 9b；卷 31，页 18 ~ 21。（北京）"上谕档（方本）"，雍正元年正月十一日，189 页。隆科多 308
在朝廷地位的日益不确定，参见（台北）"宫中档"雍正朝奏折 011150，雍正三年正月初七日，朱纲奏折所引上谕；（台北）"上谕档"雍正八年五月初七日，29 ~ 35 页。

51.《清世宗实录》卷 29，页 10b ~ 13。

52. 赵翼:《廿二史劄记》（台北 1973 年重印本），卷 33，页 384；贺凯:《明朝的政府机构》，载《哈佛亚洲学刊》，第 21 卷（1958 年），27 ~ 30 页；司徒琳:《南明史》（纽黑文，1984 年），1 ~ 14 页。

53.《明史》，转引自沈仁远、陶希圣:《明清政治制度》（台北，1967 年），上编，59 页。也可参见钱穆:《中国历代政治得失》，88 ~ 90 页。

54. 沈仁远、陶希圣:《明清政治制度》，上编，53 ~ 54 页。

55.《清太宗实录》卷 28，页 2 ~ 3；萧一山:《清代通史》第 1 册，501 页；《雍正会典》卷 3，页 2；吴振棫:《养吉斋丛录》（1896 年，台北 1968 年重印本），卷 4，页 1。

56.《清史》第2 册，1357 页；萧一山:《清代通史》第1 册，501 页；徐中舒:《内阁档案之由来及其整理》，载《明清史料》，甲编（台北 1972 年重印本），页 4b。

57.《清史》第 4 册，3453 ~ 2461 页。

58.（北京）"上谕档（方本）"，雍正元年二月初十日，185 页。

59.《光绪会典》卷 2，页 1。《光绪会典事例》卷 11，页 4b ~ 5。（北京）"上谕档（方本）"，乾隆十三年十一月三十日，369 页。《清高宗实录》卷 330，页 6 ~ 7；卷1155，页21a ~ b。《清世宗实录》卷15，页15b ~ 16。（台北）"宫中档"雍正朝奏折 021255，雍正二年七月初二日，马齐等奏折。记载张廷玉"协理大学士事务"的材料，参见《清世宗实录》卷 41，页 26 ~ 27；正史没有注意到皇帝的这种异常，只是记载正确的用语，参见《清史》第 4 册，2462 页。

60.《清史》第4册，2461 ~ 2463页；《光绪会典事例》卷11，页4b ~ 5。大学士的数目没有限制，直到乾隆十三年才固定为四人，满汉各二人，参见《清高宗实录》卷330，页6 ~ 7。

61.《清世宗实录》卷93，页12；《清史》第2册，1357页。品级是提升了，但不管部务大学士的薪俸要少于有些京官的薪俸，参见（台北）“上谕档（方本）”，乾隆五十三年七月初二日，7页。大学士殿阁衔问题，参见《明会典》卷2，页10 ~ 11；《光绪会典》卷2，页1；王士禛：《池北偶谈》（1691年，台北1976年重印本），卷1，页2。中和殿从未被使用过，乾隆十一年以体仁阁取而代之，参见（北京）“内阁满票签部本式样”卷2。满大学士同时兼任议政大臣，直到乾隆五十六年（1792），参见《清史》第2册，1358页。

62. 梅辉立：《中国官名手册》（上海，1897年；台北1970年重印本），19页。萧一山：《清代通史》第1册，224 ~ 225页；墨子刻：《清代官僚机构的内部组织：法律、道德及联系诸方面》（马萨诸塞州剑桥，1973年），123 ~ 124页。

63. 任以都：《十九世纪中国的户部》。这些信息有时出现在大学士表、本纪或实录中，但这些资料没有提供一个完备的名单。我也利用了具奏人在他们奏章开头部分所提供的信息。

64.《明会典》卷2，页10 ~ 11；《雍正会典》卷3，页5；（台北）《清太宗实录》（1665年），天聪五年七月初八日（1631年8月5日），卷9，页11b ~ 12b。大卫·法夸尔《早期满洲政权中的蒙古与中原因素》（载《清史问题》，第2卷第6期［1971年6月］，17页）却认为，这一官位，清朝是承袭蒙古而不是明朝的做
309 法。事实是，对于管理部务大臣，明朝使用的是大学士，而清初统治者使用的是王公。但清朝后来两者都用。

65. 傅宗懋：《清代军机处组织及职掌之研究》，29 ~ 30页。

66. 傅宗懋：《清代军机处组织及职掌之研究》，28 ~ 30、38 ~ 39页；《清史》第4册，2453 ~ 2461页；《康熙会典》卷2，页1。似乎《清史》部院大臣表未开列康熙对这一类型的全部任命。

67.《雍正会典》卷3，页5。雍正皇帝对皇亲的失望，参见《雍正上谕内阁》，雍正二年五月二十二日，15页。

68. 这种含混不清的好处，参见墨子刻：《清代官僚机构的内部组织：法律、道德及联系诸方面》，123 ~ 124页。

69. 我以为，凡官员冠有“办理”“兼理”“总理”“管理”“兼尚书事”等字样，且部院大臣表尚书名单中又未见此人者，就表明了他的管理部务大臣身份，进一步的研究可能会完善这一定义。在同一文件中同时使用以上两种术语，很显然它们有区别和等级高下，参见《清高宗实录》卷 4，页 16。

70.（台北）“宫中档”雍正朝奏折 020607，雍正三年四月十三日，允祺等奏折；（台北）“宫中档”雍正朝奏折 020074，雍正六年二月初八日，常寿等奏折。

71.《清史》第 4 册，2607 页；《清世宗实录》卷 2，页 26。隆科多是新皇帝的姻亲：他的姑姑是康熙皇帝的母亲，姐姐是康熙皇帝的皇后。

72.《清世宗实录》卷 2，页 26b；卷 4，页 2。富宁安、张鹏翮的尚书职位，在他们被任命为大学士之后就不再见于部院大臣表。

73. 例子参见（台北）“宫中档”雍正朝奏折 021977，雍正元年九月十三日，吏部奏折。

74. 张廷玉：《澄怀主人自订年谱》卷 3，页 23b ～ 25。张廷玉在乾隆十三年被解除兼管吏部，参见《清史》第 1 册，149 页第 1 ～ 2 栏。

75. 张廷玉：《澄怀主人自订年谱》卷 2，页 17b。极受宠信、干练的上司不对属下所犯错误负责，这一做法有时也适用于其他人，例子参见《清世宗实录》卷 87，页 2 ～ 3b。

76. 上谕引自（台北）“宫中档”雍正朝奏折 002868，雍正十二年正月初三日，张廷玉奏折。行政处罚，参见墨子刻：《清代官僚机构的内部组织：法律、道德及联系诸方面》，115 页。

77. 张廷玉：《澄怀主人自订年谱》卷 3，页 25b ～ 26。与此类似，皇帝认为不必惩罚犯错大臣的看法，参见（台北）“宫中档”雍正朝奏折 006651，雍正二年五月十二日，田文镜奏折，以及本书第六章注 32。官员处罚的宽免，参见墨子刻：《清代官僚机构的内部组织：法律、道德及联系诸方面》，236 ～ 237 页；傅宗懋：《清代军机处组织及职掌之研究》，419 页。

78. 张廷玉：《澄怀主人自订年谱》卷 4，页 23b。

79.《清高宗实录》卷 181，页 4 ～ 5b。

80.《清高宗实录》卷 340，页 23b；《清仁宗实录》卷 130，页 14 ～ 15。

81. 19 世纪末户部的情形，参见巴斯蒂：《晚清国家财政机构的组织形式》，见斯图亚特·施拉姆编：《中国的政权》（纽约，1985 年），53 页。

82. 萧一山：《清代通史》第 1 册，880 ~ 881 页。《清世宗实录》卷 3，页 34 ~ 35；卷 4，页 13b ~ 14b。（台北）“宫中档”雍正朝奏折 021987，雍正二年二月初八日，礼部奏折。魏斐德：《洪业：清朝开国史》（伯克利和洛杉矶，1985 年），上册，447 页。明朝的腐败，参见《洪业》之“打击明朝的不法行为”，上
310 册，448 ~ 454 页。中国第一历史档案馆的会考府档案全宗，参见郑里：《明清档案》，载《故宫博物院院刊》，1979 年第 1 期（1979 年 2 月），13 页。

83.《清世宗实录》卷 3，页 34 ~ 35；（北京）“上谕档（方本）”，雍正元年二月初八日，171 页。《永宪录》中会考府最高领导层的名单（91 页）不正确，作者必定是想到了总理事务王大臣。部费，参见曾小萍：《州县官的银两：18 世纪中国的合理化财政改革》，45、77 ~ 78 页，以及索引中“部费”相关条目。

84. 萧一山：《清代通史》第 2 册，355 页。专门讨论会考府的行动，参见（台北）“宫中档”雍正朝奏折 020580，雍正元年九月二十日，（台北）“宫中档”雍正朝奏折 020608，雍正元年九月二十日，俱为允祼奏折；（北京）“上谕档（方本）”，雍正元年二月初八日，171 页，以及雍正元年三月二十日，297 页。

85.（台北）“宫中档”雍正朝奏折 004896，雍正元年十一月十五日，许容奏折。

86.《清世宗实录》卷 25，页 13b ~ 14b。

87. 萧一山：《清代通史》第 2 册，355 页。

88.《清史》第 1 册，118 页第 1 栏。

89. 会考府与阿瑟·施莱辛格所说的“应急机构”（emergency agency）类似，参见《罗斯福时代》（波士顿，1958 年），第 2 卷，“新政的到来”，534 页。

90.《光绪会典》卷 2，页 4b ~ 5。

91.《清世宗实录》卷 28，页 9a ~ b。召见，参见吴秀良：《工作中的皇帝：康熙和雍正的日常安排（1661—1735）》，载《“清华”学报》，新第 8 卷第 1 ~ 2 期合刊（1970 年 8 月）。

92.《清世宗实录》卷 54，页 23b ~ 24。

93.《光绪会典事例》卷 703，页 14a ~ b；卷 1042，页 7b。《光绪会典》卷 69，页 13。在接下来的乾隆朝，五天的期限改为十天，参见《光绪会典事例》卷 703，页 16a ~ b。也参见吴秀良：《通信与帝国控制》，28 ~ 29 页。

94. 张廷玉：《澄怀主人自订年谱》卷 4，页 22b；（北京）“议覆档”乾隆

二十四年十月初七日，362 页；（北京）“上谕档（方本）”，乾隆二十六年五月初一日，155 页。（正文中的“大计”应为“京察”。——译者）

95.《光绪会典事例》卷 13，页 4a ~ b；卷 1042，页 2 ~ 3。也可参见《光绪会典》卷 2，页 6a ~ b。乾隆初，这一禁令有进一步变化。以后，题本有错会予申斥而不是拒收。这些错误的清单，参见（北京）“内阁满票签通本式样”卷 17。一些人认为雍正皇帝已经建立了奏事处，参见萧一山：《清代通史》第 1 册，867 页。有关奏事处的进一步信息，参见这一章注 124。

96.《光绪会典事例》卷 13，页 4b；卷 1042，页 4。鞠德源：《清代题奏文书制度》，载《清史论丛》，第 3 辑（1982 年），219 页以及注 4。《清世宗实录》卷 85，页 21a ~ b。（北京）“议覆档”乾隆四年七月初二日，201 ~ 203 页。（北京）“议覆档”乾隆七年五月十六日，297 ~ 298 页，提到了雍正十一年的一份文件。“故宫博物院”文献处编：《宫中档雍正朝奏折》（台北，1977—1980 年），第 27 辑，431 ~ 432 页，杨汝穀无日期奏折。也可参见《清世宗实录》卷 132，页 14 ~ 15，以及《光绪会典事例》卷 1014，页 1a ~ b。第二种形式的本章——奏本，于乾隆十三年（1748）停止使用，参见《光绪会典事例》卷 13 卷，页 6b。

97.《清世宗实录》卷 4，页 16b ~ 17；卷 5，页 5b ~ 6。

98.《清世宗实录》卷 87，页 2 ~ 3b。也可参见《光绪会典事例》卷 1042，页 7a ~ b。

99.《清世宗实录》卷 90，页 13a ~ b。

100. 南书房，参见吴秀良：《南书房之建置及其前期之发展》，载《思与言》，第 5 卷第 6 期（1968 年 3 月），6 ~ 12 页。南书房成员名单，参见《词林典故》，这是有关翰林院的资料汇编，1806 年编纂完成，1887 年刊行。

101.《清代名人传略》，64、329 页；《枢垣记略》卷 13，页 21a ~ b；《清稗类钞》，吏治类，14 ~ 15 页；《嘉庆会典》卷 3，页 10b；《永宪录》，65 页；吴振棫：《养吉斋丛录》卷 4，页 1；李宗侗：《办理军机处略考》，载《幼狮学报》，第 1 卷第 2 期（1959 年 4 月），3 ~ 4 页。

102.《光绪会典》卷 3，页 9a ~ b；《国朝宫史》卷 12，页 8；《清稗类钞》， 311
宫苑类，3 ~ 4 页。

103.《词林典故》卷 63，页 1 ~ 6。南书房中可能还有一两位满人——有些人的名字难以确认。雍正朝第一位被任命入值的满人是鄂乐舜，是在雍正十一年，参见《词林典故》卷 63，页 6b ~ 9。

104.《清代名人传略》，64 页；赵翼：《簷曝杂记》（台北 1957 年重印本），卷 2，页 52 ~ 53；李宗侗：《办理军机处略考》，载《幼狮学报》，第 1 卷第 2 期（1959 年 4 月），3 ~ 4 页；（台北）"上谕档（方本）"，咸丰元年正月初四日。也可参见《清稗类钞》，宫苑类，3 ~ 4 页。康熙时，王鸿绪以南书房的名义掩饰他与皇帝的通信，参见《文献丛编》（台北，1968 年），第 1 册，78 页；庄吉发：《从故宫博物院现藏宫中档案看清代的奏折》，载《"故宫"文献》，第 1 卷第 2 期（1970 年 3 月），46 页。

105.《词林典故》卷 63，页 6 ~ 9。

106.《清世宗实录》卷 13，页 17b ~ 18；《清史》第 5 册，5035 页；《词林典故》卷 63，页 8。

107. 叶凤毛：《内阁小志》，页 11b；（台北）"宫中档"雍正朝奏折 016172，雍正十年九月十三日，刘於义奏折；（台北）"上谕档（方本）"，乾隆四十四年二月初四日，99 页；《国朝宫史》卷 12，页 8b；《国朝宫史续编》卷 6，页 1a ~ b；《枢垣记略》卷 13，页 12，页 21a ~ b；《清代名人传略》，55 页。

108. 议政王大臣会议早期的历史和成员，参见昭梿：《啸亭杂录》（台北，1968 年），卷 2，页 10；傅宗懋：《清代军机处组织及职掌之研究》，52 ~ 53 页；《雍正上谕内阁》，雍正元年八月二十二日，8 页；萧一山：《清代通史》第 1 册，501、867 ~ 868 页；奕赓：《东华录赘言》（台北 1970 年重印本），23 页；安熙龙：《鳌拜辅政时期的政策与制度》，载《亚洲研究杂志》，第 32 卷第 2 期（1973 年 2 月），271 ~ 273 页；魏斐德：《洪业：清朝开国史》下册，850 ~ 851 页。

109. 赵翼：《簷曝杂记》卷 1，页 1；傅宗懋：《清代军机处组织及职掌之研究》，58 ~ 64、93 ~ 94、115 页；稻叶君山：《清朝全史》（台北，1960 年），第 43 章，51 ~ 52 页；《清圣祖实录》，全书多处；吴振棫：《养吉斋丛录》卷 4，页 1；《平定准噶尔方略》，前编，卷 8。

110. 傅宗懋：《清代军机处组织及职掌之研究》，112 页。

111. 例如《清史》第 5 册，3995、4008、4098 页。

112.《雍正上谕内阁》，雍正元年八月二十二日，8 页；《清世宗实录》卷 47，页 13a ~ b；（台北）"宫中档"雍正朝奏折 019384，雍正五年十二月十八日，塞楞额奏折；《清代名人传略》，305 页；（台北）"宫中档"雍正朝奏折 020607，雍正三年四月十三日，允禩等奏折的满文朱批。

113.“竞争性行政”（competitive administration）这一用语是从施莱辛格“新政的到来”（《罗斯福时代》第2卷）中借用的（528、531 ~ 533页）。

114. 各式各样军事任命的讨论事例，参见《清世宗实录》卷2，页29b ~ 30（议政王大臣会议）；《清世宗实录》卷3，页40a ~ b（总理事务王大臣与许多其他人员）；（台北）“宫中档”雍正朝奏折021926，雍正元年三月十四日，吏部奏折（总理事务王大臣与吏部、兵部）；《清世宗实录》卷9，页9 ~ 10（议政王大臣会议）；《清世宗实录》卷14，页5b ~ 6（议政王大臣会议）；《清世宗实录》卷20，页5b ~ 6（兵部）；《清世宗实录》卷20，页7b（兵部）；《清世宗实录》卷25，页9b ~ 10b（兵部）。变换军队部署的讨论者的事例，参见《清世宗实录》卷2，页41a ~ b（总理事务王大臣议甘肃驻军）；《清世宗实录》卷11，页19a ~ b（总理事务王大臣议青海和新疆事宜）；《清世宗实录》卷13，页1b ~ 2b（总理事务王大臣议蒙古兵调换）；《清世宗实录》卷17，页21b ~ 24b（议政王大臣会议议青海和新疆驻军）；《清世宗实录》卷25，页8（兵部议陕西边地部署）；总理事务王大臣解散后，《清世宗实录》卷30，页12 ~ 13b（议政王大臣会议议四川驻军）。驻防八旗的讨论，参见《清世宗实录》卷13，页3b ~ 4（总理事务王大臣议）以及卷90，页10b ~ 11b（开始是议政王大臣会议与兵部，后单独交鄂尔泰议）。一件有关西藏事务的奏折交议政王和议政大臣议，参见（台北）“宫 **312**
中档”雍正朝奏折018725，雍正三年七月二十四日，石文焯奏折。另一例子，参见（台北）“宫中档”雍正朝奏折021879，雍正四年十二月三十日，岳锺琪奏折的朱批，雍正皇帝写到将京中对于西藏事务的讨论交议政王大臣会议。然而，在同一个朱批中，他提到与怡亲王、岳锺琪讨论问题。两年后的另一朱谕显示，有关西藏的一个问题，皇帝既向议政王大臣会议，又向三位身在前线的中坚力量征求意见，包括查郎阿、迈禄和岳锺琪，参见（台北）“宫中档”雍正朝奏折000670，雍正六年三月二十三日，查郎阿奏折中所附朱谕。从这些资料中看不出来，后来又命其他机构讨论同一问题时，此机构能否看到前一机构讨论时所形成的文件。但后面的议覆奏折中常常有对于一个问题此前往来文书的评议，因此至少是议覆奏折——更可能是原稿和资料——可能要向下传递。

115.（北京）“议覆档”乾隆十五年七月二十三日，455页，提到一次共议吕留良案件（与刑部），雍正七年十二月。（这一案件的解释，参见《清代名人传略》，

551 ~ 552 页，以及该项词条下所征引的其他材料。）

116.《清世宗实录》卷 88，页 6b ~ 7b。议政王大臣会议和军机处创建的可能关系，参见邓文如、王锺翰：《谈军机处》，载《史学年报》，第 2 卷第 4 期（1937 年），194 页；傅宗懋：《清代军机处组织及职掌之研究》，115 页；黄培：《雍正史之论》，16 页。乾隆皇帝在乾隆五十六年撤销议政衔，参见《清高宗实录》卷 1389，页 26 ~ 27。然而，在 19 世纪下半叶，为了恭亲王等人，此又得以恢复，参见《枢垣记略》卷 13，页 14。

117. 奏折制度，参见吴秀良的基本性著述《清代的题奏制度》，载《哈佛亚洲研究》，第 27 卷（1967 年），7 ~ 75 页；吴秀良：《通信与帝国控制》，尤其是第 5 ~ 7 章；史景迁：《曹寅与康熙皇帝：奴才和主子》（纽黑文，1966 年），第 6 章“身为皇帝密探的曹寅”；庄吉发：《清代奏折制度》（台北，1979 年），该书包括了他此前发表文章的大部分新发现。我的新发现有些发表在《“国立”故宫博物院档案中的清代奏折》，该文章有插图，载《“国立”故宫博物院通讯》，第 13 卷第6 期（1979 年1—2 月），1 ~ 21 页。已出版的雍正朝文献与原始档案间的比较，参见我的《雍正朝密折：档案原件与所刊布的材料》，载《“国立”故宫博物院通讯》，第 9 卷第 4 期（1974 年 9—10 月），1 ~ 14 页。

118.《文献丛编》第 1 册，78 页；庄吉发：《从故宫博物院现藏宫中档案看清代的奏折》，载《“故宫”文献》，第 1 卷第 2 期（1970 年 3 月），46 页。也参见（台北）“宫中档”雍正朝奏折 003761，雍正元年九月十六日，傅德奏折。康熙皇帝对于奏折保密性的约束性规定，参见《清圣祖实录》卷 275，页 19b ~ 22。

119. 这些粗略的估算是基于现存康熙朝最后十三年的奏折，参见《康熙朝汉文朱批奏折汇编》（北京，1985 年），第2 ~ 6 册。雍正朝的数字，参见昭梿：《啸亭杂录》卷 1，页 11b ~ 12；杨启樵：《雍正帝及其密折制度研究》（增订版，香港，1985 年），195 ~ 196 页（“奏折数量”）。康熙朝的数字多少要比原先呈递的数字小，因为在雍正皇帝继位之前不要求奏折缴回存档，参见《清世宗实录》卷 1，页 26b。雍正朝数字的得出是基于已出版的《雍正朱批谕旨》（八千件）加上
313 昭梿所估，即所出版的占到全部的百分之三四十。

120.（北京）“议覆档”乾隆元年二月十三日，171 页。

121.（台北）“宫中档”雍正朝奏折 013085，雍正八年五月二十二日，宪德奏折所引上谕。对于“部”的解释，参见附录 A。

122. 吴秀良：《清代的题奏制度》，载《哈佛亚洲研究》，第 27 卷（1967 年），44 ~ 46 页；《清高宗实录》卷 1，页 18b ~ 19，页 34b ~ 35b。也参见（北京）“上谕档（方本）”，乾隆元年正月十六日，142 页，同样要求学政上折奏报。18 世纪末的一道上谕称，雍正皇帝已将具奏的权力扩展到了道员，甚至是知府、同知等，参见《清仁宗实录》卷 40，页 22 ~ 23。黄培找到了一个同知上奏的例子，参见他的《说〈朱批谕旨〉》，载《大陆杂志》，第 18 卷第 3 期（1959 年 2 月）。如此低级官员奏报的例子极少见。

123. 罗伯特・韦斯：《太平天国前夕地方统治的灵活性》，载《清史问题》，第 4 卷第 3 期（1980 年 6 月），3 ~ 4 页。

124. 不清楚内奏事处建立的确切日期，有现代学者定为雍正初，参见萧一山：《清代通史》第 1 册，867 ~ 868 页。内奏事处，参见单士元：《清宫奏事处职掌及其档案内容》，载《故宫博物院院刊》，1986 年第 1 期（1986 年 2 月），7 ~ 12 页及以后。

125.（台北）“宫中档”雍正朝奏折 014726，雍正五年八月初十日，鄂尔泰奏折。另一类似的例子，参见（台北）“宫中档”雍正朝奏折 000440，雍正七年五月初九日，岳锺琪奏折，内中第 2 件，其中雍正皇帝写道：“此人（知县田玉芝）闻得甚不称职。”

126.（台北）“宫中档”雍正朝奏折 018965，雍正七年十月二十八日，傅泰奏折。

127.（台北）“宫中档”雍正朝奏折 011822，无日期，许容奏折。也参见（台北）“宫中档”雍正朝奏折 012111，雍正五年二月初八日，张廷玉等人奏折的朱批。编辑雍正朝奏折时的隐瞒做法，参见我的《雍正朝密折：档案原件与所刊布的材料》，载《“国立”故宫博物院通讯》，第 9 卷第 4 期（1974 年 9—10 月），1 ~ 14 页。上一个注中的奏折和这一章注 133 和 136 所引的奏折，这些奏折的朱批在出版时都予修改以隐去皇帝的动机，除此之外，文中及注 125 至 137 中所征引的朱批都不见于《雍正朱批谕旨》。

128.《清史列传》（台北，1964 年），卷 14，页 38b ~ 39；《枢垣记略》卷 96，页 4b ~ 7。肯特・克拉克・史密斯《清朝政策与中国西南的发展：总督鄂尔泰研究（1726—1731 年）》（耶鲁大学博士学位论文，1971 年）中有这样的例子，参见 32 ~ 33 页。其他例子，参见《雍正上谕内阁》，雍正五年十二月初九日，9

页；（台北）“宫中档”雍正朝奏折 016932，雍正八年十一月十八日，赵国霖奏折。应该指出，奏折中的“该部议奏”等朱批并不必然意味着将此交外朝讨论，由此而来的商议也应限定在作为内廷成员的该部堂官，参见附录 A 中对这一过程的解释。

129.（台北）“宫中档”雍正朝奏折 003761，雍正元年九月十六日，傅德奏折。

130.《清世宗实录》卷 29，页 4b；卷 83，页 36b ~ 38。

131. 众多例子中的一个，参见（北京）“议覆档”雍正十一年十月初六日，9 页。一些朱批将奏折直接交部的特例，参见（台北）“宫中档”雍正朝奏折 020603，雍正元年三月初八日，年羹尧奏折；（台北）“宫中档”雍正朝奏折
314 003519，雍正十三年五月十一日，七克新奏折。雍正时对奏折用于正式行政目的的限制，参见吴秀良：《清代的题奏制度》，载《哈佛亚洲研究》，第 27 卷（1967 年）；庄吉发：《从故宫博物院现藏宫中档案看清代的奏折》，载《“故宫”文献》，第 1 卷第 2 期（1970 年 3 月），44 页。感谢庄吉发先生就此点与我详细地讨论。

132. 付诸实施前使用奏折调查并制订方案的例子，参见曾小萍《州县官的银两：18 世纪中国的合理化财政改革》第四、第五章等对于养廉银方案的制订。

133.（台北）“宫中档”雍正朝奏折 010774，雍正二年九月初四日，陈世倌奏折的朱批。将该朱批与《雍正朱批谕旨》中的修订版（第 2 册，922 ~ 923 页）进行比较，可以看出，雍正皇帝下令重新具本以供部院讨论的指示被整个略去。

134.（台北）“宫中档”雍正朝奏折 014708，雍正四年四月二十六日，允祥奏折封面上的朱批（写给鄂尔泰的，怡亲王的议覆是交他的）。也参见（台北）“宫中档”雍正朝奏折 017559，雍正四年八月二十九日，黄廷桂奏折，朱批说：“折奏不可为凭。”这清楚地表明奏折不能交部院，作为采取正式行动的凭据。

135.（台北）“宫中档”雍正朝奏折 014726，雍正五年八月初十日，鄂尔泰奏折所引朱批。

136.（台北）“宫中档”雍正朝奏折 019217，雍正元年五月初九日，孔毓珣奏折的朱批。可以与《雍正朱批谕旨》的修订版（第 1 册，191 ~ 192 页）进行比较，这里，雍正皇帝绕开院部的意图修改得并不明显。雍正初阻止信息达部的其他例子，参见（台北）“宫中档”雍正朝奏折 004623，无日期，允禩奏折，可能是雍正元年或二年的；（北京）“上谕档（方本）”，雍正元年二月二十六日，

235 页。

137.（台北）“宫中档”雍正朝奏折 021863，雍正四年十一月十二日，岳锺琪奏折的朱批。该奏折及朱批现属于台北档案中已归类的“未录”奏折部分。使用这类文件时必须小心，但就这里所讨论的这一点而言，原件似应无多大差别。当然，如果能找到原件，可能会增加我们对于雍正皇帝绕开部院做法的认识。（作者的英译乃据原折的修订折朱批。原折朱批为：“不必拘例，只管题请，但本上将不合例处声明。部议自然不议准行，朕特旨依允就有了。朕且不改定，暂例外推行。试看之事颇多，朕有深意存焉。如此好。”见《雍正朝汉文朱批奏折汇编》［江苏古籍出版社，1989 年］第 8 册，426 页；修订折及朱批见 427 页。两朱批相比，诚如作者所推测，意思上没有什么差别。——译者）后来雍正皇帝无视部院依例反对的一个例子，参见（台北）“起居注册”，雍正九年二月初一日，兵部对湖广总督建议的议覆。

138.《清世宗实录》卷 148，页 11b ～ 12b；（北京）“议覆档”乾隆四年四月二十一日，133 ～ 135 页（讨论雍正皇帝使用“特”字）；英和：《恩福堂笔记》（1837 年），卷上，页 29b；（台北）“宫中档”雍正朝奏折 015106，雍正元年三月初二日，杨琳奏折。军事部署，参见（台北）“边备夷情档”第 3 册，乾隆十三年闰七月十六日，111 ～ 112 页，解释了雍正时期的做法。另一个例子，参见（台北）“起居注册”，雍正八年七月初八日（《清世宗实录》卷 96，页 8b ～ 9 的记述有轻微删节）。解释“特”之意义的其他例子，参见（北京）“议覆档”乾隆四年四月二十一日，133 ～ 135 页；王昶：《军机处题名记》卷 14，页 19 ～ 20。“特”也可以在题本中使用，参见（北京）“票部本式样”册 2（户部、吏部），页 13b；《清高宗实录》卷 71，页 12b ～ 13。

139. 票拟中提到的人能够看到皇帝的改签，这样的特别事例，参见张廷玉：《澄怀主人自订年谱》卷 4，页 22b。毫无疑问，张廷玉的内廷地位使得他拥有能看改签的特别待遇。

140.（台北）“宫中档”雍正朝奏折 019384，雍正五年十二月十八日，塞楞额奏折的朱批。

141.《清世宗实录》卷 82，页 6a ～ b；卷 105，页 5b ～ 14。青海之役，参见《清世宗实录》卷 15，页 5b；萧一山：《清代通史》第 1 册，853 ～ 854 页；

亨利·霍渥士：《九至十九世纪蒙古史》第 1 卷，523 ～ 525 页。岳锺琪与年羹尧的关系，参见（台北）“宫中档”雍正朝奏折 019190，雍正三年七月二十五日，李如柏奏折。

315 142. 其中一次发生在雍正五年（1727），参见（台北）“宫中档”雍正朝奏折 000076，雍正七年七月初十日，岳锺琪奏折。

143.（台北）“宫中档”雍正朝奏折 021700，雍正元年九月三十日，岳锺琪奏折。

144. 雍正七年七月二十九日上谕，引自（台北）“宫中档”雍正朝奏折 000220，雍正八年五月三十日，岳锺琪奏折。《清世宗实录》卷 83（页 36b ～ 38）的谕旨删去了雍正皇帝对岳锺琪的赞扬，可能是因为在编纂雍正实录时岳锺琪失去了宠信。（最后一点，参见这一章注 147。）

145.（台北）“宫中档”雍正朝奏折 018027，雍正七年八月二十五日，岳锺琪奏折。也参见《宫中档雍正朝奏折》第 13 辑，483 ～ 495 页，岳锺琪奏折。

146.（台北）“宫中档”雍正朝奏折 000556，雍正七年九月二十九日，岳锺琪奏折。

147. 例子参见（台北）“宫中档”雍正朝奏折 000592，无日期奏折（可能是雍正五年末），所附朱谕及附件。皇帝的这些批示保存在今天的档案中，是因为岳锺琪遵旨将所有御批，也包括所有交他的另纸书写朱谕缴回。尽管听命缴回这么多奏折，但岳锺琪的奏折没有包括在《雍正朱批谕旨》中，可能是编纂此书时他失宠的缘故。因此有关他的奏折，我们依据的是档案资料；台北“故宫博物院”有约 450 件他的奏折，一些是未录奏折。后者的解释，参见第二章注 52、上文，以及《雍正朝密折：档案原件与所刊布的材料》，载《“国立”故宫博物院通讯》，第 9 卷第 4 期（1974 年 9—10 月），5 页和 4 页图表 1。

148.（台北）“宫中档”雍正朝奏折 000257，雍正八年四月二十二日，岳锺琪奏折。

149.（台北）“宫中档”雍正朝奏折 000440，雍正七年五月初九日，岳锺琪奏折，内中第 4 件。（参见《雍正朝汉文朱批奏折汇编》第 33 册，1073 页。这里不是草药，说的是“柿霜”，一种吃食。——译者）

150.（台北）“宫中档”雍正朝奏折 000440，雍正七年五月初九日，岳锺琪奏折，内中第 9 件。

151.（台北）“宫中档”雍正朝奏折 000440，雍正七年五月初九日，岳锺琪奏折，内中第 8 件。

152.（台北）“宫中档”雍正朝奏折 000210，雍正八年四月二十二日，岳锺琪奏折所引上谕。

153.（台北）“宫中档”雍正朝奏折 021686，雍正七年十二月初七日，岳锺琪奏折。

154.（台北）“宫中档”雍正朝奏折 000571，雍正五年三月二十五日，岳锺琪奏折。

155.（台北）“宫中档”雍正朝奏折 000490，雍正五年三月初九日，岳锺琪奏折。

156. 黄培：《说〈朱批谕旨〉》，76 页；（台北）“宫中档”雍正朝奏折 005690，雍正元年七月初六日，杨名时奏折；（台北）“宫中档”雍正朝奏折 0165911，无日期请安折，王国栋奏折。雍正皇帝对圆形污渍的关注原因在于，他在外省官员奏折上的书写会将一份普通的报告变成一份皇帝的文件，王国栋担心圆形污渍的存在是他对此的亵渎。

157.（台北）“宫中档”雍正朝奏折 000440，雍正七年五月初九日，岳锺琪奏折，内中第 3 件。雍正皇帝对下雪的反应似乎很过分，但中国北方干燥的气候以及皇帝对好收成与有责焉的信念，可以帮助我们理解雍正皇帝为之狂喜的原因。皇帝对于吉日的关注，参见庄士敦：《紫禁城的黄昏》（纽约，1934 年），167 ~ 168 页。

158.（台北）“宫中档”雍正朝奏折 000592，岳锺琪奏折，内中无日期廷寄。我未能找出谁是周开捷，他之所以得到皇帝的欢心，因为他名字的意思是“通向胜利”。（周开捷是西宁总兵，参见《雍正朝汉文朱批奏折汇编》第 11 册，326 页，雍正六年正月初四日奏折。也有其他官员应雍正皇帝之命奏报周开捷的八字，即甲子年正月十二日子时生，参见《雍正朝满文奏折全译》[黄山书社，1998 年] 上册，1590 页。这里的甲子年是康熙二十三年。——译者）雍正皇帝常常询问人的八字，其他例子，参见《宫中档雍正朝奏折》第 10 辑，88 ~ 89、252 页。赵中孚先生向我建议说，这种询问不一定是如它听起来的那样迷信，可能是雍正皇帝询问一个人完整信息的一种方法。

159.（台北）“宫中档”雍正朝奏折 000592，内中第 2 件。准噶尔的劫掠可能
316 就是如下朱批所提到的这些，参见（台北）“宫中档”雍正朝奏折 006033，雍正八年十一月二十八日，鄂尔泰奏折的朱批；（北京）“议覆档”乾隆元年九月初六日，201 ~ 203 页（回顾雍正时期的战争）。雍正皇帝写给岳锺琪的另一长信，参见（台北）“宫中档”雍正朝奏折 000454，无日期朱谕。

第二章

雍正的内廷助手：亲王与大学士

雍正皇帝与乃父康熙皇帝一样，不希望主要通过离他很远且难以掌控的外朝进行统治。即便是以御门听政的形式亲自直接与外朝联系，批答外朝处理的文件，任命管理部务大臣、大学士以及会考府等调查机构，但所有这些都不够强大，不足以控制庞大的官僚机构。两人认识到外朝治理上的种种困难，都发展了有限的内廷行政机构，旨在弥补官僚占主导地位的外朝的缺陷——缺少机密性，唯则例是从，以及串通、渎职——他们对此难以容忍。但是雍正皇帝强化内廷的方法不同于乃父。康熙皇帝主要是利用内廷中有着尊贵地位和法定权威的机构，任命内廷侍从成为议政王大臣会议或是南书房等的成员，赋予他们荣誉和地位。另外，康熙皇帝的内廷机构有着民族畛域和职责划分。与此相比，雍正皇帝削弱甚至取消从乃父那里所承袭的依法组建的传统内廷机构，在统治初年，他避免长久固定的机构，取而代之的是，有时任命特别的班子来处理特殊或紧急事件。在早期，他对于内廷更倾心于依靠一两个亲近、干练的

66 图表 3　从分立到统一的内廷。

67

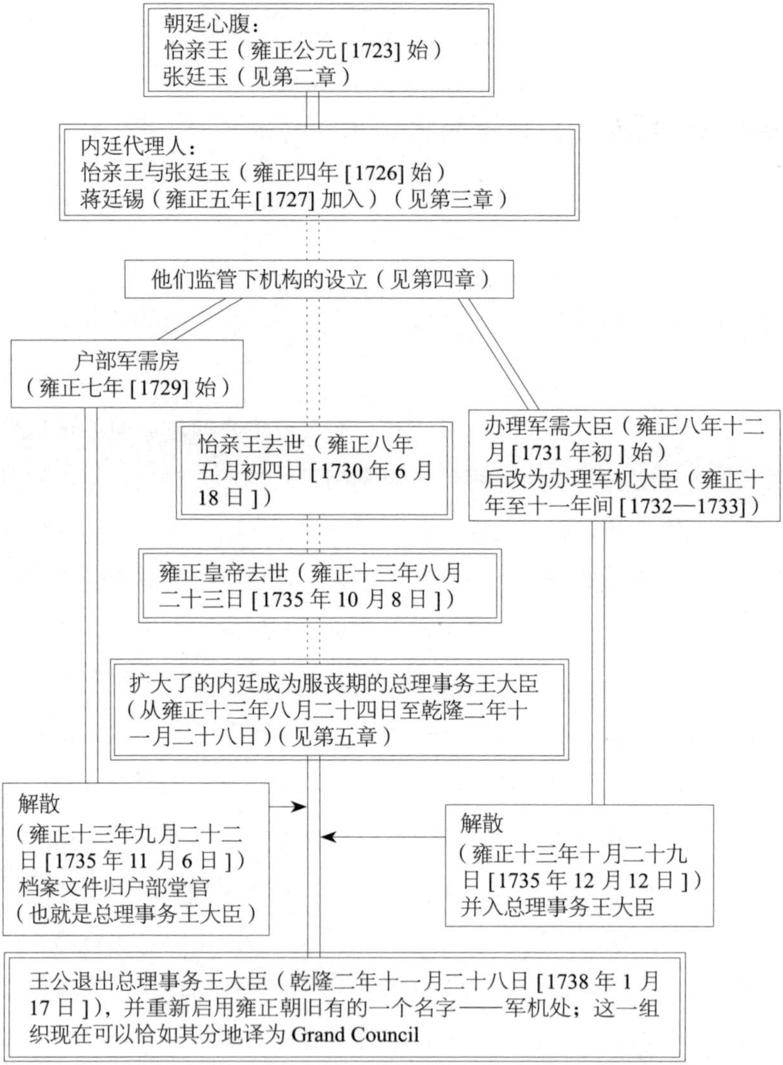

心腹，对于他们的办事能力及忠诚绝对放心。通过这种方法，雍正皇帝期望专制统治，在所挑选出人数不多的内廷顾问的协助下综揽大政。

雍正皇帝统治伊始就考察了数位人选，但仅有两位——一满一汉——在雍正朝前半段得到了皇帝的尊重：一位是雍正皇帝的同父异母弟弟怡亲王允祥；一位是张廷玉，他是康熙朝一位大学士之子。
起初，雍正皇帝断断续续给两人分派各种任务，后来两人经常协助 68
制定一般性政策并监管不同的机构和班子。很快他们就帮助解决当时燃眉之急的三个问题：财政、西北战事、通信。这一章将描述他们的贡献，并展现他们以及为数不多的属下，在一个时期内是如何满足雍正内廷行政的大部分需求的。雍正初年没有建立新的长期存在的组织。在计划重启西北战事时，种种事务繁重，非两人所能承担，这时他们结合成一个非正式的内廷团队，而这后来最终成为军机处梯队最高层的核心。这一发展反过来又催生了新的内廷机构即许多历史学家所认为的军机处，而我视它为军机处的前身（见图表 3）。

怡亲王允祥

怡亲王（1686—1730）能从雍正皇帝的众多兄弟中脱颖而出，是因为在中枢政治中他的忠心耿耿。[1] 第一章已经描述过，雍正皇帝打击许多兄弟是为了结束朝廷之上的党争，永远消除诸王在政府中的影响。雍正初年，雍正皇帝的数个兄弟死状可疑，可能是被毒

▲ 图 23　允祥像

杀。怡亲王的情况绝不类此。他赢得了雍正皇帝的信任，在雍正皇帝统治的前半段，居于内廷核心，忠心事主。在这些年间，雍正皇帝最为倚重的就是他的这个兄弟。怡亲王深具行政才能，对于雍正皇帝直言相谏。他从未正式拥有军机处的头衔，但有人视他为最早的军机大臣。[2]

年轻的怡亲王在雍正中期去世，时年四十三岁。作为雍正皇帝的得力助手，他在为雍正皇帝效力的八年里地位举足轻重，对于他的去世，雍正皇帝因失去最信任的人而悲痛不已，辍朝三日。[3]雍正皇帝写信给岳锺琪，说自己的悲伤之情笔墨难尽。雍正皇帝表达自己的“痛惜”，说是“方寸既乱”。[4]一系列的上谕连续哀痛这一损失。这位伤心欲绝的皇帝在其中一篇哭述，自去年冬月怡亲王抱病，“朕萦系于怀，无刻稍释”。有上谕诉说皇帝的剧痛，表达迟钝，反复说“八年有如一日”。[5]雍正皇帝心乱如麻，极尽渲染情感 69
之词，声称当年得到怡亲王的赞襄，连天气也玉成其美——总是“暄和晴朗，事事如意”。雍正皇帝回忆说怡亲王谦抑自持，认为现在必须承认他的美德，否则，是“朕泯王之善也”。的确，雍正皇帝甚至想到自己对于怡亲王之死可能也负有责任：“岂朕有获罪于上天皇考之处，而夺我忠诚辅弼贤王若此之速耶？”[6]

这位得到“怡”（和谐之意）封号的亲王的生病、离世，是雍正朝重要的转折点。在怡亲王生病前的雍正头七年间，他是雍正皇帝的大管家，“总理事务”，担当至关紧要的职责，与雍正皇帝争辩大政。雍正皇帝自己列举了怡亲王参与的许多政务：“军务机宜、度支出纳与修水利、督领禁军，凡宫中府中，事无巨细，皆王一人经画料理。”[7]此外，我们已在第一章看到，在写给岳锺琪的信中，雍正皇帝常常与他的这位兄弟讨论军机要务。在这一章，我们会看到怡亲王如何从一开始就是某些财政政策制定及实施的背后推动力量。当时，张廷玉加入进来，与怡亲王携手成为管理户部事务的大臣，运用他的才能去解决当时一些紧要的财政问题。但张廷玉不是雍正皇帝喜欢并信任的兄弟，且他是汉人。他与雍正皇帝的关系和怡亲王与雍正皇帝的相比，必然更为正式且较少信任。仅这一事实就表明了这位兄弟的去世是雍正皇帝多么大的损失。怡亲王去世后，雍正皇帝在一段时间好像方寸大乱。他狂躁不安，甚至疾病缠身。有数月是张廷玉主持着朝中政务，担当各种职责，如负责诊治皇帝病情和撰拟谕旨。

存在着许多新的高层班子和机构，这构成了雍正朝前半段的特色。但总体说来，这些只是临时建立以处理特别的问题，或是长期存在的问题的某个方面。这种特别班子的任务委派，在怡亲王去世后还继续存在，但后来，当张廷玉主导内廷时，早期建立的内廷集团中的两个——内廷代理人和下属的军需房——地位日益稳固。后来又召集了一个集团——办理军机大臣，为战争出谋划策。杰出的满人总督鄂尔泰被从西南召回，成为内廷的领袖。可以说，西北战事日益吃紧，加上失去了在此次战争中已为雍正皇帝操劳甚多的怡亲王，迫使内廷重组。

怡亲王在许多方面为雍正皇帝效劳，这绝非与雍正皇帝关系平
70 常的官员所能胜任。怡亲王处置棘手的宫廷阴谋反叛问题就是明证。雍正皇帝颂扬怡亲王的一篇祭奠长文就描述了雍正朝伊始的情况："阿其那包藏祸心，扰乱国政"[8]，同时，隆科多"作威作福，揽势招权"。雍正皇帝继续赞扬怡亲王解决这些难题："是赖王一人

挺然独立于其中，镇静刚方之气，俾奸宄不得肆其志。”

同一篇颂词也描述了怡亲王如何戳穿隆科多阻止年羹尧负责此次军事行动的计谋。雍正皇帝说，怡亲王在他面前力言，此番军旅之事，既已委任年羹尧，“应听其得尽专阃之道”，方能迅奏肤功，“朕从王言，而隆科多不能从中掣肘，于是青海旋即荡平”。[9]对于雍正初年充满倾轧的朝廷来说，在诸王纷争中，怡亲王允祥能够站在皇帝一边，厥功甚伟。

在大政方针上与雍正皇帝争辩，是怡亲王在雍正初年的又一贡献。兄弟二人自由争论，互相辩驳。雍正皇帝数次描述怡亲王如何质疑他的想法并说服他改变主意。例如，他事后回忆，当任命岳锺琪负责西线时，朝廷上下对岳锺琪表示不满，上谕说：

> 岳锺琪乃不世出之名臣，而蔡珽等蓄意排陷，指为年羹尧之党，屡在朕前奏其不可信用。而王恳切陈奏，谓岳锺琪才识优长，赤心为国，必无负恩忘义之事。愿以身家性命保之。[10]

这些出自雍正皇帝悼念怡亲王众多上谕中的一篇，揭示了雍正皇帝依靠他的一些情况。这些上谕和许多手写的批语及当时其他资料一起，表明了在雍正朝初期，对于协助制定政策、解决纷争以及无数其他内廷事务，雍正皇帝是多么倚重怡亲王。

怡亲王是康熙皇帝第十三子，在雍正皇帝继位之前地位并不彰 71
显。他比当皇帝的哥哥小八岁，父亲去世时他三十七岁，康熙朝时并未被委以重任。[11]康熙皇帝去世后第二天，新皇帝就擢升他为亲王[12]，并任命他为四人组成的总理事务王大臣（这是为辅佐服丧期的雍正皇帝而设立的）中的一员[13]，这是怡亲王数个内廷任职中的第一个。一个月后，交办怡亲王首个重要任务——负责三库，这是户部的一个关键职位。[14]在这一位置以及短暂接管的另两个位置——会考府的负责人以及总理户部事务，怡亲王处置银库亏空、户部的不法行为以及数十年的积欠。[15]

怡亲王与财政危机

雍正皇帝统治伊始，就面临着一系列财政问题的挑战，从管理不善到公然腐败。一个领域的问题——从康熙朝晚期继承下来的欠税——很好地解释了怡亲王在国家财政这一棘手的问题上如何援手雍正皇帝。[16]赋税危机包括户部账目上的巨额亏空，有记载说高达二百五十万两。[17]雍正初，这类问题都交总理事务王大臣办理，当时它经常与外朝相关部院商讨。但不久，雍正皇帝就抛弃了这些机构，不让它们参与治理这些财政问题。他日益倚靠怡亲王，后者或以总理户部事务身份单独行动，或与少数特别指派的大臣一起行事。

据雍正皇帝自己对于雍正朝初年欠税政策制定与实施的记述，怡亲王所用弥补国库的方法，没有加重亏欠官员或家属及后代的负担。他的一个建议是，中央政府通过收取两种加派即平余和饭食银，逐步弥补这些亏空。[18]

但是雍正皇帝反对怡亲王的提议。这些措施过于宽大，不能起到惩罚那些造成亏空的有罪之人的作用。雍正皇帝认为，由未尽职责的负责官员或他们的后代弥补账目，才是公平的做法。怡亲王去世后，雍正皇帝的一道长篇上谕回忆了在此问题上他与怡亲王认识的不一致：

> 朕以历年该管官员侵蚀国帑、藐视国宪，若不责令赔补，何以谨度支而清弊窦？于是饬令开报著追，未从王之请。王始而变色，即后遵旨悉心办理。是以中外之人但知户部多年亏项自怡亲王查出，甚至无识小人有谓王过于搜求者，而不知王之请免追究，请为代完。……数年以来在各该员名下追出者，不及十分之一二，而怡亲王以余平、饭银代完者补者，则已十之八九。 72

这一回忆临近结尾处，雍正皇帝不想放过外省官员的贪婪以及未能补偿所欠款项的不负责任；他也描述了怡亲王的主张对于政策的影响，尽管两人的意见不一致：

> 然则各员之应完而未完者，其银岂可免乎？其罪岂可贷乎？今年（雍正八年）朕见怡亲王抱恙未愈，因思王从前恳切陈奏之意，特降谕旨将各员未完银概行免追，以遂王之初愿。……王曾奏称“皇上用法稍觉严厉”，朕谕之曰：“人心玩愒已久，百弊丛生。此时若不惩创，将来无所底止。”盖朕虽未即从王之言，而王一片宽厚忠直之意，未尝一日不在朕心也。

在这心理独白的结尾，雍正皇帝肯定“今见贪婪侵帑作奸犯科之风，渐次止息”。雍正皇帝显然推崇严厉的征税方法，但他承认，怡亲王在户部的这些做法已经带来了变化。[19] 这道上谕证实了怡亲王在身为户部长官行事之时，在与雍正皇帝争论其他可行的政策时，以及在实施最终弥补清楚了银库亏空的措施时所起到的重要作用。
73 它也显示出有时怡亲王是如何说服雍正皇帝改变主意的。

现存怡亲王的许多奏章也证实了他在当时财政问题上的核心作用。他总理户部事务，负责由户部堂官（各部院的堂官由三个最高层的官员组成——管理部务大臣、尚书和侍郎，见图表 2）和司员参加的政策讨论。那些以怡亲王领衔的奏章解决的是财政问题，包括各种欠税案件——偿付、惩处、升迁和宽大处理。

其中一份雍正二年的满汉合璧题本，由户部和吏部共同署衔，牵涉吏部是因为一些未缴纳赋税影响到负有责任的现任官员的升迁。最后的处理意见是，欠税是较近期（康熙五十八年，1719）发生的，偿付期限未到，这些赋税严格说起来不算是拖欠；这件事需重新考虑，或到时再正式弹劾。[20] 雍正四年一份类似的议覆，考虑的是某省巡抚坚持某知县不得升迁，因为他超出了移交该县拖欠赋税的期限。吏部堂官认为巡抚所议过重，建议该知县复职，因为康熙六十年、六十一年已经弥补清楚，只剩下雍正元年的；他们认为，这些赋税大部分容易解至京师，轻微罚俸是对他唯一适宜的惩处。[21] 一份讨论财政问题的题本极其详尽，多达八十六扣——仅汉文部分就超过了十五英尺长。[22]

这些题奏以及其他类似的文件，显示了雍正皇帝归功于怡亲王的成就：殚精竭虑思考每一案件，远比雍正皇帝所想得到的严苛要宽仁，必要时给予适度的惩罚，并且采取灵活的方法弥补亏空。宽严相济加上汇聚小额收费，户部的亏空逐渐得到弥补。怡亲王及属下的方法极为成功，据嘉奖的上谕可知，到雍正中期，康熙时的欠税已经得到解决；在此过程中，怡亲王甚至还额外积累了一千万两以资助西北的平准战争。[23]

除了欠税，怡亲王的题奏显示出他对于清朝经济生活其他方面的关注。有份奏折要求惩处外省和各部官员间默许的两种不正当行为："加平"和"加色"。地方缴纳加平银，部院官员就对解送税银的短缺视而不见，却可以从中非法盘剥。"加色"就是要求把额 74
外的银两解至京师。通过两种非法行为，地方和部院官员分润肥己。[24] 怡亲王在一份奏折中，促请减轻江南和浙江早在 14 世纪就定下的对米、丝所征收的重赋。[25] 还有一份奏折是解决由清朝实行的复本位货币制度所引发的问题，讨论缴税时应缴白银还是制钱；最终，议覆的结果否决了极贫之人可以缴纳制钱代替白银的主张（因为等值的制钱不如白银好存储）。[26] 还有一份议覆讨论了政府款项投资生息所带来的复杂利益关系。[27]

怡亲王的绝大多数早期奏折是作为户部议覆提交的，由许多中高层官员共同署名——有份文件在最后开列了十七个人名，包括该部多个清吏司参加讨论、贡献意见的大大小小官员。这些文件所开列的所有解决办法不可能出自怡亲王一人，但作为该部的最高长官，他指导着这些议覆，其中一些应该是他亲自起草的。怡亲王娴熟地处理问题，形成这些议覆，自然会赢得雍正皇帝的尊重。正是因为财政方面的早期工作，怡亲王赢得了新皇帝的信任。

怡亲王与水利

雍正三年十二月（1726 年初），怡亲王被任命"总理畿辅水利事”，负责解决京师附近长期存在的永定河水患。[28] 他上任后，展开调查；提案得以采纳，河道得以疏浚。第二年雨季，直隶水涝和山洪有所减少。[29] 他又一次获得了成功。

在怡亲王接手直隶水利问题后，雍正皇帝开始忽略负有处理这一问题职责的部院及其他专设机构，取而代之的是依靠这位受宠信的兄弟总揽一切相关事宜。有一次，甚至连任命直隶的一位低级水利官员，雍正皇帝也征询怡亲王而不是负此责任的吏部的意见。这发生在雍正四年（1726），当时直隶总督具奏，请求一位河工官员依例回避。[30] 雍正皇帝的批示是命他具题，待题本到来后，“朕著怡
75 亲王议”。可以看出，雍正皇帝计划依照正常的办事程序：吏部将接到该题本，讨论拿出自己的意见，但同时他自有打算，他将无视吏部，而是听取怡亲王的意见。[31] 如同其他领域一样，水利领域再一次显示出雍正皇帝依靠内廷高层助手的偏好，尤其是怡亲王这位最受宠信的人，而不是法定的外朝机构。

怡亲王的恩遇

雍正皇帝赏识怡亲王的忠诚、正直以及财政问题上的睿智，这与雍正皇帝和其他大多数兄弟的紧张关系形成鲜明对比。例如，雍正元年末，雍正皇帝树怡亲王为楷模，同时痛斥其他兄弟的所作所为：“弟辈中数人罔知自爱，在皇考时不知息不知足，百计盗取国帑者……朕欲以王之善表扬于众，以愧无知诸弟。”[32] 雍正皇帝给予了这位好兄弟极高荣誉，雍正四年，赏赐怡亲王一匾额，表彰他“忠敬诚直勤慎廉明”，同时在明发上谕中指出这位亲王“事朕克殚忠诚、至纯至恪”的九个方面。第一个是“议政关系机密”。第二

至四个是在户部、三库和畿辅水利的工作。最后五个都表现出了怡亲王得到的是国家最庄严神圣的信任——保卫皇帝人身安全。这包括管领汉侍卫，处理诸王子事务、旧邸事务，督领圆明园八旗守卫禁兵，负责养心殿监理制造。该上谕还说怡亲王“巨细事件，皆一人经画料理”。[33] 怡亲王去世后，在一道上谕中，雍正皇帝使用了“辅弼”一词，这通常用于丞相身上，还说有时怡亲王甚至“代朕”。[34] 雍正皇帝这样的褒奖极为少见。

怡亲王何以能够如此成功地超然于宫廷流言蜚语和阴谋，同时赢得一位常被认为是多疑与猜忌的统治者的尊重呢？最重要的可能是，怡亲王很少或没有参与笼罩着康熙末年的储位之争。雍正皇帝钦佩这一谨慎行为，说：“于皇考时，敬谨持身，廉洁立品，未曾图 76
利干预一事，纠党邀结人。……不似其他无知弟辈重重致烦皇考圣心。”[35]

此外，怡亲王谢绝所有的荣誉和赏赐，着力表现出没有个人野心的姿态，这样就巧妙地排除了雍正皇帝的怀疑。相关史料到处都是雍正皇帝可意于这种正直清廉。对于中国人来说，三次拒绝荣誉，这是好的做法，而第四次给予荣誉时就可以接受。但是无论什么样的金钱和荣誉，怡亲王依旧力辞。有个例子，雍正元年末，他最终极不情愿地同意部分接受重金赏赐，这是皇帝分配给所有亲王的。但是他“极为恳切”地拒绝其他的津贴。[36] 有次甚至连给他儿子的封赏也没有接受。[37] 在一道悼念上谕中，雍正皇帝赞扬这位兄弟生活简朴，指出他居家节俭，并提到其住宅只有“门三，厅堂五间”，谨遵规制。[38] 此等诚实，加上怡亲王毫无贪功之念，最终赢得了雍正皇帝的信任。怡亲王似乎知道仅追随这位新君主是不够

上諭

上諭朕名及諸兄弟之名皆

皇考所賜朕即位之初允祉阿其那隆科多等以諸

王之名上一字與朕相同奏請更改朕不允行

奏聞皇太后始得

而伊等援引往例陳懇再三朕不得已而許之者

間

而定者

至於改用允字乃從阿其那之請也今怡親王

仙逝朕回思昔日與王同事

皇考家庭孝友之情宛然如昨凡告

廟典禮所關有書王名之處著仍用原名以誌朕思

念弗釋之意特諭

▲ 图 24 “谕令告庙典礼有书怡亲王之处仍用原名胤祥”，显示雍正皇帝对允祥的情谊

的，雍正皇帝处置在皇位继承上挑战他的那些兄弟时表现得刻薄寡恩，面对此，怡亲王尽可能地呈现出一副不具威胁性的面孔。他所得到的褒奖之词无以复加：皇帝满意他“无不用心”的襄助，总是“克尽臣弟之道”。[39] 在当时的政治环境下，这种举措可能是最好的选择。

怡亲王与西北战事

我们在第一章末雍正皇帝写给岳锺琪的信中看到，怡亲王也关注当时的迫切问题——西北战事。积极谋划向准噶尔蒙古开战只是在雍正四年（1726）下半年的事，关于当时的情形，雍正皇帝后来回忆说：

> 即以西陲用兵之事言之，北路军需交与怡贤亲王等办理，西路军交与大将军岳锺琪办理，皆定议于雍正四年者。……是以经理数年而内外臣民并不知国家将有用兵之举。及至雍正七年大军将发，飞刍挽粟，始有动用民力之时。[40]

怡亲王在与雍正皇帝讨论战事方面的作用，可以从一封未标时间的谕旨中看出，这是雍正皇帝用朱笔写给岳锺琪的，可能是雍正五年末（1728 年初）。其中说（在前面第一章末有大段的征引），怡亲王提议对准噶尔蒙古突然打击，不同意长期、开支巨大、显而 77
易见的备战，这样做准噶尔肯定事先会有风闻。又提及怡亲王曾提醒说，依赖准噶尔的庄稼收成来支持在西部地区作战的清朝军队的计划，可能不会奏效，尤其是如果突袭的时机丧失以及准噶尔事先有所考虑，那么他们在逃跑之前会毁坏庄稼。在这封廷寄的末尾，雍正皇帝要求岳锺琪上报自己关于这次作战的详细计划，并说："朕再与怡亲王酌定。"从最开始，怡亲王关于战略安排以及经费措置的才能就为他赢得了这次战争的中心地位。[41]

雍正七年（1729）年中，备战日紧，这已成为京师公开讨论的问题。怡亲王被指定"办理西北两路军机"，坐镇京师，指挥作战。同时，设立户部军需房作为独立的机构，直接向户部堂官和怡亲王负责；总理户部事务的怡亲王，乃这一新机构的最高却是兼任的负责人（见图表3）。[42] 这些头衔和职位意味着，除了与雍正皇帝探讨战事外，现在怡亲王在京师还指挥一群专门关注军需的人。[43] 此外，他还负责许多有关战事的议覆，议覆人员名单都以他领衔。如果他还活着的话，可能将继续发挥中心作用。

怡亲王与通信管理

怡亲王也可能参与了发展内廷的通信管理。例如，对于欠税和财政非法行为的打击措施，就包括户部奏销和归档等新的通信管理程序问题。雍正二年（1724），怡亲王就已请求在户部设立一名主事，来办理档案，登记一应数目，以及帮助核查外省的年终财政报告——这样安排是为了减少财政报告中的非法行为。[44] 怡亲王在户部的组织工作也可能包括负责改进财务统计，这从雍正朝之初的统计数字就可以看得出来。[45]

怡亲王也关心雍正前期奏折制度发展中的一些问题。当外省具奏人扩大到布政使时，怡亲王府常常被指定作为这种新奏报的汇集

点。[46]怡亲王可能在皇帝秘密召见大臣问题上发挥着作用，雍正皇 78
帝手写的一份批语回忆了一次最高机密的召见谈话，很显然怡亲王在场。[47]怡亲王也参与了寄信（廷寄）的创制，发展出了一种秘密的方法以帮助雍正皇帝批答奏折。档案中现存最早、真正意义上的一份廷寄，朱笔指定怡亲王记录皇帝的言语。早期的一些这种新类型的上谕，其中与皇帝讨论上谕内容的承旨人员名单都以他为首。[48]怡亲王也负责传达皇帝的某些指示，其中一些被认为极其机密而不能见诸书面。[49]我们也知道，他组织了户部等部院许多官员参加的讨论，因此也关注奏折制度中议覆奏折的发展。

怡亲王也监管编纂、出版雍正皇帝向内阁所发布的上谕（名为《上谕内阁》）。[50]后来，编纂清朝官方出版物成为内廷很重要的一项工作，军机大臣不仅领衔，而且常常掌控当时主要官方出版物的编纂班子。怡亲王作为皇帝的非正式顾问时，内廷所关注的官方出版物进展不大；这是内廷作用的又一个方面，在康熙和雍正朝刚刚起步而已。

怡亲王在雍正中期去世，不能继续协助他的兄长。过早失去这位忠诚的兄弟、朋友和大臣，令雍正皇帝心碎，皇帝称颂他："事无巨细，皆王一人经画，无不精详妥协，符合朕心。"[51]历史学家经常兴致勃勃地从耸人听闻的角逐皇位故事的角度描写雍正皇帝众兄弟，现在从雍正皇帝亲笔书写的档案材料中，我们看到了他是多么敬重一位忠心耿耿的亲王。

怡亲王有两位主要的内廷继任者：一位是汉人官员张廷玉，他从雍正朝一开始就在内廷起着重要的作用；另一位是满人官员鄂尔泰，他仅在雍正朝后期即雍正十年（1732）才从地方召至北京。张廷玉长期服务于内廷，他将是这一章后面的焦点人物。他的经历展现了雍正皇帝试图填补因怡亲王去世所留下的空缺，以及雍正皇帝怎样又一次幸运地找到他的最高级助手。张廷玉取代不了怡亲王：雍正皇帝对待张廷玉从未像对待怡亲王那样亲近，那样毫无保留地
79 向他坦言。但在身居高位时，张廷玉做出了另一番不同的贡献，促成了一些重要的组织变化。最终，他的成就的影响甚至比怡亲王的更为持久。

张廷玉

雍正皇帝在统治初年，考察了数个身在内廷的人，淘汰了不胜任者，擢升其余的人并赋予他们更多的职责。其中，效力最久并占据最高职位的就是张廷玉（1672—1755）。张廷玉的生涯不同寻常。这是一位赢得满洲三代皇帝信任的汉人，身居内廷数个最高职位。然而他极不同于怡亲王。没有雍正皇帝盛赞怡亲王所起中心作用那样的证据，张廷玉没有达到与怡亲王平起平坐的地位，或是可以像怡亲王那样与他的君主面对面地坦言相告。然而，在怡亲王去世的数年中——直到雍正十年（1732）将鄂尔泰从西南召回京师，张廷玉是内廷中怡亲王的主要继任者。有几年张廷玉甚至是雍正皇帝进一步发展内廷的“主要手段”。

现存能说明张廷玉情况的材料极少。张廷玉在内廷听候雍正皇帝吩咐，不像岳锺琪那样，可以收到吐露皇帝心声的长篇朱批。而且，尽管雍正皇帝御批里偶尔提到甚至表扬张廷玉的效劳，他的名

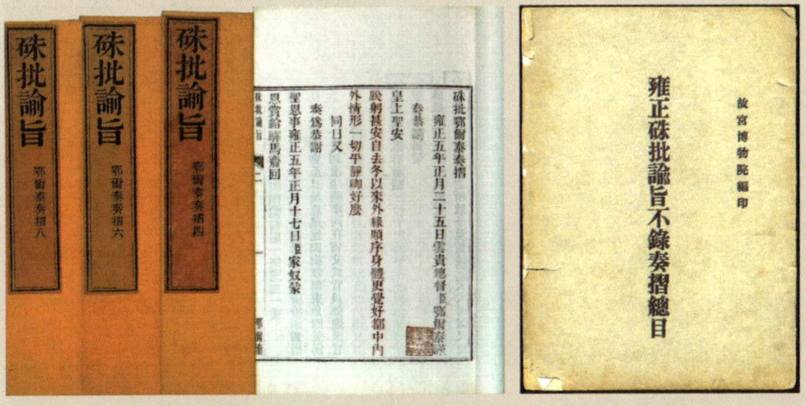

▲ 图 25 《雍正朱批谕旨》(部分)、《雍正朱批谕旨不录奏折总目》封面(北平，故宫博物院文献馆，1930)

字也出现在许多廷寄的承旨人员名单中，但我们找不到像雍正皇帝经常提及的他与怡亲王谈话甚至是与怡亲王争论的材料，也缺少张廷玉自己所写的东西，而《雍正朱批谕旨》也将所有京官的奏折排除在外。[52] 现存的张廷玉著述必然拘于形式，处处是恭顺之词，甚至他的自订年谱也严格固守令人厌倦的正式自传的形式，缺乏自然流露的评论和个人见解。接下来，我将使用这些零散的资料以拼凑出张廷玉在朝廷中的作用，这一问题值得研究，因为在怡亲王去世后的数年间，张廷玉作为内廷领袖独自工作，并涉身当时几乎所有的重要问题。

康熙时的张廷玉

张廷玉的家庭背景是他生涯的出发点。他出自安徽一个显赫的地主和文人家庭，前几辈人在科举中表现优异，身居高位。[53] 他
80 的父亲张英，身为康熙皇帝的近臣，是颇具声望的南书房的一员，在大学士位置上休致。张廷玉的仕途，起步时并不被看好，康熙三十九年共取进士 305 人，他居第 215 位，名列三甲，即最后一等。这种名次一般来说意味着他要被外放做知县，但因显赫的家庭，他获得了继续深造的机会，成为翰林院检讨。[54] 他在康熙朝最后二十年间稳步升迁，任职南书房、日讲起居注官、翰林院侍讲学士、内阁学士、经筵讲官，在康熙朝最后的岁月，任刑部、吏部侍郎。[55]

雍正初期张廷玉的官位

康熙皇帝一去世，雍正皇帝就开始在各种指派中使用比他年长六岁的张廷玉。他看重张廷玉的文才和在翰林院的经验，任命他为

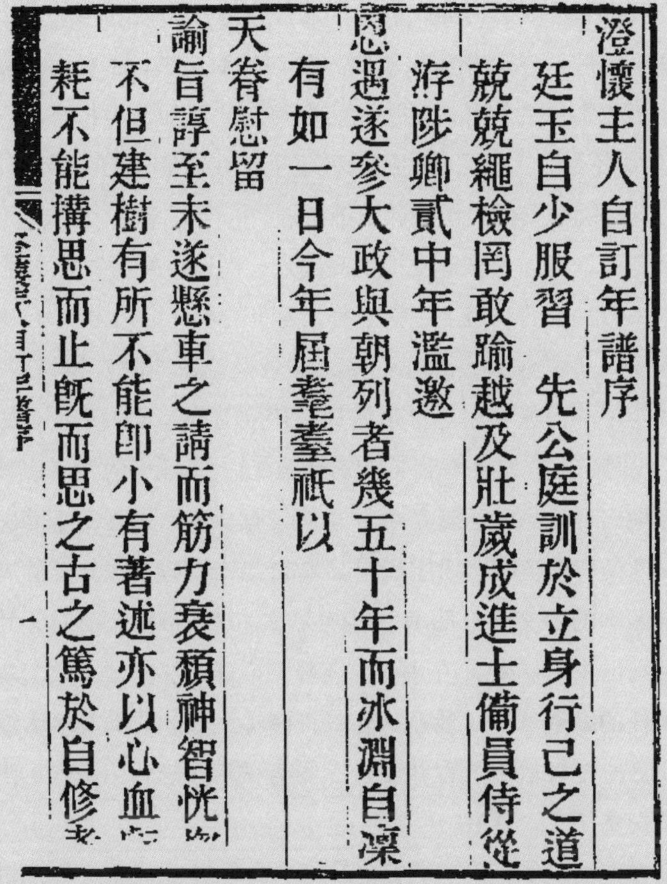
澄懷主人自訂年譜序
廷玉自少服習　先公庭訓於立身行己之道
兢兢繩檢罔敢踰越及壯歲成進士備員侍從
洊陟卿貳中年濫邀
恩遇遂參大政與朝列者幾五十年而冰淵自凜
有如一日今年屆耄耋祗以
天眷慰留
諭旨諄至未遂懸車之請而筋力衰頹神智恍惚
不但建樹有所不能即小有著述亦以心血虧
耗不能搆思而止既而思之古之篤於自修者

▲ 图 26　张廷玉《澄怀主人自订年谱》首页

官方出版物编纂班子的成员、科举考官以及皇子的师傅。[56]张廷玉的编纂职位包括实录馆的副总裁、《明史》的总裁以及国史馆的总裁。[57]张廷玉是南书房的成员，因此他可以作为内廷与外朝出版机构的联系纽带。这些指派很重要。通过出版史书，清朝可以宣扬自己对于历史事件的解释以及决定它取得的成就如何为将来的人所理解。例如有人说，康熙朝的实录关于雍正夺取皇位的阴谋诡计不予记载，这种编纂安排出于张廷玉的策划。[58]

家庭背景可以为张廷玉提供高起点，而他也身膺真才实学。雍正七年（1729）的一道上谕就夸赞张廷玉的非凡记忆力："自张廷玉为大学士，听朕谕旨，悉能记忆，缮录呈览，与朕言相符。"这道上谕的余下部分说到雍正皇帝的其他几位上谕起草人员没有如此成就。[59]我们在下一章会看到（特别是表 2），张廷玉的名字比其他人的更多地出现在当时的廷寄中。也有证据显示，张廷玉下功夫学好满文，这使得他更可为君主所用。乾隆皇帝有时在张廷玉的满汉合璧部务题本的满文部分批示，用满文书写如何行事，而对于其他汉
81 人官员则很少这样做。在雍正和乾隆朝，任命了张廷玉数个本应由满人担任的编纂职位（涉及玉牒、官修《金史》的满文术语以及记录清朝缔造者努尔哈赤的实录）。[60]这样的职位通常由满人担当，由一个汉人充任非同寻常。

早在雍正元年，张廷玉就擢升至中央政府最高层。康熙皇帝去世后不到一个月，张廷玉就被任命他的第一个尚书职位——礼部尚书。雍正元年底，他升任更重要的户部尚书。是张廷玉而不是怡亲王，在这个位置上时常负责财政政策的讨论，然后将意见上报皇帝。[61]后来，张廷玉成为户部最高层团队的成员，策划西北战争。

雍正三年（1725），雍正皇帝任命张廷玉为新创立的协办大学士；同时，为将他与同年升至同级别的其他两人区别开，雍正皇帝进一步任命他为更显赫的“署大学士”。[62]这些是实验性质的任命，有的新头衔可能是雍正皇帝发明的——旨在慢慢考察新人，阻止雄心勃勃和有才能的官员爬升过快。对张廷玉的这些任命表明，在雍正初期，雍正皇帝已经确定张廷玉为培养对象，希冀他既有才又忠心。我们将看到，雍正皇帝的这些希望都一一实现了。

继这些早期升迁之后，张廷玉的大学士地位不断抬升：先是雍正四年（1726），他成为大学士，拥有并不显要的文渊阁衔；接下来，他被委任为文华殿大学士；最后在雍正六年，他被任命为可以授予的最高头衔——保和殿大学士。[63]此后不久，人们注意到张廷玉是在内廷工作，而不是在距离很远、位于紫禁城东南隅的内阁。18世纪的一位观察者回忆了雍正八年（1730）自己被短暂派往内廷效力的时光，他将张廷玉描述为“内中堂”，甚至是“首揆”。[64]作为内廷心腹，张廷玉主要处理奏折和廷寄，而不是外朝的本章。结果，又特别指派了一名协办大学士以保证张廷玉阅读本章的外朝职责不被忽视、有人处理。[65]

就在这个关节点上（雍正四年［1726］后），张廷玉在户部的任职复杂化了。一般说来，部堂是由两名尚书（满汉各一人）和四名侍郎（满汉各二人）组成，遵循清朝满汉复职制原则也就是公平性，以平衡政府中的满汉影响。然而，户部的这种公平从雍正元年始就已经悬置，因为一位强有力的管理部务满人——怡亲王——被置于两位尚书之上。但雍正四年张廷玉被派任大学士时雍正皇帝有令：“仍管户部尚书事”。这使得情况再次发生变化。

在这点上，尽管仍负有户部尚书的职责，但张廷玉的名字已不见于官方尚书名单，他的名字被蒋廷锡取代。[66]户部现有三个长官，名称不一：怡亲王是“总理”；张廷玉不确定，或“管”“理”，或“兼尚书事务”；蒋廷锡是普通的尚书。[67]（还有一位满尚书，但似乎不起多大作用。）如图表 4 所示，这非同寻常的结构不是一种均衡的三头政治，而是精心设计的上下等级关系：满人在最上面总理，一位普通的汉尚书在下，而张廷玉在两者间游移。如果这种情况令人困惑不解，那可能正是雍正皇帝想要的。

82 图表 4　雍正四年（1726）户部有了第二个管理部务大臣后堂官的非常情形。

管理部务大臣

怡亲王（始于雍正 1/4/7）

张廷玉（始于雍正 4/2/28）

尚书

满尚书： 徐元梦	汉尚书：张廷玉（始于雍正 4/2/18，任命为大学士“仍管户部尚书事”）

侍郎

常寿	裴徕度
塞德	吴士玉

此表所显示的，是雍正四年二月二十八日（1726 年 3 月 31 日）张廷玉升任大学士后，户部堂官不同寻常的情形。尽管当时继续命他担任尚书一职，但他的名字不再出现在部院大臣表中，表明他已升至管理部务大臣这一层级。两年后又出现类似的情形，当时蒋廷锡同样升任大学士，同时也被任命继续他先前的尚书职责。但在这种情况下，蒋廷锡的名字却没有从官方部院大臣表的名单中拿掉。因此他的管理部务大臣职位——就如同他的大学士一样——与张廷玉的不在同一级别，就像张廷玉的管理部务职衔所用动词是“管”，与怡亲王所用动词是“总理”不同一样。

资料来源：《清史》第 4 册，2609 页及以后；《清代职官年表》第 1 册，204 ~ 209 页。

▲ 图 27　蒋廷锡像

83 张廷玉的恩遇

伴随着张廷玉中枢地位擢升的，是皇帝对张廷玉的优渥赏赉。像怡亲王一样，张廷玉总是拒绝其中的一些。然而，虽有必要的谦让，但通常还是要赏给的。比如说，他经多次反对无效，接受了一座当铺、一处住所（澄怀园）、嘉奖的匾额，以及数次厚金赏赐（材料显示达一万两、二万两甚至三万五千两）。[68] 雍正八年（1730），当雍正皇帝的二万两赏银被“固辞”后，皇帝要他“不必再辞”。[69] 然而，因处于亲近皇帝的特权位置，对张廷玉来说，避免给人造成皇帝心腹的形象可能更好些，因此要尽可能多地拒绝皇帝的恩赏。雍正十一年（1733），张廷玉又得恩遇——特别允许他回安徽桐城老家（他一直在此生活至二十三岁）参加祭祀父亲的仪式。除了一笔可观的回乡盘费外，雍正皇帝还许可他使用驿马和驿卒的特权，并令沿途当地军队和官员加以保护，在合适的地点迎候——这是皇帝少有的宠信。[70]

雍正皇帝的嘉勉之词——有时乃亲笔所写——是对张廷玉恩宠的又一标志。在自订年谱中，张廷玉描述了雍正七年（1729）在三年一次的大计中他依例递上辞呈。大学士票拟同意，但正如张廷玉骄傲地讲述的，雍正皇帝“不用”，反而是“御笔亲批发出”，上谕赞扬张廷玉“和平端正、学问优长”，并说他自从上任以来“夙夜
84 匪懈，协赞朕之不逮，正资倚任”。[71] 皇帝还有一种赐物是匾额，上书“调梅良弼”四字是对他辅弼的赞扬。[72] 雍正皇帝乾纲独揽，营造官员间竞争氛围，吝于官员擢升，但他还是充分认识到了张廷玉的卓越才干，并适时运用奖赏大权。

回绝皇帝恩赏，尤其是那些可能公之于众的恩赏，这样做的重

要意义可以在张廷玉陛见时谈论长子张若霭的进士名次问题上找到答案。每科录取的进士名额很少，尤其是三鼎甲更为显耀。雍正十一年（1733），张若霭高中探花。

面对儿子所得如此荣誉，张廷玉的拒绝远远超过了“事不过三”。张廷玉的自订年谱记述，太监前来宣布这一好消息时，他立即求见雍正皇帝，并“免冠叩首”，请求拿去他儿子的荣誉。君臣展开辩论，张廷玉迫切且谦逊地希望能辞去该荣誉：“置之二甲，已属厚幸。”雍正皇帝向张廷玉说明，决定名次时，他并不知道圈定的探花是张若霭。正如自订年谱中说：“廷玉复叩首固辞，仍不允。随将卷面批定，令读卷官捧出填榜。”但是事情并未结束。在另一次关于此事的召见中，雍正皇帝馈赠张廷玉一柄如意，张廷玉感谢主上，“免冠叩首”，但雍正皇帝坚决不同意降低张若霭的名次。这位父亲再次表白：“天下三年大比，合计应乡试者十数万人，而登乡荐者，不过千余人。以数科之人来京会试，而登春榜者亦只三百余人。是此鼎甲三名，虽拔于三百余之中，实天下士子十数万人之所想望而不可得者。……臣之私衷，情愿以此让与天下寒士。”最后，雍正皇帝的态度缓和下来。张若霭降至第四名，在三鼎甲之外，是中式者较多的二甲进士的第一名。[73]

张廷玉在名次问题上的谦恭、恳求，其意义不是告诉我们张若霭的学识如何，而是揭示了张廷玉与他的君主以及与其他朝臣的关系。为转移其他官员的嫉妒之心，面对盛誉，儿子退而求其次，所付代价是很小的。张廷玉可以接受雍正皇帝私下的赞扬和不公开的赏赐，但他不会为得到如此高高在上的公开荣誉冒风险，给人留下自己是皇帝宠臣的坏印象，只是利用自己的地位赢取了不应得的照 85

顾。而且，同一年，另一位内廷大臣鄂尔泰有一子一侄也中了进士。对张廷玉来说，自己家人高高在上，而鄂尔泰的子侄名次较低，会导致与鄂尔泰的关系难处。在内廷，鄂尔泰是张廷玉主要的同事和对手。

怡亲王去世后张廷玉的重要作用

雍正八年至十年（1730—1732）间，张廷玉再次得到了非正式的擢升以及皇帝对他卓越才干的认可。这时，怡亲王去世后留下了行政真空，同时雍正皇帝自己身体不适——可能因失去怡亲王而病情加剧——使情况更为糟糕。张廷玉被指定充当临时主事之人，他在自订年谱中描述了当时的情况："自春徂秋，圣躬违和，命廷玉与大学士马尔赛、蒋廷锡办理一切事务，并与御医商订方药。间有密旨，则命廷玉独留。"[74]

第二年，张廷玉只身协助雍正皇帝时，又出现了其他情况。例如，从雍正八年末（1731年初）开始，西北战事重开："圣心焦劳，指授方略，廷玉日侍内直，自朝至暮不敢退，间有待至一二鼓。时至九月，军务始定。"[75]

雍正皇帝极倚赖张廷玉。有次张廷玉病倒了，雍正皇帝开玩笑说，以前他称张廷玉是"股肱"，现在张廷玉生病了，也就是自己病倒了。[76]一位曾在圆明园短暂当值的内阁中书后来回忆，雍正八年（1730），张廷玉"独在南书房之西坑间"，靠近皇帝生活区，而不是与其他内廷高级官员在其他场所一同办公。[77]可以说，在雍正中期的两三年中，张廷玉比当时其他任何内廷枢密助手都更接近雍正皇帝。他此前已与怡亲王一同负责军需有年（始于雍正四年

［1726］），并且从雍正七年（1729）开始，他也是隶属于户部堂官的新的军需房事务的负责人之一。怡亲王生病时，雍正皇帝已指派了另一位大学士马尔赛供职内廷，但很明显，马尔赛做得并不成功。马尔赛在内廷任职时间很短，雍正九年（1731）秋被任命为前线指 86
挥。因此，张廷玉掌控着雍正皇帝的内廷，马尔赛担负的职责应该极少。这就解释了为什么张廷玉描述内廷在相当长一段时间内仅他一人，甚至包括马尔赛在任的那段时间。数年间，张廷玉——这位在满洲朝廷中枢操满语的汉人——担当着内廷最重要核心角色的作用。

张廷玉与通信管理

雍正初年，怡亲王可能参与了通信体系的发展，但张廷玉被认为给新的廷寄制度"奏定格式"。关于撰拟内廷谕旨，张廷玉所做大概比其他人都多。雍正朝廷寄的承旨人员名单中，张廷玉的名字出现得也比其他任何侍从的都多（见表2）。张廷玉撰拟上谕的职责，可能意味着他与雍正皇帝一起商讨政策内容，他先撰拟谕旨，再将它们呈递皇帝批准。张廷玉在朝中的影响力与地位，尤其是在雍正中期，使他在最高层面参与通信体系，政策的讨论也使他涉身雍正皇帝所面临的各种问题。[78]

我们知道张廷玉也可能参与创立和发展健全的文书保存程序。雍正六年（1728）初他提议，关于八旗事务的谕旨应当与内阁和部院事务奉旨事件（这一点已经指出过）一样，包括在起居注中，即"纂入记注"。[79]张廷玉也应参与了后来成为军机处录副奏折的文件保存程序的制定，录副始于雍正七年（1729）。[80]雍正皇帝自己偶尔对于制定出完备的档案管理方法表现出兴趣，但雍正中期在此问题上的许多奏片——一种短笺——向雍正皇帝保证，正在有条不紊地执行新的归档程序，这可能是由当时的三位内廷中坚分子所制定：怡亲王、蒋廷锡、张廷玉。

雍正皇帝也任用张廷玉接收和转奏某些奏折，所起作用同怡亲王一样。具奏权的范围扩大，包括了外省布政使和按察使，但这些人的具奏权与督抚的并不完全一致，不能直达御前，要求这些地方次等官员将奏折提交给内廷大员，再由内廷大员向皇帝转奏。[81]张廷玉是担当此任的官员之一，这一事实说明了他参与发展奏折制度。如同在其他领域一样，张廷玉在通信领域为雍正皇帝分担了各种各
87 样的任务。张廷玉并未隶属于有着确切任务的法定机构，因此皇帝可以要求他承担所希望的任何职责。

张廷玉与官方出版

张廷玉也奉派官方编纂和出版事宜。雍正初，他身居编写实录和《明史》机构的高层编纂职位。后来他负责其他书籍，如《皇清文颖》，这是包括皇帝和大臣著述的汇编。[82]雍正二年（1724）谕令编纂会典，当时张廷玉正受宠信，他位列总裁名单的第二位。雍正十一年（1733）会典刊行时，张廷玉名列修纂名单的第四位，在两位满洲王公和年长的满大学士尹泰之后，但这三位可能并没有做什么实际工作。张廷玉是著名的《雍正朱批谕旨》两位首要编纂人之一，另一人是鄂尔泰。雍正朝并不特别关注官方出版物，尽管如此，许多官方著作的编纂人员名单中确实开列有张廷玉的名字，他也可能对编纂有着影响。[83]

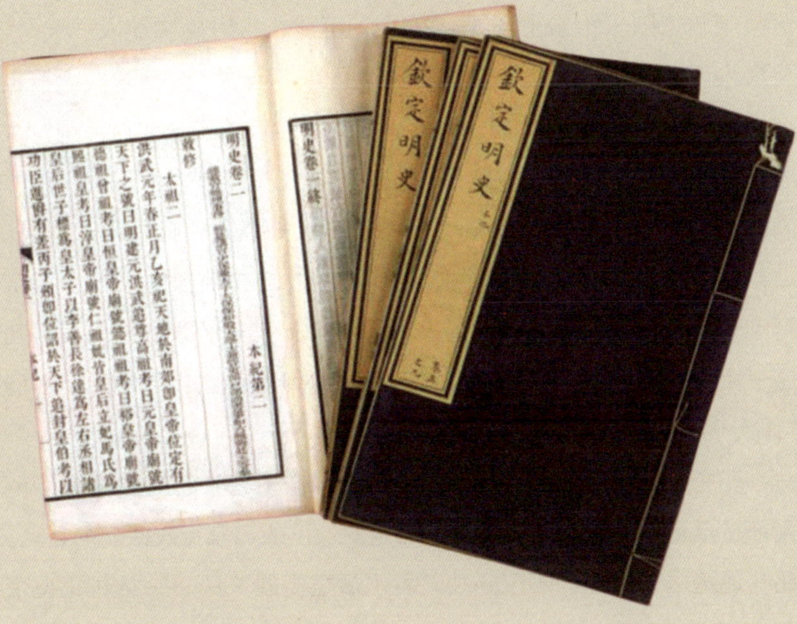

▲ 图 28 《明史》书影

怡亲王比张廷玉更亲近皇帝，他建议的许多政策最终都付诸实施，但张廷玉在历史上更为知名。在有关档案公开前，怡亲王在雍正朝中枢所起的至关重要作用全然不为人知。官方的史家可能掩盖了有关怡亲王的史实，因为他制定了不受欢迎的追赔官方债务的政策，正如雍正皇帝承认的，有些“小人”将政府对于欠税的新的严厉强硬政策归于怡亲王一人。怡亲王可能在当时确实遭人忌恨。[84]是汉人而不是满人的史家决定着当时的许多记述，这一事实大概也有助于突出张廷玉。此外，雍正皇帝努力减弱怡亲王在自己统治中的影响，加之后来所宣称的不许宗室王公发挥强有力的行政作用的满洲王朝定制，这就令强调雍正皇帝倚赖一个兄弟显得不合时宜。结果，怡亲王的贡献不为人知，而张廷玉在后来受到推崇。张廷玉是唯一一位死后配享太庙的汉人。多年以后又一个汉人在将要得到这一荣誉时功亏一篑，正如乾隆皇帝上谕所宣称的：他的恩赉不能“如大学士张廷玉之例”。[85]

88 现在我们能接触到档案，可以比较怡亲王和张廷玉的成就。两人都是皇帝的非正式侍从，没有法定的地位或国家行政法规的认可。此等遮掩之下，他们不仅是独断君主最重要的工具——依雍正皇帝命令行事，而不担心任何法律的干预，也体现出在中央政府中枢有着非正式的、切实的影响。康熙皇帝的大多数内廷侍从都身居法定的、旧有的、享有很高声望的机构——如南书房、内务府或议政王大臣会议等。而雍正皇帝对于怡亲王和张廷玉（以及随后的鄂尔泰等人）的非正式任用，凸显了内廷的非正式性以及服务于皇帝的专制目的。随后几章会看到，雍正内廷的这一法外特点在中央政府创造了一种新的活力。在接下来的乾隆朝，缺少法律的限制变成了重

12 配享太廟

本朝親郡王配享太廟者：武功郡王禮敦、慧哲郡王額爾袞、宣獻郡王界堪、通達郡王雅爾噶齊、禮烈親王代善、睿忠親王多爾袞、鄭獻親王濟爾哈朗、豫通親王多鐸、肅武親王豪格、克勤郡王岳託、怡賢親王允祥、超勇襄親王策淩、科爾沁博多勒噶台忠親王僧格林沁、恭忠親王奕訢，按恭王位次在超勇親王之上，此依時代書之。凡十四人。

大臣中配享者：超等英誠公贈王爵揚武勳古利、一等大臣贈一等信勇公費直義英東、一等大臣贈公爵額宏毅亦都、內大臣・二等果毅公圖忠義爾格、正黃旗滿洲都統・一等雄勇公圖昭勳賴、太子太傅・中和殿大學士追封一等忠達公追贈太師圖文襄海、太傅・保和殿大學士・三等襄勤伯鄂文端爾泰、太保・保和殿大學士・三等勤宣伯張文和廷玉、太子太保・協辦大學士・刑部尚書・一等武毅謀勇公・贈太保兆文襄惠、太保・保和殿大學士・一等忠勇公・追贈郡王傅文忠恆、太子太保・武英殿大學士・一等誠謀英勇公・贈太保阿文成桂、太子太保・武英殿大學士・閩浙總督・忠鋭嘉勇貝子・贈郡王福文襄康安，凡十二人。按太子太保・四川總督・一等宣勇伯・贈一等公和琳，先於嘉慶元年十一月配享，至四年正月撤出。

▲ 图29 有清一代配享太庙的王公大臣（朱彭寿：《旧典备征》卷二，何双生点校，北京，中华书局，1982）

要的刺激力量，内廷侍从和机构因之猛增。

怡亲王和张廷玉间的差异也颇具意义。雍正皇帝视怡亲王为心腹近臣加以使用，以取得一种专制的治理方式。凭借怡亲王的忠诚和全力协助，雍正皇帝希望自己能亲自指挥整个政府。相比较而言，张廷玉不能满足雍正皇帝对于心腹近臣的要求，他不能够反驳君主或是像怡亲王那样直言不讳。尽管雍正皇帝信任张廷玉并十分倚重他，但两人的关系不能像雍正皇帝和怡亲王那样亲近、开诚布公。张廷玉做不了雍正皇帝的至交或是像怡亲王那样可以“代朕”。然而张廷玉身为汉人，这一事实也可能给他带来好处，他对雍正皇帝的威胁要小于身在京师的宗室王公和权贵们。这层考虑，再加上张廷玉的行政才能和经验，可能使得雍正皇帝在失去怡亲王后转向张廷玉。结果，张廷玉擢升到有清一代来说独一无二的位置——一个汉人，只身一人居于清政府官场的顶端。

注

1. 怡亲王的英文传记，参见《清代名人传略》，923 ~ 925 页。这一传记在写作时没有利用档案材料，尽管如此，在描述怡亲王对雍正皇帝统治初期的中心作用上，远比近来的许多认识深刻。有关族谱的信息，参见金松乔编：《爱新觉罗宗谱》（奉天，1938 年），第 1 册，51 页及各处。怡亲王生平概述，参见唐邦治编：《清皇室四谱》（台北，1968 年），卷 3，页 15a ~ b，或正史传记，参见《清史》第 5 册，3561 ~ 3562 页。

2. 例子参见军机大臣表，《清史》第 4 册，2486 页；傅宗懋：《清代军机处组织及职掌之研究》，529 页，怡亲王名列最后。在后一表中，怡亲王名字下留有空格，未能提供怡亲王做军机大臣的具体信息。也参见《清代名人传略》，924 页；邓文如、王锺翰：《谈军机处》，载《史学年报》，第 2 卷第 4 期（1937 年），194 页。与之对立的观点，参见吴秀良：《通信与帝国控制》，30 页，173 页注24。怡亲王的名字在《枢垣记略》中被略去，参见卷 15，页 1。

3.《清世宗实录》卷 94，页 2b。类似的辍朝情形，参见黄仁宇：《万历十五年》，8 页。

4.（台北）"宫中档" 雍正朝奏折 000257，雍正八年四月二十二日，岳锺琪奏折的朱批。

5."八年" 可以这样解释：尽管事实上怡亲王中枢辅弼只有七年多一点的时间（到雍正七年末雍正八年初病危），但怡亲王去世后雍正在悼念他时，差不多八年的时间过去了。

6.（台北）"雍正上谕档"，雍正八年五月初七日，29 ~ 35 页；雍正八年五月十四日，53 ~ 57 页；雍正八年五月十八日，61 ~ 63 页。这一册上谕档从雍正元年至八年都是关于怡亲王的，共计 39 道。约一半上谕（尤其是早年的）出现在《清世宗实录》之中；一些出现在其他出版物中，但许多似乎只见于该档案（很显然，北京的档案中没有副本）。此册中的一些上谕应该出自廷议，但一些读起来似乎特别抄自雍正皇帝朱笔亲书，一道上谕可以证明这一事实，该上谕说，在列举怡亲王的种种美德时："况王之懿美多端，笔不能述。" 见（台北）"雍正上谕档"，雍正八年五月十四日，53 ~ 57 页。

7.（台北）"雍正上谕档"，雍正八年五月初七日，29 ~ 35 页。类似的声明，参见（北京）“录副”内政类，礼仪，文件 2，雍正八年五月初九日，上谕。

8. 据说阿其那是个带侮辱意义的满文，意为 cur（恶狗、杂种狗），参见《清代名人传略》，927 页；萧一山：《清代通史》第 1 册，862 页。（另一解释，参见傅乐成：《中国通史》[台北，1972 年]，第 2 册，677 页。[经核，萧一山、傅乐成给出的解释是“狗”。——译者]）可我发现，没有满语专家认可这种意思或给
317 出别的解释。中国第一历史档案馆早期的出版物认为，这一所改名字的意思至今还不清楚，参见故宫博物院明清档案部编：《关于江宁织造曹家档案史料》（北京，1975 年），213 页。

9.（台北）“雍正上谕档”，雍正八年五月初七日，33 页，3 ~ 4 行。

10.（台北）“雍正上谕档”，雍正八年五月初七日，33 页，4 ~ 7 行。岳锺琪是年羹尧的同党，也参见（台北）“宫中档”雍正朝奏折 019190，雍正三年七月二十五日，李如柏奏折。

11. 康熙皇帝于 1722 年末去世时，允祥才三十六岁（原文如此，与正文岁数不一致。——译者），当时他的众多兄长为争夺皇位跃跃欲试。怡亲王在康熙时的作用，参见吴秀良：《康熙朝储位斗争记实》，114、124 页；《清世宗实录》卷 13，页 21b ~ 22。

12.《清世宗实录》卷 1，页 5，页 10；卷 2，页 17b。

13.《清世宗实录》卷 1，页 8b ~ 9。

14.《清世宗实录》卷 2，页 28。三库（Three Treasuries），参见任以都：《十九世纪中国的户部》，载《哈佛亚洲研究》，第 24 卷（1962—1963 年），188 ~ 189 页，该文中三库的英文是 Three Storehouses；《光绪会典事例》卷 181，页 1 及以后。

15.《清世宗实录》卷 3，页 34 ~ 35。雍正二年时，康熙五十年（1711）以来的欠赋据记载已达 941600 两，之所以要豁免，是因为认识到收不上来，参见《清世宗实录》卷 21，页 2b。有关怡亲王在户部的成绩，参见《清世宗实录》卷 10，页 5b ~ 6b；卷 98，页 8 ~ 9。会考府，参见第一章的讨论。

16. 雍正财政改革的详细记述与讨论，参见曾小萍：《州县官的银两：18 世纪中国的合理化财政改革》。

17.（台北）“雍正上谕档”，雍正八年五月十四日，53 ~ 57 页；雍正八年五月二十五日，75 ~ 80 页。这一数字也参见《清高宗实录》卷 60，页 4b ~ 6。也参见（北京）“上谕档（方本）”，对于乾隆四十年正月二十九日库藏的回顾（无

日期），101 ~ 105、107 ~ 109 页。这些数字显示从康熙五十八年（1719）到康熙六十年（1721）库储白银下降了近三分之一——在三年内从 47368645 两降至 32622421 两（康熙六十一年［1722］数字缺失）。到雍正元年（1723）又跌至 23711920 两，在四年内减少了约百分之五十。雍正朝最后的数字是 34530485 两，接近昭梿三千万两的估计，参见昭梿：《啸亭杂录》卷 1，页 8b ~ 9。清朝官方出版物记载所上报的康熙后期逋赋，参见我的《雍正朝密折：档案原件与所刊布的材料》，载《"国立"故宫博物院通讯》，第 9 卷第 4 期（1974 年 9—10 月），7 ~ 8 页。对亏空的低估，参见吴秀良：《通信与帝国控制》，69 页，这里引用的户部银库的亏空数字仅约 3000 两。（经核，吴秀良书中的数字是三百万两。——译者）

18. 两个合起来称为"平余饭食银"，有时简称"平饭"。平余，参见《光绪会典事例》卷 20，页 2；曾小萍：《州县官的银两：18 世纪中国的合理化财政改革》，68 ~ 69 页。读者应注意，我已特别指明了这是雍正皇帝对于财政亏空的记述数字。时人认为怡亲王以强硬手段征收欠税，在怡亲王去世后，事实可能被掩盖起来，以淡化怡亲王在其中的作用。这一问题还需进一步考察。雍正皇帝的这些关于如何争论以及处理欠税的回忆与已有记载不尽一致，我发现有的记载并未强调皇帝在制定养廉银的财政改革上与怡亲王商讨。

19.（台北）"雍正上谕档"，雍正八年五月十四日，53 ~ 57 页。另一个表现雍正皇帝严厉追缴欠税立场的例子，参见（台北）"宫中档"雍正朝奏折 018725，雍正三年七月二十四日，石文焯奏折的朱批；《清世宗实录》卷 98，页 8 ~ 9。怡亲王的作用能找到确证，参见钱仪吉编：《碑传集》（台北，1974 年），卷 1，页 18b ~ 19；《雍正上谕内阁》，雍正四年六月十五日；《清高宗实录》卷 60，页 318
4b ~ 6。也参见《清世宗实录》卷 21，页 2b。另一个雍正皇帝痛斥财务上的非法行为的例子，参见（台北）"宫中档"雍正朝奏折 009845，雍正七年三月二十二日，马纪勋奏折。

20.（北京）"题本"782 奏销 0007，雍正二年二月初十日，允祥等题本。这些档案中有许多此类题本。要提交满汉文，这是部院议覆的需要；汉文是从右到左书写，满文置于另一侧，是从左到右书写。皇帝对此种题本的批示可以用满文，也可以用汉文。

21.（北京）"题本"783 奏销 00013，雍正四年七月二十二日，允祥等题本。

22.（北京）"题本"782 奏销 00006，雍正二年二月初五日，允祥等题本。

23.（台北）“雍正上谕档”，雍正八年五月二十五日，75 ~ 80 页。

24. 该条奏的撮要，参见《清世宗实录》卷 16，页 10a ~ b。

25. 萧一山：《清代通史》第 1 册，870 ~ 871 页。

26.（台北）“宫中档”雍正朝奏折 004720，雍正三年十二月二十三日，允祥等奏折。

27.（台北）“宫中档”雍正朝奏折 014709，雍正三年十二月二十三日，允祥等奏折，内中的文件。我判定此件出自怡亲王，因为它是在京官员关于财政问题的议覆，具奏人说到讨论者是“臣部”的官员。两份议覆可能是交给了一位外省官员，以便他考虑议覆中的建议，然后再由该官员一并缴回京城。

28.《清皇室四谱》卷 3，页 15a ~ b。怡亲王此一职位的头衔有时是“总理水利营田使”，参见萧一山：《清代通史》第 1 册，869 ~ 870 页；《永宪录》，303 ~ 304 页。怡亲王的水利业务，参见卜正民：《明清时期水稻种植和技术在河北地区的传播》，见胡道静编：《中国科技史探索》（上海，1982 年），674 页。

29.《雍正上谕内阁》，雍正四年八月十五日。大学士朱轼被指派协助怡亲王直隶水利职任，雍正八年（1730）怡亲王去世后，朱轼继续这一任务。朱轼的作用，参见《清代名人传略》，189 页；《清世宗实录》卷 48，页 22；（台北）“宫中档”雍正朝奏折 020069，雍正六年三月初一日，允祥奏折。乾隆时期对于永定河防洪工程的看法，参见（北京）“议覆档”乾隆十五年六月二十四日，383 ~ 386 页。地方对于怡亲王治水的感恩，参见（台北）“宫中档”雍正朝奏折 007482，雍正八年六月初三日，舒喜奏折，以及（台北）“宫中档”雍正朝奏折 019871，无署名、无日期奏片，可能是雍正八年的。

30. 回避制度规定官员不能在本人籍贯省份做官。

31.（台北）“宫中档”雍正朝奏折 018174，雍正四年十一月十五日，李绂奏折。

32.（台北）“雍正上谕档”，雍正元年十一月二十五日，1 ~ 2 页。这一上谕内容的大部分也见《清世宗实录》卷 13，页 21b ~ 22，但这里所征引的内容，仅有十几个字见于实录，雍正皇帝对兄弟的打击被认为不适宜于将来的实录阅读者。

33. 此匾额，参见《清世宗实录》卷 46，页 25b ~ 27。也参见《清世宗实录》卷 30，页 34 ~ 35；（台北）“雍正上谕档”，雍正四年七月二十一日，21 页。

34.（台北）“雍正上谕档”，雍正八年九月初六日，105 页。

35.（台北）“雍正上谕档”，雍正元年十一月二十五日，1 ~ 2 页。该道上谕有所节略，参见《清世宗实录》卷 13，页 21b ~ 22，正文所征引的内容被略去。

36. 一些例证，参见《清世宗实录》卷 13，页 21b ~ 22，页 27a ~ b；卷 87，页 34a ~ b；卷 88，页 9a ~ b。也参见（台北）“雍正上谕档”，雍正八年六月十四日，89 ~ 92 页；《清史》第 5 册，3561 ~ 3562 页。

37.（台北）“雍正上谕档”，雍正三年九月十三日，13 页。怡亲王有两次接受 319
了皇帝的赏赐，参见《清世宗实录》卷 6，页 8；卷 17，页 19。

38.（北京）“录副”内政类，礼仪 2，雍正八年五月初七日。

39.《清世宗实录》卷 13，页 21b ~ 22。

40.《清世宗实录》卷 105，页 5b ~ 14。认为此次战争源于其他日期的材料，参见《清世宗实录》卷 82，页 6a ~ b；（台北）“宫中档”雍正朝奏折 000737，雍正七年十一月十六日，查郎阿奏折。也参见《清世宗实录》卷 81，页 12b ~ 14b。

41.（台北）“宫中档”雍正朝奏折 000592，未署名、无日期廷寄，并有长篇的朱谕。我根据内容推断了时间。关于怡亲王保证军需价格能力的回顾性评述，参见（北京）“议覆档”乾隆元年三月二十四日，251 ~ 254 页。

42.（台北）“宫中档”雍正朝奏折 000618，雍正六年九月初二日，岳钟琪奏折（封套中另有两份文件，由怡亲王等讨论岳钟琪的提议。雍正皇帝的朱批完全同意对提议的讨论，下令将它们直接交岳钟琪，并令他照此行事：“将卿此奏著怡亲王等密议，将议奏原折发来，可照议料理。”这三份文件可以证实允祥在中央决策中的核心作用。也可参见《宫中档雍正朝奏折》第 11 辑，226 ~ 228 页）；《清皇室四谱》卷 3，页 15b。第四章讨论这一新机构的建立。

43. 这类活动的材料之一，参见（台北）“宫中档”雍正朝奏折 000076，雍正七年七月初十日，岳钟琪奏折。

44.《清世宗实录》卷 16，页 10a ~ b。

45. 其中的一些改进情况可参见（北京）“题本”896 00875，雍正十二年七月初三日，张廷玉题本。另外，近半个世纪后对户部存银情况所做的调查中，康熙朝六十一年仅二十六个年份有记载，而雍正朝的数字完整无缺，这一事实可能归功于雍正时期怡亲王在户部任期的作为，参见（北京）“上谕档（方本）”，乾隆四十一年正月十九日，无日期军机处奏片，119 页。雍正时期，怡亲王在军需房负责战事财政也可能使得这些开支数字保存下来，参见（北京）“录副”军务类，军需5，雍正晚期无日期的清单；（北京）“上谕档（方本）”，乾隆二十六年二月初十日，无日期军机处议覆，119 ~ 122页。

46.（台北）“宫中档”雍正朝奏折010970，雍正六年九月（无日）（在《雍正朱批谕旨》中是雍正六年九月初二日），李兰奏折；（台北）“宫中档”雍正朝奏折011471，雍正七年九月十七日，迈柱奏折；（台北）“宫中档”雍正朝奏折003975，雍正七年九月二十九日，德希寿奏折。

47. 这是一次与岳锺琪秘密商讨军事计划的会议，参见（台北）“宫中档”雍正朝奏折021879，岳锺琪奏折，具奏日期是雍正四年十二月三十日，朱批时间是在雍正五年。

48.（台北）“宫中档”雍正朝奏折000592，从内容可推断时间是在雍正五年末。1985年12月，我获允查阅中国第一历史档案馆廷寄档中现存最早的汉文廷寄。两份文件都注明是雍正六年，都将怡亲王置于承旨人员名单之首。这三份文件是我在台北和北京所找到的现存最早的廷寄。然而，有材料提到更早的廷寄，因没有检阅原始档案，我们还不能肯定它们是否存在。例子可参见（北平）故宫博物院文献馆编：《史料旬刊》（台北1963年重印本），“天六”部分，页16b ~ 17b。这一点将在第三章讨论。廷寄制度中怡亲王的作用从表2的早期条目中清晰可见。

49.（台北）“宫中档”雍正朝奏折006083，雍正七年二月二十四日，鄂尔泰奏折。怡亲王转发上谕的材料有许多，雍正元年时的早期事例，参见（北平）故宫博物院文献馆编：《掌故丛编》（台北1964年重印本），223页；（台北）“宫中档”雍正朝奏折007321，雍正元年八月二十四日，嵇曾筠奏折。

320 50.《历代经籍考》（台北1959年重印本），第3册，6828页；“故宫博物院”编：《“国立”故宫博物院普通旧籍目录》（台北，1970年），57页。

51.（台北）“雍正上谕档”，雍正八年五月初七日，29页，6 ~ 8行。

52.《雍正朱批谕旨不录奏折总目》（北平，1930年）。清朝时，张廷玉的一些奏折被置于标有“不录”的档案分类中，其他的则置于“未录”的档案中。这些术语的解释，参见我的《雍正朝密折：档案原件与所刊布的材料》，载《“国立”故宫博物院通讯》，第9卷第4期（1974年9—10月），2 ~ 5页。台北“故宫博物院”的奏折类档案编目中，张廷玉的奏折不超过二十五份，只有四件是雍正时期的。（台北“故宫博物院”的军机处录副没有具奏人索引，因此可能还有张廷玉后期的一些奏折可以在录副里找到。）张廷玉有的奏章是在中国第一历史档案馆的奏折、录副以及题本类档案中找到的，但这些档案都没有题奏人索引。张廷玉可能免于缴回奏折以存档；这一问题，参见（台北）“宫中档”雍正朝奏折 001467，雍正元年正月二十六日，高其倬奏折，其中引用康熙六十一年十一月二十七日雍正皇帝的上谕，有四位大臣可以不依普遍的要求缴回奏折。张廷玉不在这四人之列，雍正皇帝后来可能给予他这种特殊的待遇。张廷玉的一些奏章出现在他的自订年谱以及其他刊印的著述中。

53. 张廷玉的家庭背景和仕宦生涯，参见《清代名人传略》乃父张英的传记，64 ~ 65 页；罗香林：《中国谱牒的历史与内容》，见斯彭塞·帕尔默编：《亚洲谱牒研究》（犹他州普罗沃，1972 年），22 ~ 24 页；希拉里·贝蒂：《中国的土地和宗族：明清安徽桐城研究》（纽约，1979 年）。张廷玉的传记参见《清代名人传略》，54 ~ 56 页。

54. 杉村勇造：《乾隆皇帝》（东京，1961 年），45 页；《明清历科进士题名碑录》（台北，1969 年），康熙朝，页 68b。《清史列传》（卷 14，页 21b）及其他的张廷玉传记掩盖了他科考名次低这一信息。张廷玉在自订年谱中并没有删除这一点，而是直言他位列殿试三甲 152 名，参见《澄怀主人自订年谱》卷 1，页 5b。新进士通常的任命，参见《光绪会典事例》卷 72，页 1a ~ b；约翰·瓦特：《清朝的知县》（纽约，1972 年），50 页。我感谢史景迁在这一点上的意见。

55.《清史列传》卷 14，页 21b。张廷玉在康熙朝不是皇帝的高级心腹，但他的升迁是在那一时间，参见盖博坚：《张廷玉与政治调和：乾隆初期的学者与国家》，载《帝制晚期中国》，第 7 卷第 1 期，57 ~ 60 页。

56.（北京）“上谕档（方本）”，雍正元年正月初六日，59 页。成为帝师，参见庄士敦：《紫禁城的黄昏》，180 ~ 195 页。

57.《清世宗实录》卷 2，页 32b；卷 9，页 26。《光绪会典事例》卷 1049，页 11 ~ 13b。《清史列传》卷 14，页 21b ~ 22。《“国立”故宫博物院普通旧籍目录》，42 ~ 43 页。《清内阁库贮旧档辑刊》册 1，页 24a ~ b。张廷玉最初不是康熙实录编纂班子的负责人，但他最终指导完成了这一项目。

58.《清代名人传略》，56 页。庆贺康熙实录的完成是在雍正九年十二月二十日，参见《清世宗实录》卷 113，页 17 ~ 18。

59.《清世宗实录》卷 9，页 10 ~ 11；卷 87，页 26 ~ 28b。

60.（台北）“宫中档”雍正朝奏折 020421，雍正十三年十二月初二日，张廷玉奏折的满文朱批（这一奏折收录在《宫中档雍正朝奏折》第 25 辑，471 ~ 472 页，但遗漏了奏折的满文部分及满文朱批）；张廷玉：《澄怀主人自订年谱》卷 4，页 1b；《清高宗实录》卷 295，页 5b ~ 6；《清太祖努尔哈赤实录》（北平，1933 年），前面修纂人员名单；（台北）“宫中档”雍正朝奏折 020496，雍正十三年十一月十五日，张廷玉等奏折。

61.《清世宗实录》卷 9，页 26；卷 82，页 5 ~ 6b。《清史》第 4 册，2486、2606 页。张廷玉负责一些康熙时期欠税议覆的奏疏，参见（北京）“题本”783 奏销 00014，雍正四年九月十五日；00015，雍正四年九月十七日；00016，雍正四年九月十七日；00018，雍正四年九月十八日。

62.《清史》第 4 册，2461 页。但《清代职官年表》有着不同的表述方式，参见第 1 册，39 页（“署大学士事”——译者），也参见（台北）“宫中档”雍正朝奏折 004720，雍正三年十二月二十三日，允祥奏折（“兼理大学士事”——译者）。

63.《清史列传》卷 14，页 22。事实上，雍正六年任命张廷玉为保和殿大学士时，存在着另一个更高职衔的中和殿大学士，参见《雍正会典》卷 3，页 2。中和殿大学士在乾隆十三年（1749）取消，因为明朝和清朝从未使用过，参见《清高宗实录》卷 330，页 6 ~ 7；（北京）“内阁满票签部本式样”，吏部，乾隆十一年十二月十四日；《嘉庆会典》卷 2，页 1。

64. 叶凤毛：《内阁小志》，页 2a ~ b，页 11。

65. 这人是福敏，参见（台北）“起居注册”，雍正十年七月二十五日，撮要参见《清世宗实录》卷 121，页 19a ~ b。

66.《清世宗实录》卷 41，页 26b ~ 27。在张廷玉升任大学士后，不再见于《清史》第 4 册，2612 ~ 2613 页户部尚书表。

67. 户部堂官及头衔列表参见（台北）“宫中档”雍正朝奏折 014708，雍正四年四月二十六日，允祥等奏折。也参见《清世宗实录》卷 47，页 7b；部院大臣表，《清史》第 4 册，2610 页及以后。

68.《清世宗实录》卷 83，页 29a ~ b。张廷玉：《澄怀主人自订年谱》卷 2，页 15b，页 18 ~ 19b，页 25b ~ 27b；卷 3，页 10。席吴鏊：《内阁志》，页 9b，页 18a ~ b，页 25b ~ 27b。《清世宗实录》卷 3，页 10。

69. 张廷玉：《澄怀主人自订年谱》卷 2，页 19b；《清世宗实录》卷 115，页

15 ~ 16。

70. 张廷玉：《澄怀主人自订年谱》卷 3，页 10 ~ 15。《清世宗实录》卷 135，页 7b ~ 8；卷 136，页 2a ~ b。

71. 张廷玉：《澄怀主人自订年谱》卷 2，页 18a ~ b。张廷玉在雍正十三年京察时声言，主动辞职是遵例行事，参见卷 3，页 25a ~ b。（正文中的“大计”应为“京察”。——译者）

72. 张廷玉：《澄怀主人自订年谱》卷 2，页 19。

73. 杉村勇造：《乾隆皇帝》，45 ~ 46 页；《清史》第 5 册，4035 页；《清史列传》卷 14，页 36a ~ b；张廷玉：《澄怀主人自订年谱》卷 3，页 1b ~ 3b；《清世宗实录》卷 131，页 1b ~ 2b。

74. 张廷玉：《澄怀主人自订年谱》卷 2，页 20。

75. 张廷玉：《澄怀主人自订年谱》卷 2，页 23b。这些说法有数条出现在张廷玉的自订年谱中，但并没有虚夸。张廷玉应该知道他的自订年谱有一天将由他的家人刊印；他不会无中生有地宣称和皇帝关系亲近，给他的后人带来麻烦。张廷玉单独撰拟上谕的例子，参见（台北）“起居注册”，雍正十年七月二十五日和雍正十三年正月初四日。

76. 萧一山：《清代通史》第 1 册，884 页。

77. 叶凤毛：《内阁小志》，页 11b。

78. 赵翼：《簷曝杂记》卷 1，页 1 ~ 2，页 4；张廷玉：《澄怀主人自订年谱》
卷 3，页 9。也参见《清史》第 4 册，4033 页；雍正十一年上谕引自张廷玉：《澄
怀主人自订年谱》卷 2，页 36b；（台北）“宫中档”雍正朝奏折 016725，雍正七年
十二月十五日，查郎阿奏折；（台北）“起居注册”，雍正九年二月初二日、雍正
十年三月初一日。大量材料证实了雍正中后期张廷玉作为主要谕旨撰拟者的中心
地位，但还有许多证据表明他人也撰拟谕旨，尤其是鄂尔泰、丰盛额，参见（台 322
北）“宫中档”雍正朝奏折 003898，雍正十年十月初七日，潘绍周奏折的朱批，并
参见下面第三章对此的深入讨论。乾隆时期的一道上谕也称，在雍正朝张廷玉是
谕旨的主要撰拟者，参见《清高宗实录》卷 486，页 16b ~ 17b。材料显示，张廷
玉撰拟的最早上谕可能是雍正五年交发鄂尔泰的，既有议覆又有上谕，参见《史
料旬刊》，“天六”部分，页 16b ~ 17b。

79.《清史列传》卷 14，页 22。

80. 内廷保存奏折副本的带有日期的材料，参见（台北）“宫中档” 雍正朝奏折 005998，雍正七年十一月初七日，鄂尔泰奏折的朱批。（这里的“部”，参见书末附录 A。）但应注意《文献特刊》（北平，1935 年）19 页的说明，这里认为录副始于雍正八年，无疑，在此文写作之时已见不到雍正八年之前的录副。录副奏折上使用汉字，作为识别月折包的记号，现仍系在录副上的保存标签就是这种保存方法的例子，参见（北京）“录副” 2188-10，雍正十年正月二十二日，岳锺琪录副奏折。

81. 一个例子，参见（台北）“宫中档” 雍正朝奏折 016203，雍正六年十月初二日，胡瀛奏折的朱批以及起始部分所引的上谕；（台北）“宫中档” 雍正朝奏折 009108，雍正五年十一月初九日，孔毓璞奏折。

82. 张廷玉：《澄怀主人自订年谱》卷 3，页 25；（台北）“起居注册”，雍正十三年正月二十三日；《清代名人传略》，792 页。

83.《枢垣记略》卷 20，页 25b ~ 26；《雍正会典》等修纂人员名单。翰林院人员的减少也对雍正时期的官方出版有一定妨碍，参见《清世宗实录》卷 12，页 16 ~ 17b。

84.（台北）“雍正上谕档”，雍正八年五月十四日，53 ~ 57 页。

85.《清代名人传略》，54 页；《清高宗实录》卷 963，页 17 ~ 20。张廷玉得到配享太庙的荣誉，参见（北京）“议覆档” 雍正十三年八月二十五日，19 ~ 21 页。（正文理解有误。乾隆皇帝说：“自川省用兵以来，于敏中书旨查办，始终是其经手。大功告竣在即，朕正欲加恩优叙，如大学士张廷玉之例，给以世职，乃事属垂成。”可知，乾隆皇帝欲“如大学士张廷玉之例”，给予于敏中的是“世职”，而非配享太庙，参见《清高宗实录》卷 963，乾隆三十九年七月甲戌。——译者）

第三章

皇帝的内廷代理人

雍正朝初期，雍正皇帝频繁求助于怡亲王：讨论政策，监管属 89
下，完成内廷的重大任务。到雍正八年病逝前，怡亲王一直是雍正皇帝的得力助手，没有其他人在朝中取得同样的地位；在他去世后，没有人能完全取代他。即便如此，雍正皇帝并非只依靠一个人。在雍正初年为内廷赞襄之事，他也常常求助于已赢得他信任的汉人官员张廷玉。另外，雍正皇帝也偶尔任命临时班子以应付特殊事件。[1]但是渐渐地，他发现，通过向内廷心腹和临时班子委派任务，自己无法掌控整个国家。一些问题费时耗力，这超出了当权者个人的能力，也非接受雍正皇帝临时指派任务的那些个人所能胜任。

雍正四年（1726），雍正皇帝采取重要步骤，不同于以前的组织方法，而是委派户部堂官的三位成员——怡亲王、张廷玉、蒋廷锡——作为内廷高层团队一直监管西北战事的筹备。这三人一起承担分析战略，提出建议以待皇帝批准（有时皇帝有不同意见），并

管理下属。最初他们团队的工作聚焦于当时所谓的“军需”，但实际上关切军事备战的所有方面以及战争本身，不久他们也插手其他
90 领域，一起处置怡亲王、张廷玉此前所应承的种种事宜。研究皇帝这些心腹很重要，因为他们的领导作用贯穿整个雍正朝，并对接下来的乾隆朝也有影响。最终这一最高梯队变成了乾隆初年军机处的顶层人员。

这一新的内廷高层梯队的一个不同寻常的事实是，它缺少组织上的身份，根本就没有名字。开始，雍正皇帝与这一无名班子打交道，下发的命令是给“怡亲王、大学士”，雍正皇帝常常将这一名称简化为“怡亲王等”。怡亲王去世后，它更常用的名称变成了“大学士”，当然仅意味着内廷大学士。雍正皇帝有时也称这三位早期的亲信为“部”，意指户部。[2] 缺少一以贯之的名称，使得今人阅读当时的文献间或会产生疑问，但雍正皇帝未能赐予正式名称，这一点很重要，因为这凸显出雍正内廷的非正式性，雍正内廷所包括的各实体极不同于康熙时，那时的建置都给人以深刻的印象。

雍正皇帝的内廷代理人，不是一个依法设立、有确定成员数、拥有显赫头衔及确切组织任务的班子。当空缺出现时，没有人事职位名册可以填补和替代。在大多数年份，两人就足矣，而雍正中期是三人，有时是四人。我们在第二章已看到，有时仅张廷玉一人在任。

这些人是专制统治者的私人工具。他们分担了雍正皇帝无丰富执政经验时本应由他自己承担的制定政策和管理的重任。的确，在一篇赞扬怡亲王的悼文中，雍正皇帝竟然说怡亲王常常“代朕”。[3] 他也同样高度赞扬后来的内廷代理人鄂尔泰，说“朕有时候自信，

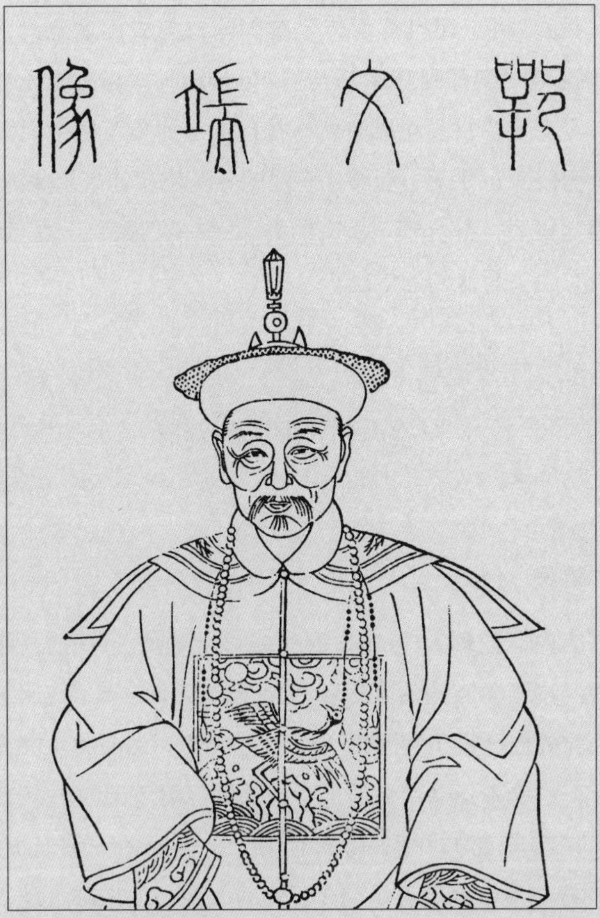

▲ 图 30　鄂尔泰像

不如信鄂尔泰之专”。雍正十年（1732），查郎阿提出进京面见皇帝商谈军事计划时，雍正皇帝委派鄂尔泰前往，在极西之地肃州会见查郎阿，说：“将一切机宜面传于查郎阿，与朕面谕查郎阿无异。”他进一步说道：查郎阿在肃州与鄂尔泰会商，“与见朕无异”。[4]整个国家，没有多少官员可以有资格替代或是为雍正皇帝代言。雍正皇帝完全信任、有才干、能够代表他的一两位代理人组成的小规模、灵活的内廷集团，符合雍正皇帝的需求——在最高层次上襄助自己且自己没有失去对他们的控制。

皇帝内廷代理人的发展

户部堂官

最早的内廷代理人（inner deputies）可能是一并抽调作为户部
91 堂官的人：雍正元年的怡亲王、张廷玉，雍正二年（1724）又加入一位有经验的内廷官员蒋廷锡（1669—1732）。[5]身为负责人，他们应该合作，讨论雍正皇帝命他们考虑的任何财政问题。例如，雍正三年末（1726年初），外省所上有关云南盐课的一份奏折“发部”讨论——雍正皇帝的意思是交户部堂官，由六位户部大臣，即管理部务大臣、汉尚书（当时没有满尚书）和四位侍郎决定。[6]很显然，在所有户部堂官中，雍正皇帝印象最深的是怡亲王、张廷玉、蒋廷锡，后来他们与其他户部堂官分离开来，从事早期西北战争的军需准备。

尽管从雍正四年（1726）开始，三人在军需问题上合作，但雍正皇帝继续使用这些心腹——或单独或一起——做其他的事情。[7] 除雍正三年末（1726 年初）讨论盐课问题外，可以找到雍正五年（1727）末他们一同讨论财政问题的证据，在关于一个省的官员养廉银问题的廷寄中，当时三人同是撰拟者——因此也是廷寄内容的建言者。[8] 档案中现存最早的廷寄，是他们持续致力于一件事情的例证，这一文件是关于西北政策的，可能是在雍正五年末（1728 年初），由怡亲王单独办理。另一个例子，大约是同时期张廷玉处置岳锺琪一份有关军饷的奏折。还有一个例子是在雍正六年的朱批内找到的，命怡亲王注意车价问题。[9] 最后要说的是，雍正六年一份廷寄的承旨人员名单只包括了这三人中的两位：怡亲王和张廷玉。[10] 不过，在雍正七年（1729）年中，雍正皇帝表示要嘉奖那些负责早期战争军需问题的人，他提到了所有这三个人，说怡亲王与张廷玉、蒋廷锡一道，办理"甚属妥协"。[11]

可以说，他们在户部所表现出的才干，使得雍正皇帝选择这三个最有能力的理财干将共同组成内廷团队，秘密处理西北军事的计划和账目。结果，在雍正三年（1725）会考府与总理事务王大臣撤销后，雍正皇帝最早的、具有连续性的内廷团队有双重起源：户部堂官和内廷个人助手。雍正皇帝偶尔也召集别的班子，通常为了解 92
决特别的问题，但对于最机密的、在内廷处理的事件，他极愿意指派给内廷的这三个人。

从户部到大学士

雍正七年（1729）初，这一非正式集团的性质发生了变化，身为公爵的马尔赛也成为内廷代理人，他以前是皇帝的侍卫，新近被任命为大学士。[12] 马尔赛没有在户部任职。他的到任，以及怡亲王不久后的生病及雍正八年五月（1730 年 6 月）的去世，结束了内廷代理人只与户部有关系的局面。两位汉代理人也是大学士，因此任命马尔赛就形成了由大学士组成的最高内廷团队。

多年后，曾为内阁中书的叶凤毛回顾当时的情形，他在回忆作品中告诉我们，他“雍正八年春入直圆明园”时注意到，不是户部的内廷圈子人员，而是三位大学士在内廷当值，叶凤毛称他们为“内中堂”。他说，实际上这些人地位特别显赫，张廷玉是“首揆”，蒋廷锡是“次首揆”。叶凤毛使用“内”字强调这些人的内廷职责，与他称之为“外中堂”的那些在外朝衙署继续履行正常职责的大学士区别开来。

叶凤毛也将内廷代理人与另外一群只被称为“大臣”者做出区分，他视坐在内廷代理人圆明园办公地点西面的那些人为“大臣”。他们可能是属于另一内廷机构即户部军需房的人。遗憾的是，怡亲王去世过早，很多人忽视了他所起的作用，也忽视了最早的内廷人员与户部的联系，也就不可能准确记录这些人事变动。怡亲王去世后，大学士在雍正内廷居主导地位以及后来他们的职责由军机处来办理，这一情况就造成了广为流行的看法——“军机处本内阁之分局”，认为军机处实际上源于内阁。但叶凤毛不是内廷班子成员，而且他所看到的一幕，对于考察雍正最早为处理西北军需而设立的内廷机构来说，在时间上也显得太晚了。叶凤毛所提供的这一材料，后来被作为几乎所有军机处起源记述的基础，但它并没有充分描述内廷代理人的起源。[13] 叶凤毛等雍正八年的观察者从未看到怡

內閣小識

附內閣故事

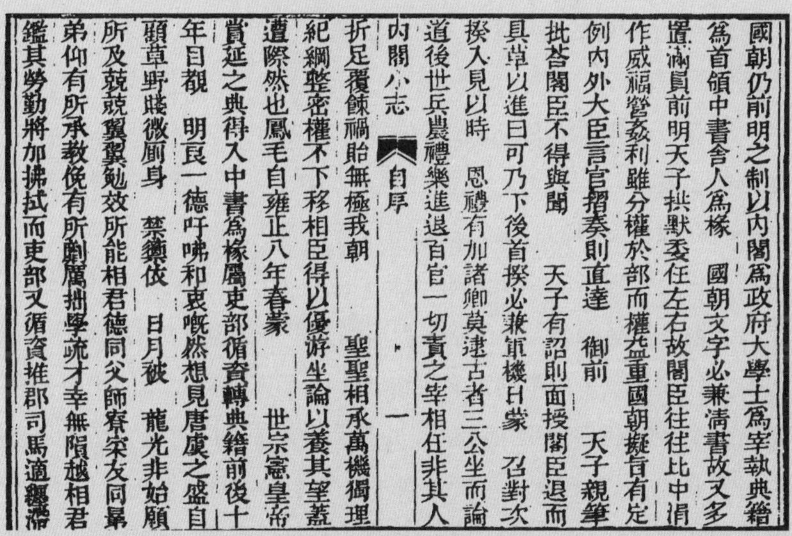

國朝仍前明之制以內閣爲政府大學士爲宰執典籍
爲首領中書舍人爲掾　國朝文字必兼清書故又多
置滿員前明天子拱默委任左右故閣臣往往比中涓
作威福營姦利雖分權於部而權尤重國朝擬旨有定
例內外大臣言官摺奏則直達　御前　天子親筆
批荅閣臣不得與聞　天子有詔則面授閣臣退而
具草以進曰可乃下後首揆必兼軍機日蒙　召對次
揆入見以時　恩禮有加諸卿莫逮古者三公坐而論
道後世兵農禮樂進退百官一切責之宰相任非其人
內閣小志　自序　一
折足覆餗禍貽無極我朝　聖聖相承萬機獨理
紀綱整密權不下移相臣得以優游坐論以養其望蓋
遭際然也鳳毛自雍正八年春蒙　世宗憲皇帝
賞延之典得入中書爲掾屬吏部循資轉典籍前後十
年目覩　明良一德吁咈和衷慨然想見唐虞之盛自
顧草野賤微厠身　禁籞依　日月被　龍光非始願
所及兢兢翼翼勉效所能相君德同父師寮寀友同昆
弟仰有所承教俛有所剴厲拙學疏才幸無隕越相君
鑑其勞勤將加拂拭而吏部又循資推郡司馬適纓滯

▲ 图 31　叶凤毛《内阁小志》封面与自序（部分）

亲王和其他两位户部堂官一起办公。

93 雍正八年至十年（1730—1732），雍正皇帝失去了效力的三位内廷代理人：八年（1730）怡亲王去世，九年（1731）马尔赛被派往前线，十年（1732）蒋廷锡去世。[14]另一挫折发生在雍正八年，当时雍正皇帝生病，又因怡亲王去世而悲痛欲绝。正是此时，张廷玉时常感到自己的地位不寻常，是满人政府内最有经验的人。甚至当马尔赛和蒋廷锡还在任时，张廷玉依然是雍正皇帝最宠信的人——用雍正皇帝的话说，“在朝臣工中只此一人”。最后，雍正十年时，雍正皇帝擢升云贵总督鄂尔泰为大学士并命他入值内廷。鄂尔泰抵任后，雍正皇帝心满意足，自信地说：“今大学士鄂尔泰来京，朕得两人矣。”[15]此时的雍正内廷最高梯队，有两位心腹已足矣，皇帝的内廷代理集团人数必须要少。雍正皇帝对最高层的任命显示，他无意建立一个规模大、声望高、由地位高到可能会威胁他统治的官员充任的组织。

还有一人即领侍卫内大臣丰盛额，他的确切作用现在不甚清楚，他可能已是内廷代理人，尽管他不是大学士。[16]这样说的最重要证据是，在议覆奏折的开头以及廷寄承旨人员名单中有他的名字，这与其他内廷代理人的展现方式一样。在马尔赛去前线以及鄂尔泰抵京前，地位极高的满人官员丰盛额居满文军务议覆奏折的名单之首，这些文件收录在多册本的满文议覆档中。后来当鄂尔泰偶尔离开京城时，丰盛额还名列汉文议覆人员名单的首位，同时也在许多廷寄中居首要位置。[17]因此，尽管一般不认为丰盛额是早期内廷代理人，但他确实承担着一些与别的内廷代理人一样的职责。使用他，可能是在满足由满人而不是由汉人负责议覆的要求。（如果丰盛额是汉人，

那张廷玉肯定在这些文件中名列首位。）而且，直至雍正朝结束，丰
盛额一直在内廷身居要职，雍正十年（1732）任命他为议政大臣。[18]
雍正十三年（1735），雍正皇帝大渐之际，病榻前与他无亲属关系的
只有七个人，丰盛额是其中之一。[19]雍正皇帝去世后不久，他被授予
“办理军机”，负责安排在西北打仗的嘉奖人员陛见事宜。[20]但不久他
落选，没有进入新的过渡辅政班子。他在雍正内廷的位置不完全清 94
楚，可能是雍正皇帝特别倾心的那种人员任命无章可循的一个。

这种对于内廷代理人的记述，不同于现有的绝大多数分析，后者情况各异，但都开列了其他数个供职于被认为是雍正早期军机处的人员。但是那些表格未能将内廷代理人中的最高梯队——雍正皇帝的“两人”（偶尔三四人）——和直接听命于他们的班子即办理军需处（后来的办理军机处）的大臣区别开来。正式任命一个人“在办理军机处行走”，这仅表明他是军事顾问，不表示他是皇帝的心腹，有权办理各类问题。没有证据表明，在后人开列的雍正朝军机大臣名单上的满洲人和蒙古人——像马兰泰、福彭、讷亲、班第——曾位居内廷代理人这样的显耀高位。他们有着重要的任务，但只是作为皇帝的专家顾问，而不像他们更为杰出的同僚一样身膺广泛的职责。[21]只是在乾隆时期，他们及其在办理军机处（the Office of Military Strategy）的继任者与内廷代理人，在成为军机处（the Grand Council）的组织中合并了。

要弄明白内廷代理人所起的重要作用，我们现在要考察他们为皇帝完成的两项主要任务：讨论政策和撰拟谕旨。

书面议覆

雍正时期，内廷的书面议覆制度比康熙时有了极大发展。尽管在康熙的奏折制度中偶尔也产生书面议覆，但绝大多数这样的书写是在外朝体系中提交的，它们在外朝官员中公开传阅，有时在邸抄中刊出，最后收贮于内阁大库。[22] 本章制度规定了必要时要对题本内容保密，但这不是常见的处理方法。如果内廷和其他京官打算讨论密折提出的问题，那么这些议覆也必须秘密进行。雍正皇帝是位喜欢书写的皇帝，与乃父相比，在制定政策时较少公开听政，更多的是依靠书面汇报。通过使用新的机密的内廷渠道，可以最有效地讨论奏折提出的所有问题。

雍正时，对于奏折中的问题，内廷主要有两种议覆方式：正式
95 的议覆奏折与简短的议片。通常，两者的处理程序是：令内廷代理人阅看到来的奏折，形成处理意见，将之折叠并插入原奏折中；接下来将这两种文件——外省的报告和京官的处理意见——上呈雍正皇帝。[23]

这个时候，雍正皇帝可以直接拒绝所给出的建议。但是如果认可此建议或是没有更好的意见（情况经常是这样），他有几种处理方法：接受建议并将它写入朱批，同意它并与奏折一起发还具奏人，或是令人将此建议写进正式上谕。不论何种情况，这种处理都限制在内廷和外省具奏人之间，这有多重好处。这种新的议覆形式具有机密性——不论是所议外省的原奏折的摘要还是议覆都不受外朝的审查。而且，这些文件限于内廷，它们的内容不会成为本章制度中可以援引的先例。得到书面建议代替了听政，这也给雍正皇帝处理

迫在眉睫的政务提供了捷径。因为，一旦上奏的处理意见得到皇帝的认可，它们常常就以议覆奏折或议片的形式，直接下发相应的外省官员，而不必重抄改为上谕。如此一来，它们就成为一种很有效率的详明上谕的替代物；否则的话，雍正皇帝必须要郑重其事地办理。[24]

内廷通信制度的这一扩展，有利于增强内廷代理人的影响力。皇帝也可以征询外朝顾问的意见，但对中枢政务的重要议覆，包括许多指派给内廷的管理部务大臣的讨论，现今都肯定在内廷进行。这些新的形式构成了另一种绕开部院的做法：部院堂官，特别是管理部务大臣和大学士继续参加许多事务的讨论，但外朝部院的中低级官员——过去恰恰是这些人索要非法的部费——常常被排除在外或仅仅允许参加有限的讨论。

收贮早期内廷代理人建议的档案匣

雍正皇帝可以挑选大量的人员以备顾问，但在雍正朝中期以后，他最经常求助的是他的代理人，以帮助解决奏折中提出的问题。一个不同寻常的木匣可能是在18世纪做成，现藏于台北“故宫博物院”，保存了雍正六年至十年（1728—1732）大量的议片。这些议片提供了许多线索，可以帮助了解这种顾问的真实情况。木匣外面包着明黄色缎子，上书“王大人密议折片在内”（“王”是怡亲王， 96
“大人”主要是张廷玉、蒋廷锡和后来的马尔赛）。[25]匣内118件议片情况不一：有些是对一个问题细致的长篇讨论，有的仅仅是三四行字，提醒雍正皇帝一些不太重要的事情。大多数没有日期，但当时日期是很清楚的，因为这些议片最初是夹在有日期的奏折中，后来才与它们所讨论的原奏折分离。

议片书写端正，但大多数缺少正式的开头与结语用词，也没有必不可少的赞颂皇帝悲天悯人、周知一切，或堪比古代传说中的尧舜等统治者的夸饰用语，而这些是地方所上奏折常有的。议片通常以简单的“查”字开头，接着简略概括所讨论的奏折内容。最后，这些代理人给出他们的意见。

外覆缎子的木匣所装的这些文件，显示出皇帝的代理人所讨论问题的广泛性。许多议片处置的是军务，例如西北战事或苗疆战情（另一场正在中国西南进行的战争）。[26]议片也讨论物价、赋税、河工、漕运以及养廉银等经济问题，这些很适合于户部这三位高级财政专家，也就是最早的内廷代理人。[27]匣内文件也包括对许多杂务的讨论意见：一座海神庙，陵寝祭祀开支，知县任命，科考盘费，等等。[28]总之，匣内这些文件以及在其他档案中所找到的同样的议覆，表现了内廷代理人是了不起的多面手。这些议片显示出雍正皇帝的内廷助手熟悉各种各样的问题，从档案中找出相关文件，思考提出的问题，撰拟有见识的建议。

这些代理人的议片，一些极短，仅是提醒雍正皇帝上谕已经发出，或是报告他文件正录副存档，但许多长篇议片或同意或否决或修订奏折所提建议。例如在一份议片中，代理人向雍正皇帝保证，他们仔细核查了外省具奏人提供的数字和意见，同意鄂尔泰任江苏布政使时所制定的支付漕米运输费用的标准。[29]有份关于在大运河开挖一条新水道的奏折，专业性很强，内廷代理人认真考虑，予以同意，最后皇帝的意见也是同意。[30]代理人也极仔细地审查令人头疼的数字，这是报告西北战争供给线所需役畜的采买和健康情况。

他们最困难的任务之一是，在同意足量的采买，确保向前线不间断 97
输送的情况下，还要预防过多购买、浮报价格等渎职行为。有次，查郎阿不愿保有足够的备用牲畜，结果是强令他更多地购买，这在政府试图削减军事支出的情况下是很不寻常的。[31] 这一匣子的内容展现了内廷代理人在各种各样的问题上提出了权威性的建议。

其他议片

除这个匣子外，在档案中还可以找到皇帝的这些代理人做出的许多建议，这些建议与所议奏折置于一处。我将讨论两个例子，都是对岳锺琪雍正六年（1728）一份奏折的简短处理意见，现今仍与岳锺琪原折套封在一起。我们能够认识到，对于岳锺琪奏折有着非常的处理，是因为雍正皇帝在批示中花工夫向岳锺琪解释："将卿奏折著怡亲王等密议，将议奏原折发来，可照议料理。"两位内廷代理人的议覆也有皇帝的批示，一个上面写的是"依议"，一个写着"是，照议"。[32]

在原奏折中，岳锺琪上报说，他直接启奏怡亲王，收到了怡亲王的寄字，他只完成向前线计划供应骆驼 45900 头中的 15000 头，再尽力搜求至多也不足 5000 头，最终的数目在 20000 头以内。"岁内总要齐备，"他惊呼，"为期甚迫！"因此提出放弃搜求骆驼，依靠马、骡拉甘肃大车，这在过去成功使用过。岳锺琪计算出四辆车抵驼十头，"今缺驼二万五千余只，拟造车一万二千辆，需马、骡一万二千头匹"。此外，他开列大车、马、骡的价格，估算总数"节省三分之一"。

在京讨论岳锺琪奏折的人员，没有刻意指出这位将军计算上的不足（以4∶10的比率，要替代25000头骆驼，需要的是10000辆而不是12000辆车）。在议覆中，他们将各种不同的数字置于一处，
98 认为岳锺琪指挥的西线仅缺19614头骆驼。因此，考虑到比率存在的问题，他们的结论是，所需车辆正确数字是7846，而不是12000，同时也需要同样数目的马、骡。

岳锺琪的奏折有七扣，每扣七行字（共有38英寸长）。[33]两种讨论篇幅不长，却已很好地概括了原折，这样雍正皇帝不必费力气就可理解岳锺琪烦琐的计算；另外，他们对岳锺琪所说的骡价和购买安排提出了改进意见。代理人认为，每匹骡子价值12两，而不是10两，要不然，“恐价值不敷，州县未免赔累”。

代理人对岳锺琪奏折的处理表明，战事文件急迫，处理必需高效率。很明显，雍正皇帝是在代理人准备好他们的议片后才读到了岳锺琪的奏折，这时，他认可这些建议并派人将它们送往前线，不需要他额外批示。当战争的准备工作升级，对抗迫近，雍正皇帝经常借助这种快捷方式——在看奏折之前就得到建议，写下简短的批示，将非正式的议片下发，代替正式撰拟的上谕。文件依旧上呈皇帝，但他现在被迫寻求比以前更多的协助，并信任来自他人的建议，后者要有时间做必要的研究和行政工作。

议覆与朱批的关系

将内廷议片送达身在西北的岳锺琪，是对战争所产生文牍的一种解决之道。对于其他议片及原奏折的处理，说明了还存在着其他的解决方法。下面要说到的四份与雍正七年四月（1729年4月28日—5月27日）署理直隶总督杨鲲所上奏折封在一起的内廷议片很

重要，因为它们显示出雍正皇帝多大程度上倚赖他的内廷代理人的议覆。通过比较可知，其中三份奏折上面雍正皇帝手写的批示与议覆很接近，有时抄录它的意思，有时则是原文照抄，而第四份奏折的批示显示雍正皇帝脱离了原议覆，但这一批示也融进了代理人议覆的主要内容。

杨鲲的四份奏折中有一份附有黄册，奏报直隶养廉银分发情况。代理人仔细审查，发现杨鲲“酌定似属妥协”，养廉银应该“照数支给”，“将原册送部存案”。然后他们提出了该省的改进工作，因 99
为“县丞等卑末之员薪俸不多，似亦宜量给”，以沾皇恩。杨鲲已将这些微末官员排除在外，但这些代理人认为“今通省耗羡几及三十万余，今酌定……二十二万余外，尚有余剩……将县佐等员或量给百金者、数十金者”。

雍正皇帝细读了这些意见，显然他完全被说服，因为他直接将上面所引用的代理人议片中的语句拿到他的批示中。他的批示中仅有的贡献是命杨鲲对于略去的官员们拿出一个新的方案。雍正皇帝从十四行的代理人议片（二百一十二个字）中选出三行（六十个字）作为他的批示——朱批中除一点意见外，超过四分之三的文字都直接源于议片。[34]

杨鲲另一份奏折上的御批显示出它与议覆有着类似的关联性，雍正皇帝自己没有什么新的想法。官府支出是这一奏报的主题，它附带一本黄册，说明总督衙门是如何开销一万多两白银的。雍正皇帝对此的反应，与众所周知他强调节俭一致。一开头他就尖锐地指出何以要征收公用银作为官员的办公支出，他们已经得到了养廉银，目的就是用于这种开支。另一项执事人役和轿夫的工食银也被发现有扣减，雍正皇帝认为不妥："这四项亦用朱圈，不准开销……作速追补。"在批示的结尾，他命令这些错误发放的款项由责任官员十倍赔补。

表面看来，这一文件表明皇帝在决策中极具创造性，然而却掩盖了如下事实：同样的意见最先是在内廷代理人的议片中提出的。尽管朱批表达出雍正皇帝强烈反对在公共财政方面任何的不法行为——这是他最感兴趣的话题，但事实上，朱批中所有想法都出自皇帝代理人的调查。朱批实际上是从议片一字不差地照搬了五十五个字，仅有四处用意思差不多的字替换了原来的一两个字。此外，
100 雍正皇帝还抄用了十二个其他的字，结果，朱批中超过五分之四是直接从内廷代理人的意见中搬过来的。[35] 议事人员同意地方官员请求的地方，雍正皇帝也同意；他们反对的地方，雍正皇帝抄录他们的建议甚至是措辞。

这组奏折的第三件是关于"已完和未完"火耗的。杨鲲向皇帝保证正在严催那些未完火耗。代理人的议片不客气地将杨鲲的十五行字浓缩为一句概括性的话，说明黄册的年份及主题，接着评论黄册的数字业经检查"无误"。议片余下的部分向雍正皇帝建议依程序办理。雍正皇帝顺从地将这七个字抄进他的批示，仅对一个字做了改动，令将黄册送户部存案。[36]

细分析杨鲲前三份奏折的相关议片和朱批，可以看出战争给朝廷带来了多么大的压力，这要求雍正皇帝寻求帮助以处理复杂的地方财政报告和所附黄册，如同他必须处理岳锺琪的军需报告一样。它们也显示出，如果是一个过于轻信的皇帝，那么他的权威就会被滥用，支持近臣们不适宜的建议。雍正皇帝对此保持警惕，这似乎

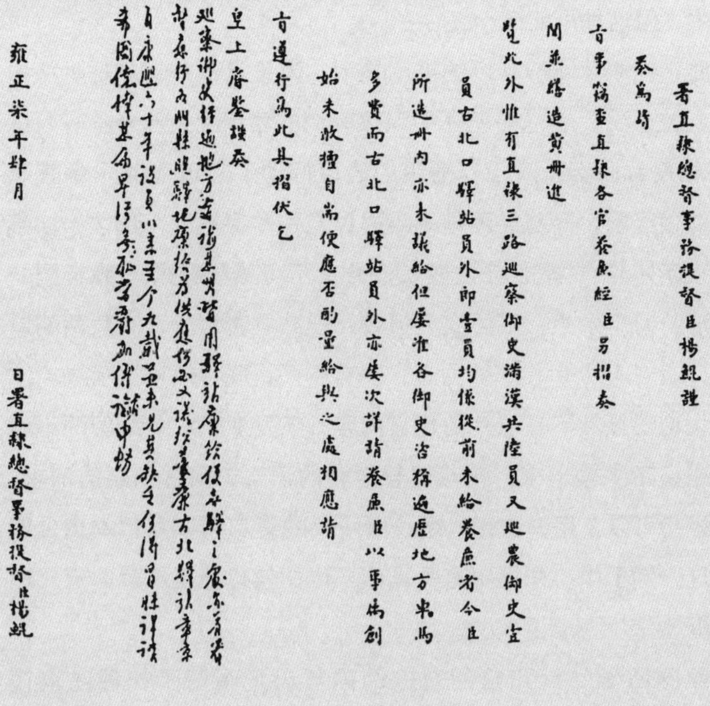
署直隸總督事務提督臣楊鯤謹
奏為請
旨事竊查直隸各官養廉經臣另摺奏
聞並將造貲冊進
覽此外惟有直隸三路巡察御史滿漢共陸員又巡農御史宜
員古北口驛站員外郎壹員均係從前未給養廉者今臣
所造冊內亦未議給但屢准各御史咨稱遍歷地方車馬
多費而古北口驛站員外亦屢次詳請養廉臣以事屬創
始未敢擅自當便應否酌量給與之處相應請
旨遵行為此具摺伏乞
皇上睿鑒謹奏
雍正柒年肆月　日署直隸總督事務提督臣楊鯤

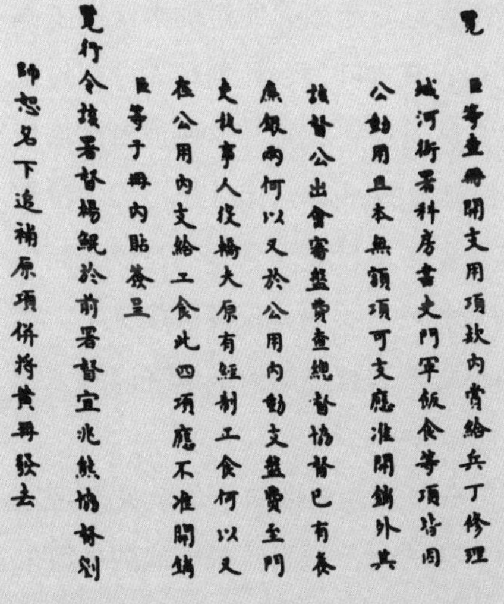
覽
臣等查冊開支用項款內賞給兵丁修理
城河衙署科房書吏門軍飯食等項皆因
公動用且本無額項可支應准開銷外其
護督公出會審盤費查總督協督已有養
廉銀兩何以又於公用內動支盤費至門
吏執事人役轎夫原有經制工食何以又
在公用內支給工食此四項應不准開銷
臣等于冊內貼簽呈
覽行令護署督楊鯤於前署督宜兆熊協督劉
師恕名下追補原項併將黃冊發去

▲ 图 32（上） 雍正七年四月署理直隶总督杨鲲奏报官员养廉情况的奏折及朱批

◀ 图 32（下）“奏议杨鲲册报雍正六年分存剩公银应否准予开销片”

经对比可知，雍正皇帝的朱批部分取材于议片没有发生，但这种可能性一直存在。

然而，杨鲲第四份奏折的批示显示，雍正皇帝并不总是听从内廷代理人的意见。在这个例子中，顾问们的建议绝大部分没有写进朱批。相反，原奏折对于养廉银的建议打动了雍正皇帝。雍正皇帝不喜欢魏经国，而魏经国是杨鲲提议支付养廉银的人选之一，雍正对此表示不悦："提督任内赐粮，分文不可给魏经国。魏经国乃藩下贱流，刀下余生；不思实力报效，一味柔善沽誉，大负两朝厚恩之人。此任乃令伊代罪效力者，少有不妥，朕将伊正法示众。"[37] 这长篇大论很显然不是议片的建言内容，在发泄了对魏经国的不满后，雍正皇帝平静下来，接着用较缓和的语气，同意杨鲲的请求，剩余的经费可以公用，这正好是议覆所列的第二条。可以看出，即便是在这一例子中，朱批中有关具体操作的信息还是倚赖内廷代理人的分析。

杨鲲的四份奏折和它们对应的内廷议片阐明了一种建议模
101 式——"密议"，这不是户部和其他距离遥远的外朝机构常规工作的一部分，而是限定在奏折制度内，其中问题、计划和安排都被认真考虑、设计，这是外朝中下级官员无法介入的。这些成对的奏折与议片也显示出雍正皇帝是如何倚赖他的顾问—管理者。因为没有时间专注于日益增多的细务，雍正皇帝不仅要求具体的建议，而且还要求有奏折摘要。表面看大多数外省官员的建议都被接受了，实际上常常是内廷代理人的看法而不是外省官员的请求最终说服了雍正皇帝。

最惊人的是，皇帝这些助手的分析成为朱批的一个来源。雍正皇帝极热衷于政务，他获得这种声誉的一个原因就在于他的长篇朱批，这一直以来被认为表现了他是尽职尽责、卓有见识的统治者。雍正皇帝的朱批在篇幅、多样性和具体操作知识上确实都超过了中国历史上任何其他的皇帝。但有一种情况现在必须要予以修正。雍正皇帝在一些批示中使用这么多别人的想法与语句，确切无疑地否定了他反复宣称的自己批览奏折，不假他人之力。例如，在给《雍正朱批谕旨》初版所作序言的上谕中，雍正皇帝向读众保证："此等奏折，皆臣工封达朕前，朕亲自阅览，亲笔批发，一字一句，皆出自朕之心思。"[38] 现在我们有截然相反的例证表明，朱批奏折中具体操作层面的细节直接来源于代理人的议覆。雍正皇帝有时将代理人的议覆逐字抄进他的批示，这一事实改变了我们对于雍正皇帝统治时期奏折制度运作的理解。

内廷代理人呈递的议覆奏折

除了上面描述的简短议片外，雍正时期内廷人员也研讨并书写篇幅更长、内容更为充实的议覆，这就是议覆奏折。我已辨识出雍正朝通信形式的发展过程中议覆奏折的两种主要类别，不同之处在于它们起源于外朝还是内廷。当代理人身为管理部务大臣率部堂议覆时，这些奏折极像过去外朝的题本：在这些文件的结尾开列了所有参与人的名字，奏折以满汉合璧的形式上呈。（雍正皇帝可用任一 102
种文字批示。）它们也遵循着外朝部院题本的式样，先概述所讨论的奏折，接着陈述参与人的分析，最后是建议。内廷管理部务大臣的名字列于议事人员名单首位，这样的一些部院奏折现藏于台北"故宫博物院"。

雍正时另一种长篇的内廷议覆奏折形式，就是这一章前面讨论过的内廷代理人议片的直接、非正式的扩展，但也是简化的形式，只有负责讨论的官员的名字，删除了所有其他议事人员的名字——这对于理解 18 世纪决策的现代研究来说不是件好事。这类文件多藏于中国第一历史档案馆，这就是超过一百册的满汉文“议覆档”，满文的是从雍正八年至十三年（1730—1735），汉文的是从雍正十一年至十三年（1733—1735）。对于我们这里的研究来说，关于这些文件至关重要的一个问题是：是谁或哪个集团负责这些议覆？

我能查到的北京所收藏的全部议覆档只是关注西北战事，看起来是内廷代理人最终负责这些文件，因为几乎所有文件上都有一个内廷代理人或是管理部务大臣的名字（雍正中期后，绝大多数管理部务大臣都是内廷代理人），当然这一点还可以再讨论。大多数文件是关于战略、采买、质量、转输、价格、支出、账目等特别细致的讨论，这些看起来不像是内廷代理人而像是由内廷的专业人员做出的。可能是皇帝的代理人负责这些议覆——交付人员调研，审核提交报告，以及指导所有的讨论——但调研以及形成文件是由属员这一层完成的。如果这些议覆档的内容反映的就是或主要是内廷代理人的工作，那么它们本应包括代理人所关注的全部问题，而不是只集中于西北战事。我们的初步结论只能是，这大量的档册不是由内廷代理人而是由属下、负责西北军事诸方面的内廷机构做出的。即便如此，一般说来，内廷代理人为下属机构的这一工作负全责。

代理人的其他议覆（清朝原始档案中有，但现在很显然是遗失了）提供了进一步理解内廷议覆模式的线索。一种是位于满文档册中（据军机处目录）的一套非军事档案，名为“寻常议覆档”。看不到档案内容只靠猜测是不可靠的，但我认为，这些文件以及属于

“寻常”类的其他文件（主要是奏折、上谕及咨文），是由内廷代理人的另一个下属机构——可能是由他们自己的吏员——在代理人的监管之下撰拟的，这和其他机构人员的情形差不多。 103

内廷代理人也负责其他正式的议覆奏折的撰拟，有时是作为临时召集以调查特别问题的特别班子成员，有时是作为部院堂官的最高成员。这些奏折的模式与上面描述的档册中的那些档案一样。内廷代理人的名字写在其他议事人员前面，因此可能指导着议覆的书写，全权负责。但这些奏折中大量的专业性很强的信息显示，纵然是这些代理人负责，他们也必须依赖各部院或其他班子的人员，以期得到所上呈的许多分析内容。

尽管在康熙时就有雏形，但这几页所描述的内廷代理人对奏折的两种议覆在雍正朝数量激增。这是雍正皇帝努力从内廷掌控更多政务、利用内廷官员就外省奏折所提问题向他建言的一部分。但是并非所有的外省奏折都交予他们，以求书面建议。一些以更直接的上谕形式予以答复。雍正皇帝创制了一种新的上谕以回复外省奏折。如同刚才描述的议覆一样，新的上谕也依赖于内廷的讨论。

廷寄

我们已经看到，奏折的机密性要求议覆奏折的撰拟和保存都在内廷秘密进行。对这些奏折做出批示，从而发展出一种新的上谕，实不足为奇。这就是常说的“廷寄”（这是其中的一种叫法）。从一开始，皇帝的代理人就处于这一新的制度的中心。

清代档案中最早的廷寄原件未具日期，是由怡亲王撰拟并交寄岳锺琪的，可能是在雍正五年十二月初十日（1728 年 1 月 20 日）。[39] 这可能不是第一封廷寄，但它的非常规格式以及雍正皇帝耐心向收件人做出解释——“此系朕命怡亲王写与卿之字”，显示这是给岳锺琪的最早的一件廷寄，因此也可能是这种新文件的最早者之一。此件之后（没有之前的）相当数量的其他早期廷寄等材料证实了这一时间前后就是廷寄的开端。[40]

廷寄是解决军事突发事件带给雍正皇帝更多负担的又一种办法。
104 它既能替代皇帝手写的长篇朱批，也能取代文字精心修饰、由内阁公之于众的上谕。如此，既节省了皇帝的精力，又保持了通信的秘密。诚如雍正皇帝写给岳锺琪的：“因朕谕繁多，无暇亲批，口谕大学士寄字。”[41]

在最初尝试后，廷寄很快就发展出了自己的一些特点，标志着它的成熟。最不寻常的是，除“廷寄”叫法外，这一新的上谕形式也被当时的人称为“寄信”“字寄”，有时是“寄字”，是以信的形式由一位或一群官员寄出，文件开头并不是“谕”等能揭示其内容的字词，而是一份有着官员姓名和官衔的名单（见图表 5）。在将上谕写进信件之后，官员们以“钦此遵旨寄信前来”[42] 结束。

与其他上谕一样，雍正皇帝在最后的草稿上用朱批任意增添自己的意见，这一过程称为“过朱”。这显示出，在一定程度上，廷寄是先前长篇朱批的延伸。对于单个的收件人或同城的两位收件人，可以寄出这种“过朱”的廷寄，但对于多个收件人来说，就不得不改变这种做法。[43] 因此，外省收件人有时收到由两部分组成的类似上谕文件，一部分是由墨笔写的拟稿，另一部分是皇帝用朱笔

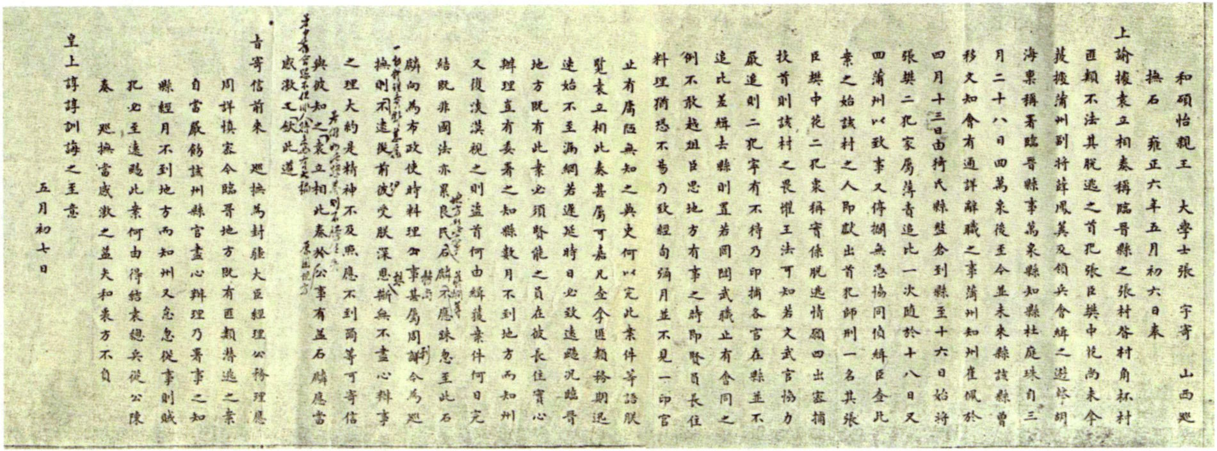

▲ 图 33　雍正皇帝直接在大臣草拟的廷寄中用朱批进行修改，称为“过朱”。图为雍正朝的一份廷寄。另，值得注意的是，这份廷寄在通常的结尾用语“钦此遵旨寄信前来”之后，还有寄信大臣写给收件人的一段话

所书的添加内容。对于这些朱笔添加内容，岳锺琪将它和皇帝在他奏折上的批示同等对待，常在下一封奏折中加以引用，并感谢雍正皇帝所书的内容。[44]

廷寄是奏折制度的组成部分，对它们的处置与对朱批奏折的同样机密，与原奏折一起锁在折匣内发送，与奏折一起返回并庋藏在内廷。[45] 如同奏折一样，它们被视作内廷文件，不公之于众：它们不出现在邸抄中，绝大多数官僚也接触不到。极个别能在起居注中找到，仅有一小部分出现在雍正实录中。上谕是写入官员发出的信件进行传递，这种方式使得这些信件不具有很高的正式地位。可以说，廷寄是皇帝避开外朝官僚援以作为先例这种机制的又一工具。因此，会典或会典事例极少引用。它们为皇帝提供了机密性、独立性和机动性。[46]

106 雍正朝许多廷寄关注的是雍正七年以后的突出问题：西北战局。但这一新形式的上谕绝不仅限于这一问题。最早廷寄中的两件——分别是雍正五年末和雍正六年的——所处理的是山东官员养廉银和山西地方贼匪问题[47]，这与前线打仗没有关系。后来的廷寄内容广泛，从西洋人使用广州和澳门作为停泊之地，到地方官员的任命。有一件斥责身为满洲人的广州将军诵读佛经费时太多。（通过廷寄传递训斥可能是皇帝表示不满的最轻微方式；在京城，只有张廷玉一人听旨并单独撰拟廷寄，这一制度的保密性确保了消息不会公开，不会给收件人带来不利影响。）如表 2 所示，上报收成、弹劾官员、上报赋税及蠲免，甚至是皇帝关心一位前线官员的年迈双亲——简言之，雍正皇帝想到的任何事情都可以写进廷寄。这一事实显示出，最终负责廷寄的人员不是通常所认为的办理军机大臣，而是名

图表 5 雍正朝一份廷寄的起首部分，可见承旨官员名单。 **105**

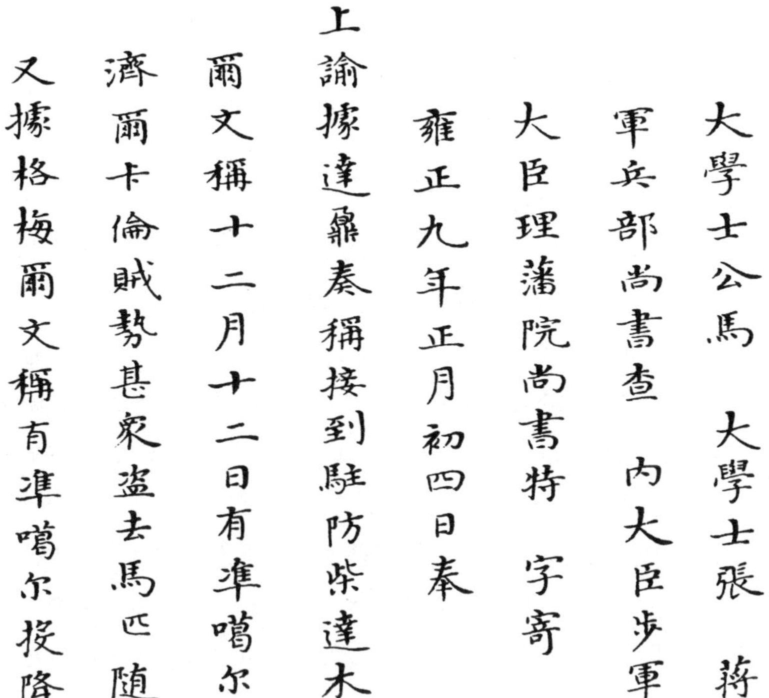
大學士公馬 大學士張 蔣 尹 副將
軍兵部尚書查 內大臣步軍統領阿 內
大臣理藩院尚書特 字寄 大將軍岳
雍正九年正月初四日奉
上
諭據達鼐奏稱接到駐防柴達木副都統格梅
爾文稱十二月十二日有準噶尔賊衆圍住哈
濟爾卡倫賊勢甚衆盜去馬匹隨即撥兵應援
又據格梅爾文稱有準噶尔投降之奔楚克口

从右到左，七名参与议覆的撰拟者的名字写在头三行，与收件人岳锺琪的名字在一起。接下来的第四行是日期，上谕部分以“上谕”两字为始，抬行（高于上谕的内容）。这份文件是关于上一年十二月中旬准噶尔的劫掠以及准噶尔的探子已经得到清朝军队部署的信息的。

资料来源：（台北）“宫中档”雍正朝奏折 000455，雍正九年正月初四日（1731 年 2 月 10 日）。引用征得了台北“故宫博物院”的同意。

字出现在廷寄承旨人员名单最前面的内廷代理人。

廷寄承旨人员名单

106 所有现存雍正朝廷寄都将一位或多位内廷代理人置于承旨人员名单的最前面（见图表5和表2）。即便名单中的人大多数来自代理人圈子之外，一位内廷代理人肯定也名列首位。共有六位代理人的名字出现在现存六十三件雍正朝廷寄上；每件廷寄至少列有其中一人的名字，这六人中每人都至少出现过两次。[48]张廷玉的名字出现得最频繁（四十五次），但是以他为首的只有十八次，无疑是因为他是满人朝廷中的汉大臣（见表2）。我们知道，张廷玉是雍正皇帝宠信的上谕撰拟人；他的名字频繁出现在廷寄承旨人员名单中，这与表现他具有卓越才干的其他证据相一致。[49]

名单中其他的成员，尤其是那些不是代理人的大臣，责成在上谕撰拟前的讨论中贡献自己的专业知识。他们听从于雍正皇帝（也可能是这些代理人）的命令，受邀参加，但下次可能就被排除在外了。雍正皇帝在一封廷寄中的话显示，名单成员不仅根据皇帝的指示撰拟上谕——这一点与人们长期以来的认识相同，而且还要参加制定政策的讨论。"又补拨兵丁原额，尔等之议或于陕甘二省营兵内
107 补拨，或于川省标营内调拨，或另行召募。"[50]这里的"尔等"不是指收件人（收件人不是复数，仅是岳锺琪一人），而是指承旨人员名单上的官员，上谕正在概括他们的想法。

那些不是内廷代理人的人员——查弼纳、阿齐图、特古忒、莽鹄立、海望，以及可能将来会在文件上出现但现在还未曾发现的人，他们的名字出现在有关军务的廷寄承旨人员名单中，是因为他们对

西北事务或军需富有经验。例如，查弼纳长期处理俄罗斯、中国西藏事务，他和特古忒等三人在雍正五年（1727）代表中国与俄国签订《恰克图条约》，并于雍正八年（1730）以副将军身份被派往西北。[51] 阿齐图乃侍卫，康熙末年曾驻青海，雍正三年（1725）任皇帝极重视的步军统领一职。他偶尔也奉派前往西北执行临时任务，例如，雍正五年（1727）皇帝指示岳锺琪与阿齐图继续在安西部署军队，当时阿齐图正在前线执行任务。雍正九年至十午（1731—1732），阿齐图率领一支忠于清朝的蒙古军队开赴前线，途中部队因他遭撤职而发生骚乱。作为重要的签署人，他的名字出现在关于西北战争的满文议覆奏折中。[52] 特古忒在雍正中期之前已在理藩院供职五十多年，康熙五十六年（1717）任侍郎，雍正三年至十一年任尚书。由于有长期处理中国边境问题，尤其是与俄国及附近独立的汗国和部落关系的经验，他也参加廷寄的讨论。[53]

查弼纳、阿齐图、特古忒列在廷寄承旨人员名单中，位于内廷代理人名字之后，其他两人——莽鹄立和海望——偶尔出现在现存的廷寄中。莽鹄立来自镶黄旗一个古老的家族，他的祖父在当年征服时代贡献突出。莽鹄立最早是理藩院的笔帖式，后来在天津做巡盐御史，提出了许多有价值的建议。他多次转迁，但从未高升，雍正六年（1728）短暂涉足西藏事务。他出现在雍正九年（1731）和十年（1732）两个议事人员名单中，根据现有的材料难以对此做出解释。康熙皇帝死后，雍正皇帝要求莽鹄立凭记忆画一幅康熙皇帝的肖像，他遵旨照办，所画肖像就悬挂在雍正皇帝的寝宫。[54] 雍正皇帝有可能被这种忠孝之心打动了，令莽鹄立参加高层讨论。至于海望，年资逊于他人——在政府财政问题上享有很高的声望是乾隆

108 初年的事情。但他的宦途始于雍正朝，最初被委任负责内务府财务和户部。[55] 他出现在廷寄议事名单中，是因为他对于财政问题有深刻见解。

可以看到，参加廷寄讨论的五个满人中，三人具有内廷代理人所缺少的在西藏和蒙古的亲身经验，另一个在财政问题上见识丰富。然而，这些人一同属于另一个非正式的内廷群体，这就是雍正后期组织起来的办理军需大臣，这一集团就出现在廷寄扩大承旨人员之初。[56] 无可否认，这一新集团名称使用“军需”一词，未能表达出他们关切及处理问题的广泛性，但在当时，该词就是代表着整个备战之意，双方对抗前的许多年就已开始役畜、补给等的准备了。

雍正时期的廷寄承旨人员名单，不仅表明上谕内容经过了廷议，而且让人感到有宣告这种磋商确实发生的需要。将经验丰富的“老资格”加入议事人员名单——这以前只包括内廷代理人，似乎始于雍正八年底（1731 年初），当时正重新开始部署战争的计划（见表 2）。可能雍正皇帝（以及内廷代理人）感到，应该让在前线的岳锺琪等将领认识到，现在京城的部署更为周全，吸纳了更多的专家，而以前如此机密的安排只是在雍正皇帝和怡亲王的争论中形成的。廷寄承旨人员名单不仅向收件人保证，已听取了专家的意见，同时由于提供了这些专家的名字从而更强调了这一事实。

雍正朝廷寄承旨人员名单也为解答军机处起源之谜提供了线索。新的内廷人群——这些人出现在廷寄名单中，即办理军需大臣——第一次在实录中出现是雍正十年三月初三日（1732 年 3 月 28 日），当时他们的机构被授予一颗办理“密行事件”的印信。[57] 因为实录随后关于这一机构——已是更名后的“办理军机大臣”——的上谕聚焦于军事问题，这常被认为是军机处的这一胚胎机构的关切所在，再加之这一机构的名称传给了以后成为军机处的机构，所以这里它的首次出现常常被认为是军机处的起点。[58]但是通过对早期廷寄名单的考察可知并非如此。廷寄不是这些大臣的专责，廷寄确实要早于这些大臣。而且，廷寄涉及者远远超出了这些大臣所关注的战事问题。一些廷寄只是以一两位内廷代理人的名义交发；其他的以许多议事者的名义，这些人包括但不限于办理军机大臣。这些大臣与 109
廷寄确有关系，但这是在这一新的上谕形式创立许久之后的事情了。最开始，廷寄和其他许多事情一样，是内廷代理人的职责所在。这一新的廷寄制度并不系于军事形势，而是系于帮助雍正皇帝撰拟他授意一切问题的内廷高层集团。上述雍正十年（1732）的上谕并不意味着成立了一个新的机构，只是颁发了一颗用于处理文件的新的印信而已。[59]

对廷寄的分析

雍正廷寄是真正的创新，还是早已存在着这种交发的上谕类型？对于这一问题最好的解决方法，是考察当时上谕的两种类型——属于官僚机构的和属于皇帝的。官僚机构所办上谕的机制基本沿自晚明，当时政府的运作尽量避免烦扰皇帝本人。清朝官僚机构所办上谕由不同的京师机构撰拟，然后呈请俞允（偶尔有改正或驳回）。内阁票拟制度是这一类型的很好例证，上谕的撰拟经常是内阁人员磋商或是参考行事手册或成例的结果。[60]有时也命其他的外朝机构撰拟上谕，翰林院的学士们常常执行这样的任务。外朝所办上谕是公开的，常在邸抄上刊行；它们可以收进会典、会典事例，可作为先例加以援引。尽管可以做到保密，但并不经常如此，或是需要特别的指示才行。

属于皇帝的上谕撰拟直接来自皇帝和他的内廷顾问及上谕撰拟人。口传上谕是最直接、最秘密的，向传递信息之人口头宣布，他记住以便口头传达而不用记录。[61] 有一种直接来自皇帝的上谕是用朱笔写就的，包括直接写在奏折上的“朱批”（“朱批谕旨”）和“朱笔谕旨”（后来称“朱谕”），后者通常篇幅更长，另纸书写，常常与给当事人的文件一起发出。还有“传旨”，有许多表现形式，但绝大多数是通过非正式途径，君主令侍奉人员记下他的指示，接着将此交发——通常是以书面形式——任何指定的收件人。

康熙朝有上述后一种上谕类型的例子，是在康熙四十九年（1710），事关在广州的西洋人，上谕命这些人来北京之前学习汉
110 话。四位内廷官员在一张很薄的、廉价的纸上匆匆记下这道上谕，现在仍然可以看到它的档案原件。这道上谕交发两广总督，跟他说皇帝对此很关注并要求他回复。[62]

这一文件并不符合后来廷寄的种种规定，但比起现存档案中其他的早期上谕，它更接近雍正时期发展起来的廷寄，因为它的承旨人员名单很清楚地表明已咨询了专家意见。上谕提到了这四人的名字——与后来的廷寄承旨人员所处的位置相同，都是内务府满大臣。关于他们职责和经历的零星记载，显示出他们常常处理包括广州和北京传教士在内的宗教事宜，康熙皇帝常常命这些人撰拟上谕，交发广州的官员，也命他们与北京的天主教神父会面，有时传达皇帝的指令。[63] 参加康熙四十九年这道上谕讨论的官员中，有一位时任粤海关监督。[64] 名单开头出现的四个人看起来已构成一个松散的

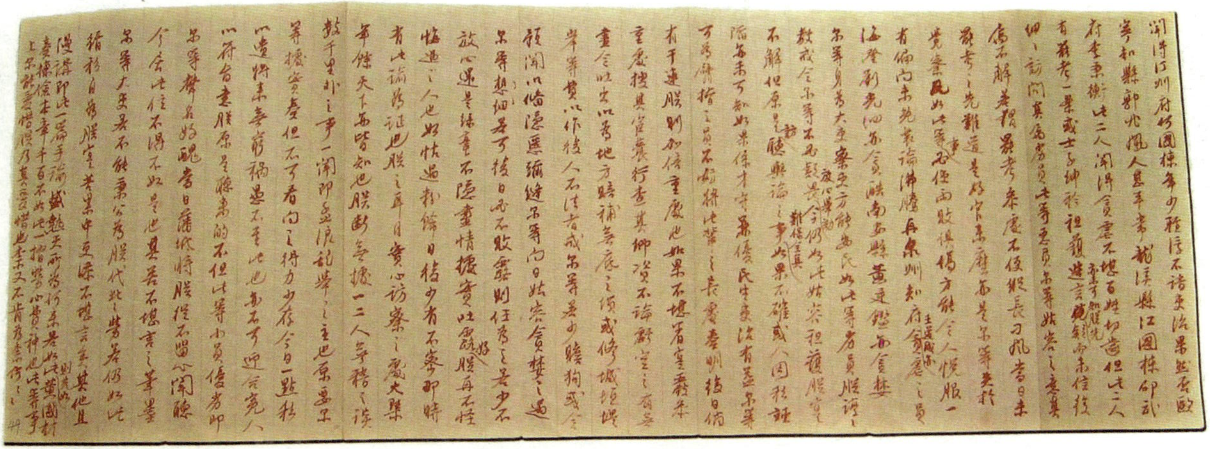

▲ 图 34　雍正皇帝亲书朱谕

非正式班子，以处理传教士问题；确实，他们的头衔使用的是“兼理西洋人事件”一词，该班子的成员是变动的——皇帝发现身边有从广州来的专家，就可以命他加入，而其他的人也很容易被排除在外。[65]如前所述，这与后来雍正皇帝及其内廷代理人利用名为“大臣”的西北问题专家的意见以制定政策的做法类似，这些政策通过关于西北战事的上谕转发出去。因此可以说，康熙四十九年上谕中的一些特点接近于后来的廷寄。

雍正时期的廷寄同样是内廷和皇帝的文件，但与我们所举康熙朝的例子和廷寄的其他雏形显著不同。雍正时期成熟的廷寄包括了完备、规范的格式：有撰拟和议事人员名单、填写日期和收件人的地方，以及一定不变的术语和用词。[66]雍正廷寄也作为官员间寄出的咨文的插入部分，这一情况表明这些文件乃非正式的——它们不是能写入清朝会典与会典事例的正式文告。最重要的是，雍正廷寄的撰拟无一例外都是由内廷代理人办理的（见表2）。由雍正皇帝心腹所组成的内廷高层承担着制定政策的所有关键性的监管职责，并负责上谕的讨论和撰拟。除了廷寄，他们也处置某些其他形式的上谕。[67]从这里我们可以看到与康熙内廷非常不一样的地方：康熙内廷的任务都是分而割之，各个成员不断变化、相互分离的班子处
111 理当时的主要问题——内务府的班子处理外国传教士事件，议政王大臣会议负责战争，南书房负责其他的一些上谕。所有这些安排都互相分离，这使得皇帝成为总协调人。尽管雍正朝初期有着各种各样的机构和班子，但中期后，内廷代理人则具有了连续性和稳定性，上谕撰拟——还有许多其他的业务——始终落在这一小规模的高层集团手中。

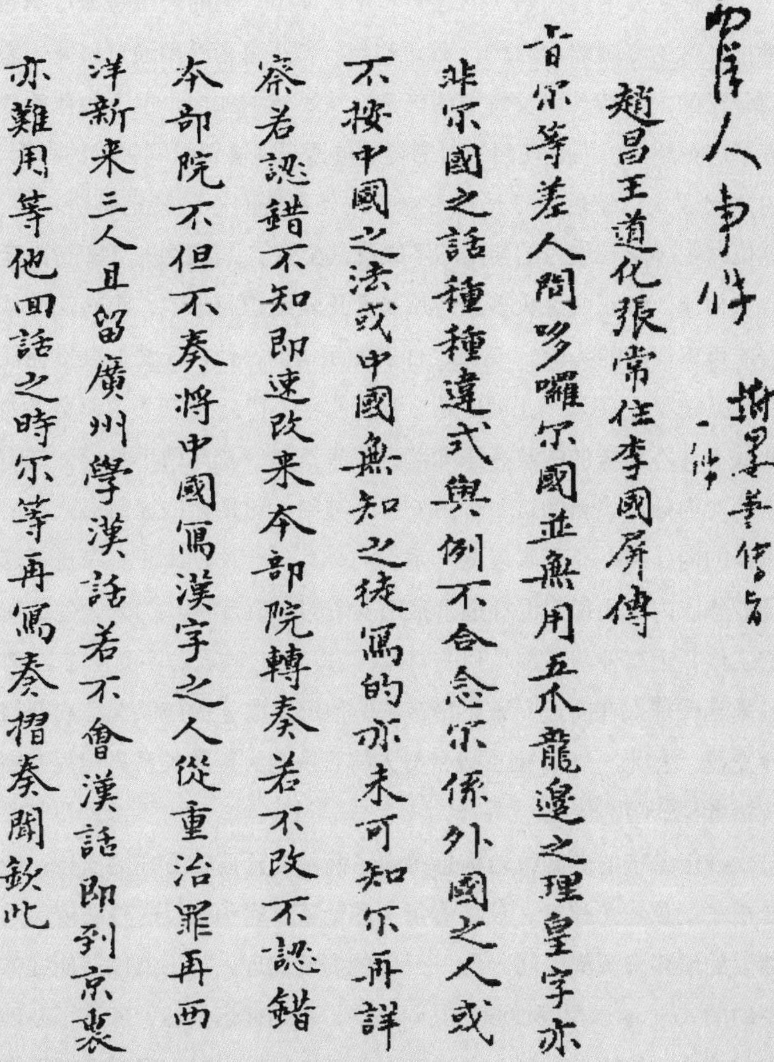
西洋人事件
掛墨筆傳旨 一件
趙昌王道化張常住李國屏傳
旨爾等差人問多囉爾國並無用五爪龍邊之理皇字亦
非爾國之話種種違式與例不合念爾係外國之人或
不按中國之法或中國無知之徒寫的亦未可知爾再詳
察若認錯不知即速改來本部院轉奏若不改不認錯
本部院不但不奏將中國寫漢字之人從重治罪再西
洋新來三人且留廣州學漢話若不會漢話即到京裏
亦難用等他回話之時爾等再寫奏摺奏聞欽此

▲ 图 35　康熙皇帝关于西洋人事务的墨笔传旨

我称之为内廷代理人的这一非正式集团，它的产生是为了满足雍正皇帝的专制统治构想。雍正初年，雍正皇帝希望通过协调一系列分立的内廷侍从以及特别的班子，从而乾纲独揽，但不久他就放弃了这种想法，而是使用绝对信得过的两三名高层顾问组成的小组。内廷代理人的特色是雍正皇帝对于内廷襄赞问题的特别解决之道。这位君主寻求有能力的朝臣却不欲使其坐大。与康熙时大多数内廷侍从相比，雍正时绝大多数侍从是非正式组织起来的，没有法律依据或声望很高的头衔。皇帝也任意使用他们，他们无法持续掌控任何政务领域。到了雍正朝中期，雍正八年（1731 年初）重新运筹西北战事，不断增加的政务压力落到了雍正皇帝及其助手身上，这迫使他对内廷做出新的进一步的安排，其中就包括新的通信形式和增添新的内廷书办及下属人员。通过与外朝一起协助雍正皇帝进行这场战争，内廷代理人也推进了雍正皇帝的专制目标。另外，他们秘密工作，远离外朝谋取私利的腐败行为，忠心耿耿、不受诱惑。有了内廷代理人在左近，雍正皇帝确信他已采取了措施以保证户部银库充盈。如此一来，雍正皇帝努力将君主与大臣的关系界定为专制统治者与恭顺的侍从。

雍正皇帝的专制统治构想得到了两种内廷通信方式的支持：内廷圈子的议覆（议片、议覆奏折）和廷寄（寄信）。这些被传递的建议的最终来源都是同一个——新的内廷代理人与下属以及能提供帮助的人。通过相互加强，共同发展，内廷通信发达，加速了办理它们的正式集团的发展，而当这些正式集团扩大时，它们就能够推动新的通信方式，做到高效传递、保管档案以及利用档案资料作为史书编纂的基础。

雍正皇帝努力强化专制统治、将内廷人员排除在法定之外，因此内廷代理人就不得不从其他机构（通常是内阁，这里支付他们的 112
薪俸）中挑选且常常兼任他职。这赋予了他们接触京城别处档案的方便条件。尽管雍正时期内廷圈子过小而无法更多地利用这些有利条件，但在接下来的乾隆朝，这些成为军机处发展的重要因素。

表 2　现存的雍正时期廷寄。在京参加谕旨讨论者的名字在原始文件中依次开列； 113
每份文件的名单分为两部分，内廷代理人单独列在起首。出现在实录中的廷寄，包括以摘要的形式出现者，前面加一星号（*）表示。左侧一栏给出台北“故宫博物院”的检索号（北京的廷寄没有相应的检索号）。本表可能不完备——将来可能会看到更多的廷寄原件。

文件藏处及时间（年/月/日）	收件人	主题	承旨人员
早期廷寄，承旨人员仅来自内廷代理人			
（台北）无日期（5/12/10？）592	岳钟琪	准噶尔情况	怡亲王[a]
（北京）6/5/6	石麟	山西地方动乱	怡亲王、张廷玉
*（台北）7/11/18 469	岳钟琪	西北供给	怡亲王等[b]
（台北）8/12/19 467	岳钟琪	在西北打仗军队的忠诚问题	马尔赛、张廷玉、蒋廷锡
承旨人员不只来自内廷代理人的廷寄			
*（台北）8/12/28 470	岳钟琪	西北供给	马尔赛、张廷玉、蒋廷锡、尹泰、查弼纳、阿齐图、特古忒[c]
（台北）9/1/4 455	岳钟琪	调拨军队	（同上） 114

续前表

文件藏处及时间（年/月/日）	收件人	主题	承旨人员
（台北）9/1/6 466	岳锺琪	敌人行动	（同上）
（台北）9/1/8 459	岳锺琪（皇帝添加了查郎阿）	战争计划	（同上）
（台北）9/1/13 457	岳锺琪	军队行动	马尔赛、张廷玉、蒋廷锡、尹泰、阿齐图、特古忒[d]
（台北）9/1/24 458	岳锺琪	有关敌人的传言	（同上）
（台北）9/1/28 460	岳锺琪	运输粮食	（同上）
（台北）9/2/3 456	岳锺琪、查郎阿	作战	（同上）
*（台北）9/3/6 463	岳锺琪	军队行动	（同上）
115 （台北）9/3/17 464	岳锺琪	使用哈萨克人夹击准噶尔	（同上）
（台北）9/6/9 465	岳锺琪	对准噶尔围困吐鲁番问题做指示	马尔赛、张廷玉、阿齐图、特古忒
（北京）9/6/20	岳锺琪	敌人劫掠	马尔赛、张廷玉、蒋廷锡、阿齐图、特古忒
*（北京）9/7/27	岳锺琪	考虑西线战略	马尔赛、张廷玉、蒋廷锡、特古忒
（台北）9/9/8 462	岳锺琪	敌人劫掠，斥责岳锺琪	丰盛额、张廷玉、蒋廷锡、特古忒、海望、莽鹄立

续前表

文件藏处及时间（年 / 月 / 日）	收件人	主题	承旨人员
（台北）9/9/18 461	岳锺琪	敌人劫掠及对策	（同上）
*（北京）10/1/24	岳锺琪	作战策略	丰盛额等
（北京）10/1/26	岳锺琪	阿齐图返回京城，上报军队训练情况	鄂尔泰等
*（北京）10/1/28	岳锺琪	调拨军队	（同上）[e]
10/3/3 铸办理军机处印信			
（北京）10/5/24	岳锺琪	敌人劫掠	鄂尔泰、张廷玉、蒋廷锡、特古忒、丰盛额、海望、莽鹄立 116
蒋廷锡卒			
（北京）10/8/1	查郎阿	派鄂尔泰前往肃州与查郎阿讨论军情	张廷玉等
（北京）10/8/3	查郎阿	西北战事	张廷玉、海望、拉（？）[f]
（北京）10/8/6	常赉、张广泗	准噶尔侵袭	丰盛额等
（北京）10/8/8	鄂尔泰	西北军队部署	（同上）
（北京）10/8/10	鄂尔泰	西北军队部署	张廷玉等
（北京）10/8/14	柏之蕃[g]	斥责沉湎于念佛诵经	张廷玉
（北京）10/8/18	鄂尔泰	西北人事问题	张廷玉等
（北京）10/8/21	鄂尔泰	西北人事问题	（同上）
（北京）10/8/21	鄂尔泰	西北战事	（同上）
（北京）10/8/24	鄂尔泰	西北战事	（同上） 117
（北京）10/8/28	鄂尔泰	西北战争	丰盛额等

续前表

文件藏处及时间（年/月/日）	收件人	主题	承旨人员
（北京）10/8/28	鄂弥达	西洋人泊靠澳门	张廷玉、海望
（北京）10/9/2	鄂尔泰	猜测敌人计划	张廷玉等
（北京）10/9/18	查郎阿	行军	丰盛额、张廷玉、海望、莽鹄立
（北京）10/10/7	鄂尔泰、杨永斌	前来广州外国船只泊靠问题	张廷玉、海望
（北京）10/10/11	查郎阿、张广泗、常赉	向吐鲁番行军计划	（同上）
（北京）10/11/11	郝玉麟、赵国麟[h]	福建养廉银分发及地方问题	张廷玉
（北京）10/11/11	黄廷桂、宪德	问由皇帝所任命现在四川效力的人员情况	（同上）
（北京）10/11/14	魏廷珍	告诫要谨慎	鄂尔泰、张廷玉
（台北）10/12/3 3898	潘绍周	苗疆官员侵贪	鄂尔泰
（北京）11/1/19	郝玉麟	福建水师提督	鄂尔泰、张廷玉
（北京）11/2/5	查郎阿、张广泗	逃离准噶尔的回人	鄂尔泰等
（北京）11/2/20	石麟	边疆地区难以征收欠税	张廷玉
118 （北京）11/3/4	查郎阿、张广泗[i]	逃往准噶尔的两个人	丰盛额等
（北京）11/4/4	石麟	山西养廉银分发	张廷玉
（北京）11/4/8	查郎阿、张广泗	敌军实力	张廷玉等
（北京）11/4/15	查郎阿等	防御	丰盛额等

续前表

文件藏处及时间（年 / 月 / 日）	收件人	主题	承旨人员	
（北京）11/6/13	康华龄（江西总兵）	江西演操经费	鄂尔泰、张廷玉等	
（北京）11/6/14	徐本	斥责上报收成琐碎	鄂尔泰、张廷玉	
（北京）11/7/14	王士俊	山东青州驻防八旗生息银两来源	（同上）	
（北京）11/7/19	魏廷珍	蠲免新章程	（同上）	
（北京）11/8/3	金广西	查拿贼匪	（同上）	
（北京）11/10/4	查郎阿	处理西线俘获敌人	鄂尔泰	
（北京）11/11/11	郝玉麟	质疑郝玉麟对一人评价很高而其他人很低	（同上）	
（北京）11/11/20	迈柱	苗疆问题	（同上）	119
（北京）11/11/21	王士俊	追剿地方盗匪	张廷玉	
（北京）12/3/9	郝玉麟	再次关于评价属下问题（参见 11/11/11）	鄂尔泰、张廷玉	
（北京）12/3/26	王士俊	皇帝关心的一位边疆官员的双亲问题	（同上）	
（北京）12/4/11	鄂昌	开列四川一位总兵的罪行	（同上）	
（北京）12/4/25	鄂弥达	向皇帝进贡象牙	（同上）	

资料来源：（北京）“宫中廷寄包”（雍正元年至二十年）；（台北）“宫中档”雍正朝奏折 000455-7，459-463，466-467，469-470，592。

a. 这一早期的文件并不是以后来所发展出的严格意义上的廷寄形式书写的。时间仅写有“十二月初十日”，从内容可以看出是雍正五年末（1728 年初）。较早的廷寄可能是用满文书写的——如果它们存在的话，中国第一历史档案馆的人员迄今还没有找到。它们也可能已不存在。更早的一份应是廷寄雏形的上谕，可能是由内廷代理人（仅作“户部”）撰拟的，参见（台北）“宫中档”雍正朝奏折 020075，雍正五年七月十三日。

b. 这是出现在实录中极少见的早期廷寄之一，参见《清世宗实录》卷 88，页 17 ~ 18。事实上，它可能不是一份真正的廷寄。它的原件，据说是由怡亲王承旨，但在《清世宗实录》中，它的开头是“谕内阁”，可能是编纂的错误。它交发岳锺琪，岳锺琪将它与其他廷寄一道缴还京师。它的形式有与众不同之处，可能因为是早期的廷寄。查郎阿引述它作“户部字”，参见（台北）“宫中档”雍正朝奏折 016724，雍正七年十二月十五日。

c. 这一上谕，参见（台北）“宫中档”雍正朝奏折 000470，也参见《清世宗实录》卷 101，页 19b ~ 20，这里作“谕大学士等”，当马尔赛继怡亲王成为内廷代理人后，这一写法是恰当的。

d. 这一廷寄原件的最后粘有一黄签，上面有朱笔写的字，《宫中档雍正朝奏折》（第 17 辑，469 ~ 470 页）没有影印出来，参见（台北）“宫中档”雍正朝奏折 000457。这一黄签似乎是皇帝恩赐岳锺琪时所写：“此系朕亲身佩带者，聊寄思念。”

e.《清世宗实录》（卷 114，页 15a ~ b）有此件，但作“谕大学士等”。

f. 是一名侍卫，但未给出名字，可能是拉色，参见（北京）“上谕档”，雍正元年正月二十四日，117 页，这里说他与特古忒一同处理一件蒙古事务。（原档是“领侍卫内大臣拉”，经查此人是拉锡。——译者）

g. 为广州将军。

h. 廷寄给出赵国麟的职衔是福建巡抚，但在《清史》的表中，他从雍正十二年才开始任此职，参见《清史》第 4 册，3059 ~ 3060 页。据《清代职官年表》，他从雍正八年起任福建巡抚一职，参见第 2 册，1585 ~ 1587 页。

i. 除这里开列的之外，北京的廷寄包中包括另一件，它的封面上无承旨人员名字和日期。它交发岳锺琪，是关于准噶尔在吐鲁番附近劫掠的。本表略去不记是因为缺承旨人员姓名。

注

1. 随便挑选一些雍正初年为特别任务而成立班子的事例：雍正元年任命五人阅卷，并提出应试之人如何任命的意见：隆科多、张廷玉、张伯行、登德、朱轼，参见《清世宗实录》卷 13，页 17b ~ 18；雍正二年任命三人讨论苏州的军队部署：隆科多、朱轼、张廷玉，参见《清世宗实录》卷 17，页 12b ~ 14b；雍正五年任命四人撰拟交发鄂尔泰的上谕：马齐、富宁安、朱轼、张廷玉，参见《史料旬刊》，页 66b ~ 67b。对于这些早期班子的评论及上面所列的细微差别，参见吴秀良：《通信与帝国控制》，88 页，173 页注 25。考虑到雍正皇帝常常生病，那么这些年里朱轼可能会有更多的指派，参见（台北）“宫中档”雍正朝奏折 000758，无日期朱轼奏折（应为雍正六年五月前后）。（台北）“雍正上谕档”，雍正八年五月二十五日，75 ~ 80 页记载说，怡亲王在张廷玉、蒋廷锡的协助下清理财政，有时朱轼也参与。关于以后朱轼参与的集体讨论，参见交发鄂尔泰廷寄的承旨人员名单，引自（台北）“宫中档”雍正朝奏折 006033，雍正八年十一月二十八日，鄂尔泰奏折。

2. 雍正皇帝如此表述的一些例子，参见《宫中档雍正朝奏折》第 10 辑，**323**
251 ~ 252 页（雍正六年四月十五日，岳锺琪奏折的朱批）；（台北）“宫中档”雍正朝奏折 021603，雍正六年九月十六日，岳锺琪奏折；（台北）“宫中档”雍正朝奏折 000300，雍正七年六月初三日，岳锺琪奏折；（台北）“宫中档”雍正朝奏折 000327，雍正七年六月初三日，岳锺琪奏折；（台北）“宫中档”雍正朝奏折 00076，雍正七年七月初十日，岳锺琪奏折；（台北）“宫中档”雍正朝奏折 017523，雍正七年七月二十四日，黄廷桂奏折；（台北）“宫中档”雍正朝奏折 007920，雍正七年九月二十二日，宪德奏折。雍正皇帝偶尔使用“廷臣”等称呼，参见（台北）“宫中档”雍正朝奏折 000293，雍正七年七月初十日，岳锺琪奏折。前人没有人认为“大学士”或“大学士等”是张廷玉、蒋廷锡，但事实上，这两人总是在一起——常常有第三者如怡亲王或马尔赛，上谕的撰拟和讨论显示“大学士”和“大学士等”确实是指这二位。雍正皇帝对于“部”的使用，参见本书附录 A。

3.（台北）“雍正上谕档”，雍正八年九月初六日，105 页。

4.《碑传集》卷 22，18 页；（北京）“廷寄”雍正十年八月初一日和初三日。

（《清世宗实录》中没有引用这两份廷寄。）我第一次查阅中国第一历史档案馆的廷寄档——事实证明对于这一章的发现至关重要——是在 1985 年秋；感谢孔飞力（Philip A. Kuhn）提醒我，1985 年这些材料已整理完毕且可以利用，也感谢耶鲁大学惠特尼·格列斯伍德师资基金资助我此次的研究和差旅费用。与查郎阿肃州会谈的背景情况，参见（北京）“录副” 2161-2，雍正十年七月二十四日，查郎阿录副奏折。

5. 户部堂官，参见第二章。也可参见（台北）“宫中档” 雍正朝奏折 011847，雍正三年八月十六日，允祥等奏折。也参见图表 4 和《清史》第 4 册，2610 ~ 2613 页。早期内廷代理人与户部的关系，参见傅宗懋：《清代军机处组织及职掌之研究》，122 ~ 123 页。雍正皇帝对于户部事务复杂性的关注，参见《清世宗实录》卷 10，页 5b ~ 6b。张廷玉的英文传记，参见《清代名人传略》，142 ~ 143 页。

6.（台北）“宫中档” 雍正朝奏折 014709，雍正三年十二月二十三日，允祥等奏折。

7.《清世宗实录》卷 105，页 5b ~ 14 特别指出，“怡亲王等” 协办 “军需”，始于雍正四年（1726）。其他材料没有如此具体的时间，参见《清世宗实录》卷 81，页 12b ~ 14b；卷 82，页 5 ~ 6b。（台北）“宫中档” 雍正朝奏折 000737，雍正七年十一月十六日，查郎阿奏折。现存的一套西北战争军需的档册，这可能由组合起来的户部团队负责，始于雍正五年，参见（北京）“上谕档（方本）” 无日期的议片，乾隆二十六年二月初十日，119 ~ 122 页。一些人将雍正四年协办军需作为军机处的起源，例子可参见李宗侗：《办理军机处考略》，载《幼狮学报》，第 1 卷第 2 期（1959 年 4 月），4 ~ 5 页。

8.（台北）“宫中档” 雍正朝奏折 007376，雍正六年正月十九日，嵇曾筠奏折。（该廷寄被称为 “来字”，包含雍正五年十二月二十三日的一道上谕。）

9.（台北）“宫中档” 雍正朝奏折 000592，无具奏日期，但从内容可以判定不早于雍正五年末；（台北）“宫中档” 雍正朝奏折 021953，雍正五年十月二十一日，岳锺琪奏折；（台北）“宫中档” 雍正朝奏折 021521，雍正六年五月初四日，王棠奏折。

10.（北京）“廷寄” 雍正六年五月初六日。

11.《清世宗实录》卷 81，页 12b ~ 14b。

12. 马尔赛承袭祖父图海的公爵，图海是康熙时的大学士、将领。马尔赛于雍正六年八月初七日被任命为大学士，参见《清世宗实录》卷 72，页 8a ~ b；《清史》第 4 册，2462 页。他开始供奉内廷的确切时间还不清楚，因大学士不一定就要求加入内廷。雍正七年五月初十日，雍正皇帝嘉奖怡亲王，称张廷玉、蒋廷锡 324
效力内廷，但没有提及马尔赛（参见《清世宗实录》卷 81，页 12b ~ 14b），这可能是因为他刚入侍内廷，因此不能这么快就予以表彰。另一种解释是，鉴于他后来的失宠，在编纂实录时该条可能略去了他的名字。他的官方传记给出他参与内廷监管战争的最早时间是雍正八年——当时他与张廷玉、蒋廷锡一道，参见《清史》第 5 册，4097 页；《清史》第 4 册，2486 页；张廷玉：《澄怀主人自订年谱》卷 2，页 22a ~ b。然而，从档案材料可以看出他在此之前已经负有内廷职责。岳锺琪说及雍正七年时他收到怡亲王、马尔赛交发的廷寄，该材料参见（台北）“宫中档”雍正朝奏折 000309，雍正七年九月二十九日，岳锺琪奏折。查郎阿引述一份雍正七年六月初六日的廷寄，其中马尔赛是为首的撰拟人，另有其他两位大学士，材料参见（台北）“宫中档”雍正朝奏折 009754，雍正七年十一月初四日，查郎阿奏折。另一份档案材料提到有马尔赛的廷寄是在雍正七年十一月十六日，参见（台北）“宫中档”雍正朝奏折 016725，雍正七年十二月十五日，查郎阿奏折。

13. 叶凤毛：《内阁小志》，页 1b，页 2a ~ b，页 9b ~ 10b，页 11a ~ b，页 16a ~ b。也参见席吴鏊《内阁志》对于内廷代理人内廷地位的描述（页 3 ~ 4）。在晚明和清朝，大学士常被称为“宰辅”，可注意一些开列清朝每位大学士小传著述的名称，例如潘世恩编《熙朝宰辅录》（无刊印地点，1838 年）。军机处的内阁起源的经典论述，参见赵翼：《簷曝杂记》卷 1，页 1。离开了对于户部的分析，当时许多文件都无法正确理解，参见本书附录 A。这里所做的分析得益于吴秀良对于史料开拓性的研究，以及随后我自己在台北和北京所接触到的档案。

14. 马尔赛在前线表现糟糕。因战争中指挥失利，雍正十一年他在阵前被处死。

15. 张廷玉：《澄怀主人自订年谱》卷 3，页 43。《枢垣记略》卷 2，页 1a ~ b 注明，雍正十年二月张廷玉、鄂尔泰“办理军机事务”，这应是指鄂尔泰在此前后得到了新的任命。鄂尔泰的传记，参见《清代名人传略》，601 ~ 603 页；肯特·克拉克·史密斯：《清朝政策与中国西南的发展：总督鄂尔泰研究》，耶鲁大学博士学位论文，1970 年；萧一山：《清代通史》第 1 册，883 ~ 884 页。鄂尔泰奏折的信息，参见王善端：《雍正朱批奏折略述》，载《文献专刊》（北平，1944

年），“论述”部分，63 ~ 64 页。

16. 不要将此丰盛额与 18 世纪另一位有着同样满文名字（Feng-sheng-e）的人混淆（有不同的汉文名字），《清代名人传略》中出现的是后者，参见 221 页。（后者汉文名为丰升额。——译者）雍正九年，丰盛额获封“超等英诚公”，这一荣誉可能是以前追赠给他有名的祖先扬古利的，令丰盛额承袭表示对他新的内廷职位的支持，参见《清世宗实录》卷 104，页 18。扬古利，参见《清代名人传略》，898 ~ 899 页。

17. 以丰盛额为首用满文的讨论，参见（北京）满文“军务议覆档”，雍正八年和九年各册。这数册显示雍正九年八月、九月间，在马尔赛赴前线之后，丰盛
325 额直接继承了马尔赛最重要的职责之一：负责满文议覆。最初，马尔赛、丰盛额位列不同廷寄承旨人员名单的首位，在雍正九年九月初八日之后，所有的廷寄承旨人员名单都以丰盛额为首，参见（北京）“满文录副奏折”内政职官类，雍正九年十一月初五日，丰盛额负责讨论战争中使用蒙古马匹的问题。丰盛额的名字居于汉文廷寄承旨人员名单首位的例子，参见这一章末尾表 2 中雍正九年九月初八日的廷寄起首部分；（北京）“录副”2188-5（雍正九年十月初一日的材料），2188-7（雍正九年十月初七日的材料），2188-8（雍正九年十一月十四日的材料），2188-10（雍正九年十二月十四日的材料），以及 2188-12（雍正十年十二月十二日的材料）。遗憾的是，丰盛额参与的几乎所有汉文议覆和廷寄的承旨人员名单都只有为首之人的名字，指称属下不用名字，而是用表示无关紧要的“等”字。我浏览满文档册时同样也未能找出议覆时属下的名字。

18.《清世宗实录》卷 124，页 2。

19.《清世宗实录》卷 159，页 19b ~ 20。

20.（台北）“起居注册”，雍正十三年十月初八日。

21.《清史》职官表对于内廷代理人与下一梯队区分得很清楚，因为内廷代理人通常不被看作（像对待“大臣”一样）“办理军需（军机）大臣”般有着主要的分派任务。例如，任命鄂尔泰是在“办理军需大臣”形成之后，称作“办理军机事务”，并没有使用“办理军需（军机）大臣”字样，参见《清史》第 4 册，2486 页。该表前面提到张廷玉的内廷任命是“命密办军需一应事宜”，蒋廷锡的与此类似（“密办军需事宜”），参见《清史》第 4 册，2486 页。这样的一些说法显然将其他人归于下一层的梯队（在办理军机处行走），而不是内廷代理人，参见哈元生的例子（雍正十年十月至十一月）：《清史》第 4 册，2486 页；第 5 册，4104

页。马兰泰（雍正十一年二月）：《清史》第 4 册，2486 页。福彭（雍正十一年四月至七月）：《清史》第 4 册，2486 页。讷亲（雍正十一年十一月或十二月）：《清史》第 4 册，2486 页；第 5 册，4116 页。《清世宗实录》卷 137，页 12b。班第（雍正十一年十一月）：《清史》第 4 册，2486 页；第 5 册，4206 页。应留意《清史》中的这些区分：这些表是清朝时所修，较早的一些可能纂修于 18 世纪。由于忽视了这些，后世史表而不是正史的史表的编纂者已极大地误导了我们对于雍正时期真实情形的理解，参见傅宗懋：《清史军机处组织及职掌之研究》，529 ~ 535 页；《清代职官年表》第 1 册，136 页。尽管梁章钜的概述明智地略去了雍正时期第二梯队的顾问人员，但他表中雍正初年的实际信息太少，几乎没有什么用，参见《枢垣记略》卷 2，页 1；卷 15，页 1，页 5。也参见张廷玉：《澄怀主人自订年谱》卷 3，页 23b，雍正十一年雍正皇帝赏赐办理军机大臣砚台，张廷玉之子张若霭得到一个，而张廷玉却没有，这就显示二人并不属于同一集团。对此进一步的信息，参见第四章注 51。

22. 研究康熙时期的议覆文件，不论是对于题本还是奏折的议覆，没有整齐归类的档案资源可以方便利用。我在中国第一历史档案馆时，被告知康熙朝的文件没有这样的归类。1980 年 9 月承刘桂林先生见告："这一时期没有任何形式的议覆档。"而且，现在康熙朝最后五年的外省所上奏折，几乎没有朱批是令交议覆 326
的，参见《康熙朝汉文朱批奏折汇编》第八册。允许京官议覆只是康熙五十一年（1712）以后的事（参见吴秀良：《清代的题奏制度》，载《哈佛亚洲研究》，第 27 卷［1967 年］，42 页），而这种做法发展缓慢。

23. 许多关于康熙和雍正时期的评论都认为，外省奏折直接上呈皇帝，在京中没有他人事先过目。而事实是，常常要求内廷代理人在部院议覆上呈皇帝之前浏览奏折并给出建议。

24. 其中一些事例，参见《宫中档雍正朝奏折》第 11 辑，360 ~ 363 页，岳锺琪、西琳奏折的朱批。该朱批解释议覆正交送岳锺琪。也参见（台北）"宫中档"雍正朝奏折 012111，雍正五年二月初八日，张廷玉等奏折的朱批；（台北）"宫中档"雍正朝奏折 000299，雍正七年七月十六日，岳锺琪奏折的朱批。

25. 感谢台北"故宫博物院"唐瑞裕先生允许我查阅这个木匣。该木匣文件现在编号为（台北）"宫中档"雍正朝奏折 019792-19910，最初编号是第 77 箱，第 518 包。该木匣比折差联系所用的奏匣大些，长 1 英尺，宽 6.25 英尺，厚 6.5 英寸；有两个合页、一把锁（现在不见有钥匙）。尽管匣中大多数文件没有日期，经考证初步断定是雍正六年至十年。尽管匣上有题字，但对于这些文件，我并不认为全部出自怡亲王——有的很清楚地显示出时间上已是雍正晚期。为数不多有作者的议片上，多数写着“怡亲王等”，或张廷玉、蒋廷锡、马尔赛等人的名字。有一件由“尹泰等”提交，一件由鄂尔泰提交。

26. 西北情形，可参见（台北）“宫中档”雍正朝奏折 019834、019837、019841、019877、019884、019903 和 019905 等；西南情形，可参见（台北）“宫中档”雍正朝奏折 019878、019879、019902——所有的都无具奏人，无具奏日期。

27. 物价，参见（台北）“宫中档”雍正朝奏折 019805；赋税，参见（台北）“宫中档”雍正朝奏折 019850、019866；水利，参见（台北）“宫中档”雍正朝奏折 019853、019871；漕运，参见（台北）“宫中档”雍正朝奏折 019842；支付养廉银，参见（台北）“宫中档”雍正朝奏折 019792、019833、019885、019891、019901——所有的都无具奏人，无具奏日期。

28. 海神庙，参见（台北）“宫中档”雍正朝奏折 019819；陵寝祭祀支出，参见（台北）“宫中档”雍正朝奏折 019804；知县任命，参见（台北）“宫中档”雍正朝奏折 019849；科考盘费，参见（台北）“宫中档”雍正朝奏折 019840——所有的都无具奏人，无具奏日期。

29.（台北）“宫中档”雍正朝奏折 019842，无具奏人，无具奏日期。

30.（台北）“宫中档”雍正朝奏折 019853、019871，无具奏人，无具奏日期。所讨论的原奏折，参见（台北）“宫中档”雍正朝奏折 019069，雍正八年正月初十日，孔毓珣奏折。

31.（台北）“宫中档”雍正朝奏折 019877，无具奏人，无具奏日期。

32.（台北）“宫中档”雍正朝奏折 000618，雍正六年九月初二日，岳锺琪奏折。应该先读内中第 2 件。这些文件既没有具奏人也没有具奏日期，但它们的格式与“王大人密议折片”匣内议片相同。经皇帝认可后，这些内廷官员的议覆就有了上谕的权威并交送地方官员，这些议覆是要遵行的。因此，对于讨论意见
327 的朱批有时就必须仔细阅读，在许多例子中，它们是写给议覆要交送的外省官员，而不是议覆奏折之人。

33.“扣”的意思，以及对于奏折外在特点的解释，参见我的《“国立”故宫博物院档案中的清代奏折》文前的插图。（台北）“宫中档”雍正朝奏折 000618，雍正六年九月初二日，岳锺琪奏折，内中第 2 件，这是怡亲王等对于岳锺琪奏折

所写的议覆。

34.（台北）“宫中档”雍正朝奏折 019892，无具奏人，无具奏日期；（台北）“宫中档”雍正朝奏折 008879，杨鲲奏折，雍正七年四月（无日）。杨鲲的奏折出现在《雍正朱批谕旨》第 7 册，4225 ~ 4226 页，但杨鲲所引述的雍正六年八月的上谕却没有包括在内。

35.（台北）“宫中档”雍正朝奏折 019802，无具奏人，无具奏日期；（台北）“宫中档”雍正朝奏折 008877，杨鲲奏折，雍正七年四月（无日）。

36.（台北）“宫中档”雍正朝奏折 019895，无具奏人，无具奏日期；（台北）“宫中档”雍正朝奏折 017297，杨鲲奏折，雍正七年四月（无日）。感谢台北“故宫博物院”图书馆馆员王景鸿帮助我释读此份和下份奏折中潦草的朱批。

37.（台北）“宫中档”雍正朝奏折 008878，雍正七年四月（无日），杨鲲奏折。档案中其他类似成对的原奏折及代理人的议覆，可参见（台北）“宫中档”雍正朝奏折 011799，雍正七年十一月二十日，许容奏折及封内文件；（台北）“宫中档”雍正朝奏折 009761，雍正七年十二月十一日，查郎阿、五格奏折及议覆；（台北）“宫中档”雍正朝奏折 019832，对马尔赛等奏折的无具奏日期议覆；（台北）“宫中档”雍正朝奏折 017860，雍正七年十一月二十日，王士俊奏折及议覆；（台北）“宫中档”雍正朝奏折 019840，无具奏人，无具奏日期。我还未找到魏经国的过失之处。康熙朝末，他任湖广提督，参见《清史》第 1 册，113 页第 2 栏。雍正初，他在直隶任武职。（此时魏经国署理直隶古北口提督。——译者）

38.《雍正朱批谕旨》序，雍正十年三月初一日上谕。

39.（台北）“宫中档”雍正朝奏折 000592，岳锺琪奏折，具奏时间只有“十二月初十日”，从该奏折所在的前后材料看，可能是“雍正五年十二月初十日”。廷寄的原型可能是用满文书写的，但证据不足，还不能成定论。可能是一件廷寄的原型，参见（北京）“上谕档（方本）”，雍正元年二月二十四日，117 页。它具有廷寄的一些特点，可能原先以满文书写。满文的廷寄档册仅从雍正十一年开始（但其他已不存的满文档册的名称表明，关于西北战争的上谕可能都是廷寄），参见（北京）“清查各档记载簿”。

40. 参见这一章末尾的表 2。雍正三年初，雍正皇帝称他有两种方式向外省传达意见——谕部传旨、折批密谕，参见《清世宗实录》卷 29，页 14b ~ 15。这一段很难解释：雍正说的“部”，可能是指讨论上谕的任何有关的部院官员，但该词也可能指他正使用的身为户部堂官的二三位宠臣。然而，尽管有这一条，但早期可能是廷寄或其原型的材料，都缺少作为上谕类型的廷寄完备形式的一些特点。例如《史料旬刊》36 ~ 37 页，该材料引述了雍正五年四月二十六日的一道交发总督鄂尔泰的上谕，有一承旨人员名单，包括四位显赫人物：大学士马齐、富宁安、朱轼、张廷玉。形式和用词与后来的廷寄不完全相同，然而早期廷寄上谕的事例中，形式与用词都不特别完备。

41.《宫中档雍正朝奏折》第 17 辑，410 ~ 412 页，雍正八年十二月二十九日，岳锺琪奏折的朱批。注意，这里的“大学士”是指在内廷当值的大学士。

328 42. 结尾用语是：“钦此遵旨寄信前来”。其他名称包括：密札（《清世宗实录》卷 87，页 18b ~ 19）、密字（[台北]“宫中档”雍正朝奏折 000257，雍正八年四月二十二日，岳锺琪奏折的朱批）、密旨（[台北]“宫中档”雍正朝奏折 009754，雍正七年十一月十四日，查郎阿奏折的朱批）。廷寄似乎是较后期的名称。“字”和“寄”在雍正时期的术语使用中极随意。有次，雍正皇帝甚至将他自己的朱批称为“字”（《掌故丛编》，页 77b ~ 78），不过，在其他地方他都用以指廷寄这种新的上谕形式。台北档案馆中一份时间靠后的文件，是一大臣交送军机处的信件，也叫作“字寄”，而该词常指廷寄，参见（台北）“宫中档”乾隆朝奏折 007889，乾隆十七年十二月二十日。雍正及以后时期有文件显示，“寄信”“字寄”“寄字”也用于官员及家庭成员间的普通信件，而非皇帝的通信。例子可参见（台北）“宫中档”雍正朝奏折 007607，雍正四年十月二十五日，李卫奏折；（台北）“宫中档”雍正朝奏折 011525，雍正七年九月十七日，迈柱奏折；（台北）“宫中档”雍正朝奏折 013373，雍正八年六月初三日，高其倬奏折；（台北）“宫中档”雍正朝奏折 019878，无具奏人，无具奏日期；（台北）“宫中档”雍正朝奏折 016172，雍正十年九月十三日，刘於义奏折；（台北）“宫中档”雍正朝奏折 020597，雍正元年五月初三日，年羹尧奏折；（台北）“议奏档”乾隆十五年九月十六日，31 ~ 32 页；（台北）“宫中档”嘉庆朝奏折 047732，此为“宫中档”嘉庆朝奏折 047731，嘉庆二十一年六月初七日奏折的附件。作为平行文书的廷寄，其非正式特点的进一步证据，可参见中国第一历史档案馆最早的、雍正六年五月初六日的廷寄，在它的结尾部分，在上谕结束后有着劝勉官员行事的简短说教。然而，它的文字并没有抬行，因此我们知道这不是上谕的一部分，故而，它肯定是承旨人员名单上的官员——怡亲王和张廷玉——所加。从这一点看，吴秀良《通信与帝国控制》所引用的文件（81 页，最后一段），尽管用了“字寄”一词，也不是真正的廷寄，而可能是其原型或是新的内廷上谕制度正在形式中产生的某种早期形式。那些文件引自《掌故丛编》（39 ~ 42 页），是一些简短的指示，由太监承旨并转达。这些简短信息并不具备真正廷寄的特点：没有证据显示有一群上谕撰拟者就此与皇帝商讨，撰拟上谕，然后上呈皇帝过目，或表明它们是皇帝亲自修订过的。吴教授所引的文件出自安东尼奥·西斯托·罗索《十八世纪罗马教廷派往中国的使团》（加利福尼亚州南帕萨迪纳，1948 年）307 ~ 309 页，它的收件人不是地方官员而是传教士。我已查阅了康奈尔大学华生文库（Wason Collection）中的这份文件，发现它绝不像档案中的廷寄。我感谢时任文库负责人的 Diane Peruschek 博士允许我查阅这一文件。据说，廷寄格式是由张廷玉制订的，参见赵翼：《簷曝杂记》卷 1，页 3 ~ 4。要注意的是，还有一特殊形式的低级廷寄，是交送外省布政使和按察使的，该书未加阐明，例子可参见（台北）"宫中档"雍正朝奏折 003898，雍正十年十月初七日，潘绍周奏折。

43. 过朱廷寄的例子，可参见（北京）"廷寄"雍正十年十一月十一日，交黄廷桂、宪德的廷寄。若廷寄交送不止一个收件人，且廷寄草稿业经朱笔修改，那么肯定有收件人收到的是抄件，而不是原件。这种情况下，会将朱笔所做的修改写入抄件，或者如果认为这些修改只是给一位收件人的话，那么在给其他人的抄件中就会删去。后种情况的例子，参见（台北）"宫中档"雍正朝奏折 016724，雍正七年十二月十五日，查郎阿奏折，它引用了（台北）"宫中档"雍正朝奏折 329
000469，雍正七年十一月十八日奏折的许多内容。然而，查郎阿引述的廷寄只包括了廷寄原件中朱笔添加的部分内容，而朱笔添加的大部分内容仅是说给岳锺琪的。雍正时期普通交送的廷寄，参见（台北）"宫中档"雍正朝奏折 009754，雍正七年十一月十四日，查郎阿奏折中的材料。（台北）"宫中档"雍正朝奏折 019849，无具奏人无日期议片中提到的上谕，也可能属于此类廷寄。

44. 在奏折中将引述廷寄中的朱笔添加内容称为"朱谕"的例子（这里称"朱笔谕旨"），参见（台北）"宫中档"雍正朝奏折 000172，雍正七年十二月二十七日，岳锺琪奏折，这些征引自（台北）"宫中档"雍正朝奏折 000469 封面上的朱谕，是雍正七年十一月十八日的上谕。

45.《清世宗实录》卷 87，页 18b ~ 19。《雍正上谕内阁》同一日的此上谕篇幅更长。

46. 雍正皇帝常常在廷寄的结尾加上"特谕"，意味着该上谕不能作为成例加以援引，例子参见《宫中档雍正朝奏折》第 17 辑，42 ~ 44 页，雍正八年九月二十四日，查郎阿奏折。更为完整的解释，参见第一章注 138。

47. 参见雍正五年十二月二十三日的廷寄，（台北）“宫中档”雍正朝奏折007376，雍正六年正月十九日，嵇曾筠奏折所引廷寄；（北京）“廷寄”雍正六年五月初六日。

48. 雍正时期的廷寄档案可在台北和北京找到。情况不同的是，台北现存的十七件廷寄，除一件外，时间上相当早，始于雍正五年末，止于雍正九年；除一件外，都是交送岳锺琪并由他缴进的，与他的奏折存放在一起。北京所藏雍正时期汉文廷寄原件要多很多（四十六件），收藏于“宫中廷寄包”，其中二十件是雍正统治期间的，最早的是雍正六年。另外，实录和当时奏折等文献所提及的许多廷寄，它们的原件现在还没有找到。两地档案中没有康熙时期汉文与满文廷寄原件。从嘉庆二年（1797）开始，军机大臣的名字从廷寄承旨人员名单中略去，参见《清朝续文献通考》（1921 年，台北 1965 年重印本），第 5 册，8774 页。

49.《清世宗实录》卷 87，页 26 ～ 28b。也参见第二章对此的讨论。

50.（台北）“宫中档”雍正朝奏折 000463，雍正九年三月初六日，交岳锺琪的廷寄；《宫中档雍正朝奏折》第 17 辑，745 页。另一例子，参见（北京）“廷寄”雍正十一年十月初四日，该廷寄引述“廷臣议”，这是令查郎阿同他人商议决定哪些反叛者须军前处死，哪些要押解至京。“尔等可密寄……”的字句充分说明了，雍正皇帝常常向在京的承旨人员直接口授，特别是命他们交寄此上谕。廷寄撰拟的背后是专家的讨论，以办理苗疆事务王大臣议覆为基础的廷寄进一步证实了这一点，办理苗疆事务王大臣是雍正朝末年成立、负责平定西南苗民的班子，例子参见《清世宗实录》卷 118，页 7b ～ 8 及前后文件。

51. 傅乐淑：《中西关系史事编年（1644—1820）》（图森，1966 年），上册，151 页；下册，495 页注 425，512 页注 49。雍正九年查弼纳去世，他不再出现在雍正廷寄承旨人员名单中。一条有关一份已佚廷寄的材料表明还有另一位参与讨论、撰拟廷寄的人——鄂善，参见（台北）“起居注册”，雍正九年正月十四日，
330 关于往西北前线派送经费的上谕（要派鄂善前往西北）。这一上谕的删节版参见《清世宗实录》卷 102，页 13b ～ 15。有份廷寄的承旨人员名单，除当时三位内廷代理人马尔赛、张廷玉、蒋廷锡外，还有朱轼的名字。该廷寄已不存在，但在一份奏折中提及，参见（台北）“宫中档”雍正朝奏折 006033，雍正八年十一月二十日，鄂尔泰奏折。

52. 伯戴克：《十八世纪前期的中原和西藏》（莱顿，1972 年），23 页；《清史》第 1 册，109 页第 6 栏；（台北）“宫中档”雍正朝奏折 000592，寄岳锺琪无日期

廷寄；《清世宗实录》卷 117，页 10；（北京）满文“寻常议覆档”，雍正九年七月初二日，以阿齐图为首的讨论；（北京）“廷寄”雍正十年正月二十六日；（台北）“上谕档（方本）”，乾隆五十二年正月二十五日，121 页。雍正十年，阿齐图被撤职并发配前线。

53.《清史》第 4 册，2603 ～ 2621 页；《清世宗实录》卷 133，页 6b。也参见傅乐淑：《中西关系史事编年》上册，124、151、165 ～ 166 页；下册，495 页注 96。特古忒于雍正十一年被撤职，参见《清世宗实录》卷 133，页 6b。

54.《清史》第 5 册，4053 页；《清世宗实录》卷 2，页 27a ～ b，页 40；《清代名人传略》，12 页。雍正皇帝最后时日命莽鹄立军机处行走，但乾隆皇帝一继位就将他撤出。（莽鹄立先人隶蒙古镶蓝旗。雍正皇帝将莽鹄立抬旗，改隶满洲镶黄旗。另，莽鹄立所画康熙皇帝肖像后供奉于寿皇殿。——译者）

55.《清史》第 4 册，2619 ～ 2624 页；《清世宗实录》卷 95，页 10b。也参见（北京）“议覆档”雍正十一年七月初二日，3 ～ 4 页；（台北）“宫中档”雍正朝奏折 020508，雍正十三年九月二十八日，海望奏折。

56.（台北）“宫中档”雍正朝奏折 000470，雍正八年十二月二十八日。

57.《清世宗实录》卷 116，页 2b。

58. 杜联喆：《关于军机处的建置》，17 ～ 18 页。也参见傅宗懋：《清代军机处组织及职掌之研究》，340 页及以后，关于雍正廷寄的部分，是基于他对于乾隆时期军机处与这类文件之间关系的观察的臆断。在雍正十年颁发信印前，实录里记载廷寄通常作“谕大学士等”；在颁发印信后，常常使用新的称呼“谕办理军机大臣”。颁发印信前的例子，参见（北京）“廷寄”雍正十年正月二十八日，是由“鄂尔泰等”撰拟，而在《清世宗实录》卷 114，页 15a ～ b，同一道上谕起始处是“谕大学士等”。甚至第一份由扩大了的包括“大臣”在内的承旨人员所讨论的廷寄，参见（台北）“宫中档”雍正朝奏折 000470，在实录中也是“谕大学士等”的上谕，参见《清世宗实录》卷 101，页 19b ～ 20。但也有例外，特别是实录的编纂人员没有仔细检查、整齐划一时。例如，对于早期的廷寄使用不同的名称，参见（台北）“宫中档”雍正朝奏折 000469，雍正七年十一月十八日。尽管档案中廷寄承旨人员是“怡亲王等”，在实录中被写成“谕内阁”（《清世宗实录》卷 88，页 17 ～ 18b），而同一道上谕在一份奏折材料中称为“户部字”（这可能是因为它由户部三位堂官，即怡亲王、张廷玉、蒋廷锡所撰拟或讨论的），参见（台北）“宫中档”雍正朝奏折 016724，雍正七年十二月十五日，查郎阿奏折。这类使用方法的其他例子，参见（台北）“宫中档”雍正朝奏折 000066，雍正七年十二月初七日，岳锺琪奏折；（台北）“宫中档”雍正朝奏折 000226-1，雍正八年六月十九日，岳锺琪奏折。实录中雍正九年十一月初六日雍正皇帝的上谕是“谕大学士等”，而在《雍正上谕内阁》中，开头是“谕办理军机大臣”，参见《清世宗实录》卷 112，页 6b ~ 8。当时廷寄制度正在制定中，官员肯定很困惑，
331 就像我们今天一样。颁发印信后，绝大多数的廷寄在实录中写作“谕办理军机大臣”，但偶尔还有用旧称的。

59. 这将在第四章做更全面的论述。

60. 内阁上谕的不同类型，参见费正清、邓嗣禹：《清代文书种类及使用》，见《清代行政三论》（马萨诸塞州剑桥，1961 年），75 ~ 76 页的清单及后面给出的定义。内阁批示题本的准备工作，参见（北京）“票部本式样”及类似的档册。

61. 例子参见（台北）“宫中档”雍正朝奏折 004255，雍正六年十月二十二日，春山奏折中的材料（参见《宫中档雍正朝奏折》第 11 辑，614 ~ 615 页）；（台北）“宫中档”雍正朝奏折 000221，雍正八年六月初六日，岳锺琪奏折。

62.（台北）“宫中档”康熙朝奏折 001364，康熙四十九年闰七月十四日，赵弘灿、范时崇奏折所附文件。这一上谕的英译参见安东尼奥·西斯托·罗索：《十八世纪罗马教廷派往中国的使团》，287 页。

63. 安东尼奥·西斯托·罗索：《十八世纪罗马教廷派往中国的使团》，138 页及注 41，158 页，160 页，161 页及注 31，以及索引中许多其他涉及这四人的材料。（这四人是赵昌、王道化、张常住、李国屏。——译者）

64. 史景迁：《曹寅与康熙皇帝》，104 页注 89。（任粤海关监督的是李国屏。——译者）

65. 例子参见安东尼奥·西斯托·罗索：《十八世纪罗马教廷派往中国的使团》，336 页。（就注 62 的档案原文来看，这四人未署衔，在文件上有用另种字体所写的“西洋人事件”字样，参见《康熙朝汉文朱批奏折汇编》第 3 册，11 页。——译者）

66. 但要注意，针对低级官员有着不同的形式，参见这一章注 42 最后的评述。其他可能是廷寄原型的文献，可参考附录 A 注 6 最后所开列的那些。

67. 例子参见（台北）“起居注册”，雍正八年七月初十日，雍正八年十月十一日，雍正九年二月初一日。

第四章

为平准之役而设立的内廷下属机构

对于雍正皇帝来说，他统治的中期是一个转折点：从压倒一切 120
树立他的权威，转变为在他的剩余时间内积极追求平准之役的胜利。开始时，雍正皇帝全力以赴赢得并保持住皇位，关注的是战胜他的叛逆兄弟以及其他不忠的朝臣，镇压青海叛乱，抚平西藏局势，严厉督促全国的地方官收缴欠税。到了中期，雍正皇帝已经找到了新的足以信赖的忠诚侍臣，怡亲王也已弥补了银库亏空，甚至还有了盈余。[1]继位初年的问题似乎都已解决。雍正皇帝已准备好完成他此前所称的“先皇未了心愿”——对于威胁中国边疆数世纪之久的蒙古给予决定性的一击。[2]

这场战争兴师动众，引发了朝廷行政上的变化。从第三章已知三位内廷代理人是如何在雍正四年初集合在一起，以指挥早期的秘密准备工作的。他们合作以及战争准备的事实可能最早在雍正七年（1729）年中首次公开，在朝廷的一次盛大典礼上，雍正皇帝嘉奖三位内廷代理人。[3]之后不久，岳锺琪率军队沿河西走廊进入划界模

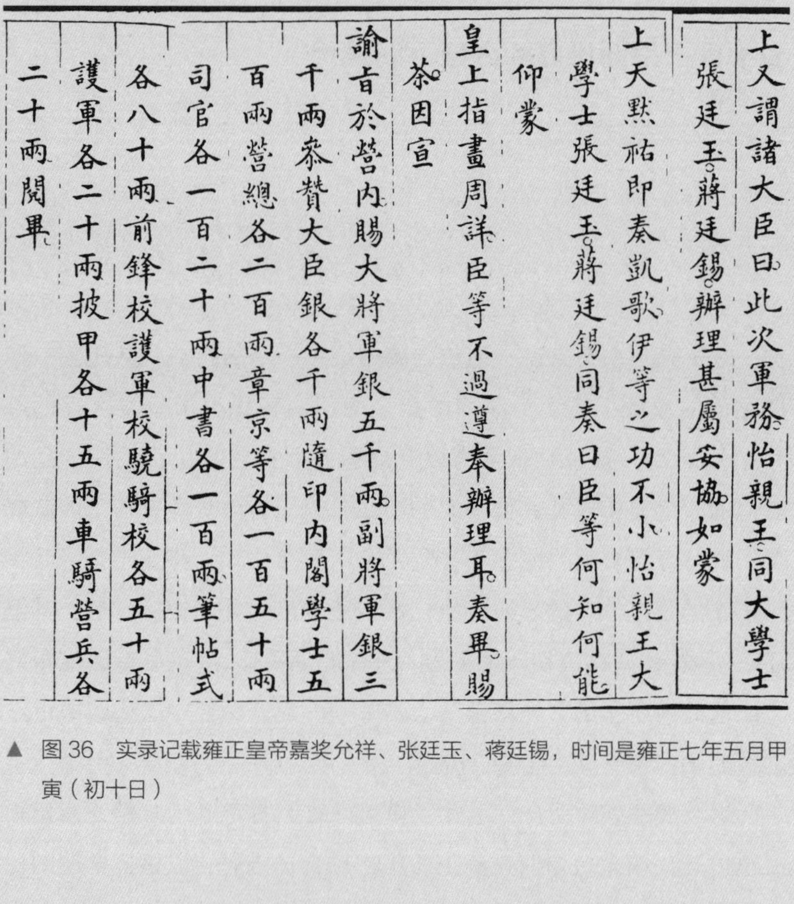

上又謂諸大臣曰此次軍務怡親王同大學士
張廷玉蔣廷錫辦理甚屬妥協如蒙
上天默祐即奏凱歌伊等之功不小怡親王大
學士張廷玉蔣廷錫同奏曰臣等何知何能
仰蒙
皇上指畫周詳臣等不過遵奉辦理耳奏畢賜
茶因宣
諭旨於營内賜大將軍銀五千兩副將軍銀三
千兩參贊大臣銀各千兩隨印内閣學士五
百兩營總各二百兩章京等各一百五十兩
司官各一百二十兩中書各一百兩筆帖式
各八十兩前鋒校護軍校驍騎校各五十兩
護軍各二十兩披甲各十五兩車騎營兵各
二十兩閲畢

▲ 图 36　实录记载雍正皇帝嘉奖允祥、张廷玉、蒋廷锡，时间是雍正七年五月甲寅（初十日）

糊不清的地域，这里开始是一块新征服之地，在 19 世纪末成为新疆
省。为了满足这一战争主动出击阶段的需要，形势吃紧时，两个新
的非正式的内廷组织出现了。先是户部军需房在雍正七年（1729）
形成，正是开战之际，上万军队开赴西北地区。一年多以后，战争 121
暂停，随着怡亲王于雍正八年（1730）去世，一个新的集团出现了，
最初的名字是“办理军需大臣”，后来叫“办理军机大臣”。

这些新的组织像雍正元年的会考府一样，是暂时性的且很脆弱，存废完全仰赖雍正皇帝的鼻息。它们非正式建立，故而缺少法定地位或是正式、确定的职权范围。[4]户部军需房与会考府特别相像，这一新机构的任务之一就是预防或发现军需供应中的腐败行为。像会考府一样，这两个集团也是内廷的组成部分，在皇帝和他的代理人之下行事，是为了绕开不被信任的外朝机构。户部军需房处理军需账目，大臣单独在战略问题上出谋划策。内廷与政府的其他部分严格隔离，这两个机构是在秘密状态下工作的。我们对于雍正皇帝的内廷几乎毫不知晓，有些我们不知道的秘密机构和班子也可能在这一时期组建并撤销。例如，办理苗疆事务王大臣这一机构的相关档案几乎没有存留，尽管它一直存在到雍正末年。到了乾隆皇帝继位时，军需房已不为人知，以至于新皇帝服丧期的过渡班子感到有必要提交一份奏折向新的君主通报情况。

这两个集团对于考察军机处起源的意义在于，它们是并存的，直至雍正朝结束。这与以前的说法相抵牾，即雍正时期军机处的建立经过先后三个阶段才发展成为单一、强大的组织：从军需房经军机房，最后是军机处。[5]事实上，在雍正朝最后五年，存在着三个主要的内廷集团：内廷代理人、户部军需房、办理军需大臣（后来

的办理军机大臣），三者同时并存。在下一朝即乾隆朝初年，这三个实体合并形成了枢密班子——军机处，之后它左右着整个中华帝国政府，直至清朝覆亡。

导致内廷重组的平准之役，从17世纪晚期开始就给清廷带来了麻烦，雍正皇帝早下定决心解决准噶尔问题，“要大作用一番”[6]，但最终的胜利直至他儿子当政即在乾隆二十四年（1759）时才到来。这场战争消耗浩繁，有人估计雍正时七年的战争费用近一亿三千万
122 两。[7]这些年间，前线许多步兵、骑兵和乡勇参战，还有十多万各地驻防军队经过三个月长途跋涉开赴前线。双方都实施烧荒策略，作战区变成不毛之地，无法种植庄稼，更别指望它们能幸存、收割并补给军队。[8]前线军队的各种物资需求都必须事先设计并运至遥远的西北。所有的筹划都由一大批京内外官员负责，他们被赋予新的头衔，常常包括“办理军需”字样。

为支援前线，这些军需采买官员不得不开创一条连续不断的供应通道：有报告列举了上千张的弓和上万支的箭，也有报告提到有两百门重炮要运往前线的炮台。[9]米、蔬菜、盐、肉、面条、“羊肉片”、“蛇药”甚至包括草药都要挽运数千里。[10]分配给行军途中的每位士兵一头活羊，以提供肉食保障。[11]京内外办理军需官员必须估算、定价、寻找、购买，并监督帐篷、炒锅、各种衣服（主要是羊皮和毡子）、靴、手套、头盔、马鞍、马鞍垫、铁锹、铁铲以及牲畜饲料的运输。[12]马、骡、牛、骆驼都必须采买，然后集中起来并在送往西北的漫长而难走路上喂养。[13]军需官员反复计算运费和人夫费用。有个建议必须考虑，即尽管骆驼开始时花费很大，但比起其他役畜，它们走得更远，吃得又少。而牛虽然相对便宜，但运

送时不得不绕道寻找草、水。[14] 马匹（每位骑兵配备二、三、四匹不等）在打仗时能派上用场，但马、骡很难饲养，在途中因力竭而倒毙过多，效果常常不尽如人意。京内外官员的往来通信很多是抱怨赔付生病和倒毙的牲畜的。关于赔偿有详尽的规定。一年之中只能有一定数量的马匹可以作为损失上报，容许的折耗因马的使用种类不同而有变化。[15] 在报告中，价格和采买问题有时似乎比战斗还要重要。

“军事”范畴囊括林林总总，涉事广泛。西北的将领们忙于建驿道、军台甚至房舍，一切都是为满足运输和安全的需求。[16] 有次还拨付经费修缮一座喇嘛庙，这样做的部分动机是想赢得当地部族的支持。[17]

人们也极关注细节，有份奏折请求为包括“有饭量最大者”百 123
人的部队增加额外粮饷。经过考虑，这得到了批准。[18]

尾随军队而来的另一群人由“奸胥猾吏”构成，他们妄想浑水摸鱼，这种牟利活动带来了新的问题，威胁整个战争事业。[19] 众多京内外官僚中间潜伏着其他形式的渎职行为，在这里，收取部费等非法行为将干扰或是颠覆前线来之不易的胜利成果。通货膨胀和价格欺诈也在起破坏作用。对军用物资的价格比较，表明了失控会付出多么高昂的代价：康熙末年，前线的米价涨至每石四十到一百两，六年后怡亲王将米价严格定位在区区二十五两。[20]

应对战争的精心安排、富有经验的管理机构在京内外运转，但整个战争却受到经费流失和供应损失的致命威胁。一系列上谕哀叹这种形势——“官侵吏蚀，亏空累累”——并警告说，在战争中侵贪，罪不可恕。雍正皇帝对此的一个解决办法是将军需账目的监督从外朝部院抽去，这样，在他自己和最亲近助手的关注之下就可以确保（大约雍正皇帝已经有所考虑）内廷对此的公正处理。[21]

户部军需房

雍正七年（1729）夏天，岳锺琪带兵经肃州西"出口"进入"新疆"（今天的新疆），为下一年等待已久的打击准噶尔做好了准备。[22] 对于京城的三位规划者来说，军队行动意味着责任加重。例如，雍正六年的战争支出几乎是上一年的二十倍，雍正七年的费用又是六年的两倍。[23] 将领在前线准备与敌厮杀，在京的战争管理者也正打一场文书工作的战役，努力制止军需供应中的侵贪牟利。一个下属机构——户部军需房应运而生。

至今几乎没有对这一新机构及其业务的描述。这一机构本身的资料似乎也荡然无存。[24] 考虑到大臣有可能向继位的乾隆皇帝报告乃父统治时行政的历史，我查阅了雍正皇帝去世后一段时期的档案
124 资料，翻到了雍正十三年晚些时候一份篇幅不大的奏折。这一文件概述了该机构六年的历史，由雍正皇帝的弟弟允礼和当时两位主管财政的大臣张廷玉、海望上呈，彻底地改变了我们关于军机处起源的认识。这份文件实在重要，它的主要部分须全文引用：

> 雍正七年派拨官兵前往西北，两路出征，一切军务事关机密。经户部设立军需房，拣选司官、笔帖式、书吏专办，惟总理户部事务怡贤亲王同户部堂官一二人管理。今

> 西北两路之兵已大半减撤，非军兴之初机密可比。所有一切案件，俱关帑项，应请旨敕令户部堂官公同办理，庶钱粮得以慎重，案件不致迟延矣。为此谨奏请旨。[25]

乾隆皇帝的批示很短："依议。尤当慎密办理。"这一文件证实了长期被人忽视的叶凤毛的回忆：在战争期间，"户部别立军需房，司官翁藻主之"。[26]中国第一历史档案馆的档案提供了进一步的确证，"户部军需房"出现在整个雍正后期的文件中。而且，有些情况清楚地表明了这样的重要事实，即军需房是与办理军需大臣分离且同时存在的，因为在一些文件中办理军需或军机大臣将事务转交军需房办理。[27]通过这份重要的奏折和其他材料，我们知道军需房的创立是作为户部的一部分，并由身为户部堂官的内廷最高的三位代理人——怡亲王、张廷玉、蒋廷锡——管理。[28]与关于这一时期绝大多数历史著述所宣称的相反，它从没有变为其他的任何机构，它于雍正七年（1729）成立[29]，存在了六年，在雍正皇帝去世后解散，乾隆朝伊始，它的档案和职责归还给户部堂官。

这些很重要，证实了户部军需房绝不是外朝六部下的一个部门。军需房不隶属于户部而隶属于户部堂官，它一直是内廷组织。产生于怡亲王在内廷以供户部堂官办公的场所并隶属于户部堂官，军需 125
房可以享有内廷的秘密性与应有的保护。由于它与户部的联系，雍正皇帝偶尔不严谨地称它为"部"，但这并不意味着它在外朝办公。[30]我们将看到，军需房设在内廷，不仅利用了后勤保障所需的秘密性以赢得战争，而且通过解除外朝的监督职责以打击官员的不法行为。

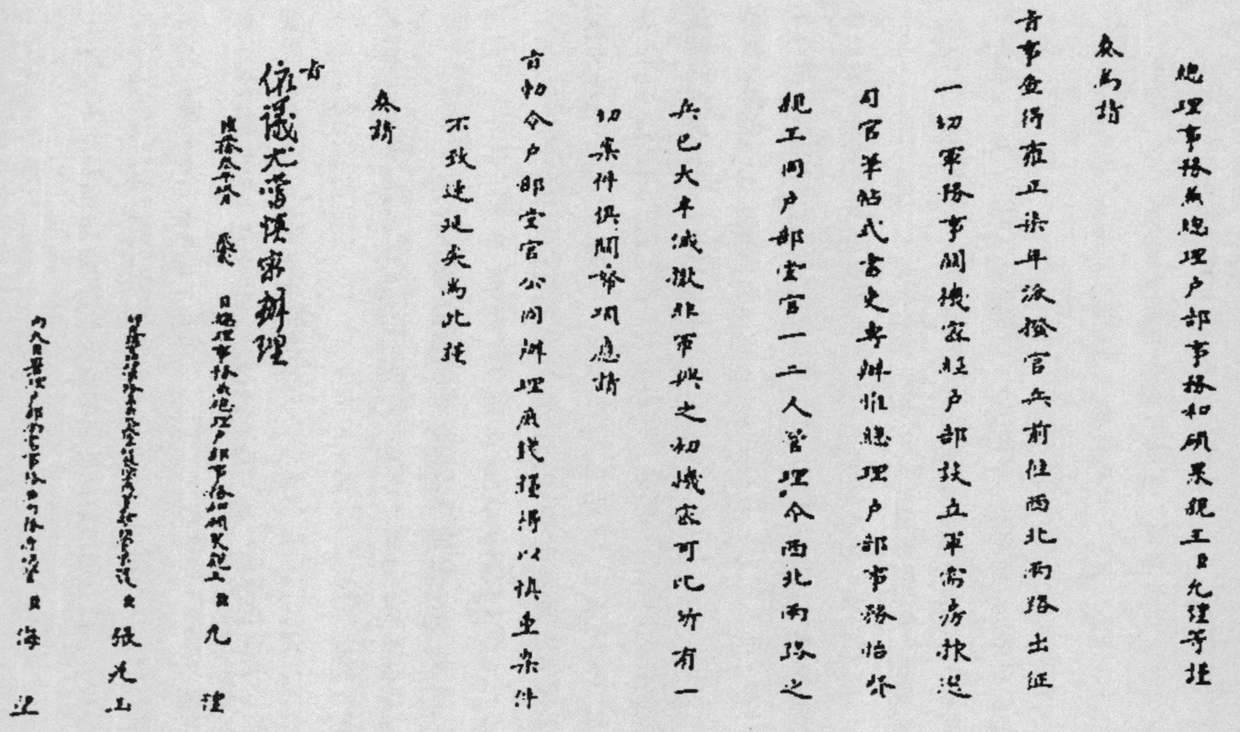

▲ 图 37　乾隆皇帝继位后允礼等奏报户部军需房建立情况的关键奏折

军需房的业务

为何需要一个内廷军需房？它的业务是什么？一般说来，它负责处理文件——抄录、存档、核对——而不是制订计划或进行决策。这样的处理工作本可以由户部的一个常规部门承担，但没有这样做是基于两个原因：与军事计划有关的文件保密的需要（即使是公开大宗军事物资的目的地，也会招引敌方在京的探子），以及军需采买高效和忠实提交账目的需要。若允许外朝的户部在上报账目过程中收取部费以及耍弄其他伎俩，那么，关键的赔补事宜就会因为外朝的渎职而陷入困顿。现在还能看到更早的苦不堪言的报销奏疏。连续四年（雍正二年至五年，1724—1727），户部驳回江宁军队分发米谷的年报[31]，可能是为了索要部费。雍正七年（1729）初，户部的蓄意阻挠导致了回程军队经费发放拖延。战争提供了数不清的牟利机会——这次也不例外。[32]最好是尽可能多地将各种业务——包括费力但却至关重要的核对账目——都限定在内廷，如此皇帝及其心腹代理人可以监督。

户部的内廷军需房所起的作用与外朝中层机构差不多，也就是说，它接收外省关于物价、采买及运输的报告，并将它们存档，以便每年核销。它格外关注物价材料，对于官员的贪渎做最小的让步，以确保军事行动的进展。雍正皇帝命令，各省大员每两个月要向军需房提交关于米、豆和草料的支出报告——这是前线人、畜所需的最重要物资。[33]各省的收成报告也同样汇集京师以帮助进行采买的决策。[34]运输的支出——马、骡、骆驼、大车的采购以及人夫搬运费用——在当时的官方通信中占很大比重，然而这些价格并不总是随时可以得到。岳锺琪奏报说价格涨落起伏过大，他不可能总

126 是提供准确的清单。有的开列款项受到各种不同标准比如市价与定价间差异的困扰。[35] 京城要讨论这些问题，为了解决而要进一步通信联系。对于一个军需供应案的办理和相关讨论很快就会形成厚厚的一沓文件。

典型的“军需案”常由四道办理程序构成。第一阶段，当事情还处在筹划阶段时，前线军需负责人具折上奏开支，就像雍正十二年（1734）甘肃巡抚许容的上报那样，不仅包括豆价，而且包括运输费用、数量、目的地，以及必需的物品如何得到经费支持。许容进一步建议应预支经费以应急需，事后再上报。[36]

第二阶段，京城官员拿出意见。在初期，雍正皇帝对于京城的处理程序极有兴趣。在一份奏折上报不同军队种类的待遇时，他写下了详尽的指令：“交部（指户部军需房）抄录存案。俟简明黄册题报到日查核。”[37] 以后，雍正皇帝就不再理睬这类细节，交给内廷代理人去处理这些意见并撰拟议覆奏折，对外省的请求给出评价。

第三阶段，一份奏折详列实际支出，常常有着精确的数目，再附上详尽细目“军需奏销黄册”（或是“军需奏册”“奏销册”，有次雍正皇帝在匆忙中简写为“奏册”）。然后，账目送“部”，以便与先前的计划和获准的支出以及已经在案的奏报价格进行“核销”（或“查核”“查对”）。[38]

第四阶段是批准销算。雍正皇帝在初期处理这种细务时，直接在请求的奏折上批示。比如，在一份奏折上，他不辞烦劳写下指令：“将动用处一并入军需案内销算可也。”[39] 然而，渐渐地，审核最后支出账目的工作落在内廷代理人身上，再后来又落在了另一高层机构——办理军需大臣身上。[40]

不难看出，军需房的运作与外朝户部的中层部门在许多方面是一样的，掌握数字、核销最后的报告，然而它是一个接近皇帝、接受内廷代理人管理的内廷组织。内廷的保密性保护了文件中的军事信息，它接近君主及其受尊敬的高级助手，确保了他们对支出的有 127
效监督。在内廷，军需房帮助雍正皇帝发动两个战线的战争——腐败与准噶尔蒙古。

与外朝机构的关系

我们可能会认为，内外朝通信有别，很容易据此给在京的不同机构分配任务。典型的做法是，通过外朝本章制度提交的报告在外朝各部院及代理机构处理，奏折交新成立的内廷机构处理。但一些材料显示，在朝官员执行新程序的那几年，文件的分配并非如此界限分明。不知何故，外朝体系中的外省军需题本首先是交给内廷大学士处理，如有需要才转交外朝。[41] 同样，以鄂尔泰和张廷玉等内廷人物为首的对于题本中军务的重要讨论，也可以在内廷进行。[42] 两个主要的中央政府领域间的界限变得模糊了，棘手问题——比如如何偿付损坏的装备——在数月的处理过程中，可以在外朝的一个部院与内廷之间有几个来回。[43] 在本章制度定型这么多年后，当新的行政结构正在由一个秘密且遭人怀疑的中央管理部门推出时，如何明确对待本章制度中的文件在当时难以决定，在今天也难以评价。

因此，怡亲王和其他内廷代理人以及军需房正在监督战争的事实，并未使得内廷彻底绕开外朝官僚机构。这些内廷机构太小，无法担当起外朝所承担的全部战争职责。例如，兵部拥有绿营的档案，管理全国各绿营兵的服役、驻扎情况，并负责人事任命、晋升、处罚、降职和奖赏。[44]同样，吏部负责管理文职官员，包括那些派往前线的官员。甚至外朝户部司员在战争中也发挥着作用，他们负责户部银库发往前线的经费。[45]不过，当责成工部查核外省修建一座墙垣以及为前线附近一座城镇的夫役提供食物的账目时，工部拒绝了，因为它没有收到任何核销这些报告所必需的内廷文件。[46]不能将外朝机构彻底排除在战争之外：仅它们自身就掌握了足够多的人员和文件，可以处理许多细务。它们现在主要是被排除在过去能
128 够收取非法费用的任务之外。总之，外朝机构在战争中起着作用，但是它们如何发挥确切的作用以及经历了什么样的变化都还是问题，有待于进一步的研究和新材料的发现。

大臣

第三类内廷集团——我称为“大臣”（High Officials）——组织了起来，成为雍正八年末（1731年初）重新发动对准之役所引发的管理扩张的组成部分。随着怡亲王于雍正八年五月（1730年6月）去世，军事努力发生了动摇，雍正皇帝因失去兄弟而极度悲伤，叫停了战争，召回岳锺琪以备顾问。然而到了该年底，作战精神重新唤回。雍正八年底，派岳锺琪回前线，一场集中针对准噶尔威胁的出击被安排在雍正九年（1731）春天。[47]这一新的计划要求得到京内更多的支持。

第三章已指出，重新启动战争伴随着廷寄承旨人员名单的扩大，将皇帝内廷代理人之外的顾问们包括在内。这种数量很少的大臣过

去常常给皇帝有关战争（或其他）的上谕出谋划策，现在扩展到了包括那些有着处理蒙古等边陲事务丰富经验的人。这些新人都是满洲人或蒙古人，组成了一个非正式的集团，开始时称为“办理军需大臣”，后来是“办理军机大臣”。[48]

这个集团不断变化的名称反映了它的非正式地位。一年多点的时间内，它只是以“军需”的头衔运作（见附录 B）。[49] 雍正十年（1732），它的名称发生了轻微的变化，变成了“军机”。在接下来的两年中（雍正十年至十一年，1732—1733），两个名称互用[50]，但到了雍正十一年末，新的名称军机处——这个名称一直用到清朝行将覆亡之时，西方的读者都认得它惯用的英语翻译“Grand Council”——已经取代了前一个。在初期，这一集团运作时名称有所变化，成员也变动不拘，这一事实强调了它的非正式性和灵活性，这是雍正内廷的本质特点。

早期成员

这一新组织吸纳了三个层次的人员，最高层是满内廷代理人。他们的名字——马尔赛、丰盛额、鄂尔泰——几乎总是位于大臣议覆奏折名单的领衔地位。很显然，内廷代理人同时具有监管职责，这和他们负责组织廷寄的讨论时所起的作用一样。在这里，他们也负责监督和管理，而其他人则贡献专业知识。尽管有着廷寄和议 129
覆的名单以内廷代理人领衔的这一事实，但严格说来，他们不属于“大臣”集团。[51] 在代理人之下的是“大臣”，开始时可能是由四位蒙古事务专家组成，廷寄承旨人员名单扩大时他们都名列其中。[52] 这一集团的成员很难考察。这种不明朗的情形原因在于，满文和汉

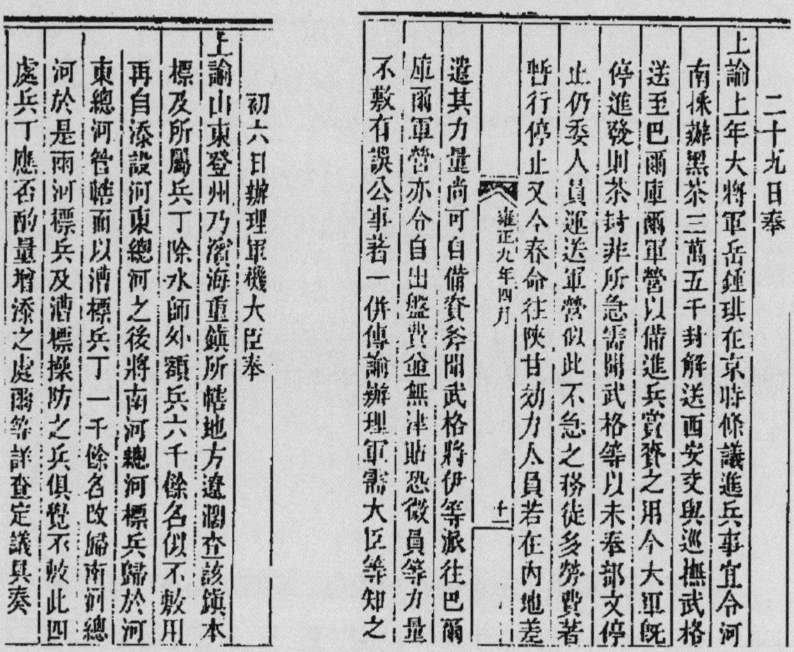

二十九日奉
上諭上年大將軍岳鍾琪在京時條議進兵事宜令河
南採辦黑茶三萬五千封解送西安交與巡撫武格
送至巴爾庫爾軍營以備進兵賞賚之用今大軍既
停進發則茶封非所急需聞武格等以未奉部文停
止仍委人員遞送軍營似此不急之務徒多勞費著
暫行停止又令春命往陝甘効力人員若在內地差
遣其力量尚可自備貲斧聞武格將伊等派往巴爾
庫爾軍營亦令自出盤費並無津貼恐微員等力量
不敷有誤公事著一併傳諭辦理軍需大臣等知之

雍正九年四月　十二

初六日辦理軍機大臣奉
上諭山東登州乃瀕海重鎮所轄地方遼闊查該鎮本
標及所屬兵丁除水師外額兵六千餘名似不敷用
再自添設河東總河之後將南河總河標兵歸於河
東總河管轄而以漕標兵丁一千餘名改歸南河總
河於是兩河標兵及漕標操防之兵俱覺不敷此四
處兵丁應否酌量增添之處爾等詳查定議具奏

▲ 图 38 《上谕内阁》雍正九年四月二十九日出现的“办理军需大臣”、雍正九年十一月初六日出现的“办理军机大臣”

文档案中议覆奏折的录副都只有领衔的具奏人——一位内廷代理人（最经常的是鄂尔泰），而不是“大臣”中的成员——常常是后面跟着一个字表示“和其他人”（满文“sei”，或汉文“等”）；满文和汉文的奏折原件可能开列了所有参与讨论者的名字，这很有价值，但档案似乎无存。在“大臣”存在的五年内，从现存材料中可以确认的，仅有十多个人效力于该机构（见附录 C）。其中一个成员可能就是后来的乾隆皇帝，他做皇子时，应该参与这些大臣或是办理苗疆事务王大臣（也可能是两者）的议覆。[53]

最下层是书吏、誊录和校读人员。从满文议覆的录副奏折中可以辨认出雍正八年十二月和雍正九年全年的十六位书吏及誊录——所有人都有满文或蒙文的名字。许多名字也出现在已刊出的最可信的名单中[54]，但并没有记载他们的背景和旗籍，这些人似乎都没有功名、官职和兼差。他们是新人，进入内廷服务，也不期望能在其他官僚机构做官，这会强化他们全身心投入内廷工作。有些人的名字——这些人时常被称为早期的“军机章京”，能从别的名单中找到。这些人也可能不是服务于这些大臣，而是协助内廷代理人或军需房（见附录 D）。[55] 可以说，从一开始，隶属于“办理军需大臣”的二十多人就只由满洲人和蒙古人组成。尽管不是所有组织关系都可以搞清楚，但汉人加入这一集团似乎是后来的事，可能是在雍正十一年（1733），出现了这些大臣最早的汉文档册，这时任命了张廷玉之子张若霭。[56]

这一机构早期的名字是“办理军需大臣”，但财务不是它唯一的职责或曰当务之急。从筹划战争的那些年开始，当三位管理户部事务的大臣秘密为整个战争做着基础工作时，“军需”两个字已经

130 代表了整个战争的所有方面，包括战略、人事任命和战报，这与严格意义上的财务和供应相去甚远。然而这两个字继续使用，也给予派往西北诸省的文武官员“军需”头衔，尽管他们所处理的有关战争的方面远不止供应和支付问题。[57]雍正九年（1731）在四川设立“军需总督”，一位武职官员即前任四川提督被授予此职，同时他还继续指挥军队。[58]还有，在许多文件中，“军需”和“军务”常常互用，这也显示这个词在当时寓意广泛。[59]最早“办理军需大臣”的名称，其由来是因为有一段时间平准之役主要关注的是安排采买和运输。经过一段时期后，“军需”意指广泛。

一开始，这一新集团似乎只用满文办公。除了汉文的廷寄外——这是由代理人并可能是由张廷玉用汉文撰拟的[60]，它头两年（雍正八年十二月至雍正十年底，1731年初至1732年）几乎所有的文件都用满文书写。18世纪晚期军机处目录，关于雍正朝的最后五年，开列有约110册满文档册，而汉文的仅十来册，且雍正十一年（1733）之前没有汉文档册。[61]所有这些并非都肯定归于办理军需大臣或是他们的继任者，但大多数早期满文文件所包括的内容——上谕、外省奏折以及军务的议覆，还有就是关于“准噶尔”“俄罗斯”“北路军务”——反映的都是“大臣”关注所在。[62]乾隆二十一年（1756）计划编纂这场伟大战争的方略时，编纂者发现了如此多重要的满文上谕和奏折（未有汉文翻译），他们不得不请求特别的人员来处理这些材料。[63]当鄂尔泰不在时，是另一位满人丰盛额而不是在内廷集团排名第二的张廷玉指导大臣讨论。[64]这一集团的早期人员由满人组成，这种排他做法与皇帝身边的心腹和其他政府部门中满汉比例大致接近的情况，形成了鲜明对比。这样一个满人占

Vol. 6, No. 2 Late Imperial China December 1985

BOOKS OF REVELATIONS: THE IMPORTANCE OF THE MANCHU LANGUAGE ARCHIVAL RECORD BOOKS FOR RESEARCH ON CH'ING HISTORY

Beatrice S. Bartlett*

The received wisdom on the Manchu language archives of the Ch'ing dynasty has been that historians of the Ch'ing have little need either to learn Manchu or to use Manchu materials for research on historical subjects. Learning Chinese will suffice, the argument goes, because the Ch'ing dyarchical principle guaranteed that everything written in Manchu was also recorded in Chinese. Indeed, some Manchu specialists have averred that once the historian gets past 1644, Manchu materials merely provide opportunities to employ the many available dual texts to enhance knowledge of both languages. This outlook was so strongly ingrained in the profession that until Professor Joseph Fletcher formed a Manchu class of seven students at Harvard University in the autumn of 1981, only one student with an interest in Ch'ing history had previously received extensive training in that language from him. A handful of other institutions paid attention to the study of Manchu, but in general the study of other inner Asian languages, Mongol in particular, flourished, while few Ch'ing historians saw any necessity to take up Manchu.

*I wish to acknowledge with gratitude the financial assistance and moral support of the American Council of Learned Societies and the Committee on Scholarly Communication with the People's Republic of China, both of which facilitated my research in the Ch'ing archives in Taipei and Beijing. In addition, the fellowship assistance from the ACLS and the Fairbank Center for East Asian Research at Harvard for 1981-1983 furthered my acquaintance with the apparently infinite permutations and combinations of problems raised in the Ch'ing archives. For conversations on some of the subjects treated here I am also grateful to several archivists with Manchu language expertise: Chang Wei, Chuang Chi-fa, and P'an Shu-pi at the Palace Museum in Taipei; Chü Te-yuan (Ju Deyuan) and Liu Ching-hsien (Liu Jingxian) at the Number One Historical Archives in Beijing. I wish to thank Professor Jonathan Spence for his comments on the draft of the manuscript and Ms. Joanna Waley-Cohen for suggestions. A summary of my findings was presented at the regional Association for Asian Studies meeting at Wesleyan University in October 1981. While at Harvard in 1981-1983 I benefited from discussing some of my findings with Professor Joseph Fletcher. Joan Hill and Ginny Guin assisted me with typing parts of the manuscript.

▲ 图 39 白彬菊《满文档册对于清史研究的重要性》一文原文首页（参见这一章注释 61）

优的内廷机构，是后来乾隆朝军机处中“满伴”的前身。

西北战争针对的是一个蒙古部落，战争的顾问是满洲人或蒙古
131 人，这符合逻辑，但挑选他们在当时也可能有政治意义：雍正皇帝曾无情地对待反对他登上皇位的兄弟及其同党，这招致反抗，现在挑选满洲人和蒙古人是对此的反击。而且，康熙皇帝极器重满洲人和蒙古人的议政王大臣，雍正皇帝却加以贬斥，可能有人为此抱怨不已。一个位于内廷的新的只由满洲人和蒙古人组成的机构，会有助于雍正皇帝与有影响力的满人合作。然而，这一新的集团不同于康熙时的议政王大臣会议。它的地位并未因有亲王加入而得到提高，它的成员也不像议政王及议政大臣的任命那样，作为一种荣誉加以宣布。（康熙皇帝利用议政王大臣会议，不仅是召集军事顾问，而且也将所任命的人公之于众。）尽管两个集团都讨论军事政策，但对于前者来说，后者是一个非常不同的继任者。

印信

“大臣”最早使用新名称的正式文件之一，是内廷代理人于雍正十年三月初三日（1732 年 3 月 28 日）的议奏。该文件说：

> 办理军机处密行事件，所需钤封印信，谨拟用“办理军机印信”字样，移咨礼部铸造，贮办理军机处，派员管理，并行知各省及西北两路军营。[65]

一些人认为这一文件揭示了军机处的建立，实际上并无此等重要意义。这不是最早的印信——密行事件肯定很早就得以传递，用

的可能是内中堂的印信。而且，这一关于印信的文件只是涉及行政上的重新安排问题：将交发廷寄和咨文（“密行”之事）的职责，由代理人转交至“大臣”的机构。可能是文牍量（我们已说过，这时战事吃紧）要求有这种变化。[66] 这一新的职责是由汉文档册中出现了数量极多的咨文（现在由“大臣”交办）所带来的，这些咨文的日期就在有关印信的文件宣布之后不久。在这个当口，实录中交发廷寄的用语也有相应的变化。以前是指明谕大学士（也就是内廷代理人），但此后实录中的廷寄是谕办理军机大臣。[67] 我们考察了档案中新印信出现前后的廷寄，发现在文书格式或是撰拟和讨论的名单上都没有任何的变化；很显然，新的印信只是标志着交办某些类 132
型文件的管理职责的变化而已。

办理军机大臣的职责

雍正朝的最后几年，“大臣”的职责与最初四位顾问参与西北战争的廷寄讨论相比，扩大了许多。这一新集团建立之初，主要是要求它的成员在廷寄的讨论或是在议覆奏折中贡献意见。然而逐渐地，这一新集团接手内廷代理人的一些工作，权力开始下放。例如，内廷代理人以前负责处理内廷的通信，甚至是雍正皇帝自己开始时也对琐碎问题——比如奏折如何保密、进行必要的录副并建立档案等——感兴趣。[68] 材料很难找，但似乎最高层一旦制定程序并常规化后，通信联系的职责就下移至“大臣”。可以说，雍正十年（1732）铸造印信后，“大臣”的通信管理职责范围很广，而在贡献意见领域，他们的范围似乎被限制在军事问题上。[69]

“大臣”也承袭了内廷其他的一些有关西北战争的职责。雍正十一年（1733）一份关于赶往前线的骑兵死亡的文件说，雍正九年（1731）时大学士（也就是内廷代理人）处理过此事，然而，现在“大臣”要负责它。[70]很可能与军需房，与保管档案，与“大臣”执行以前属于内廷代理人的与军需房业务有关的政策制定方面，在业务上有某些重叠。这么多层次的组织安排使得内廷有着灵活性和工作分配上的变化，这是雍正皇帝自始至终关心的重要管理问题。

为了满足开展业务、人员办公以及存放档案的需要，在内务府区域、内廷的一个主要大门的西面，给“大臣”拨置了新的办公场所，这进一步凸显了“大臣”的特点。18世纪后期有一份材料称之为“外军机处”，并称它成立于雍正八年（1730），是为了保存档案。[71]这一办公地不同于内中堂的，后者时常在内廷，可能就是后来的军机大臣所在的建筑内办公。新办公场所尽管在乾隆初年得到了全面建设，但旧有之地在清朝一直继续使用，作为保存档案、一些军机章京办公和方略馆出版活动的所在地。[72]

133 “大臣”处理过的大量文件至今仍可以看到——档册中都是关于战争的议覆奏折、咨文和廷寄，我们借此可以了解他们的职责范围：战争通常应有的一切问题，有供应（定价；采办；运输，包括对于运输及驮畜的无休止争论；定量供应和分配），人事（支出、薪俸、编制、官员养廉银、升转），训练和调遣整装待发的部队以及调换要求调整的部队，与当地人士打交道（西藏人、喇嘛、穆斯林），官员侵吞，当然还有军事战略。在这些档册中，棘手的财务问题备受关注，包括因地制宜地定价，计账程序，扣减费用，追加费用，税款，折换成粮食即折本，折换成白银即折色，各种粮食衡量标准，等等。这些复杂的计算与换算赋予了那些知晓如何应付这些数字的人相当大的权威。[73] 因此，必须将专家们召集起来就没有什么可大惊小怪的：除了开始的四位有着蒙古事务背景的人员外，像户部侍郎海望等财政专家也必须应命前来贡献意见。

雍正皇帝独揽决策可以分为两个阶段：第一个阶段是他统治的头四年，余下的是第二个阶段。雍正四年（1726）之前他执行的是竞争性行政，大致说来，是以使用种类繁多、不断变化的特别班子讨论许多问题为特点。允许怡亲王持续负责某些重要的问题，这非同寻常，因为通常是雍正皇帝力图主导内廷的最高决策，尤其是通过轮流调查和讨论，以及他亲自协调政府各最高层部门。

雍正四年时发生了变化，雍正皇帝同意户部中坚力量、内廷团队——怡亲王、张廷玉、蒋廷锡——协助负责繁重的行政事务。雍正皇帝步乃父后尘，将高级助手引入内廷，但同乃父一样小心行事，并未放弃乾纲独揽。为达此目标，雍正四年的这一团队保持着非正式性，它在皇帝的监管下工作并且仅在皇帝吩咐时才处理问题。这三人组成了雍正皇帝首个新的持续存在的机构。

这之后，雍正皇帝创立了其他两个内廷机构，一个在雍正七年（1729 年），一个在雍正八年末（1731 年初），就是这一章中所探讨的。有的内廷机构，尽管其档案不见了，但也应是存在过的，例如办理苗疆事务王大臣，在雍正朝末年建立，很显然与“大臣”的作用相似。

雍正四年时，雍正皇帝说出“今万几殷繁，一人识力有限”[74] 134
的话，不知疲倦的他或许在暗示着什么。但是这一声明仅仅预示了放弃竞争性行政，并表示他愿意接纳亲近的高级助手；它不意味着专制统治的终结。直至雍正朝结束，雍正皇帝一直是乾纲独揽。他主要的方法之一就是保持内廷机构的软弱和非正式性。

雍正皇帝因创设军机处而闻名，但我们现在知道整个雍正朝内廷保持分立，没有一个像军机处那样举足轻重的机构。[75] 两个相异的内廷机构前后使用相同的汉文名称，遮蔽了它们在组织上的截然不同。尽管一个机构的汉文用字是“军机处”，它存在于雍正朝的最后五年，但它只是数个内廷机构中的一个而已。对于雍正朝后期的这个机构来说，它的名字应正确地译为“Office of Military Strategy”。内廷的统一以及使用“Grand Council”的译名仅对于接下来的乾隆朝是合适的。

诚然，在雍正一朝，内廷发生了诸多变化。从明朝和清初承袭而来的制度逐渐被重新改造，便于皇帝积极插手管理。很早之前就采取了第一步，但直到雍正皇帝的十三年统治结束，与康熙晚期相比，内廷才从根本上变得更为强大了。乾隆初年，转型的框架已经搭就。

注

1.（台北）“雍正上谕档”，雍正八年五月二十五日，75 ~ 80 页。

2. 朱笔所书，（台北）“宫中档”雍正朝奏折 000592，岳锺琪奏折，内中第 2 件，无日期廷寄。

3.《清世宗实录》卷 81，页 12b ~ 14b（这是雍正七年五月初十日）。

4. 参见前面第一章。

5. 这一说法及相关问题的文献，参见本书“序言”注 1。我将军需房名称译为“Military Finance Section”，是参考了吴秀良“Office of Military Supplies”的译法，参见他的《通信与帝国控制》，87 页。档案中汉文名字的使用也很混乱，例如，“军需处”，参见（台北）“议覆档”雍正十一年十月十七日，23 页；“军需局”，参见（北京）“议覆档”雍正十一年七月初七日，45 页；皇帝朱批写成“办理军需处”，参见（台北）“宫中档”雍正朝奏折 011808，雍正九年五月十二日，许容奏折的朱批，而许容使用的是“军需房”。

6.（台北）“宫中档”雍正朝奏折 019384，雍正五年十二月十八日，塞楞额奏折的朱批。

7.（台北）“议奏档”，乾隆二十二年六月二十五日，216 页。然而，还有其他数种对于该战争开销的估计。不同的数字参见（北京）“录副”军务类，军需 5，无日期清单（近九百一十万两）；（台北）“边备夷情档”，乾隆十三年闰七月十六日，111 ~ 117 页（六百六十万两）；（北京）“议覆档（方本）”，无日期奏片，乾隆二十四年十一月初一日前后，392 页（五百四十万余两）；（北京）“议覆档（方本）”，无日期奏片，乾隆二十六年二月初十日，119 ~ 122 页（六百六十万两）。数字的差异部分源于计算作为军事的支出种类，以及各种发往前线的经费来源的不同。但是该问题还需要进一步研究。有两处材料都给出了六百六十万两，但 332
还不清楚这两种是否基于相同的计算。而且，一亿三千万两显得过高；第二次金川之役，即 18 世纪后期的一场与之持续时间差不多的战争开销至七千万两，参见《清高宗实录》卷 1005，页 6b ~ 8b。清中期其他战争开支的细致分析，参见韩书瑞：《千年末世之乱：1813 年八卦教起义》（纽黑文，1976 年），359 ~ 361 页注 194。

8.（台北）“宫中档”雍正朝奏折 000068，雍正七年十二月初七日，岳锺琪奏折。也参见（北京）“议覆档”雍正十一年正月二十四日，41 ~ 62 页；雍正十一年九月十九日，213 ~ 221 页；雍正十二年四月三十日，52 页；雍正十二年六月初七日，97 ~ 98 页；雍正十二年七月二十日，45 ~ 49 页；雍正十二年八月十三日，85 ~ 86 页。后来对此的看法，参见（北京）“上谕档”，乾隆二十六年四月初六日，25 ~ 26 页；乾隆二十六年五月十八日，227 ~ 228 页。烧荒策略，参见记述怡亲王看法的雍正皇帝朱谕，（台北）“宫中档”雍正朝奏折 000592，所附的无日期廷寄；（北京）“录副”2188-12，雍正十年十二月十二日，查郎阿录副奏折。

9.（北京）“议覆档”雍正十一年九月十二日，187 ~ 189 页；雍正十二年四月初四日，19 ~ 20 页；雍正十二年五月十三日，79 ~ 80 页。

10.（北京）“议覆档”雍正十一年七月初九日，51 页；雍正十二年七月十三日，17 ~ 18 页；雍正十一年至十二年，多处。（台北）“宫中档”雍正朝奏折 000059，雍正七年十二月初七日，岳锺琪奏折。

11.（台北）“宫中档”雍正朝奏折 000059，雍正七年十二月初七日，岳锺琪奏折。

12.（北京）“议覆档”雍正十一年二月二十七日，121 ~ 125 页；雍正十一年七月二十二日，79 ~ 80 页。（北京）“题本”286 00051，无日期，刘於义题本。（台北）“宫中档”雍正朝奏折 000289，雍正七年十一月十二日，以及（台北）“宫中档”雍正朝奏折 000068，雍正七年十二月初七日，俱是岳锺琪奏折。

13.（台北）“宫中档”雍正朝奏折 000297，雍正七年七月十六日，以及（台北）“宫中档”雍正朝奏折 000059，雍正七年十二月初七日，俱是岳锺琪奏折；（台北）“宫中档”雍正朝奏折 016727，雍正八年正月初四日，查郎阿、五格奏折；（北京）“议覆档”雍正十一年正月十七日，29 ~ 30 页。

14.（北京）“议覆档”雍正十一年正月十七日，29 ~ 30 页；雍正十一年十二月二十七日，121 ~ 125 页；雍正十一年九月十九日，213 ~ 221 页；雍正十一年十月二十七日，25 ~ 26 页。运输方式，参见（北京）“议覆档”雍正十一年二月二十日，111 ~ 117 页。

15.（台北）“宫中档”雍正朝奏折 000327，雍正七年六月初三日，岳锺琪奏折。（北京）“议覆档”雍正十一年九月初四日，165 ~ 169 页；雍正十一月九月十四日，191 ~ 194 页；雍正十二年七月十三日，19 ~ 21 页；雍正十二年七月二十日，45 ~ 49 页。

16.（台北）“宫中档”雍正朝奏折021859，雍正四年十一月十二日，岳锺琪奏折。（北京）“议覆档”雍正十一年二月二十日，111 ~ 117页；雍正十一年八月初四日，103 ~ 104页；雍正十二年五月二十八日，89 ~ 90页；雍正十三年十月初九日，253 ~ 254页。

17.（台北）“宫中档”雍正朝奏折000022，雍正七年二月初一日，岳锺琪奏折。

18.（北京）“议覆档”雍正十一年九月二十二日，225 ~ 226页。

19.（台北）“宫中档”雍正朝奏折000220，雍正八年五月三十日，岳锺琪奏折；《清世宗实录》卷83，页36b ~ 38。

20.（北京）“议覆档”乾隆元年三月二十九日，251 ~ 154页，对于此前一些物价的评论。从通货膨胀中获利问题，参见（台北）“宫中档”雍正朝奏折010461，雍正五年三月十九日，迈柱奏折。部费，参见前面第一章。

21.《清世宗实录》卷98，页8 ~ 9。雍正皇帝猜忌身在西北的大臣的文字例证，参见他在下面奏折封面的朱批评论，（台北）“宫中档”雍正朝奏折000469，雍正七年十一月十八日。尽管有雍正皇帝的防范，战争中还是出现了大量的财政渎职案件，一直拖延到接下来的乾隆朝，中央与地方政府间反复讨论这些问题，参见（台北）“起居注册”，雍正十三年九月二十七日；（北京）“上谕档（方本）”，乾隆十四年六月初六日，347页；（北京）“议覆档”雍正十三年九月初一日，75 ~ 76页，讨论弹劾一位从前受信任的地方军需官员。也参见（台北）“宫中档”雍正朝奏折020423，雍正十三年十一月十八日，鄂尔泰等奏折中所引的各上谕。

22.（台北）“宫中档”雍正朝奏折000309，雍正七年九月二十九日，岳锺琪奏折。也参见《宫中档雍正朝奏折》第13辑，483 ~ 495页，雍正七年六月二十八日，岳锺琪的系列奏折。该关口是嘉峪关。

23. 雍正五年的数字是244394两，六年是4659536两，七年是8120870两，参 333
见（北京）“上谕档（方本）”，乾隆二十六年二月初十日，119 ~ 122页。

24. 1980年10月9日，我征询中国第一历史档案馆刘桂林先生时承蒙惠告。会考府及其他小规模机构的档案都保存了下来，但户部军需房的档案似乎无存。甚至查询雍正时期户部的材料和清朝军机处满文档案目录也一无所获。这些材料曾经被认为很重要，雍正皇帝亲自下令录副并予以保存，因此如此众多的文件的遗失难以解释。可能乾隆朝有人在非法案件中利用了它们，又可能担心这种行为暴露，而将它们毁掉了。

25.（台北）“宫中档”雍正朝奏折 020499，雍正十三年九月二十二日，允礼、张廷玉、海望奏折。1980—1981 年，我想到该档案的另外版本可能包含处理信息，将会进一步揭示这一重要的奏折，因此，我在中国第一历史档案馆查找它的录副，但一无所获。因此，台北的原件就成为这一极重要文件现存的唯一版本。

26. 叶凤毛：《内阁小志》，页 11。翁藻的名字出现在早期军机章京名单中，参见《枢垣记略》卷 18，页 1b。

27.（北京）“议覆档”雍正十一年七月初七日，45、47 页；雍正十一年十月初一日，1 ~ 3 页；雍正十一年十一月二十七日，53 ~ 54 页；雍正十三年九月初八日，95 页。也参见《枢垣记略》卷 3，页 34 ~ 35b。户部军需房，参见诸档案，最后是在（北京）“议覆档”雍正十三年九月初八日，95 页。“房”是下属部门，参见席吴鏊：《内阁志》，2 页。

28. 傅宗懋似乎是最早清楚理解户部这一早期关系的现代学者，参见他的《清代军机处组织及职掌之研究》，122 ~ 128 页。

29. 还不知道军需房的确切成立日期。当时官方的声明似乎无存。允礼等人的奏折提供的是成立的年份（雍正七年［1729］），参见这一章注 25。有些人将军需房的建立作为军机处创建的日期，部分是源自《清世宗实录》卷 82，页 5 ~ 6b（它所说的日期是雍正七年六月初十日）；《清史》第 4 册第 2486 页给出的时间是雍正七年六月。

30. 雍正皇帝及其他人提到的“该部”，参见附录 A。

31.（北京）“议覆档”雍正十三年十月初一日，181 ~ 183 页。

32.（北京）“题本”772 兵马 00009，雍正七年七月十九日，张廷玉等题本；（北京）“题本”896 00875，雍正十二年七月初三日，张廷玉等题本。后来由此次战争引发的一些案件，参见（北京）“议覆档”雍正十三年九月初一日，75 ~ 76 页；（北京）“上谕档（方本）”，乾隆十四年六月初六日，347 页。

33.《清高宗实录》卷 3，页 34 ~ 35b，描述了雍正皇帝的政策及军需房的业务。也参见（台北）“宫中档”雍正朝奏折 000297，雍正七年七月十六日，岳锺琪奏折；（北京）“议覆档”雍正十一年至十二年。康熙末年上报价格的一个非法行为，参见（北京）“议覆档”乾隆元年三月二十四日，251 ~ 154 页。外朝户部核销地方账目的方法，参见曾小萍：《州县官的银两：18 世纪中国的合理化财政改革》，13 ~ 14 页。

34.（北京）“议覆档”雍正十一年十月初一日，1 ~ 2 页。

35.（台北）“宫中档”雍正朝奏折 000297，雍正七年七月初六日，及（台北）“宫中档”雍正朝奏折 000066，雍正七年十二月初七日，两者皆是岳锺琪奏折；《清高宗实录》卷 3，页 34 ~ 35b。

36.（台北）“宫中档”雍正朝奏折 000067，雍正七年十二月初七日，岳锺琪奏折。（北京）“议覆档”雍正十一年十二月初二日，67 页；雍正十二年五月十九日，69 ~ 70 页；雍正十二年八月二十二日，97 ~ 98 页。

37.（台北）“宫中档”雍正朝奏折 000309，雍正七年九月二十九日，岳锺琪奏 **334**
折的朱批。

38.《清高宗实录》卷 83，页 36b ~ 38；（北京）“议覆档”雍正十一年十一月二十七日，53 ~ 54 页；两份岳锺琪奏折：（台北）“宫中档”雍正朝奏折 000043，雍正七年三月三十日，以及（台北）“宫中档”雍正朝奏折 000066，雍正七年十二月初七日奏折的朱批。这些措施的一种改进是“简明清册”或“简明黄册”，送给前线的岳锺琪，这样他可以在了解账目的基础上，做进一步的核覆，参见岳锺琪的两份奏折：（台北）“宫中档”雍正朝奏折 000309，雍正七年九月二十九日；（台北）“宫中档”雍正朝奏折 000220，雍正八年五月三十日。在账册运达京城之前，也可以令其他的前线军需官员查核。

39.（台北）“宫中档”雍正朝奏折 000067，雍正七年十二月初七日，岳锺琪奏折的朱批。

40.（北京）“议覆档”雍正十一年至十二年。苗疆之役的一个事例，参见（北京）“题本”896 000837，雍正十三年十月二十八日，张廷玉等题本。

41. 例子参见（北京）“题本”772 兵马 00011，雍正十年十一月初二日，刘於义题本；773 兵马 00017 和 00018，雍正十二年三月二十八日，史贻直等题本（史贻直临时出任负责陕西的巡抚和军需事务）。也参见《清高宗实录》卷 3，页 34 ~ 35b，似乎是上报雍正晚期的形势。

42. 例子参见（北京）“题本”773 兵马 00027，雍正十三年二月二十八日，鄂尔泰等题本；896 000887，雍正十三年十月二十八日，张廷玉等题本。

43.（北京）“议覆档”雍正十一年十一月二十五日，45 ~ 46 页。也参见（北京）“议覆档”雍正十二年九月十八日，129 ~ 130 页；雍正十三年十月初九日，253 ~ 254 页。

44. 例子参见（台北）“宫中档”雍正朝奏折 016754，雍正八年五月二十九日，查郎阿奏折。（北京）“议覆档”雍正十一年九月十二日，187 ~ 189 页；雍正十一年十一月二十五日，45 ~ 46 页；雍正十二年八月十七日，87 ~ 88 页。（台北）《雍正上谕内阁》，雍正九年三月二十六日。

45.（台北）“起居注册”，雍正九年正月十四日和雍正九年正月二十四日；（台北）“边备夷情档”乾隆十三年闰七月十六日，111 ~ 117 页；（北京）“录副”2162–3，雍正十年五月十九日，刘世明奏折中所夹令将此文件交户部和兵部的议片；（北京）“题本”772 兵马 0009，雍正七年七月十九日，张廷玉等题本（最后一个不是由内廷堂官具奏的题本，它的具奏人包括外朝郎中、员外郎、主事等）；（北京）“议覆档”雍正十一年十月二十六日，51 ~ 52，以及雍正十二年四月初三日，13 ~ 14 页；《雍正末年拨放驻防官兵饷需史料》，载《历史档案》，1986 年第 3 期（1986 年 8 月），13 ~ 16 页。早期户部处理军事采买，参见（北京）“议覆档”乾隆三年十一月初六日，331 ~ 335 页（讨论雍正元年的问题）。然而，许多文件提到“部”的行动，是指户部的内廷堂官及属员，参见附录 A。

46.（北京）“议覆档”雍正十三年十月初九日，253 ~ 254 页；乾隆三年十一月十二日，479 ~ 481 页。（后者讨论的案件始于雍正十年。）

47. 雍正皇帝后来对中止战争表示后悔并承认这是一“大错”，他“深为之愧悔”，参见（台北）“宫中档”雍正朝奏折 000221，雍正八年六月初六日，岳锺琪奏折的朱批。

48. 参见第三章结尾处的表 2。现存扩大了的承旨人员名单的最早廷寄是雍正八年十二月二十八日的。另一早期材料，参见（台北）“起居注册”，雍正九年正月十三日。始于雍正八年十二月的新的档册系列提供了其他的证据，参见（北京）满文“军务议覆档”，始于雍正八年十二月二十六日。在清朝的目录中，记
335 载军机处满文录副奏折始于雍正八年十二月，这又一次是“大臣”出现的时间，参见（北京）“满军机档案总目正本副本并月折”。现存最早的汉文录副奏折是雍正九年二月初二日的，参见（北京）“录副”2158–2，岳锺琪录副奏折。但最早的（北京）“满文月折档”始于雍正八年二月，早于廷寄承旨人员名单扩大的时间。我不能逐个考察这些档案，以确定它们与“大臣”的关系（如果有的话）。

49. 存在一些使用"办理军机大臣"一词的早期记载，但该词都是事后添加的，例子参见《雍正上谕内阁》，雍正九年十一月初六日；雍正九年正月的一条材料，参见（北京）"题本" 786 00051，无日期题本，但不会早于雍正十一年（因为它是说明雍正十年的问题的），刘於义题本；对雍正九年的一份议覆奏折的引述，参见（北京）"议覆档" 雍正十二年六月二十六日，109 ~ 110 页。在撰写这些材料或是编纂要出版的著述时，这一新的术语已开始使用了。就是说，当回顾历史时使用了当时并不存在的术语。换言之，我还未发现文件中这一后起术语真正在雍正九年时使用的例子。

50. 例子参见（北京）"汉文议覆档"，雍正十一年春季这一册，其中两种名称都有使用，但前者远比后继者为多，后继者只出现两次（1 ~ 3、25 页）。同一个文件使用两种名称显示了一个名称已经接替了另一个，参见（北京）"议覆档" 雍正十一年七月十一日，53 ~ 54 页。名称上的改变是我找到极通行的军机处起源的组织形态演变说（metamorphosis-thesis）的仅有证据。一个很像"办理军机大臣"名称的短语，参见始于雍正八年十二月的满文档册，（北京）满文"军务议覆档"（满文 Gisurefi wesimbuha dangse-cooha-i nash ū n-i baita），雍正八年十二月至九年七月。

51.（北京）"议覆档" 雍正十一年至十三年。鄂尔泰名字经常出现在这些档册中；当他不在京时，通常是丰盛额取代他。（丰盛额的作用，参见第三章的讨论，注 17 及相关正文内容。）满文档册也证明了此点。（北京）满文"寻常议覆档"（满文 An-i jergi baita gisurefi wesimbuha dangse），雍正九年至十年；雍正九年的所有议覆奏折都列有马尔赛、丰盛额的名字，只有由阿齐图为首的一次讨论是例外。后来鄂尔泰的名字最为常见。有许多例子，皇帝命办理军需（或军机）大臣议覆，议覆奏折以鄂尔泰或另一位满内廷代理人为首，参见（北京）"议覆档" 雍正十一年正月十七日，29 ~ 30 页，命办理军需大臣议覆，议覆奏折以鄂尔泰为首；（北京）"议覆档" 雍正十一年正月初五日，1 ~ 3 页，这里的议覆者是"鄂尔泰等"，却是下令交办理军需大臣讨论的。关于内廷代理人和"大臣"间的区别，叶凤毛观察到："内中堂坐东头，诸大臣坐西头。"（《内阁小志》，页 11b）席吴鏊同样在两个机构间做了区分，认为"大学士之在内者，由内廷供奉，其后以与军机，盖有名，亦未尝至"（《内阁志》，页 5）。对于这一重要区别更多的论述，参见第三章注 21；吴秀良：《通信与帝国控制》，86 页，174 页注 28。

52. 参见第三章和表 2 对于廷寄承旨人员名单的讨论。

336 53. 1985 年秋，中国第一历史档案馆的管理人员帮我查找材料以找出所有参与满文议覆人员。然而，他们告知我并非所有的满文档案都得到了整理。乾隆皇帝参与办理苗疆事务王大臣的信息，参见《清史》第 1 册，128 页第 2 栏，以及康无为《皇帝眼中的君主统治：乾隆朝的形象和现实》（马萨诸塞州剑桥，1971 年）中的材料（110 页）。

54.（北京）满文“军务议覆档”，雍正八年十二月至九年七月以及九年八月至十二月；（北京）满文“寻常议覆档”，雍正九年至十年。后来的汉文档册并没有包含类似丰富的名字。《枢垣记略》有着最可靠的已刊行名录，对它的有用性的评述参见下一条注释。

55. 其他名字，参见附录 D；（北京）“议覆档”乾隆二年十二月十一日，353 ～ 355 页；《枢垣记略》卷 16，页 1 ～ 2 和卷 18，页 1。例如，据说舒赫德、雅尔哈善、吴元安、蒋炳都服务于内廷代理人（参见叶凤毛：《内阁小志》，页 11），但他们的名字与回溯早期军机章京的名录中的章京们混杂一处。我发现早期名录中有许多入值时间上的错误：他们的入值时间常常要早于所给出的时间。也参见《军机处题名记》卷 14，页 19。有些章京可能入值的时间特别早，被认为与“大臣”有关系，参见吴孝铭编：《军机章京题名》（1828 年，台北 1970 年重印本），附录，16 页。吴元安、姚培益属于这些人员的“前辈”。他们可能作为怡亲王或是最早的内中堂的属员。

56.《清世宗实录》卷 131，页 3。由其父张廷玉的记述可知，召张若霭前来是照顾并跟着父亲学习的，张若霭可能作为内廷代理人而不是“大臣”的属员，参见张廷玉：《澄怀主人自订年谱》卷 3，页 6。然而，他很快就被认为是大臣集团的一员，参见张廷玉：《澄怀主人自订年谱》卷 3，页 23b。

57. 因此，雍正七年年中，湖北巡抚马会伯调离武昌，派往前线，在西北极远的战争集结地肃州“办理西路军需”。同时，署理陕甘总督查郎阿和他的两位巡抚也赋予军需职责，参见《清世宗实录》卷 83，页 36b ～ 38。之后不久，甘肃布政使孔毓璞也派至河西走廊西端甘凉附近的备用军台以办理军需，参见（台北）“宫中档”雍正朝奏折 009781，雍正八年十月二十六日，查郎阿奏折。道员也可能参与军需：道员王棠负责辖区内的军需数年之久，参见（台北）“宫中档”雍正朝奏折 021521，雍正六年五月初四日，王棠奏折；《清世宗实录》卷 131，页

9a ~ b;（北京）“议覆档”雍正十一年七月二十二日，79 ~ 80页；雍正十一年七月二十七日，85 ~ 90页。雍正九年（1731）战事吃紧时，十六位经引见选出的官员派往陕西和甘肃，以增加西北原有的文职官员，协助“军需”事宜，参见（台北）“起居注册”，雍正九年正月十四日。也参见（北京）“题本”786奏销00058，无日期，可能是对雍正十三年九月至十二月奏销的述评；（北京）“议覆档”乾隆二年三月十八日，103 ~ 104页，概述了雍正时期一位地方军需官员的经历。

58.《清史列传》卷16，页20;《清史》第4册，2894 ~ 2895页;《清代职官年表》第2册，1395页。（正文中所说之人是黄廷桂。——译者）

59. 例如，可以比较《清世宗实录》卷102页3和（台北）“起居注册”雍正 337
九年正月初六日的同一道上谕。

60. 1985年，我向中国第一历史档案馆的管理员询问雍正时期的满文廷寄，被告知无存（与“廷寄档”不同，廷寄原件在18世纪的军机处目录中没有单独注明）。然而，由于许多前线将领的语言倾向问题，大多数军事通信都是使用满文，参见叶凤毛:《内阁小志》，页11。更多的满文档案将来可能重见天日。甚至是汉人将领岳钟琪——他的大多数通信联系都是用汉文——偶尔也使用满文，参见（台北）“宫中档”雍正朝奏折000170，雍正九年正月初三日，岳钟琪奏折;（台北）“宫中档”雍正朝奏折000462，雍正九年九月初八日，交发岳钟琪的廷寄。后者提及将一份有关北路的满文文件译为汉文供岳钟琪阅读。

61. 参见我的《满文档册对于清史研究的重要性》，载《帝制晚期中国》，第6卷第2期（1985年12月），27 ~ 29页;《清军机处档案目录》，雍正部分，1页。而且军机处自身的档册目录显示，雍正十一年以前没有任何汉文档册，例子参见（北京）“汉库档案正本清册”，（北京）“清军机档案总册”。

62. 后来作为军机处的册籍以及在军机处定期清数并予以编目的满文档册始于雍正八年。除了康熙朝有关俄罗斯的一些满文档案和两本汉文档案（它们可能保存在后来成为军机处的档案中）外，在军机处18、19世纪的目录中找不到更早的材料。雍正八年的满文档案目录包括录副包（第一包是从雍正八年十二月至九年六月）以及下列档册：军务议覆（始于雍正八年十二月）、军务上谕、军务奏折、寻常上谕、军务明发（从雍正八年三月至雍正九年六月）、月折。最后一种有时也叫作寻常，还有一个名字叫军务（第一册从雍正八年二月至十年闰五月）。雍正九年时，上述档册都有，还有以下几种：准噶尔、北路军务、俄罗斯、寻常奏折、寻常议覆。有的目录只是简单罗列了一大堆名字，从雍正八年至十三年，因此难以判定哪些是源于更早的时期，参见（北京）“满军机档案总目正本副本并月折”。为这里提供信息的各种档案，参见本书“征引文献”。认为议覆战争奏折（还有档册中的录副）乃“大臣”的职责，参见（北京）“议覆档”雍正十三年八月二十六日，27页。清朝编目中的档册今天不一定还存在；1985年，我在中国第一历史档案馆寻找这些档册时，根本就看不到。有一些名字相同、时间更早的档案，但并不属于军机处档案，参见《宫中档雍正朝奏折》第25辑，633～634页，提到了的军务议覆档和杂项奏折，无日期的清单，可能是雍正三年或四年的。可能“大臣”没有保存当时所有的满文档册；那些标有“寻常”字样的档册，可能
338 来自内廷代理人。没有机会直接查阅这些档案，对此还难以确认。其他类型的满文档案，例如那些来自八旗和内务府的满文档案，属于其他类别，不在本考察之列。

63.（北京）“议覆档”乾隆二十一年十月初十日，203～204页。雍正十一年至十三年汉文档册也包括许多译自满文的文件，参见（北京）“议覆档”雍正十一年八月二十二日，159～160页；雍正十二年七月十三日，19～21、23～25页；乾隆元年六月十三日，17～20页。

64. 参见（北京）满文“军务议覆档”；一个特别的例子，参见（北京）“议覆档”雍正十一年二月十二日，91～92页。这一点在第三章也讨论过。

65.《清世宗实录》卷116，页2b。应当指出，吴秀良所给出的这一重要文件的日期需要修正，参见《通信与帝国控制》，89页。（经核，吴著给出的日期是雍正十年三月初十日［1732年4月4日］。——译者）印信更多的信息，参见（北京）“议覆档”雍正十一年十二月初三日；吴振棫:《养吉斋丛录》卷4，页1b。

66.（北京）“议覆档”乾隆元年七月二十四日，101～103页，乾隆元年八月初四日，121～122页，回述了雍正十年至十一年军事方面的狂热行动。实录中所记述印信颁发前后的延寄，参见第三章注58。

67. 例子参见（北京）“议覆档”，雍正十一年至十三年的许多咨文。这些是以汉文书写的。也有更早的满文咨文的档册。雍正皇帝去世后，通信的职责还在继续，参见（北京）“议覆档”雍正十三年九月初一日，73页。颁发新信印前后的变化，参见第三章注58。

68.（台北）“宫中档”雍正朝奏折016743，雍正七年九月十八日，查郎阿奏折

的朱批；（北京）“议覆档”雍正十三年八月二十六日，27页，评述了雍正朝的活动；（台北）“宫中档”雍正朝奏折019846，无具奏人、无日期的内廷代理人奏片，可能是雍正七年或八年；《清世宗实录》卷96，页4b ~ 7。

69. 廷寄也显示出“大臣”对于西北的关注，参见表2中的廷寄数据，以及（台北）“起居注册”，雍正九年至十三年。军队部署，参见（北京）“议覆档”雍正十二年八月十三日，85 ~ 86页。“大臣”讨论全国的军队布防问题，无疑是因为这要求有通盘考虑。

70.（北京）“议覆档”雍正十一年九月初二日，161 ~ 162页。

71. 这一外军机处档案保存地的材料，参见（北京）“汉军机档案总册”。（正文中的“大门”是隆宗门。——译者）

72. 叶凤毛《内阁小志》（页11b）也写到了圆明园中的一处办公场所。另参见《清宫述闻》卷3，页25b。几乎所有的学者都同意，早期的设施简单，不起眼；近期的论述，参见刘伟：《军机处与军机值房》，见林克光等编：《近代京华史迹》（北京，1985年），128页。

73. 这些档册的名称，参见书后“征引文献”中的满文目录。尽管在这些档册中，内廷代理人的名字出现在议覆起首，但我认为这些档册主要来自“大臣”（参见第三章）。雍正皇帝去世两天后的条目说：两路一应军务已移交办理军机大臣，参见（北京）“议覆档”雍正十三年八月二十六日，27页，以及上面第三章对此点的解释。因此，包括了这些议覆抄件的档册是属于“大臣”的。

74.《清世宗实录》卷40，页2b。

75. 杜联喆、吴秀良已指出了这点，参见杜联喆：《关于军机处的建置》，17页；吴秀良：《通信与帝国控制》，86页。

第二部分

乾隆内廷统一时期军机处的建立与扩张

（1735—1799）

▲ 图 40　乾隆皇帝像

第五章

总理事务王大臣时期内廷的转型（1735—1738）

乾隆十四年（1749），在乾隆皇帝扩张帝国疆域的十全武功中的第一场战争（在四川西部作战的第一次金川之役）结束后不久，有御史提议将军机处的名称改为唐宋时期中央政府的高级班子——枢密院。[1]这一建议所给出的名称让人想起遥远过去的强大内廷班子，它向皇帝建言，负责行政并且监督通信——常常是削弱了皇权。[2]今天我们可能认为这位御史的意见很中肯，因为军机处刚刚完成了前所未有的扩张，而事实上这一提议可能是个警告：历史会重演，清朝正在形成一个新的、强大的内廷班子。

这位御史的意见在朝廷上没有知音。这一古代的名称很快遭到否决。对此，谕旨态度恳切，宣布先皇帝规模不算大的“军机处”（Office of Military Strategy）——其职责不过是“承旨办理机务”——还是要存在的，但“并非独重其权显为官职也”。[3]

雍正皇帝去世后内廷的急速扩张，随后一些年间军机处的任务激增，以及该御史的提议很快遭到否决，表明了乾隆初年政府中两种矛盾的推动力量在发挥作用。一种力量——可能是这位御史主张的来源——表达了对当前内廷的影响力以及实力扩张背后勃勃野心的担忧。持这种观点的应该是外朝的权贵，他们注意到了自己的机
138 构已逊色于内廷。其余的人——可能是内廷的人——认识到小心翼翼是必要的。可以追逐权力和影响力，但寻求者不一定要大肆宣扬他们的意图。如果要增加内廷的影响力，也必须做得不露声色。这位御史的建议将这些地下的计划公之于众，这很危险。因此，即便这一观点准确地反映了正在发生的事情，也必须将它否决掉。[4]

上述建议提出之时，雍正皇帝已去世十四年，内廷的扩张业已很久。康熙特别是雍正治下的内廷不断发展，但这两位皇帝一直对统一的内廷权力心怀警惕，小心处置，使内廷机构维持一种小规模、非正式和分立的状态，将它们操控于股掌之中。雍正十三年八月二十三日（1735 年 10 月 8 日）雍正皇帝去世，这时没有中央政府要大规模转型的迹象。但在接下来的乾隆皇帝统治的头三个月，为这种新秩序奠定基础的数项举措出台了。到了乾隆元年，雍正皇帝精心培植的内廷分立状态遭摒弃，雍正朝所创立的诸多非正式集团在新的总理事务王大臣时已被吞没。结果，很快就出现了军机处，这时它的英文翻译“Grand Council”的含义堪比前辈——唐宋时期的枢密院。

在进一步探讨之前，我们必须弄清楚两件事——名称和翻译。第一个问题，因为乾隆皇帝的总理事务王大臣的汉文名称与雍正皇帝统治伊始同样是在服丧期间建立的机构名称一样，这里将使用不同的翻译加以区分。[5] 读者已熟悉第一章中的“Plenipotentiary Council”这样的翻译，指雍正皇帝统治之初协助他的总理事务王大

臣。在这一章中，我将使用“Interim Council”表示乾隆皇帝建立的总理事务王大臣。在雍正皇帝去世后的三年服丧期间，总理事务王大臣掌控着中央政府：雍正十三年（1735）八月后的数个月和乾隆元年至二年底（1736—1738 年初）。乾隆二年十一月二十八日（1738 年 1 月 17 日）将它解散，雍正旧有的军机处的名称得以恢复，用在了承继总理事务王大臣职责的机构身上。

有关名称和翻译的第二个问题是，从这时起，用“Grand Council”来翻译“军机处”是合适的，因为此后的军机处不再只是数个非正式的内廷机构中的一个。而且，在总理事务王大臣期间，军机处已经成为一个合并、扩大了的，在内廷占主导地位的组织。[6]尽管军机处与雍正时期旧有的一个机构名称相同，但不同的英语翻 **139**
译可以厘清汉文的模糊不清。

清朝过渡班子的历史背景

乾隆时期的总理事务王大臣沿袭了过渡时期办事班子的传统，这种传统可上溯至清初。任命过渡班子或是摄政、辅政大臣，以协助新任或幼冲的皇帝，最初意在确保皇位有序传承。此外，清朝的第一任统治者努尔哈赤（1559—1626）更倾心于共治的种种好处而不是独断，这就要有一个最高层的班子。[7]皇帝们常常决定继任者辅佐班子的成员；一般说来，他们选择宗室王公或其他亲贵，一些人来自后族。在乾隆皇帝继位之前，除了康熙时的辅政大臣外（大多数成员都不是皇族，而是代表了朝中的派别），清朝服丧期的这些班子毫无例外都是由与皇帝有亲缘关系的满人组成（见表3）。

这些班子的建立，或是在“三年”服丧期间（实际是二十七个月），新的成年皇帝在学习为政之道时，这些人赞襄或与皇帝共治；或是由于皇帝年幼，17世纪的两次摄政、辅政就是这样的情况。[8]这些班子全权在握——几形同于皇帝。在一些情况下，这些班子成为已故皇帝身边大臣的争夺对象。我们知道至少有一次是这样：顺治皇帝（1644—1661年在位）将皇位传给年幼的康熙皇帝，皇帝的遗诏遭朝中占据优势的集团篡改，以致这些大权就由他人而不是已故皇帝欲托付之人享有。[9]雍正皇帝在遗诏中为他儿子挑选出的人没有上演争执的一幕。相反，这些任命深具意义，因为它对清朝统治产生了久远的影响。这是第一次任命一个汉人加入满人的过渡班子。

140 表3 清前中期的服丧期与摄政、辅政班子成员，表明服丧期及摄政、辅政班子成员逐渐扩大：从最早只有两位宗室王发展到包括一般满人，最后乃至有一位汉人成员，此人属于雍正皇帝所任命的两个班子中的第二个。（这里只给出了乾隆总理事务王大臣的最高层。）

班子时间	班子成员	与皇帝的关系（血缘或姻亲）
皇太极 1626—1629	代善	兄弟
	阿敏	侄子
	莽古尔泰	兄弟
顺治 1643—1651	多尔衮（卒于1650）	叔父
	济尔哈朗	堂叔父
	多铎（卒于1649）	叔父

续前表

班子时间	班子成员	与皇帝的关系（血缘或姻亲）
康熙 1661—1669	鳌拜	无关系（瓜尔佳氏）
	索尼（卒于 1667）	无关系（赫舍里氏）
	苏克萨哈（卒于 1667）	母亲是公主
	遏必隆	属皇帝母亲一支
雍正	允禩（廉亲王）	兄弟
	允祥（怡亲王）	兄弟
	马齐	总理事务王大臣时期没有关系；雍正五年（1727），他的侄女嫁给了未来的乾隆皇帝
	隆科多	他的姑母是康熙皇帝的母亲；他的姐姐又是康熙皇帝的皇后，他被雍正皇帝称为“舅舅”
乾隆	允禄（庄亲王）	叔父
	允礼（果亲王）	叔父
	鄂尔泰	无关系
	张廷玉	无关系（第一位汉人）

资料来源：恒慕义编：《清代名人传略》（台北 1967 年重印本）；安熙龙：《马上治天下：鳌拜辅政时期的满族政治（1661—1669）》（芝加哥，芝加哥大学出版社，1975 年），尤其是 17 ~ 23 页；傅宗懋：《清代军机处组织及职掌之研究》（台北，1967 年），40 ~ 41 页。

▲ 图 41　索尼像

▲ 图 42　鳌拜像

遵循清朝的传统，雍正皇帝任命一些皇亲进入过渡班子，包括在康熙末年支持他争夺皇位的集团中的两位年轻成员：庄亲王允禄，他身居新班子的首位，以及果亲王允礼。新皇帝的这两个叔叔——分别是四十岁和三十八岁——很难说比二十四岁的乾隆皇帝高出一辈。[10] 这三人都比长期在雍正内廷的重臣张廷玉和鄂尔泰年轻得多，他们两人分别是六十三岁和五十五岁，也继续侍奉新皇帝。

与清前期大多数过渡班子成员不同，雍正皇帝遗诏中为嗣君所 141
选定的人员，有的超出了皇亲圈子，他将与皇帝没有血缘或姻亲关系的杰出精英成员置于新班子。一位是杰出的满大学士鄂尔泰；选择一位高级满大臣与康熙六十一年（1722）选择满大学士马齐的做法一样，这是除了鳌拜辅政时期（1660—1669）由于派别斗争所造成的例外任命情形之外，非皇亲的满人第一次入选过渡班子。

但雍正皇帝的谕令更不寻常，因为它推崇一位汉人——张廷玉。张廷玉在班子中占有一席之地，成为第一个在满人政府中得到这种任命的汉人。[11] 而且，雍正皇帝的遗诏授予这两人清朝最高的荣誉：配享太庙。这种恩赏提升了他们的地位，几近于宗室王公，是对他们非凡成就的认可。事实上，张廷玉是有清一代唯一享此殊荣的汉人。[12]

对鄂尔泰、张廷玉的任命，与雍正皇帝欲打破满洲王公贵族把持政府局面的其他努力相一致，并表现出应该要保持中央政府行政的连续性。最重要的是，选择这些人员意义重大，因为他们为普通满人和汉人在统一的内廷中携手办事影响力的增长铺平了道路。

雍正内廷机构的统一

总理事务王大臣设立后，发生了一系列惊人的变化，该班子急速地加强并扩大（见第二章开头的图表 3，以及表 4），这肯定是雍正皇帝想象不到的。雍正皇帝去世后的两天内，就有两个人——额驸班第和经验丰富的大臣索柱——被任命为“协办”，这是一个新的中间梯队，他们是从办理军机大臣中抽调出来的。此后不久，另一新的成员也是第二位汉人、大学士朱轼以“协同”的身份加入。[13] 另一变化发生在雍正皇帝去世后一个月，雍正七年（1729）创建的监控军事支出的户部军需房解散。它的档案，可能还有一些人员，重新归属于户部大臣这一层级，而户部现在由总理事务王
143 大臣中的两位管理部务大臣——果亲王允礼和张廷玉——负责。[14]（这次变动中，先前人员负责的业务留给了内廷，并没有归还外朝部院。）一个月后，一直与总理事务王大臣并存的军机处（旧有的“大臣”机构）解散，它的大多数成员，包括尚书讷亲、海望，侍郎纳延泰，被命令在总理事务王大臣协助工作。这时，这一辅助梯队进一步扩大。[15] 还任命了第三位汉人徐本为协办大学士、刑部尚书。[16] 同时，负责制定平定西南叛乱政策的办理苗疆事务王大臣被认为没有存在必要也予撤销，它的职责也归入新成立的内廷组织。[17] 最后，到这一年底，随着允礼（果亲王）被撤职，以及在西北前线有着相当经验的平郡王福彭进入辅助梯队，总理事务王大臣中王公的构成发生了变化。[18] 可以看出，在仅仅三个月的时间内，数个先前分立的内廷机构都并入了新班子。

表 4　雍正皇帝去世后三个月（1735 年 10 月—1736 年 1 月）内廷的合并。显示 142
出乾隆皇帝统治伊始任命以及解散组织的迅急，内廷因之转型。到了这一时期结束，总理事务王大臣至少有八位——甚至可能更多，成员分属两个顶层梯队，即最高梯队和辅助梯队。此外，还有笔帖式（表中没有显示），这些人来自被解散的机构，还可能有同一来源的书吏。在本表中，三位汉人成员的名字下画了横线。

时间	最高梯队	辅助梯队	解散及并入总理事务王大臣的组织
———雍正去世，任命最早的四位总理事务王大臣（雍正 13/8/23）———			
雍正 13/8/23	允禄（庄亲王） 允礼（果亲王；雍正 13/11/19 解职） 鄂尔泰 张廷玉		
———加入的个人或以前的内廷人员（雍正 13/8/25—雍正 13/11/24）———			
雍正 13/8/25		班第 索柱	
雍正 13/9/4		朱轼	
雍正 13/9/22			军需房
雍正 13/10/16		徐本[a]	
雍正 13/10/29		讷亲 海望 纳延泰[b]	军机处 办理苗疆事务王大臣
雍正 13/11/24		福彭（平郡王）	

资料来源：（台北）“宫中档”雍正朝奏折 020499，雍正十三年九月二十二日，允礼等奏折。（台北）“起居注册”，雍正十三年十月十六日。梁章钜：《枢垣记略》卷 6，页 1 ~ 2b。《清史》第 1 册，128 页第 6 栏。《清高宗实录》卷 1，页 9a ~ b，页 18b；卷 2，页 14；卷 5，页 42a ~ b；卷 7，页 10a ~ b，页 25b。傅宗懋：《清代军机处组织及职掌之研究》（台北，1967 年），149 页。

a. 史料对于徐本的任命有不同记载，比较（台北）“起居注册”，雍正十三年十月十六日，以及《清高宗实录》卷 5，页 42a ~ b（雍正十三年十月二十九日）。前者是任命他入值军机处。

b. 有条材料记载纳延泰与班第（还有他人，可能是素柱）同时被任命，而不与讷亲、徐本、海望一起；《清史》第 1 册，129 页第 2 栏。

143 总理事务王大臣迅速壮大，它现在掌握着四个非正式梯队，规模较雍正皇帝最初所任命的四人及他们的助手、杂役已扩大许多。在最顶端是旧有的内廷代理人梯队。[19] 这一集团由于两位亲王的加入已有所扩大，然而它继续由两位大学士鄂尔泰、张廷玉主导，他们两人的作用几乎一如从前，继续着讨论政策、撰拟谕旨、监管内廷以及某些外朝机构的工作。接下来的梯队现在由八人构成，以从前的办理军机大臣为基础，一段时间内还继续履行着办理军机大臣讨论军事政策的职责。这两个顶层梯队构成这个班子的大臣层级。它们之下是排第三的章京梯队，由先前雍正内廷解散的不同职位转变而来。在最底层，是由文书承发人员和杂役组成的第四梯队。难以计算出上述人员的确切数目，到乾隆元年（1736）初，总理事务王大臣共有十一位大臣，大概有三四十位章京和杂役，总数在五十人左右。军事战争已不是当务之急，但内廷已得到了巩固和扩大。[20]

总理事务王大臣的人事安排

管理部务大臣

乾隆朝伊始，内廷对于外朝机构的控制就掌握在皇亲和总理事
144 务王大臣手中，这是通过管理部务手段实现的（见第一章）。乾隆

时期最早接受这种任命的是履郡王（允裪），他在雍正皇帝去世的第二天就奉命掌管礼部，这样，皇室的一位成员可以负责雍正皇帝的葬礼。[21] 同时，张廷玉继续着他在吏部和户部的兼理位置，这是雍正初年就已任命的。[22] 一个星期以后，其余各部被置于总理事务王大臣治下：病愈后的鄂尔泰负责兵部，果亲王（允礼）负责刑部，庄亲王（允禄）负责工部。果亲王允礼又被任命负责户部。[23] 除去在礼部的履郡王，所有这些管理部务大臣都是总理事务王大臣成员，如同他人一样，身为皇室成员的履郡王也属于内廷。

六部不是仅有的由诸王和总理事务王大臣成员所兼管的机构。果亲王在雍正时已成功地身居户部，现在又受命管理户部三库。庄亲王掌管着内务府。[24] 宗人府由果亲王、履郡王、贝勒允禧共同掌管。允禧还掌管着御书处，但很快就撤回。除了负责吏、户两部外，张廷玉还全面负责翰林院。[25] 一些指派是雍正时期的继续，而一些是乾隆皇帝下令添加的。结果，在常规的内廷和外朝人员等级之上，创立了一个新的部院管理者的内廷层级（基本上由总理事务王大臣成员组成）。尽管清朝的组织政策后来又回归到这种结构，但此时这些安排并非意在长远。

宗室王公的特殊地位

乾隆皇帝继位大约两个月后，除了两个重要例外情形，诸王都被解除了管理部务之职。相关的上谕指出，新政府起初找不出这些最高职位的合适人选，并解释了寻求诸王的帮助仅是权宜之计，也说到了令“一人管理三四处及五六处事件”的不可行。仅有果亲王、履郡王分别留任刑部和礼部。[26] 甚至这两人的留任也是暂时的，

◀ 图 43　允礼像

▼ 图 44《慎邸殿下（允禧）训经图》

前者仅持续了一个月，后者到葬礼结束为止。[27]但是，不具王公身份的管理部务大臣——鄂尔泰在兵部、张廷玉在吏部——保持着他们的位置，而这两人同时肩负了五六项职权。诸王解职后，仍将三 145
个最重要的部院置于这两位先前的内廷代理人监管之下，这种安排保证了内廷对它们的控制以及雍正朝做法的连续性。另外，将诸王中的大多数解职也强有力地平息了任何质疑：满洲王公以前在政府中所拥有的强大影响不会在新皇帝治下复活（见表5）。

满洲王公曾很有影响，康熙皇帝和雍正皇帝通过将这些人从历来对八旗的掌控中分离开来，从而削弱了他们的权力。而且，王公作为管理部务大臣和重要的中央顾问机构——议政王大臣会议成员的作用，在这两朝也逐步被抑制。[28]总理事务王大臣中的诸王在他们管理部务仅数周后就被解职，乾隆皇帝统治伊始的这种情况加强了反对王公的趋势。这以后，只有庄亲王（允禄）作为总理事务王大臣领袖，直至乾隆二年十一月（1738年初），还有平郡王福彭一直在辅助梯队的位置上。接下来，他们也被从政府中免职。如果要使内廷凌驾于外朝，那不会采用清初旧有的王公管理部务的做法。我们在后面会看到，在乾隆朝，乾隆皇帝大量利用管理部务的做法，但同时，如乃父一样，他在绝大多数时间严格将王公排除在决策之外。

因此，大多数王公被解除管理部务之职，他们在总理事务王大臣存续时期并不起领导作用。档案中这一时期的廷寄撰拟人员和许多议覆奏折显示，不是诸王而是两位从前的内廷代理人鄂尔泰和张廷玉负责撰拟上谕和议覆，甚至模糊不清的标题显示的是全体总理事务王大臣对某些文件负责，然而检查原档就会发现，其实是鄂尔泰和张廷玉撰拟了这些文件。[29]雍正的内廷代理人继续在乾隆的总理事务王大臣机构中承担他们为先皇帝所做的同样的工作。任命诸王担当总理事务王大臣的最高职位并不意味着他们掌控一切。

146 表 5 总理事务王大臣期间诸王作用的日益下降。诸王尽管在清初起着领导作用，但至乾隆朝他们事实上已式微。此表显示了乾隆朝初年涉身政府的诸王。诸王大多数是年轻皇帝的叔父——他们名字中的“允”字表示了这种关系（乾隆皇帝的兄弟极少）。同时，许多普通的满汉官员在新政府中得到了长期任命。如同在本表中显示的，诸王大多数很快遭解职。

时间（史料出处）	王公及任命	去职时间	在任时间
雍正 13/8/23《清高宗实录》1/9a ~ b	允禄（庄亲王），总理事务王大臣之首	乾隆 2/11/27	2 年多
	允礼（果亲王），总理事务王大臣成员	雍正 13/11/19	3 个月
雍正 13/8/24（北京）“上谕档（方本）”，乾隆 3/1/20，23 页	允祹（履郡王），管礼部	乾隆 3/1/20	2 年多
雍正 13/9/1《清高宗实录》2/1b ~ 2	允礼（果亲王），管户部	雍正 13/10/18	1 个半月
雍正 13/9/1《清高宗实录》2/1b ~ 2，5/12 ~ 13	允禄（庄亲王），管工部	来保返回京城后不久	2 个月
雍正 13/10/4《清高宗实录》4/16，5/12 ~ 13	允礼（果亲王），负责宗人府	雍正 13/10/18	2 周
雍正 13/10/4《清高宗实录》4/16，5/12 ~ 13	允祹（履郡王），负责宗人府	（？）	（？）

续前表

时间（史料出处）	王公及任命	去职时间	在任时间	
（？）《清高宗实录》26/15a ~ b	允礼（果亲王），管理藩院	乾隆 1/9/7	（？）	147
（？）《清高宗实录》26/15a ~ b	允礼（果亲王），管户部三库	乾隆 1/9/7	10 个月（？）	
雍正 13/10/18《清高宗实录》2/1b ~ 2，26/15a ~ b	允礼（果亲王），管刑部	乾隆 1/9//7	11 个月	
雍正 13/10/18《清高宗实录》5/12 ~ 13	允禧（贝勒），管宗人府	（？）	（？）	
雍正 13/11/24（北京）“上谕档（方本）”，123 页	福彭（平郡王），总理事务王大臣成员（辅助层）	乾隆 2/11/27	2 年多	
乾隆 1/1/12《清高宗实录》10/10b	允礼（果亲王），在京总理事务王大臣的领袖	（？）	皇帝前往清西陵的时 间（1 周？）	
	允禄（庄亲王），随往总理事务王大臣的领袖	（？）	同上	
	允祹（履亲王）上述集团成员	（？）	同上	
	福彭（平郡王）上述集团成员	（？）	同上	

资料来源：《清高宗实录》卷1，页91a ~ b；卷2，页1b ~ 2；卷5，页12 ~ 13；卷10，页10b。《清史》第1册，128 页第5栏。（北京）“乾隆上谕档”，雍正十三年十一月二十四日，123 页；乾隆三年正月二十日，23 页。要找的信息并非全都能得到。

乾隆朝，诸王在总理事务王大臣任职结束后，确实仍偶尔在政府中任职，但极少有掌握实权的，例如，凡皇帝出巡在外，就成立以这些人为首的“在京总理事务王大臣”。考虑到乾隆皇帝偏爱巡幸，这种任命无疑是大量的。但这里又一次显示出诸王只是起着有
148 限的作用。除诸王外，在京班子常常包括有着丰富处理政务经验的两三位军机大臣——在乾隆朝初期经常是鄂尔泰和张廷玉，他们与忠心耿耿的同僚一起办事。[30] 行政程序已趋复杂，需要经验丰富的专任大臣关注于此。除了负责与满人和皇帝的利益有关的事务外，诸王在政府中少有位置。[31]

宗室王公在政府中的影响逐步减弱，乍看好像符合艾森斯塔德的观点，即这对于统治者独立于传统和贵族集团的官僚帝国的发展很重要。[32] 毋庸置疑的是，诸王影响的锐减确实发生在清朝中期，但同时，皇帝们继续抚慰并使用皇亲。皇帝出巡时，常常任命诸王负责皇宫安全。事出紧急时也经常任用他们。甚至他们即使没有什么官位，皇帝们也经常向他们咨询。最后一点，如同我们将在第六章看到的，乾隆皇帝避开与他有着宗室血亲关系的人的同时，因为这些人可能对他的权威构成严峻挑战，常常任命太后和皇后的族人身居军机处高层。嘉庆初年和珅倒台后的紧急情况下，嘉庆皇帝任命了两位亲王暂时供职军机处。可以说，宗室王公在清前中期的影响减弱，但并没有彻底消失。皇帝们有时会明智地利用家庭的各种关系。

总理事务王大臣的章京

如前所述，大多数内廷的任命都是遵照皇帝的意志，并不是依照法律的合法任命，因此总理事务王大臣的成员就不得不在别的官

僚机构兼职。例如，鄂尔泰、张廷玉、朱轼都是大学士，徐本是协办大学士，讷亲、海望分别是兵部和户部尚书。其他的大臣都有兼职，常常是外朝机构的侍郎。总理事务王大臣的章京也是兼职的，他们必须在京中官僚机构有实职。[33]

乾隆元年（1736），有人发起挑战，反对内廷兼职的正当性。
这一抱怨很明智地仅指向那些有着其他职位的科道官，要求这些科
道官从所有兼职中撤出。这一奏折抵达御前，很快得到俞允。乾隆
皇帝对此的批示热情洋溢："所议是。该部（吏部）详察议奏。"乾 149
隆皇帝极为高兴，擢升建言者以示奖赏。[34]

很显然，总理事务王大臣的老资格们并不喜欢这一提议，也不喜欢皇帝对此的反应。剥离那些在都察院拥有中层职位的人，将会拿掉总理事务王大臣中最有经验的四位章京，这些人大部分先是内阁中书、侍读，后来才升任科道官。一旦在都察院兼职的正当性遭破坏，那么同样的主张可以转向总理事务王大臣的其他兼职人员身上。总理事务王大臣就此撰文上呈皇帝，阐述了由该折以及皇帝允准所引发的困难。他们解释道，"总理事务处并无专设司员"，这是有别于外朝部院的；这份文件夸奖了四人的业绩，结尾处态度谦恭，请求皇帝决定这些人是留任继续效力，还是回到本职。总理事务王大臣没有明写的是，担心皇帝会立刻失去所有非正式的协助，但皇帝显然明白了这一点，他推翻了先前的赞成意见，同意科道官员留任。[35]除一位科道官早已安排晋升外，其他三位继续供职于总理事务王大臣。反对内廷章京兼职，实际上是外朝又一次反对军机处这一"巨头"在内廷不断壮大。假如是这样的话，它没能达到目的。总理事务王大臣成功地保护了自己，这一事实说明了它在皇帝身边

地位的强化。

总理事务王大臣的职责

乾隆皇帝登极一年多之后，宣布已将“一切事务”移交总理事务王大臣处理，这一声明与雍正皇帝统治伊始对过渡班子所做的安排一样。[36] 的确，只要这一新的、统一的组织有能力处理更广泛的事务，进行更有深度的调查，那么交给总理事务王大臣的任务就会增多。不像以前那样仅有数位内廷代理人（雍正时大部分时间是两三人，有时是一个人），它不得不停止履行其他职责，以思考涌向皇帝的各种各样的问题。现在，有更多的大臣可以处理各类事务。到乾隆时期，战争也不会牵扯内廷人员的全部注意力，结果，扩大了的总理事务王大臣、增多的辅助人员以及改进的文件保存制度可
150 以用于解决新出现的问题。乾隆元年上报该年使用的纸张数目——七千多张，证实了总理事务王大臣实实在在的工作。[37]

借助总理事务王大臣所遗留的大量材料——尤其是他们向皇帝提出的书面意见，我们可以对它的业务进行最充分的研究。在交谈中口头向皇帝提出的高层次建议，其中大多数的内容永远消失了。但是大臣们越来越多的建议是先前经过详细调研而不是现场就能提供的，因此得以记录下来。它们保存良好，现在仍看得到许多并可以用于研究，这是我们关于内廷行政的主要信息来源。

毫不奇怪，乾隆的总理事务王大臣表达意见的文书，沿用雍正时内廷使用的格式（描述见前面第三章）。在雍正朝，许多内廷建

议以议片形式上呈，夹在外省所上的奏折中，但也有更大篇幅的议覆奏折，在满文或汉文档册中存有抄件。除此之外，出现在廷寄承旨人员名单中的朝臣显示出内廷高层建议的其他来源，这些建议最初是在交谈中表达出来的。

总理事务王大臣属员增加，文件增多，乾隆皇帝就可能有更多建议的来源和种类。从这时起，这些建议都有着广泛的调查基础，这在雍正欠发达、分立的内廷难以实现，那时差不多所有的内廷精力都必须投入战争。例如，总理事务王大臣建立近一年的时候，乾隆皇帝要求它拿出京官低俸问题的处理意见。一些年前，为增加各省中高层官员的报酬，当时是在薪俸之外设立养廉银。类似地，雍正皇帝曾给予各部尚书、侍郎双俸。[38]但其他京官仍阮囊羞涩，上谕承认“未足供其日用”。乾隆皇帝现在下令全面调查。

总理事务王大臣要收集外朝官员工作强度的信息，做各机构官吏数目的表格，弄清楚现有的财源以及所得日常经费。这些背景情况与调整后的分配方案要一起上报乾隆皇帝。上谕授权做广泛的调查，甚至包括翰詹京堂等衙门，上谕说：“虽事务不繁……均当令其一体沾恩。”[39]

乾隆皇帝责成总理事务王大臣调查这一将要实施的大好事，特 151
别准许它的成员准确查明外朝各衙门的情况。因为要为所有的人增加薪俸——甚至是承担不甚重要事务的官员——是件利益攸关的大事，因此要确保这些机构的通力合作。如果该中央机构能在给皇帝合理建议的同时对外朝机构表现出前所未有的慷慨，那么它将获致盛誉。最终的决定是，对于余下的京官都给予双俸，这令各方面满意，为新皇帝赢得了支持，也赢得了皇帝对于总理事务王大臣的支持，同时也提升了使这一切成为可能的这一内廷机构的声誉。[40] 仅调查和讨论京官薪俸这一件事，就阐释了新朝伊始总理事务王大臣的扩张之路。它统一和扩大了结构，提升了办事能力；这种提升了的能力可以找到更多的问题去调查和解决——要比以前更为详尽，更有条理，做事范围更广。尽管要做到保密，但不断增多的活动使得总理事务王大臣在中央行政中，比起雍正时秘密的、被遮蔽的总理事务王大臣来说，更显山露水。每一新的指派都会增添一些东西：经验，声望，有利于他人，赞助，或只是赢得皇帝对于这一新辅助机构的进一步信任。在总理事务王大臣早期的扩张中，顾问的作用是最为重要的。

总理事务王大臣的大多数建议都始于负责阅览京内外所上的所有奏折。仅有极秘密的信息密封陈奏，直达御前，不经总理事务王大臣之手。[41] 由于拥有阅览奏折的职责，总理事务王大臣有机会看到除最机密外的全国所有事务。档案材料显示了他们应付潮水般涌入的奏折的一些办法。

例如，台北“故宫博物院”保存有许多奏折，其中仍然夹有议片，建议皇帝采取适宜的行动。议片喜欢用的一种策略是以简洁词语打发一些议奏：“无庸议”。[42] 许多提议——特别是那些科道官的——就是这样处理的。例如，乾隆元年（1736），有工科给事中折奏，建议全国所有的惩罚、拷问刑具统一尺寸。他抱怨说，一些木枷重轻不一、大小不等，竹板、夹棍亦是如此。刑部已对一些必要的刑具做了规定。例如，木枷应是三尺长，近三尺宽，由重二十四斤的干木做成。但是该给事中认为，许多地方无视这些规定。他希望能严格实施法定标准。总理事务王大臣考虑了这一批

评，但认为没有价值。今天我们能读到上写他们提出“无庸议”作 152
为回应的议片，该议片夹在原奏折之内，它最初就是放在这个地方，这是总理事务王大臣向皇帝建议职责的一部分。[43]

有时，这种“无庸议”的决定以长篇奏报形式出现，是对建议的实质性讨论所得出的结论。乾隆元年，有御史重提曾令人兴奋不已的官员薪俸话题，认为部分盐课和关税盈余可以根据它们是否用在文武官员身上而分别存储。总理事务王大臣的议覆以“无庸议”结尾，但是在得此结论之前，切实分析了这一提议，引证了以前的材料和类似举措，以便皇帝可以有全面的认识。[44]有的议片告知乾隆皇帝已经采取的行动。有一个提醒他：“此折已有旨。”[45]还有一个是这些大臣拿出自己所撰拟的意见，表明他们认为什么应该做，该议片与一份解释和对议片内容进行摘要的奏片置于一处。[46]总理事务王大臣的建议职责意味着，该机构的大臣引导皇帝处理奏折中出现的各式各样的问题。

有时总理事务王大臣对一份奏折做全面分析，给京官带来加薪的数份奏折（如前面所描述的）就是如此做法。总理事务王大臣的成员分析利弊，引证背景和先例，权衡提议利弊，并对应该采取的行动提出他们自己的结论性意见。有时他们监督属员给出建议。尽管对于这些奏折的历史背景探源常常不能上溯太远，但也有一些例外。例如，对于恢复内地荒废马田提案的考察就提供了一个非同寻常的长远历史看法：北方四省（直隶、山东、河南、山西）拥有草场是如何支持明朝军备的，而随后多年的开垦将放牧有利条件破坏殆尽。议覆最后认为，除非没收已垦土地，这四省已无养马之地，而陕西边陲是例外，因那里现在还有足够多的地方；结果，他们提议利用东北。[47]但如此长篇的历史回顾是特例。大多数总理事务王大臣议覆彻底处理一个问题，主要是考虑当下情况以及本朝或是前一两朝的有关先例。

这些议覆所讨论的问题范围很广，远远超过雍正后期占很大比例的军事主题。现在内廷讨论触及许多问题，如皇帝的避讳，皇后
153 的徽号，侍郎的提名，服丧期的陛见程序，喇嘛私下买断北京民房，地方当铺过高的利息，京畿地区腾贵的米价，全国各地的仓廒，某些京官未能履行职责，铜价上涨的补救措施，地方田赋不正当的额外加增，对于渎职官员保举者的必要惩处，歉收后赈济的发放，京畿地区的水利，以及对地方官员的弹劾。[48]另外，总理事务王大臣与部院共同讨论一些问题：与刑部一同处理科场案，以及需要同工部有丰富经验的成员一起议事，等等。这一时期奏折体系中提出的问题正在增多，相应地，总理事务王大臣的建议也同步增长。

总理事务王大臣除了对外省请求予以议覆外，也有一些工作是满足皇帝对于信息或意见的需要。例如，在继位后不久，乾隆皇帝注意到他父亲当政第一年努力确定文职官员的适宜人选，他认为自己也应该做同样的事情。雍正元年（1723），部院大臣甄别属下司员，每十人中保举两人擢升；乾隆皇帝认为应再举行一次。但皇帝这一建议并没有得到总理事务王大臣的赞同。总理事务王大臣预言说，如此行事将使引见壅塞，候补人员人满为患。他们提出替代性建议：每个衙门向吏部送上名单和考语，当有空缺时令吏部安排引见。[49]乾隆皇帝有次要求总理事务王大臣考虑，因侍奉皇帝出巡，该有多少扈从得到奖赏。对此的建议清楚地说明了谁应得到奖赏以及应赏多少。[50]

这种承应皇命所做议覆的效果，要远胜于由经历丰富的管理者径直提供调查意见。在上述第一个例子中——对于保举许多候选人以备任命的质疑，必须要让乾隆皇帝感到存在着矛盾，并态度温和地向他提出一种不同的处理方式，因此，以书面的形式比面对面的对抗更容易达致目的。第二个议覆——关于皇帝出巡的奖赏，给予了总理事务王大臣显示自己公正无私的机会，因为他们在奏折的开始，极力否认有为自己谋求奖赏的目的，随后的建议删去了在人们看来可能有关个人私利的一切文字。当他们寻求赢得新君主的信任时，呈送皇帝文件字里行间的率直、无私只会增强他们的清誉。可以说，总理事务王大臣行走在一根紧拉、难走的绳索上，一面是要 154
发展一种信任关系，另一面是要引导和带领这位新君主。

并不是所有的议覆职责都由总理事务王大臣单独完成，许多问题也送达其他机构；为商讨特别的问题，皇帝可以命特别的机构加入。事实上，有时总理事务王大臣阅览一份奏折后，就推荐其他能够建言的机构。在这种情况下，他们最后将评述各种意见，并可以以口头或书面的形式加上他们的意见。

总理事务王大臣在所谓九卿议事中也起着领导作用。九卿议事历史悠久，由在京大员组成，清朝时包括四五十人。一个联合议覆的例子可以充分揭示这类建议的特色。乾隆皇帝继位的第三个月，身列总理事务王大臣首位的庄亲王领衔蠲免陕甘百姓赋税数目的讨论，陕甘百姓在西北战争中备受苦难。当时有四十四位官员即“九卿”列名议覆奏折：八位总理事务王大臣的成员（位于最前面），六部的二十四位尚书、侍郎，六位都察院官员，四位通政司官员，两位大理寺官员。议事进行了整整一个月。结果是，建议乾隆元年甘肃省的田赋全部蠲免，陕西减半。[51]这样一种大规模议事的好处是，这么多成员的力量将会有利于平息任何对结果的不满——尤其是只对一个地区蠲免这样棘手的问题。同时，由这么多成员正式签署的建议，实际上是以一种无可辩驳的形式上呈皇帝，他将很难质疑这一结果，即便他想这样做。总理事务王大臣身处九卿议事的领导者和组织者这样的位置，赢得了权威和声望。

总理事务王大臣议事也可以协助解决某些言论悖逆案件。与其他案件不同，对于这类案件的讨论层级更多。例如，乾隆元年（1736）的一个案子先由所在省份讨论，然后提交北京。在北京，该案先送总理事务王大臣和九卿。在商议并给出意见后，三法司审议，最后的裁决是斩立决。乾隆皇帝从轻处罚，最终允许案犯回到原籍。[52]后来，总理事务王大臣的继承者即军机处也常常处理这种悖逆案件，这是雍正皇帝去世后不久它职责开始扩张的一部分。

155 总理事务王大臣早期的行政业务也包括官员的任命。曾有一度，命令总理事务王大臣审查知府（从四品）及以上文职、守备（正三品）及以上武职的候选官员。[53]乾隆二年（1737），总理事务王大臣就人员任命的例外情形撰拟了一道上谕——“颇多”的职位由那些没有达到法定要求的候选人充任。上谕命令那些上报题补人员的人（通常是外省的总督和巡抚）在他们的提议中明晰开列候选人条件与正式规定间的所有差异，“以凭朕酌夺”。[54]对于人员任命的调查历来属于吏部和兵部，但这些机构现在听命于总理部务大臣鄂尔泰和张廷玉，内廷扩充的资源由这两人安排，这一事实意味着许多职责转归这些管理部务大臣，这时他们既指挥内廷章京，也指挥相关外朝部院人员的业务。[55]

可以说，总理事务王大臣的业务不再局限于内廷或外朝，而是伸至中央政府运行所及的内廷和外朝两个领域。并不是外朝所有机构都受到同样的影响。就我们现有研究而言，还不可能确定总理事务王大臣的成员——例如有许多兼职在身的张廷玉——对于所兼管各部的大小业务影响到何种程度。但即便如此，内廷之于内廷—外朝运作的影响，正由一个扩大了的、统一的、有经验的班子实现着。京官薪俸的调查是表现它实力的一个例证。雍正朝时，一个类似的、利用养廉银以调整各省官员薪俸的计划被一点点制订，逐省进行，费尽周折，对此的争论和通信往来达数年之久。而乾隆朝之初，统一的内廷的主管人员能够框定皇帝命令，发起对于京官薪俸类似的调整，策划必要的调查，制订计划，推荐双俸而不是养廉银，并仅用几个月就完成了这项工作。

总理事务王大臣时期的变化

儒家早期著述中有一条古老戒律，要求儿子在父亲死后行孝三年。皇帝死后也有同样的训诫，要三年不改父道，新皇帝常常引用这一训示。[56] 然而，乾隆朝初年却一再无视这一戒律。在总理事务王大臣时期，最令人吃惊的情况是在本应尊重和保持已故皇帝成就的时期内的变更之大。这些在皇帝服丧期内所发生的变化，数目 156
多，速度快，出现这种情况本身就需要给出解释。

这一章一开始就描述了可能是当时最具意义的革新：对中央政府机构进行重组，服丧期的内廷班子得到巩固并扩大。这是一个与以前的过渡班子模式不同的做法，以前是少数王公大臣掌控权力。除此之外，渐息的战争也解放了那些从前全力以赴从事军需和战争规划的人员。内廷班子的合并意味着，这一内廷行政机构以前主要局限于由少数专家来应对事务，现在可以放开手脚，大家共同协作，解决大问题。

另一个变化在于，过去的过渡班子都是暂时性的，只是在新皇帝搭就自己的统治模式之前那段时间存在。然而这次，当班子的任期结束时，并没有如以往那样予以解散。与传统的做法有着重大不同，这一暂时合并而成的班子得以继续存在。

结构上的那些变化已经讨论过了，现在我给出一些当时发生的其他较不重要的变化事例。我所选择的这些例子发生在总理事务王大臣对通信的处置上。我将描述四个方面的变化：奏折制度处理的问题种类扩大及数目增加，旧有的、重新抄录奏折然后具题的做法的终结，档案管理上的改进，以及对于官方出版的新的强调。关于总理事务王大臣和军机处其他新活动的描述将放在后面的几章，在那里将探讨整个乾隆朝的发展。

奏折制度处理的问题种类扩大、数目增加

我们已经探讨过雍正朝奏折制度的稳步发展，当时新的问题如地方官员薪俸之外添加养廉银主要是通过奏折往来解决的。[57] 第一章已提到，众多问题如法律严格禁止的耗羡的征收，也成为奏折处理的问题，因为只有在内廷处理才能避免外朝对它们可疑的合法性进行审查。[58] 另外，在雍正时期，许多应该完全属于外朝的事务，由于它们首先秘密地上呈皇帝，也就交由内廷处理。奏折处理的事

务范围在乾隆朝继续扩大。合并的内廷应付政务的能力增强，有助于它的扩张。

这一增强的确切进程难以测算。现存雍正皇帝去世（雍正十三 157
年八月）至乾隆初年（乾隆元年至二年）奏折中处理的问题[59]，涉及了内地各省，有时还涉及西北塞外地区的各色人等，从官员、富商到地方衙门胥役和农民。当然，这一时期许多奏折仍然关注战争，尤其是军队的人事问题，如奖赏那些表现突出的人员以及战死沙场的士兵的家庭。马匹损失继续是个恼人的问题。苗疆战略的制定就像对付任何地方的造反一样。财政总是当务之急：制钱，物价，收成，赋税，豁免，以及特别的问题诸如地方仓库的支出项目。另一大的领域与人事有关：任命，升迁，调转，引见，以及降罚。甚至司法事务——赦免罪犯，案件以及有关刑讯的细节——也可以具折上奏。雨雪情况一如康熙时期开始的那样继续上报。[60]有关皇帝家庭者——后妃、皇子——似乎不在奏折系统之内，除非这些人涉及政务或是犯罪。但即便没有这些，皇帝和他的大臣每天都要面对源源不断涌入内廷的数量众多、各种各样、内容广泛的报告。

其中许多问题雍正时已在奏折中出现，但当时仅有少数人员进行处置：皇帝自己加上几个内廷代理人——有时两三人，有时是张廷玉一人。只要内廷全力应付西北战事，那么对这些问题就不可能细致研究和讨论。然而现在，内廷的统一带来了扩张，可以认真处理这些问题了。

奏折重新具题以便外朝处理的终结

在以前，为了交部院处理，不得不重新抄写一份奏折——有时是改写，以题本的形式上呈。但乾隆皇帝继位后不久停止了这一要求。“具题来”的指示（第一章有描述），在乾隆及以后时期只是偶尔在奏折中能见到。现在只要合适，奏折就可以直接交外朝。有时皇帝下达走此种程序的指示，但是大臣如鄂尔泰、张廷玉也可以发出必要的指令。乾隆朝伊始就使用了一种新的档册即外寄档，以保存移交给外朝的奏折抄件。[61]

158 重写奏折再经由本章体系上呈，费时费力，此项要求的中止是很重要的一步，它使奏折的处理更加高效，因为这些奏折及朱批现在可以直接送往外朝，不会因重抄而误事。从这时起，外朝机构日常处理的有题本，也有奏折。奏折很快可以在邸抄中刊布。奏折送交外朝的决定，现在也可以作为先例出现在《清会典》和《清会典事例》中。而且，奏折的副本在外朝的档案库中存档，外朝编纂史书时可资利用。尽管最初仅有一些奏折交付外朝处理，但随后逐渐增多。这种改进的意义在于，奏折制度不再是皇帝、内廷圈子与外省间的一种私人通信渠道。除了一些特别指定的奏折外，现在这一制度更少秘密性，成为正式制度。

档案保存的变化

通信的另一类变化发生在总理事务王大臣对档案的保存方式上。尽管雍正内廷的许多形式继续沿用——用草书抄写的录副奏折的存储以及使用档册，但乾隆朝伊始就确定了一些变化。雍正朝，办理军机大臣负责内廷的汉文议覆档，由于这一机构的使命所在，议覆档只讨论西北战争。然而，雍正皇帝一去世，就建立了一种专门关注西北战事的新档册——边备夷情档。同时，旧有的议覆档得以扩展，包括现在涌入内廷的广泛内容。这一变化特别显著，它可能从雍正皇帝去世之日就开始了。从那时起，所有送达总理事务王大臣最高成员的各种问题被抄入档册，而这种档册此前只关注军事问题。[62]

满文档册在乾隆皇帝统治伊始也发生了变化，雍正时期的一些旧有名称消失了，出现了一些新名称。[63] 在总理事务王大臣解散后，可以看到资料保存上的其他变化；其中的一些如使用“随手登记档”，在总理事务王大臣时就已确立，当然现在已看不到了。总理事务王大臣在内廷处理奏折及其衍生物，使得它能接触到整个官僚系统不能看到的信息。除此之外，处理这些通信的职责也使得总理 159
事务王大臣的成员经常能见到乾隆皇帝。

总理事务王大臣对于出版的管理

乾隆皇帝统治伊始，通信方面的最后一项变化是在官方出版领域。在过去，官方出版多是翰林院等外朝机构的职责，常常是以一位大学士（他本人可能属于翰林院）负全责。[64] 而雍正时内廷代理人——他们大多数也是大学士——也监管编纂事宜，特别是在官方材料出现棘手问题或要掩盖、删除不想要的事实的时候。正因如此，有人认为张廷玉负责纂修康熙实录，使得雍正取得皇位的某些遭人质疑的密谋隐晦不明。[65]

然而，雍正朝并不以大规模的出版著称。战争以及对于脆弱财政的关切、王公的反对，还有国家体制其他的缺陷，都不允许过多关注文治。在雍正朝，数量众多、卷帙庞大的雍正朱批及上谕的编纂工作已经开始，但大多数最终在乾隆初出版，如《雍正朱批谕旨》

《上谕内阁》《上谕八旗》。[66] 雍正朝最后一年，汉文佛教典籍集成《汉文大藏经》(《龙藏》) 已在刊行中，该工程浩繁，直到乾隆朝才完成。[67] 雍正时期的一些编纂项目，如律例、会典和玉牒，都依据不同的时间要求予以修订。另一些，如《明史》的编纂，也是承续康熙朝的。但雍正时期书籍编纂出版相对较少，只有到了乾隆朝才出版了大量典籍，这成为清朝盛世的一个标志。的确，总理事务王大臣时期伊始，就开始了出版工作，一直持续到规定的遵循父道的三年服丧期结束。

尽管没有找到总理事务王大臣时期的精确出版目录，但一份早期的奏折（我判定是在乾隆四年至五年［1739—1740］，总理事务王大臣时期结束不久）开列了当时进行的项目。这份奏折给出的数字惊人：在乾隆初年有二十六个不同的编纂出版机构，其中六个刚
160 刚完成了它们的任务，正在解散当中，另二十个仍在工作。[68] 许多机构，比如实录馆，所编书籍不止一种，而另一些编纂任务如部院则例交给了各部院，因此这些进行中的编纂项目的总数事实上要比具奏的数量大得多。[69] 其中至少有十项可以确定是乾隆朝新建立的，其他的一些延续以前。总理事务王大臣的成员极关注其中的许多项目——起草编纂凡例，征得皇帝的俞允，撰拟授权的上谕，制订程序并挑选编纂人员。

总理事务王大臣时期出版项目编纂人员的组成（见附录 E）也有其意义。总理事务王大臣的成员——主要是鄂尔泰、张廷玉——几乎是所有新的编纂班子的领衔之人。他们并不从事日复一日的具体编纂工作，但身处监管职位，有权制定政策，进行干预。出版是政府活动的一个稳步扩大的领域。总理事务王大臣与这种扩

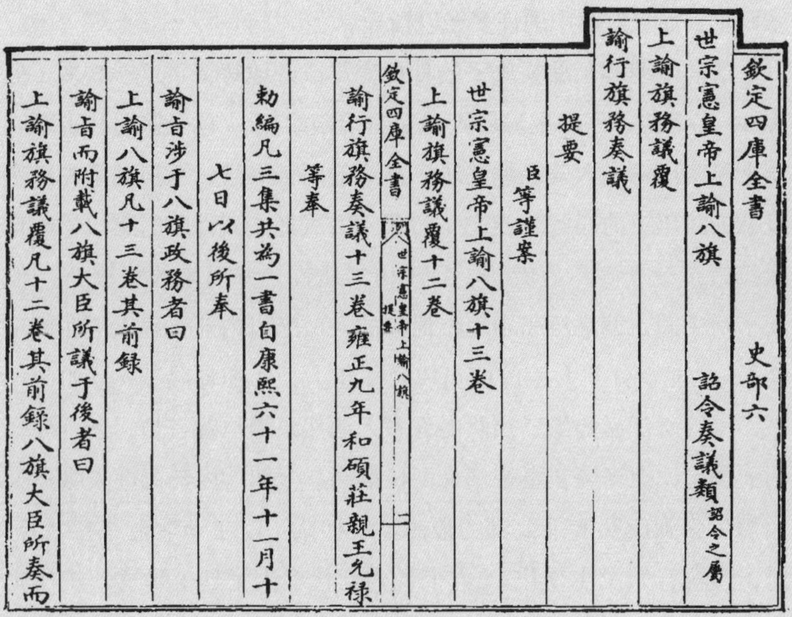

欽定四庫全書　史部六

世宗憲皇帝上諭八旗　詔令奏議類　詔令之屬

上諭旗務議覆

諭行旗務奏議

提要

臣等謹案

世宗憲皇帝上諭八旗十三卷

上諭旗務議覆十二卷

欽定四庫全書　世宗憲皇帝上諭八旗提要　二

諭行旗務奏議十三卷雍正九年和碩莊親王允祿

等奉

勅編凡三集共為一書自康熙六十一年十一月十

七日以後所奉

諭旨涉于八旗政務者曰

上諭八旗凡十三卷其前録

諭旨而附載八旗大臣所議于後者曰

上諭旗務議覆凡十二卷其前録八旗大臣所奏而

▲ 图 45 《四库全书》本《上谕八旗》首页（上）、乾隆《大藏经》（部分）

张同步，而且对其中的许多予以指导。

清前中期实录编纂班子的种种变化很好地解释了这一转变（见表6）。清初，外朝主导着大量官方出版事宜。有一些翰林院掌院学士常常应命进入实录编纂班子最高的两个等级，承担编纂先皇帝复杂的编年史的任务。这些人以某种方式非正式地临时隶属于内廷或接近皇帝，而不是借助于后来由实质性合并而来的军机处。但到了清中期，编纂班子中地位最高的人员来自内廷代理人（在雍正朝）、总理事务王大臣的成员以及军机大臣（在乾隆朝）。如此一来，尽管所任命的第二梯队的许多人依然系翰林院官员，还有外朝的大学士，但当雍正皇帝任命两位最高、全职的内廷代理人张廷玉和鄂尔泰到康熙实录编纂的最高监管梯队（仅在大学士马齐之后）时，情况开始发生变化。（人们说内廷代理人张廷玉是这项工作实际的负责人。）接下来，雍正十三年十二月（1736年初）任命了雍正实录的编纂班子，由总理事务王大臣成员鄂尔泰担任监修总裁，下一层次即总裁四人，其中的两人张廷玉和徐本也是总理事务王大臣。[70] 如表6所示，以后的实录编纂班子也由大学士组成，但最高的监管官员总是内廷人员——至少是一位军机大臣，常常是领班军机大臣。圣训也是如此，它与实录同时编纂，由同一机构负责。[71] 皇帝们不得不任命最可靠的官员来负责那些与清朝每位皇帝的官方历史记述同等重要的著作的最后审订。到了乾隆朝，选择的官员就是军机处人员。

163 总理事务王大臣同时兼管国史馆，这个机构负责纂修清朝国史。乾隆元年初，有人奏请应继续编纂国史。总理事务王大臣调查了以前的编史情况，发现康熙皇帝已经着手《三朝国史》的编纂，雍正

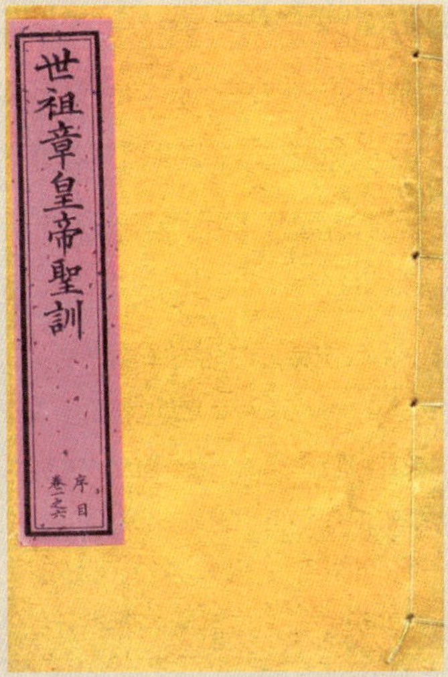

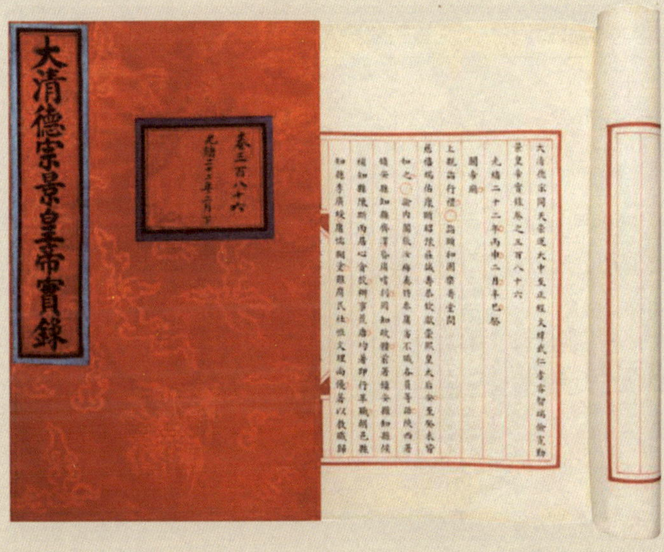

▲ 图 46　圣训、实录

皇帝步随其后，又加上了康熙朝，创立了《四朝国史》。总理事务王大臣奏报说，经过雍正时期的编写，官修的四个主要部分——本纪、志、表、列传——在雍正末年都有了初稿，但还需要修订。具奏人最后认为，现在该开始着手编写国史的雍正朝部分了。[72]

161 表 6　清前中期实录的主要编纂人员，包括清前中期实录监修总裁以及总裁（人数在六人左右），同时开列每人的最高官职。资料来自各实录，因此只是实录最终修成时的编纂班子成员。本表显示出编纂班子最高层从清初大学士到后来内廷代理人、总理事务王大臣成员以及军机处成员的变化。皇帝的内廷代理人（雍正朝是如此情况）、总理事务王大臣成员以及军机大臣的名字有下划线。应提醒读者的是，一些早期的大学士也可能是内廷的显贵，但与后来的军机处的不同之处在于，他们不是一个主导内廷的庞大组织的组成部分。

各朝实录完成时间	为首的编纂人员	职位
顺治[a]	巴泰	大学士
康熙十一年（1672）	图海	大学士
	索额图	大学士
	李蔚	大学士（首揆）
	魏裔介	前大学士
	杜立德	大学士
康熙[b]	马齐	大学士（首揆）
雍正九年（1731）	张廷玉	大学士、内廷代理人
	蒋廷锡	大学士、内廷代理人
	朱轼	大学士
努尔哈赤	鄂尔泰	军机大臣
乾隆四年（1740）修订[c]	张廷玉	军机大臣
	徐本	军机大臣

续前表

各朝实录完成时间	为首的编纂人员	职位
雍正	鄂尔泰	军机大臣
乾隆六年（1741）	张廷玉	大学士（首揆）、军机大臣
	福敏	大学士
	徐本	大学士、军机大臣
	三泰	内阁学士
乾隆	庆桂	大学士（首揆）、领班军机大臣 162
嘉庆十二年（1807）	董诰	大学士、军机大臣
	德瑛	内大臣、原军机大臣
	曹振镛	工部尚书、未来的领班军机大臣（道光朝）
	王杰	原大学士、原军机大臣
	朱珪	原大学士
	彭元瑞	内阁学士
	那彦成	原军机大臣
嘉庆	曹振镛	大学士（首揆）、领班军机大臣
道光四年（1825）	戴均元	大学士、前军机大臣
	百龄	前大学士
	英和	内阁学士、前军机大臣
	汪廷珍	礼部尚书
	松筠	左副都御史、前军机大臣

资料来源：实录首卷修纂官；《光绪会典事例》卷 1049。

a. 对于顺治实录监管修纂人员的选择，变成了鳌拜与皇帝集团间的一场斗争。最后，年轻的康熙皇帝取得了胜利，这里开列的是他选择的人员。参见安熙龙：《马上治天下：鳌拜辅政时期的满族政治（1661—1669）》（芝加哥：芝加哥大学出版社，1975 年），192 ~ 199 页。

b. 对于康熙实录更早任命的一组修纂人员名单，参见《光绪会典事例》卷 1049，页 11a ~ b。

c. 清开国皇帝努尔哈赤实录的这一版本在乾隆初修订，参见《清太祖努尔哈赤实录》1933 年排印本（序言，乾隆四年十二月初十日［1740 年 1 月 8 日］）。

163 该年晚些时候，国史馆的负责人鄂尔泰和助手上呈了努尔哈赤（《四朝国史》的第一部分）本纪的最终修订本。在同时所上的奏折中，他们开列了初稿修订的方案，计划首先完成所有的本纪，然后转入志、表和传记。但乾隆皇帝反对。他希望齐头并进，立即修订四部分的所有初稿，国史馆人员将一边着手本纪，一边进行其余部分。[73]结果，国史在整个乾隆朝依然是初稿的形式。那些曾为当今皇帝服务并去世的人入传，并且这些传记在乾隆皇帝一生中经过了数次修订，而所有一切都受军机处监管。

除了监管这些编纂工作，总理事务王大臣也参与政府雄心勃勃的刊印十三经和二十一史的计划，这在乾隆皇帝统治之初已经开始。总理事务王大臣研究与此有关的许多问题，测算出版支出，以及出版其他著作的需用，这是为了使读书人得到以前不易得的经书和史书，尤其是资助出版那些科举考试备考用书。[74]

164 有许多的理由可以认为，出版是会给政府带来好处的一个活动领域。政府资助出版经书、正史的新版本，直接站在了帝国庞大的学术事业——从科举应试到语言到哲学研究——的台后。[75]众多出版机构也为士大夫提供赞助，为一些科举出身的人提供工作的机会——撰写、誊抄、校对等。此外，当雍正皇帝尝试性地以及乾隆皇帝更加强有力地推动佛教和满文出版事业时，他们博得了帝国内部许多人的好感。[76]巨大的出版努力吸引着帝国许多重要的群体。

掌握历史书写对于传播诸多事件的定论和营建支持政府政策的历史意识特别重要。一旦以前的统治问题得到解决，与西北部落数十年的战争宣告结束，看到政府热心扶持大量出版事业，或总理事务王大臣在这些活动的背后现身，也就不以为异了。然而，除了已在进行中的，乾隆皇帝统治伊始还强力推进了其他的出版事宜，在服丧期间并不只是遵循以前的做法，这一点意义重大。与雍正时期相对淡漠的出版兴趣相比，这种对于出版的积极热心在雍正皇帝去世后不久开启了又一引人注目的显著变化。[77] 如同总理事务王大臣合并了以前分立的众内廷机构一样，这些变化也是在半年或更短的时间内完成。很显然，这些急速革新的发起者并不是这位新继位、年轻、无经验的皇帝，而是他高层的大臣们，这些人已为这样的变革计划等待了很长的时间。

反对内廷壮大

这么多的变化以及宣布总理事务王大臣的巩固和壮大的上谕将此公之于众，招致了外朝的反对。雍正时，由于保密性遮蔽了内廷的活动以及内廷关注军事战争，人们并没有意识到发生在内廷的重要变化。乾隆皇帝一继位，内廷行政活动比以前远为公开——例如在薪俸等事务之上，内廷膨胀以及同一时期外朝影响的衰落，这招致了人们的挑战。我们已经看到，废除司员兼职的提案就是对于内廷间接的打击。有材料显示，在总理事务王大臣期间，开展了一场 165
将奏折通信系统某些方面摆脱新的内廷机构控制的斗争。

乾隆初期，总理事务王大臣研究并拒绝了一项将奏折制度中关于收成的奏报交给本章制度的提议。总理事务王大臣的议覆认为，外朝通信的公开会“杜假饰之弊”，对于收成奏报中的渎职起到抑制作用，但本章制度必然会造成迟延——尤其是要求具奏人上报一地情况之前要收集全省各地方的所有相关信息，这就使得不大可能考虑所提议的变革，因此不必考虑该提议。这一提议很可能是反对内廷壮大的外朝人员提出的，今天可以从文件中看到一暗示：总理事务王大臣反对该提议是想要垄断重要的奏折信息，而这些信息在当时只是流入内廷。这一提议不会有什么结果，以免内廷机密处理所有奏折的原则——这也是内廷权力的关键之一——受到攻击。尽管如此，这一次，总理事务王大臣成员很在意外朝的抗议。他们建议收成奏报继续通过内廷奏折体系上报，但还是向外朝做了让步，建议各省大员以本章的两种形式即奏本和题本提交夏秋收成信息，报各部及六科以备核查。[78]如此一来，内廷的掌控依旧，但外朝的关注也没有完全被忽视。

稍晚又有一建议提出，在接到皇帝批答后，京官的奏折应由内阁而不是像过去那样由分散的部院处理。这位提议人是都察院左副都御史，特别寻求打击外朝属僚在通信方面各种各样的渎职行径，这些人在抄录文件时或更改数字或改动细节。他说，在实施这些行为的办公地点以外，没有谁能掌握所讨论的文件的可靠原文，以查核这种行径，部院事务的重压阻止了纠偏的措施。这位都察院高官想将京官的奏折也依京官题本差不多的方式处理——在副本上用印，文件在更大范围内流转，应由内阁而不是原具奏衙门负责文件的保存和进一步抄发。[79]

我没有看到所有相关文件，也不了解当时必定发生过的幕后交流，所以难以分析这一提案。表面上，这个提议似乎不重要。但很显然，因为建议看起来不得罪什么人，因此就有获得批准的可能，接下来它就变成了一个楔子，借助它，外省所上奏折原件也将不得不

如同本章一样对待，并在外朝保存。秘密的内廷通信制度处在危险 166
之中。

这个主张貌似有理，但并没能骗过总理事务王大臣。它的议覆是，不要将这新的权力转移给内阁。皇帝接受并俞允。但也做出了小的让步，要求在京机构立即将从内廷返回的每份文件都摘叙事由提交内阁，并在三天之内交付内阁加印的密封抄件。但是原件和抄发的职责还是属于在京机构。[80]各部院的职责保持不变，没有转移给内阁。对于内廷垄断外省奏折的威胁——这对于奏折这第二种分立的内廷通信系统的确生死攸关——解除了。

可以看出，在总理事务王大臣时期，确实提出过一些对于该班子的反对意见，包括恶意影射内廷滥用保密和权力。而且，对于总理事务王大臣的一些攻击集中在它对于奏折体系的控制，这突出了内廷通信是该班子权力的关键所在。但是总理事务王大臣坚决地自卫，这一事实表明它不同于清朝以前的过渡班子，尽管它正走向终点。

从总理事务王大臣到军机处

乾隆二年十一月二十七日（1738 年 1 月 16 日），总理事务王大臣上奏请求解散该机构。他们一上来就提醒说，上一年已提出过同样的请求——当时雍正皇帝的灵柩已被护送至陵寝，但遭到了皇帝的拒绝。他们指出，雍正皇帝去世后，依礼制，他们已连续效力了“三年”（实际是二十七个月），现在应再次遵循传统礼节，中止他们的内廷侍奉，这样新皇帝就可以亲自接手政府的领导权。[81]然而这一次，在清史这一关键时刻，清廷采取了一个全新的做法：命令该班子不必解散，继续存在，只不过换了一个新的名称。

上谕对这一完全不遵照传统的做法给出了解释，一开始，就将乾隆皇帝目前的形势和他父亲当日的情况做了对比。在过渡期结束时，他很年轻，只有二十六岁，没有经验，这与他父亲不同——雍正皇帝是在四十多岁时继位的。上谕称赞乃父的能力："至圣至明，于天下政务……无不周知洞悉。"这位新皇帝问道："在朕今日岂敢与皇考比拟？"[82]

167 乾隆皇帝接着表扬总理事务王大臣："凡所交政务，莫不悉心办理。"然而，乾隆皇帝承认，他不能拒绝解散的请求，对仍在任的八位成员（两个梯队）表示感谢，将他们的名字交相关机构议叙。[83]

第二天采取了至关重要的一步。又一道上谕解释了在两路（北路和西路）依然有军情，加之皇帝"日理万机"，这位统治者要求赞襄。尽管已去世的雍正皇帝没有类似持续存在的班子，然上谕回忆起雍正皇帝有办理军机大臣，他们作为助手承办事务。因此，现在将六位总理事务王大臣的成员留任，给予从前的军机大臣头衔。为首的是两位股肱老臣——鄂尔泰和张廷玉。[84]

清朝的"军机处"就这样建立起来了。表面上是恢复他父亲统治安排的一种忠孝行动，但实际上无视雍正内廷的分立，年轻的乾隆皇帝在统治的第三年宣布行政革新，清朝政府从此发生彻底改变。这一努力是从康熙时就开始的清朝高层行政重组的最后一步。

革新是总理事务王大臣时期最显著的特色。这一时期以合并三个内廷机构——内廷代理人、军需房、办理军机大臣——为始，外

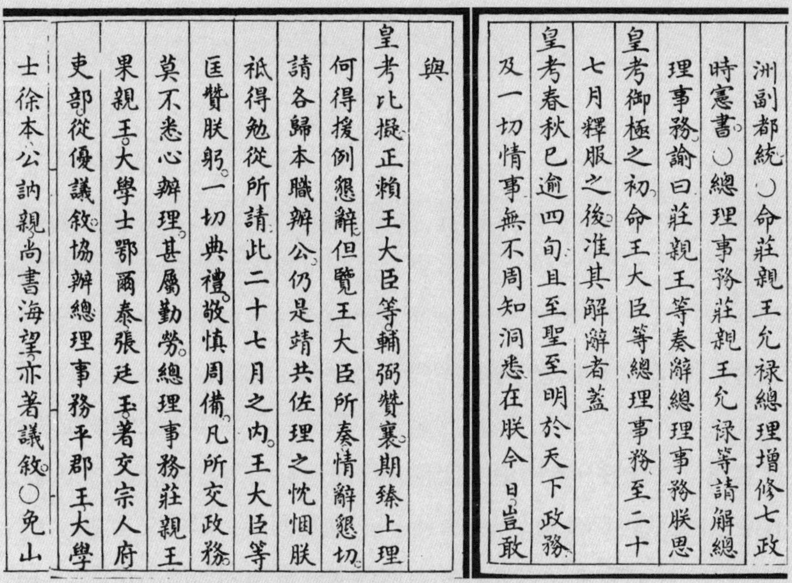
洲副都統◯命莊親王允祿總理增修七政
時憲書◯總理事務莊親王允祿等請解總
理事務諭曰莊親王等奏辭總理事務朕思
皇考御極之初命王大臣等總理事務至二十
七月釋服之後准其解辭者蓋
皇考春秋已逾四旬且至聖至明於天下政務
及一切情事無不周知洞悉在朕今日豈敢
與
皇考比擬正賴王大臣等輔弼贊襄期臻上理
何得援例懇辭但覽王大臣所奏情辭懇切
請各歸本職辦公仍是靖共佐理之忱朕
祇得勉從所請此二十七月之內王大臣等
匡贊朕躬一切典禮敬慎周備凡所交政務
莫不悉心辦理甚屬勤勞總理事務莊親王
果親王大學士鄂爾泰張廷玉著交宗人府
吏部從優議敘協辦總理事務平郡王大學
士徐本公訥親尚書海望亦著議敘◯免山

▲ 图 47 实录记载的解散总理事务王大臣

加吸纳成立不太久的办理苗疆事务王大臣。这与雍正皇帝将机构分立的先例有重大差别。第二个结束政府既有结构的变化发生在总理事务王大臣行将结束时，这时一个过渡班子转变为永久性实体，并获允以一种迥异于雍正时期分立内廷的统一形式存在。在这一时期，其他方面也抛弃了过去雍正时期的做法：行政、通信体系、档案的庋藏以及出版。在应顶礼膜拜已故父亲为政之道的服丧期，却发生着不协调的变化。

这一时期所实行的种种变化不仅仅是一个新继位、不成熟的君主力争自己掌控大权的临时性实验，这些革新是深思熟虑的结果，它们改变了内廷的结构。而且，它们持续了下去。许多是在乾隆皇帝统治的头几周予以实施，表明了这些是在雍正皇帝去世前就已计划好的。从这一点看，它们可能不应归功于新皇帝，而应归功于他
168 的内廷顾问们。毕竟乾隆皇帝没有必要马上求变，而是应遵循古代儒家三年不改父之道的训诫。但是如果大臣们希望将他们的想法付诸实践，这在最开始时最易实现，这时他们是与处在悲痛之中且没有经验的皇帝打交道。一些革新——如重写奏折以提交外朝做法的叫停——太过专业，这明白无误地表明，提出它们的不是无经验的皇帝，只能是有见识的大臣。而且，总理事务王大臣的成员在议覆奏折中决意为他们的机构辩护，这也清楚表明了这些官员雄心勃勃地保存他们的新机构。尽管永远不可能在大臣主张和皇帝代言之间划一个清楚的界限，但总理事务王大臣保存了下来，很大程度上这归结为它的成员的决心。

这种决心是以能力作为强有力后盾的，总理事务王大臣高效工作，提交正确议覆——例如京官实行双俸的建议等。高效也是它办

事的一个标志。当军机处接手总理事务王大臣时，关于后者的报告说，该班子二十七个月所剩未完的工作只有三件，而这些也是故意延期。[85] 这些大臣已使乾隆皇帝离不开他们。

最重要的是，康熙皇帝和更早的满洲内廷引入的，且雍正皇帝所坚持的非正式机制，推动了内廷的发展。尽管雍正时期的非正式性使得早期的内廷机构脆弱、易变，它们的存在完全仰赖雍正皇帝鼻息，然而在乾隆时期，这种脆弱性反而成为它不受法律和先例的束缚，得以成长的有利条件。

注

339 1.《清高宗实录》卷355，页1b ~ 2。该提议是由御史冯元钦提出的。这位御史使用军机房（而不是军机处）来描述当时的这个班子，这是我见到的最早使用这一术语的材料之一。第一次金川之役是乾隆十三年至十四年（1748—1749）与四川西部的土著开战。

2. 8世纪枢密院的描述，参见《续通志》（台北1954年重印本），4041页。枢密院自身的历史，参见埃德蒙·沃西的博士论文《宋朝的建立（950—1000）：军事和政治制度的一体变化》（普林斯顿大学，1976年）的第五章“枢密院”。感谢沃西博士送我论文的这一章。沃西认为，枢密院的英译名称通常要随它在不同时间所起的不同作用而有变化。“Palace Council”是唐代枢密院的译名，“Bureau of Military Affairs”是他为宋代枢密院所选的名字（214页）。唐代的枢密院，参见崔瑞德：《剑桥中国隋唐史》（纽约，1979年），第一部分“绪论”，20页，同时参考544、634页。这一名称也用于五代时期（907—960）。

3.《清高宗实录》卷355，页1b ~ 2。唐代的枢密院牵涉宦官，可能使得它的名字在清朝缺乏吸引力。

4. 后来，18世纪的赵翼也将军机处与枢密院做了比较，参见《簷曝杂记》卷1，页3；《廿二史劄记》卷22，页291 ~ 292。

5. 决定使用这一名称，参见（北京）“议覆档”雍正十三年八月二十四日，7页。雍正元年时清朝第一次使用这一名称，参见沈仁远、陶希圣：《明清政治制度》下编，44 ~ 45页。

6. 军机处在清朝覆亡之前不久废除，时在宣统三年四月初十日（1911年5月8日），取而代之的是责任内阁，参见《宣统政纪》卷52，页18及以后。参见本书“序言”部分有关废除军机处的评述，包括注7。

7. 参见安熙龙《马上治天下：鳌拜辅政时期的满族政治（1661—1669）》（芝加哥，1975年）所引述的努尔哈赤，22页。

8. 此前的摄政、辅政，参见沈仁远、陶希圣：《明清政治制度》下编，44页；魏斐德：《洪业：清朝开国史》上册，158 ~ 160、297 ~ 298页；《清代名人传略》。服丧期笼统地称为三年，因为二十五个月前后就进入了第三个年头，参见阿瑟·韦利：《古代中国的三种思维方式》（纽约州花园城，1956年），94页。

9. 安熙龙:《马上治天下：鳌拜辅政时期的满族政治（1661—1669）》，1、15 ~ 20、47 ~ 49 页，50 页及以后，以及该书的附录 1，205 ~ 209 页；劳伦斯·凯思勒:《康熙和清朝统治的巩固（1661—1684）》第二章，尤其是 20 ~ 21 页。

10.《清世宗实录》卷 159，页 19b ~ 20;《清高宗实录》卷 1，页 9a ~ b。允祥是雍正皇帝的十三弟，是这一派别中最具才干者，已于雍正朝中期去世，参见前面的第二章。

11. 雍正皇帝在清朝君主统治的历史上，在他及他儿子两个过渡班子的选择 340
上，显得不同寻常。按通常的程序，康熙皇帝本应该自己任命班子，但出于某种原因（可能是康熙皇帝死得突然）而未能实行，参见《清世宗实录》卷 1，页 8b ~ 9。

12.《清世宗实录》卷 159，页 19b ~ 20;《清高宗实录》卷 1，页 9a ~ b；（北京）“议覆档（方本）”雍正十三年八月二十三日，5 页。张廷玉娴熟掌握满语可能是他得到此任命和殊荣的原因之一，参见第二章注 60 对此的讨论，以及相关的正文。配享太庙的恩赏，参见（北京）“议覆档”雍正十三年八月二十五日，19 ~ 21 页;《清高宗实录》卷 1，页 15b ~ 16b;《清代名人传略》，55 ~ 56 页；贺凯:《中国古代官名辞典》（斯坦福，1985 年），6188 条。

13.《清高宗实录》卷 1，页 18b;（台北）“宫中档”雍正朝奏折 020420，雍正十三年十二月十七日，来保等折。班第、索柱地位的用词“听王大臣差委办事”显示出他们处于最高层之下，地位略低。至于总理事务王大臣和最终合并前的军机处的区别，可参见许多例证:（北京）“议覆档”雍正十三年八月二十六日，27 页;（北京）“议覆档（方本）”雍正十三年八月二十五日，49 页；（北京）“议覆档”雍正十三年九月初八日，91 ~ 92 页。朱轼的任命，参见《清史》第 1 册，128 页第 6 栏。朱轼的地位不完全清楚。在雍正皇帝去世当天，新皇帝将朱轼从南方治水的位置上召回，以接手北京的一个未详加说明的官职，参见（北京）“议覆档”雍正十三年八月二十六日，23 页，引述雍正十三年八月二十三日上谕;《清史》第 1 册，128 页第 4 栏。任命朱轼为总理事务王大臣成员约在十天后，是十三年九月初四日，参见《清高宗实录》卷 2，页 14。在这一时期的奏折上，朱轼开列自己为协办，参见（台北）“宫中档”雍正朝奏折 020415，雍正十三年十一月十五日。而且，雍正十三年九月初七日总理事务王大臣最高层提交一份奏折，他的名字不在名单之内，参见（北京）“议覆档”雍正十三年九月初七日，83 ~ 84 页。这些显示出朱轼的协办地位，但朱轼似乎已占据了一个非同寻常的中间位置——比别的协办成员要高，却又比最高层稍低。例如，雍正十三年九月十三日，奖赏总理事务王大臣成员时，朱轼的名字与最高的四人一同开列，但他的奖赏稍有不同。两位亲王永享亲王双俸，鄂尔泰和张廷玉赏给世袭一等轻车都尉，而朱轼得到的是世袭骑都尉，参见《清史》第 1 册，128 页。然而，朱轼确实得到了赏赐，而其他的协办成员班第、索柱等却被忽视了。给朱轼恩赏少些，可能因为他不是雍正皇帝所任命的班子成员，参见钱实甫：《清代的军机处》，见中国人民大学清史所编：《清史论文选集》第 1 辑（北京，1979 年），474 页。这一时期朱轼地位低于鄂尔泰、张廷玉的进一步证据，在于他极少与他们一起名列谕旨撰拟人，参见这数月的（台北）“起居注册”。但因为这一高位，他得到赏赐房屋六十间，移居费用，并允许他保留乡间别业，参见（北京）“议覆档”雍正十三年十月十七日，293 页；（北京）“议覆档（方本）”雍正十三年九月二十一日，149 页；《清高宗实录》卷 3，页 12b。朱轼在乾隆二年的秋天去世，是在总理事务王大臣任期结束之前，参见《清高宗实录》卷 35，页 5b。他的后人情况，参见（台北）“上谕档（方本）”，乾隆四十一年七月二十二日，157 页；（台北）“宫中档”嘉庆朝奏折 004575，嘉庆四年五月初八日，张诚基奏折。

14.（台北）“宫中档”雍正朝奏折 020499，雍正十三年九月二十二日，允礼、张廷玉、海望奏折（在第四章开篇不久引述了该折的大部分内容）。这一时期前后有份奏折显示，户部的三位最高成员——一位管理部务大臣和两位尚书——都位列总理事务王大臣，参见（台北）“宫中档”雍正朝奏折 020500，雍正十三年
341 九月二十日，允礼等奏折。档案中最后提到军需房的日期是在（北京）“议覆档”雍正十三年九月初八日，95 页。（以后是在《清高宗实录》卷 3，页 34 ~ 35b，在谈及之前的形势时提到，时间在雍正十三年九月二十七日。）有份户部（但可能是内廷）的奏折极可能源自这些档案，参见（北京）“议覆档”乾隆元年三月二十四日，总理事务王大臣议覆。

15.《清高宗实录》卷 5，页 42a ~ b。办理军机大臣即军机处在这一集团与其他的合并前数月的文献中仍被提到。它与总理事务王大臣一起议覆，参见雍正十三年八月和九月的（北京）“议覆档”和“上谕档（方本）”，如（北京）“议覆档（方本）”雍正十三年九月十七日，136 ~ 139 页；（北京）“议覆档”雍正十三

年十月初九日，253 ~ 254、255 ~ 256 页；（台北）“起居注册”，雍正十三年九月二十三日。办理军机大臣、总理事务王大臣以及军机处间的连续性可以从下面的材料记载中看到：（北京）“议覆档”乾隆二年十一月二十九日，325 ~ 328 页；乾隆三年十一月十二日，479 ~ 481 页。读者应留意，（北京）乾隆元年和二年“随手登记档”提到军机处不意味着军机处即办理军机大臣还没有解散。乾隆元年至四年的随手登记档不是原件，而是 1920 年代末文献馆热心的工作人员在军机处存留档案基础上完成的，参见乾隆元年随手登记档封面的记述；张德泽：《军机处及其档案》，载《文献论丛》（北平，1936 年），“论述”部分，70 页，以及“报告”部分，19 页。同样，对于这一时期，（台北）“长编档”使用了另一个使人误解的词，不是因为它是文献馆时期创造的（乾隆时期已这样写了），而是因为它使用“军机”一词不是指“军机处”，而是指军机处（先是办理军机大臣，后来是军机处）录副奏折。那些主张雍正时期设立军机处的人常常认为，军机处在服丧期及以后继续存在着，例子参见季士家：《浅论清军机处与集权政治》，载《清史论丛》，第 5 辑（1984 年），181 ~ 182 页。

16. 在进入总理事务王大臣之前，徐本可能已获命短暂地隶属于旧有的军机处，参见《清高宗实录》卷 5，页 8b。

17.《清高宗实录》卷 5，页 42a ~ b；（北京）“议覆档”乾隆元年正月初十日。根据实录的记述，办理苗疆事务王大臣是在雍正十三年五月二十五日建立的，参见《清世宗实录》卷 156，页 15a ~ b。之前，军机处处理西北事务，也处理苗疆事务。雍正十一年，年轻的乾隆赐封宝亲王，承命关注军事政策和苗疆事务，参见《清史》第 1 册，128 页第 2 栏。总理事务王大臣和办理苗疆事务王大臣并存，直至后者解散，参见（北京）“议覆档”雍正十三年八月三十日，53 ~ 54 页；（北京）“上谕档（方本）”，雍正十三年九月二十一日，151 ~ 152 页；（台北）“起居注册”，雍正十三年九月二十四日。在它解散前，最后提到它的档案是（北京）“议覆档”雍正十三年九月二十七日，173 ~ 174 页。办理苗疆事务王大臣，参见杜联喆：《关于军机处的建置》，17、19 页。

18.（北京）“上谕档”，雍正十三年十一月十九日，85 页；雍正十三年十一月二十四日，123 页。

19. 内廷代理人，参见前面的第三章。

20. 比较《枢垣记略》卷 16，页 1 及以后，卷 18，页 1 及以后，以及（北京）

“议覆档”乾隆二年十二月十一日，353 ~ 355 页。也参见（北京）“议覆档”乾隆二年十一月二十九日，325 ~ 328 页。一些满章京的名字出现在雍正九年、十年的（北京）“军务议覆档”和（北京）“寻常议覆档”满文档案中；考察这些名字，常常表明这些人入值的时间要早于《枢垣记略》的记载。参见附录 D 开始
342 部分的解释。另一个名字章宝传，在这些材料中未出现，是在《中和月刊史料选辑》中找到的（[台北，1970 年]，第 1 册，1 页）。

21.《清史》第 1 册，128 页第 5 栏；《清高宗实录》卷 1，页 9b。也参见《清史》第 1 册，289 页；《清高宗实录》卷 4，页 17。

22. 这一时期张廷玉在奏折上列衔的情况，参见（台北）“宫中档”雍正朝奏折 020499，雍正十三年九月二十二日；“宫中档”雍正朝奏折 020511，雍正十三年十月二十八日；“宫中档”雍正朝奏折 020492，雍正十三年十一月初八日；“宫中档”雍正朝奏折 020496，雍正十三年十一月十五日。到乾隆统治第一年结束时，任命庆复为吏部第二位管理部务大臣，参见《清史》第 1 册，131 页第 1 栏。

23.《清史》第 1 册，128 页第 1 栏；《清高宗实录》卷 2，页 1b ~ 2。庄亲王并没有在这个位置上待很长时间，兼管工部事务后来给了迈柱，参见《清史》第 1 册，130 页。果亲王（允礼）在雍正十二年时就已管理户部事务，参见（北京）“题本”783 00026，雍正十三年四月十二日，果亲王等题本。

24.（台北）“宫中档”雍正朝奏折 020419，雍正十三年十月初三日，允禄（庄亲王）和其他四人被写成“总管内务府”。

25.《清高宗实录》卷 4，页 16；卷 5，页 12 ~ 13。允禧很快就从御书处解职，由和亲王取代，参见（北京）“议覆档”雍正十三年十月二十七日，327 ~ 328 页。

26.《清高宗实录》卷 5，页 12 ~ 13。总理事务王大臣期间所任命的其他非王公管理部务，参见《清史》第 1 册，129 页第 3 栏（孙嘉淦是在吏部，雍正十三年十一月十八日），以及《清史》第 1 册，129 页第 6 栏（傅鼐是在兵部，雍正十三年十二月十五日）。

27.《清高宗实录》卷 26，页 15a ~ b；（北京）“上谕档（方本）”，乾隆三年正月二十日，23 页。令允礼去职的方式很温和，先是建议他留意身体并照料自家事务，注意防冬，然后才解职。

28.《清世宗实录》卷 74，页 17a ~ b；傅宗懋：《清代军机处组织及职掌之研究》，29 页。

29. 最好的例证，参见这一时期的（台北）“起居注册”。其他的例证，参见（北京）“议覆档” 雍正十三年八月二十三日，1 页（与果亲王）；（北京）“上谕档（方本）”，雍正十三年十一月初二日，15 页及其他页；（北京）“上谕档（方本）”，乾隆元年五月十六日，142 页及其他页；《清高宗实录》卷 8，页 9b ~ 10b，以及卷 13，页 13a ~ b。总理事务王大臣撤销之后关于此的证据，参见乾隆三年九月初一日和三年九月十二日的（台北）“寄信档”。有材料显示这两位前代理人常常承担议覆的任务，例子参见（北京）“议覆档” 乾隆三年二月二十八日，59 ~ 61 页。考察现存廷寄对于找出上谕撰拟者的名字有帮助，但由本文所给出的分析可知，其中一些还是有缺漏。例如乾隆二年六月至十二月的“寄信档” 就不能利用：它包括不同类型的谕旨，而不是真正的廷寄。（我认为这是早期的“上谕档”。）北京的“寄信档” 系列始于乾隆三年九月初一日，在首页就明确声明，这是一个新系列的开始。（台北）“边备夷情档” 中的这些年份也不包括廷寄。这些年里，王公的确切作用这一令人感兴趣的问题可以在我未能考察的北京的档案中得到进一步的研究。有线索显示，这些王公偶尔参与重要事务，例子参见《清高宗实录》卷 3，页 17a ~ b。

30. 参见中国第一历史档案馆乾隆时期的一些档册，如“留京办事档”“留京日记档”。雍正后期有类似的任命留京人员的做法。雍正十一年初皇帝谒陵时，命允禄、允礼、鄂尔泰、张廷玉留京负责——再次是两位亲王和当时的两位内廷代理人，参见张廷玉：《澄怀主人自订年谱》卷 2，页 28。但有时出巡也不指派亲王此等任务，参见《清仁宗实录》卷 132，页 8a ~ b。在总理事务王大臣时期 343
结束后，整个留京人员真正负责的依然是“大学士”——鄂尔泰和张廷玉。

31. 但《清高宗实录》卷 62 页 5b 显示的是乾隆三年二月初四日命庄亲王（允禄）办理理藩院尚书事务。诸王也常常讨论皇族事务，例子参见（北京）“议覆档” 乾隆七年三月二十六日，123 ~ 125 页。王公们有时也负责宫廷禁卫，例子参见（北京）“上谕档（方本）”，雍正十三年八月二十三日，7 页。总体上，诸王在乾隆和嘉庆朝地位日益式微。嘉庆皇帝的一道上谕特别规定亲王不得与军机大臣往来，参见《清仁宗实录》卷 76，页 20b ~ 22。

32. 艾森斯塔德：《帝国的政治制度》（纽约，1969 年），ix、xiv ~ xv、21、133 页。

33. 参见《枢垣记略》卷 16 ~ 19。

34. 引自（北京）“议覆档”乾隆元年十二月初六日，349 ~ 350 页。

35.（北京）“议覆档”乾隆元年十二月初六日，349 ~ 350 页。我找不到原始奏折或是对此问题最初的部议情况。

36.（北京）“上谕档（方本）”，乾隆元年十一月三十日，267 页。

37.（北京）“议覆档”，399 ~ 400 页，该文件无日期，可能是乾隆元年十二月十九日。这一报告涵盖了乾隆元年至十二年。可惜的是，还未看到可以用来做比较的雍正时期内廷机构用纸报告。

38.《清高宗实录》卷 40，页 35b ~ 36；《光绪会典事例》卷 249，页 5b ~ 6。

39.（北京）“议覆档”乾隆元年六月二十日，27 ~ 30 页；《清高宗实录》卷 21，页 8 ~ 9b。

40.（北京）“议覆档”乾隆元年八月初九日，141 ~ 142 页；乾隆元年八月十六日，145 ~ 152 页。《清高宗实录》卷 25，页 1b ~ 2。第二年，官员因渎职而遭罚俸时，这种“恩俸”并不能幸免，皇帝的这种恩赉多少打了折扣，参见《清高宗实录》卷 40，页 35b ~ 36。

41.（北京）“上谕档（方本）”，雍正十三年八月二十四日，21 页；《清高宗实录》卷 1，页 15b。

42.（北京）“议覆档”雍正十三年九月二十四日，159 ~ 160 页。也参见（北京）“议覆档”乾隆元年二月初七日，147 页。

43.（台北）“宫中档”雍正朝奏折 005858，乾隆元年正月十一日，永泰奏折。这一时期总理事务王大臣所商讨的奏折都是科道官的建议，参见（北京）“议覆档”乾隆二年。木枷是由数片厚重的木板制成，中间有一洞，卡住有罪之人的脖子。这种处罚在于必须要扛负重物，同时不能够向下看到手脚，从而行动不便。

44.（北京）“议覆档”乾隆元年正月十七日，35 ~ 36 页。

45.（台北）“宫中档”雍正朝奏折 005624，雍正十三年十月初六日，翁藻奏折。

46.（北京）“议覆档”雍正十三年八月二十八日，43 页。

47.（北京）“议覆档”乾隆二年九月初三日，137 ~ 138 页。

48.（北京）“议覆档”雍正十三年八月至十月，乾隆元年到二年十一月。

49.（北京）“议覆档”雍正十三年十月二十五日，313 ~ 314 页。

50.《清高宗实录》卷 6，页 10a ~ b。

51.（台北）“宫中档”雍正朝奏折 020415，雍正十三年十一月十五日，允禄奏折。该折满汉合璧，这是外朝京官奏折的通行做法，其中的满文部分有皇帝的满文朱批（《宫中档雍正朝奏折》中这一奏折却没有影印这一部分，参见第 25 辑，409 ~ 411 页）。批语是 Gisurehe songkoi obu，相当于汉文的“依议”。“九卿”的人数是 44 人，这是《乾隆会典》的阐释，书中开列有九个衙门：六部加上都察 344
院、通政司、大理寺。每个衙门的堂官都计算在内，参见《乾隆会典》卷 3，页 2b。

52.（台北）“议覆档”乾隆五年，无日期条目，95 ~ 99 页，引述乾隆元年的案子。也参见（北京）“上谕档（方本）”，乾隆二年正月十七日，13 页；《清高宗实录》卷 23，页 16 ~ 21。该案事关王士俊，参见《清代名人传略》，720 页。

53.《清高宗实录》卷 3，页 17a ~ b。

54.（北京）“上谕档（方本）”，乾隆二年四月十三日，143 页。该上谕称出自内阁：“内阁奉上谕”。我以为这并不是明发上谕，实际上不是由远离皇帝和内廷的内阁撰拟的。关键的事实是，它记录在总理事务王大臣的档册中，可能是由该班子的大学士鄂尔泰和张廷玉撰拟。

55. 例子参见（北京）“上谕档（方本）”，乾隆元年九月二十二日，121 页。任命准泰的上谕说是吏部撰拟——“吏部奉上谕”，但是该上谕置于总理事务王大臣的档册中，显示出上谕撰拟是在总理事务王大臣的指导下进行的；在这个例子中，可能是在兼管吏部事务的张廷玉的指导下进行的。这一推断表明，表面上看是由某部院所担当的一些职责，如果该部院有着出自内廷的管理部务大臣的话，可以另做解释。例子参见《清高宗实录》卷 7，页 6a ~ b，说是兵部议覆，但总理事务王大臣鄂尔泰兼管该部事务，他很可能撰拟了这一上谕，因为有太多他这样做的事例。参见附录 A 中的论据。

56. 阿瑟・韦利：《古代中国的三种思维方式》，94 ~ 98 页。《清高宗实录》卷 1048，页 17a ~ 19b；卷 1489，页 18 ~ 22。盖博坚的《张廷玉与政治调和：乾隆初期的学者与国家》也记述了乾隆皇帝继位，但强调的是其他问题。

57. 制订新的“养廉银”方案的奏折往来，参见曾小萍：《州县官的银两：18 世纪中国的合理化财政改革》。

58. 1981 年 6 月 15 日与曾小萍教授的谈话。火耗的背景知识，参见萧一山：《清代通史》第 1 册，355 ~ 356 页，该书也详细描述了雍正皇帝坚持养廉银制度要秘密上报，不愿将他同意这一加派公之于众（通过题本或是明发上谕）。

59. 直接考察这一时期的奏折，将是呈现总理事务王大臣时期奏折制度所上报的主题的最好办法，可惜的是，没有当时奏折的现成卷宗。台北所收藏这一时期的奏折极有限，我的《“国立”故宫博物院档案中的清代奏折》一文中的表格（16 ~ 17 页），特别注意到了乾隆皇帝统治最初几年，这可以在该表头三栏中看到。北京的收藏远不令人满意，因为太多的奏折及录副奏折不对外国人开放，参见我的《今日北京所藏的清朝中央政府档案》，载《清史问题》，第 4 卷第 5 期（1981 年 12 月），99 页。这一时期的（北京）“随手登记档”是民国初年编辑的，因此不是一个完备的目录。由该班子所解决的问题可以从（台北）“长编档”这几年的摘由得见一斑。

60. 参见上一注释所开列的资料。

61.（北京）“内阁外寄目录”最早的部分（是乾隆元年至三年的）。北京和
345 台北都有“外寄档”，包括交内阁转给各部院的奏折。作为线索的“交”字通常出现在录副奏折的封面以及“随手登记档”内。我能肯定的是，“外寄档”始于乾隆元年，雍正时期没有与此类似的制度。也参见《清内阁库贮旧档辑刊》册 1，页 43b；庄吉发对吴秀良《通信与帝国的控制》一书的书评，载《大陆杂志》，第 41 卷第 8 期（1970 年 10 月），25 页。我也感谢庄吉发先生同我讨论这个问题。旧有的雍正“具题来”表达的一个不寻常的使用例子，参见（北京）“随手登记档”乾隆元年正月二十五日，6 ~ 7 页。偶尔也使用与此类似的表述，用以规定等待着以题本上奏的、更加完整的陈述，例子参见（北京）“议覆档”乾隆二十年三月二十日，91 页。

62. 参见（北京）“议覆档”雍正十三年八月，尤其是雍正十三年八月二十三日至三十日，3 ~ 54 页。（恰恰从雍正皇帝去世之前开始，雍正“议覆档”缺失。[北京] 雍正十三年“议覆档”通常说是包括了雍正十三年八、九两个月，事实上是从雍正十三年八月二十三日，也就是雍正皇帝去世的那一天开始的。）在乾隆皇帝统治之初档册所发生的其他变化，包括出现了一种记录军事问题的特别档册“边备夷情档”。这一新系列是必需的，因为这时的上谕档已经扩展，包括了各个方面，而不仅仅是军事内容。

63. 参见我的《满文档册对于清史研究的重要性》，载《帝制晚期中国》，第 6 卷第 2 期（1985 年 12 月）。这些在雍正皇帝去世后或从乾隆元年开始新建立的满

文档案，有一种是关于总理事务王大臣事务的“总理事务档”，参见（北京）“满军机档案总目正本副本并月折”。

64.《光绪会典事例》卷 1049，页 1 及以后。

65.《清世宗实录》卷 115，页 15 ~ 16;《清代名人传略》，56 页。实录编纂常常有删减，有时是为了简洁，有时是为了词句修饰，有时是为了保住颜面。这一时期档案与实录中文件相异的一个事例，可比较（北京）“上谕档（方本）”，乾隆元年六月十六日，257 ~ 259 页，与《清高宗实录》卷 21，页 2 ~ 3。

66.《雍正朱批谕旨》的出版历史，参见我的《雍正朝密折：档案原件与所刊布的材料》一文。也参见（台北）“宫中档”雍正朝奏折 016033，雍正九年正月初十日，李卫奏折;《清代名人传略》，919 页。

67. 陈观胜:《中国佛教的历史考察》（普林斯顿，1964 年），451 页;《清代名人传略》，919 页；大卫・法夸尔:《清帝国统治中身为菩萨的皇帝》，载《哈佛亚洲研究》，第 38 卷第 1 期（1978 年 6 月），5 ~ 34 页。

68.《清内阁库贮旧档辑刊》册 1，页 23a ~ b。编者方甦生将此奏折描述为由内阁所上，现在看来可能是指两位主要的内廷大学士鄂尔泰、张廷玉。该折谈论的是雍正实录编纂工作完成过程中的事情。因为这一编纂项目是乾隆六年完成的，因此这一奏折可能是在此前一两年所上。雍正时期所遗留的问题，参见《清高宗实录》卷 6，页 29a ~ b。

69.《清内阁库贮旧档辑刊》册 1，页 23a ~ b。部院则例的编纂，参见（北京）“议覆档”乾隆元年六月二十八日，55 ~ 56 页;《清高宗实录》卷 2，页 1b ~ 2。在礼部内部建立一个出版机构，而不是分立的，参见（北京）“议覆档”乾隆二年四月初五日，137 ~ 138 页。

70.《清世宗实录》首卷，页 4b ~ 5;《清高宗实录》卷 4，页 14b ~ 15。

71.《清内阁库贮旧档辑刊》册 1，页 18，页 20。

72.（北京）“议覆档”乾隆元年三月十九日，237 ~ 242 页。

73.（北京）“上谕档（方本）”，乾隆元年十月初五日，153 页;《光绪会典事例》卷 1049，页 13b ~ 14;《清高宗实录》卷 28，页 10a ~ b。

74.（北京）“议覆档”乾隆三年十月二十五日（459 ~ 465 页）提到进行中的 346
业务;（北京）“上谕档（方本）”，乾隆元年六月十七日，263 ~ 264 页。也参见萧一山:《清代通史》第 5 册，15 页。

75. 盖博坚：《〈四库全书〉：乾隆后期的学者和国家》，哈佛东亚研究丛刊，第129种（马萨诸塞州剑桥，1987年）；艾尔曼：《从理学到朴学：中华帝国晚期思想与社会变化面面观》，哈佛东亚研究丛刊，第110种（马萨诸塞州剑桥，1984年），13～17页。

76. 出版事业对于学者生计的重要性，参见（北京）"上谕档（方本）"，雍正十三年十一月十五日，69～70页。清廷认识到了学者们渴望被雇用。雍正初在翰林院受雇进行编纂和校对的学者超过二百人。乾隆初只有七十五人在翰林院占有这类位置，但报告这一情况的调查并没有说明白，这一数字是否包括那些受雇忙碌于京中许多出版事业的人，参见（北京）"议覆档"乾隆七年四月十四日，197页。也参见柯娇燕：《〈满洲源流考〉和满洲遗产的形成》，载《亚洲研究杂志》，第46卷第4期（1987年11月），761～790页。

77. 盖博坚：《张廷玉与政治调和：乾隆初期的学者与国家》，52～53页。

78.（北京）"议覆档"乾隆元年二月十三日，171页。

79.（北京）"录副"内政类，乾隆二年三月二十九日，陈世倌录副奏折。

80.（北京）"议覆档"乾隆二年四月初四日，133～135页。

81.（北京）"议覆档"乾隆二年十一月二十七日，319～321页。"三年"所指，参见这一章注8。

82、83.《清高宗实录》卷57，页5b～6b。

84.《清高宗实录》卷57，页6b。庄亲王、果亲王、平郡王撤出总理事务王大臣，徐本、鄂尔泰、张廷玉、讷亲、海望、纳延泰继续留任，其中张廷玉——在第二年徐本进入之前——是唯一的汉人，参见《清史》第1册，2487页。

85.（北京）"议覆档"无日期条目，可能是乾隆三年二月二十三日，53～55页。

第六章

18 世纪军机处的结构

乾隆二年十一月二十八日（1738 年 1 月 17 日），办理军机大臣 169
也就是军机处得以复名，这种做法是清朝的特例，但当时的材料并没有将此视为重大事件。上谕对于这一违反先例的做法轻描淡写，只是强调，恢复雍正的高级军事顾问是协助皇帝处理未竟的军务。[1]内部的文件也看不出有什么变化：头一天，过渡班子档册使用的是总理事务王大臣，第二天并没有突然变为军机处。[2]大多数人员继续效力，只是在宗室王公和其他一些人撤出时有轻微调整。然而，尽管有这些连续性，这一时刻仍然意义重大。以前，在服丧期结束或待幼冲皇帝成熟之时的过渡班子都不继续存在，而总理事务王大臣的权力和影响现在却超出了新皇帝角色适应的非常时期。一个由满人和极少数汉人组成的全权班子已经变成了清朝内廷永久性的组成部分。这一章将考察这一新的组织在 18 世纪后三分之二时间内的结构和职责。

这一章和下一章的内容受篇幅所限以及资料的制约。尽管军机处在乾隆朝的扩张和偶尔的收缩值得一步步说明，但对于转折点和发展阶段的叙述只能做到最低限度。一个原因是资料上缺乏精确性，并不总能查出军机处得到一项新职责或是增加一个下属机构的确切时间。下属机构常常始于向一两个人分派一项任务，在模糊不
170 清地开始数年后才给出名字和单独的办公场所。资料中首次提到它们可能标志着一个转折点，也可能表明它们在档案中出现之前就早已存在了。[3]

道光朝（1821—1850）编纂的一种18世纪和19世纪初军机处的文献，是已出版的关于军机处历史和办事程序最为详尽的描述，但对于军机处发展进程和阶段的描述同样有模糊不清之处。[4]这一著作很有价值，它的内容汇集了军机处以外的文献，它的编纂者是军机章京梁章钜，他常常凭借自己在军机处的经历对选用的资料做出有价值的解释和评论。梁章钜所引许多材料都标明了日期，但是他自己的观察报告却没有给出时间。我们能否假设后者所做描述仅适用于他自己的那个年代？比较档案文件以及更早的章京如赵翼的回忆，可以看出梁著中尤其是他的评述中详细描述的军机处可能已是乾隆时期的情况。但是因为嘉庆的改革发生在梁章钜写作之前，因此一些问题——比如他对于军机章京的讨论——反映的可能只是19世纪初的情况。因此要谨慎使用这些材料。一般说来，我视梁著为军机处扩张和后来改革的权威之作加以引用。

接下来集中论述军机处在整个乾隆朝的发展，这是它扩张的关键期。我将展现一些承袭下来的特点是如何被嵌入军机处结构之中，以及当时促成军机处迅速发展的事件和人物。要得到发生在乾隆朝的这些变化的详情，我们还须做进一步的研究。

乾隆朝军机处的鼎盛

乾隆朝是军机处的鼎盛期，它获得了长足的发展，得以定型，并一直延续至清末。乾隆皇帝的统治是两千年中国帝制史上有确切记载统治时间最长的：如果算上他做太上皇的时间，共是六十三年（乾隆元年至六十年，嘉庆元年至三年［1736—1799］）。[5] 如前所述，军机处是在乾隆朝初年新近重组统一的，它处理京内外的许多政务。能够扩张主要是因为它位于内廷的有利条件——接近皇帝，能做到保密，以及所承袭的非正式地位。它凭此不受传统、行政法规的束缚，免于监督，而当时老资格的外朝机构都受这些限制。军机处的成员参与当时大业——例如，拓展中国疆域的战争造就了仅次于元朝（1206—1368）的辽阔疆域，以及政府对于文化事业前所 171
未有的赞助——这提供了激励军机处成长的进取心。一个自信时代的新秩序正在京师形成。军机处位于这一秩序的中心。

数量指标展现了军机处的成长，它处理的文书在乾隆时期增长了一倍多。乾隆初年有个月，各省所上汉文奏折共 172 份，平均每天 5.7 份，军机处经手的奏折数不断增加，到乾隆末年，这一数目差不多是上面的三倍，每月 480 份，平均每天 16 份。[6] 创设了随手登记档，逐日登录这些呈览的奏折，对这些奏折的正式批答也展示出同样的增长：乾隆十六年（1751）以前，随手登记档每年是薄薄的一册，直到乾隆三十四年（1769）每年还是一两册不等，而接下来到乾隆朝结束，每年都是两大册。[7] 军机处汉文录副奏折在雍正末年每月平均不到一包，嘉庆初年以前则是每月两包，每包的文件比过去多三分之一或更多。满文录副奏折的包数也激增。满文档册

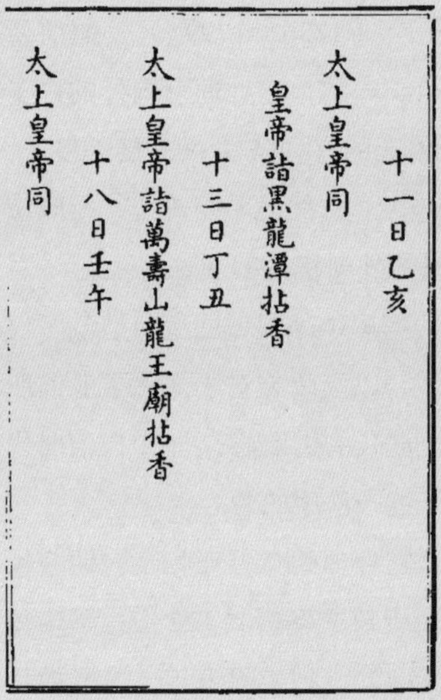
十一日乙亥
太上皇帝同
皇帝詣黑龍潭拈香
十三日丁丑
太上皇帝詣萬壽山龍王廟拈香
十八日壬午
太上皇帝同

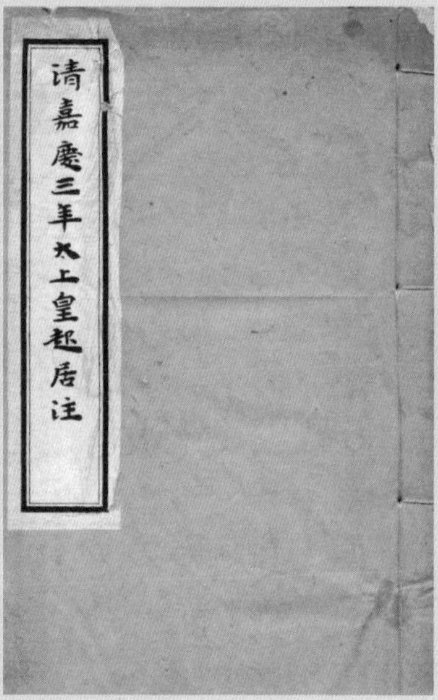

▲ 图 48 《清嘉庆三年太上皇起居注》封面与内中一页

的数目——在乾隆朝开始之前已经很大，因为雍正朝很多档案是以满文记录的——也有增长，尽管幅度小些。[8] 汉文档册从雍正末年的每年三四册增至乾隆时期每年八册以上。[9] 用于存储这些增多的文件的空间也是军机处发展的一个指标。雍正时需要十五个箱子存放奏折，合每年一个多箱子，而乾隆时需要一百八十四个箱子——合每年三个多箱子——来存放乾隆六十年的奏折。实录反映这一文书工作的迅速增长。实录的平均每年卷数从顺治时期的 1.7 卷和康熙时期的 1.1 卷，到雍正时期的 3 卷，进而到乾隆时期的 6.2 卷。[10]

定期申请设备是扩张的又一标志。乾隆二年（1737）军机处申请十二个柜子和十二个手提箱用于装文件，而乾隆四十三年（1778）一次就要求三十五件家具——军机处所需的柜子、桌子和靠背椅。同一年申请了五斤徽墨、三十个砚台、二百支小号毛笔和三百支大号毛笔。[11] 这些巨大的数字显示，内廷比过去监管着更多的政务领域。现在，一些问题由内廷和外朝共同处理，而一些彻底转入内廷，有的是首次受到中央政府关注的新的领域。

军机处应对大量的文书工作，要求增加人员。尽管难以计算隶 172
属于乾隆军机处的确切人数，但通过军机处日常的饭食供应大概能了解人员的规模。一份 19 世纪初的资料说，军机处内每天供应 12 桌，算来是 144 人（按每桌 12 人计算）。[12] 军机处所增加的人员大部分应是每日轮流入值的，在 12 桌上吃饭的人应该包括以下机构中的值班人员：32 位满汉章京，方略馆约 150 人[13]，内翻书房人员，以及笔帖式、誊录、供事、杂役等许多属员。[14] 乾隆时每年平均有 7 位军机大臣，这些人不会与其他人同桌用餐。[15] 因此，最保守的估计，乾隆末军机处的总人数——包括当值和不当值的人（我们不总是知道每个

▲ 图 49　军机处内景。东墙咸丰皇帝所书“喜报红旗”匾，南窗上部雍正皇帝所书“一堂和气”匾

部门当值人员的确切数目）——应该在 200 以上。这与数千外朝人员相比是个小数目，但即便如此，与雍正时相比已增加了很多。[16]

内廷的统一和总理事务王大臣这一过渡班子在乾隆服丧期结束后继续存在，这构成了军机处成长中的最初步骤，而在乾隆后面的时期更可以看出它的一些突飞猛进。例如，乾隆十二年（1747）通过了一项对于军机处有利的决定：高级机密文件继续交军机处存记，而不是外人可以更多接触的外朝。[17] 这一做法既加强了军机处垄断秘密信息的权势，也是它继续与某些外朝机构斗争取得的一个小小胜利。

其他胜利源自乾隆皇帝对出巡的喜好。君主四处巡幸是乾隆朝的一个特征，这一再证实了军机处作为一个小规模、高效的集权管理机构的有用性，为了皇帝出巡，军机处可以将人数减至最少，只处理出巡路上携带的重要文件，在皇帝出巡过程中执行主要的政府职能。如此一来，清廷能够在帝国的任何地方发号施令，包括塞外地区。每次皇帝出巡——一些年份能有数次——都强化了军机处在路途之上作为一个纪律整肃、提供高效管理及合理建议的机构的不可或缺。

最重要的是，18 世纪后期的战争也刺激了军机处的迅猛扩张。乾隆十三年至十五年（1748—1750），在针对四川西部土著的第一次金川之役中，军机处指挥京中的筹备，在前线也表现活跃。战争第 173
一年，军机大臣从八人增至十二人，有三位满军机大臣派至西南指挥作战，另一位派往山东担负调查任务。[18] 新增添了二十四位章京（十七位满人、七位汉人）。[19] 约此前后，军机处得到靠近皇帝理政区域的新办公场所，军机大臣在“北屋”，章京在“南屋”。[20] 乾隆十四年（1749），乾隆时期军机处第一个下属机构方略馆建立，它

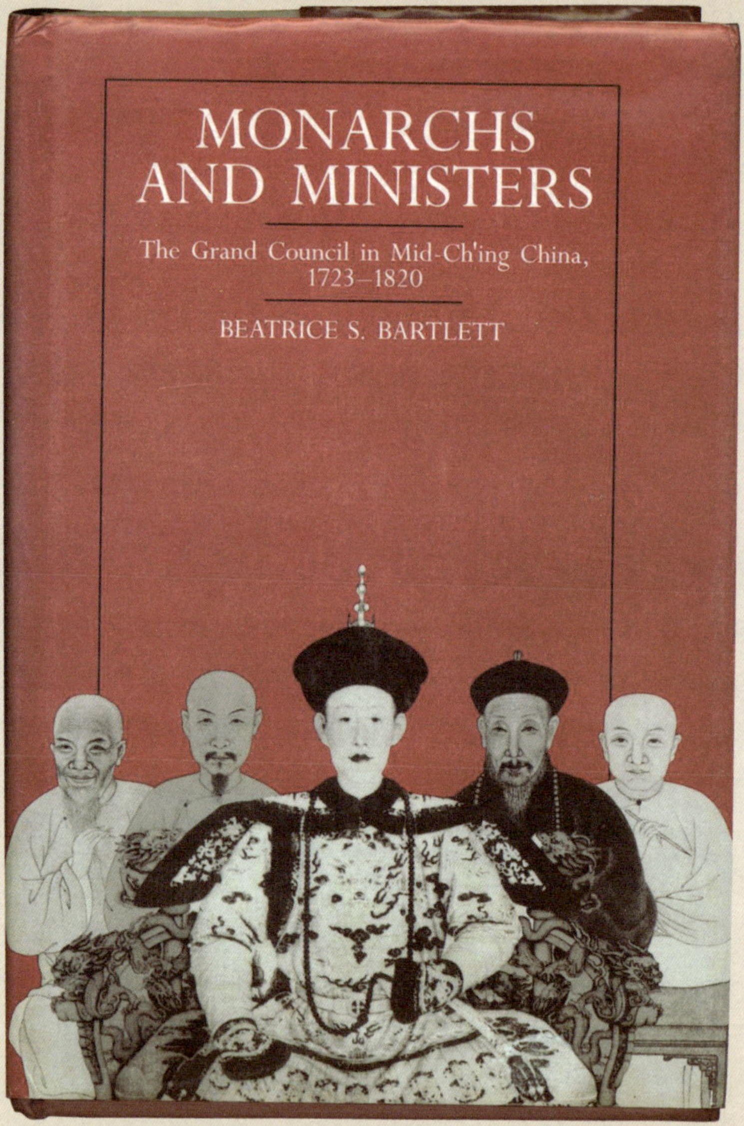

▲ 图 50 《君主与大臣》的英文版封面。人物是军机处官员与年轻的乾隆皇帝（从左到右为：王昶、王杰、乾隆皇帝、汪由敦、英和）

是一个常设机构，管理数量激增的战争档案等文件，并刊印新的乾隆朝第一场战争的历史也就是方略。[21] 雍正的内廷主要是关注保证供给线和渎职行为，并没有编纂方略这样细致的事务。

军机处的名称与专用术语

军机处的汉文名字有双重意思，“军机”二字既可表示“军务”，也可表示“政务”。[22] 第四章已讲到，雍正十一年（1733）时，“办理军需大臣”已逐渐变成“办理军机大臣”，“军机”在当时意指军事计划或战略。而今，在总理事务王大臣结束时，这一恢复使用的词语包含的是第二种“政务”的意思，以指新的合并后的班子的任务，它的含义要远远超过一场战争。正因如此，现代历史学家逐渐放弃了该词汉文的军事含义，而是强调其广义，英译为“Grand Council”。[23]

军机大臣

军机处的大臣层级

随着乾隆二年末（1738 年初）总理事务王大臣中亲王的去职以及恢复使用雍正时办理军机大臣的名称，新班子的军机大臣这一层由以前雍正时期的两个最高梯队组成。这些人包括雍正皇帝的内廷

COUNCIL OF STATE.

128. 軍機處 Chün^1 Chi^1 Ch'u^4, Council of State (or Grand Council). This is the Highest Central Establishment, being in charge of the government of the Empire, and was established about 1730 A.D. It was originally a Military Council at which the first Emperors of the present Dynasty discussed State Affairs. Now, having become the Privy Council of the Emperor, most Decrees are issued from this establishment, as well as orders concerning State Administration.

The Council of State is composed of :

129. 軍機大臣 Chün^1 Chi^1 Ta^4 Ch'ên^2, Grand Councillors, having daily audiences with the Emperor. The number of these officials is not fixed but for many years past there have not been more than five, *i.e.* two Manchus, two Chinese, and one of the Princes of the Blood as President.

Members of the Council of State are usually appointed from the ranks of officials of the grade of Minister of State or Assistant Minister of State and they usually hold substantive posts other than in the Council.

◀ 图51《当代中国的政治组织》中“军机处”等的英译

1735 *chün-chī ch'ù* 軍機處
CH'ING: lit., office for military emergencies: **Council of State,** established in 1730 as successor to a previous quasi-official Deliberative Council (*i-cheng ch'u*); by taking over many functions previously performed by the Grand Secretariat (*nei-ko*), became the most prestigious and powerful agency in the policy-formulating procedures of the central government; normally, but with wide variations, consisted of 5 Grand Ministers of State (*chün-chi ta-ch'en*), 3 Manchus and 2 Chinese, who were all normally concurrent Grand Secretaries (*ta hsüeh-shih*) or senior officials of the Six Ministries (*liu pu*); often chaired by an Imperial Prince. At the apex of the central government hierarchy, the Council deliberated with the Emperor on all policy matters, civil as well as military, and promulgated the Emperor's decisions.

1736 *chün-chī hsíng-tsǒu* 軍機行走
CH'ING: **Probationary Grand Minister of State,** common designation of a newly appointed *chün-chi ta-ch'en*.

1737 *chün-chī tà-ch'én* 軍機大臣
CH'ING: **Grand Minister of State,** designation of eminent dignitaries chosen to serve in the Council of State (*chün-chi ch'u*). BH: grand councillor.

▶ 图52 贺凯《中国古代官名辞典》中“军机处”等的英译

CHÜN (Chüin) (ㄐㄩㄣ)

軍機處 Grand Council of State; Privy Council of the Emperor.
軍民 military and civil.
60 軍民分治 separation of military and civil rule.
軍民府 military sub-Prefect with civil jurisdiction, formerly stationed at important places.
軍民長^{3}官 civil and military authorities.
軍法 military law.
軍法司 army law-court.
65 軍法會議 a sitting of a military court.
軍法裁判 court-martial.
軍法課 the branch of law pertaining to military matters.
軍港 naval dock.
軍。火 munitions of war.
70 軍營 military camp.
軍犯 military offenders.
軍用 for military use.
軍用品 articles for use of the

◀ 图53《马氏汉英大辞典》(*Mathews' Chinese-English Dictionary*, revised American edition, 1943)中“军机处”的英译(见第一词)

代理人——大学士鄂尔泰和张廷玉，以及以前的“大臣”集团，包括海望、纳延泰等人。起初，这两组有着不同起源的人员继续这一新班子的分化。例如，当乾隆三年（1738）建立新的廷寄档册时，将内廷发出的“密旨”分别称为“谕大学士”（也就是以前的内廷代理人）和“谕军机处”。[24] 雍正时期分立状态所造成的另一区别依然 174
延续：一方面是高层的和非军事的事务，这常常分派给大学士；另一方面，军事问题倾向于交给有时仍被称为“大臣”的集团。事实上，乾隆初期的许多文件提到的“大学士”表示军机大臣最高层，而这一点常常误导研究者，错将这一时期军机处的业务和成就归功于大学士。例如，乾隆八年（1743）的议覆档显示，“大臣”讨论苗疆，沿海、沿河巡逻，兵器制造，追拿安南匪徒以及军队部署等安全事务，而内廷大学士（也就是那些在军机处的大学士）商讨水利、陵寝、直隶旱灾以及一些武职任命等内政。[25] 可见这种区分一直存在着。在军机处的第二个十年，这些区分慢慢消失了。[26] 取而代之的是，军机大臣这一层级发展出了别样的内部组织结构。

在 18 世纪（我们不知道确切的时间，但肯定是乾隆中期），军机处有了正式的上下等第之分。地位最高的是领班军机大臣[27]，通常是满人，汉人作为领班军机大臣在乾隆六十年中只占了八年[28]。除乾隆皇帝和嘉庆皇帝继位后建立的过渡班子之外，没有任命过宗室王公，但是后戚有时担任此职，如讷亲，他在乾隆十一年至十三年（1746—1748）出任领班军机大臣；傅恒，从乾隆十四年至三十五年（1749—1770）作为领班军机大臣达二十多年。[29]

领班军机大臣是军机大臣的执行负责人，要负责大多数上谕的撰拟、携带印钥即取用军机处印信的钥匙，这些职责使他掌控内廷通信管理的许多方面。[30] 除参加皇帝一早召见全体军机大臣商讨当日奏折的会面外，事后领班军机大臣还会被召见，后面的这种非正式的见面称为“晚面”。[31] 乾隆皇帝留意察看领班军机大臣是否完成交办之事。乾隆十四年（1749），皇帝发布上谕，减轻傅恒的职责，作为地位最高的大臣不必为由他所监管的部院所撰拟的谕旨负全责：他现在要做的只是钤盖军机处印信而已，钤印就表明了已有内廷最高负责官员参与。[32]

在乾隆朝，公认领班军机大臣是文臣极品。有次乾隆皇帝回忆曾身为领班军机大臣的讷亲，宣布说“大臣中无人能及讷亲”。领班军机大臣在中央行政中的重要性在乾隆十三年底（1749 年初）的
175 一道上谕中有充分体现，当时的领班军机大臣傅恒离京指挥金川战役，上谕说：“军机处所办事件，多不能惬意。”上谕接下来举了一个军机处办事混乱的例子，即当时“军机大臣竟无一人”能记得上奏山东事出紧急运送米石的情况。乾隆皇帝宣称“经朕指示始查检入议”。此事到此还不算完。他继续说，还有其他的信息脱漏，“一一须朕训谕”。待事情纠正，乾隆皇帝抱怨：“朕心则已过劳。”[33] 这种情况与傅恒在京时大相径庭：“经略大学士在京时，诸事调详妥协，不至烦费朕心者。”接着上谕开列了找到并培养一位领班军机大臣之难，以及得到一位能令皇帝内心安宁的干才的重要：

从前当大学士鄂尔泰在之时，朕培养陶成一讷亲；讷亲在之时，朕培养陶成一经略大学士傅恒。皆几经教导，几经历练，而后及此。人材难得，固非一朝一夕所能造就。今经略大学士前往军营，朕实向来惟大学士一人是

▲ 图 54　傅恒像

▲ 图 55　傅恒宗祠碑

> 问，并未豫留此心，于大臣中培养陶成以为接办之人。是以办理诸务，数日之间，已不能不时萦朕念。

乾隆皇帝对领班军机大臣的倚赖，令人想到多年前他父亲对怡亲王侍奉的感激："事无巨细，皆王一人经画，无不精详妥协，符合朕心。"18 世纪末乾隆皇帝统治行将结束时，当时阿桂去世，和珅继任领班军机大臣，乾隆皇帝使用久已废弃的称号"师相"，据记载乾隆告诉和珅："称汝师相。"[34] 领班军机大臣尽管不是左右最后决策意义上的师相，但确实是地位最高的官员，负责指导中央政府的许多决策，并执行由此而来的方针政策。特别是在乾隆皇帝治下，他不同于乃父，厌烦具体行政事务，因此领班军机大臣就必须高效地工作。

乾隆时期，领班军机大臣的选择首先看他担任大学士的年限，接下来看他的大学士殿阁衔。因为是由皇帝授予大学士殿阁衔，因此可能通过赏赐更高级的殿阁衔以擢升宠臣。[35] 即便如此，乾隆皇
176 帝从不认为将他宠信的和珅置于阿桂之前是件得体的事情，阿桂出任大学士比和珅差不多早十年。结果，阿桂担任领班军机大臣二十年，先于乾隆皇帝去世，这样和珅才有机会担任领班军机大臣，但仅有两年的时间。[36] 这一居先的规矩一定是在乾隆朝发展起来的，因为乾隆皇帝统治伊始，张廷玉身为大学士比鄂尔泰早好几年，但这并没有使他在军机处赢得居先地位。而鄂尔泰直至去世一直是领班军机大臣，其他的满人继承此位置，先是讷亲，接着是傅恒。尽管张廷玉事实上是该内廷班子的领袖，但他在日，正式任命汉人为领班军机大臣的时机还没有到来。

也有其他例子涉及层级问题。例如，在咨文（官员间往来的而不是上呈皇帝的公文）的结尾，军机大臣名字的书写就是根据当时确立的他们在军机处的先后顺序。这样的文件（见图表6）将阿桂的名字写在中间，接下来的名字左右交替出现：梁国治第二（左）、和珅第三（右），福长安第四（再左面），董诰第五（再右面）。[37]

图表6 军机处的大臣先后顺序。

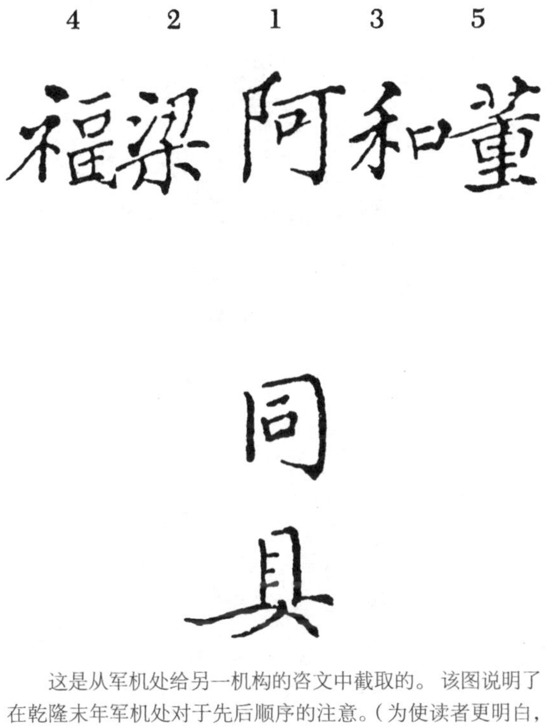

这是从军机处给另一机构的咨文中截取的。该图说明了在乾隆末年军机处对于先后顺序的注意。（为使读者更明白，我在该图表中添加了数字。）

资料来源：（台北）“上谕档（方本）”，乾隆五十年四月初四日，28页；参阅《清史》第4册，2495页。得到了台北“故宫博物院”的同意。

▲ 图 56　董诰像

军机处的文件也反映出了对于军机处上层的应有尊重，在廷寄 177
中，对奉上谕的军机大臣，只出现他们的姓并留有空格以示尊重，或是写出合适的头衔，但却省略了个人的名字。这种做法带来了一些名单中的不平衡，军机大臣只写姓，而其他人甚至是不在军机处的大学士，姓名必须写全。[38] 级别和礼制上的这种区别，在 18 世纪中国这样有着等级意识的社会里特别重要，这是军机处合理化、周密化的实例，是军机处成长的组成部分。

军机大臣的任命

军机大臣是如何任命的，我们对此几乎一无所知。现存许多关于任命的上谕，但没有材料解释选择的过程。任命大学士的程序到 18 世纪中期已程式化，若有职位空缺，就要求军机处上奏，并开列人选名单。[39] 这对于了解军机大臣的任命没有什么帮助。没有与军机大臣选任资格相类似的规定：皇帝们以真正内廷行事的方式，特别在意捍卫他们选择这些身边最亲近顾问的权力，拒绝服从任何的条条框框。[40] 尽管如此，从任命的结果，我们还是可以找到一些可能影响皇帝选择的因素，并猜测当君主考虑候选人时，可能会听取某些建议。

皇帝在此事上完全是一个人说了算，知晓这一点很重要。皇帝可以选择任何人，嘉庆二年（1797）突然提升军机章京吴熊光就是一个例证。乾隆皇帝在热河时，一天深夜有所吩咐，只有吴熊光在旁侍候，其他人包括大学士都未在场。作为对这种忠诚的奖赏，乾隆皇帝提议擢升吴熊光为军机大臣，这无疑旨在敲打未能及时侍奉君主的那些人。和珅反对，认为吴熊光资历浅、官品低，但乾隆皇

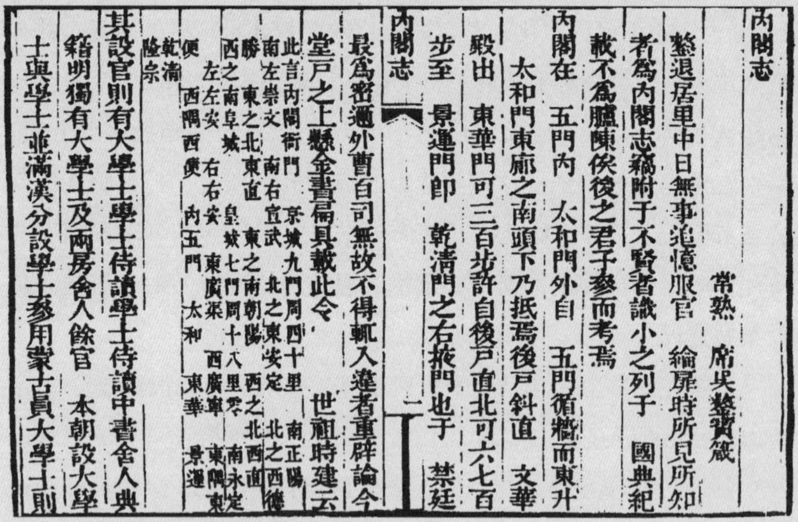

內閣志

常熟　席吳鏊寶箴

鏊退居里中日無事追憶服官　綸扉時所見所知
者為內閣志竊附于不賢者識小之列于　國典紀
載不為臚陳俟後之君子參而考焉

內閣在　五門內　太和門外自　五門循牆而東升
太和門東廡之南頭下乃抵焉後戶斜直　文華
殿出　東華門可三百步許自後戶直北可六七百
步至　景運門即　乾清門之右掖門也于　禁廷

內閣志　一

最為密邇外曹百司無故不得輒入違者重辟論令
堂戶之上懸金書扁具載此令　世祖時建云

此言內閣衙門　京城九門周四十里　南正陽
南左崇文　南右宣武　北之東安定　北之西德
勝　東之北東直　東之南朝陽　西之北西直
西之南阜城　皇城七門周十八里零　南永定
左左安　右右安　東廣渠　西廣寧　東隅東
便　西隅西便　內五門　太和　東華　景運
乾清
隆宗

其設官則有大學士學士侍讀學士侍讀中書舍人典
籍明獨有大學士及兩房舍人餘官　本朝設大學
士與學士並滿漢分設學士參用蒙古員大學士則

▲ 图 57　席吴鏊《内阁志》封面与首页（参见这一章注释 39）

帝依然下达命令。吴熊光担任军机大臣半年，后被借故调任比军机大臣稍低些的职位。[41] 吴熊光的官方传记中记述了这一任命，这是提醒说，君主对于军机处人员的任命与解职有最后的拍板权。同时，和珅对此的反对也记录了下来，用以证明，即便是在公认由人主亲自决定的事情上，大臣也要提出意见，无须畏首畏尾。

除了一些特例，军机大臣的任命一般来说限于京官文职正二 178
品及以上——通常是大学士（正一品）、各部尚书（从一品）和侍郎（正二品），当然偶尔也有其他机构的高层人员被任命为军机大臣。[42] 乾隆皇帝也常常起用后戚（图表 7 显示了乾隆的一些军机大臣与皇帝家庭的关系），有时皇帝任命那些不觊觎皇位且又出于家庭利益而输悃忠诚、可资信赖的皇后家人。例如，借由钟爱的第一任皇后的关系，乾隆皇帝与他的四位重要军机大臣有了联系：皇后的弟弟傅恒，以及傅恒的三个儿子——福隆安、福康安、福长安。他们加起来一共在军机处任职达六十五年，其中傅恒有二十年身为领班军机大臣。[43] 另一位军机大臣兆惠是雍正皇帝母亲的侄孙。[44] 班第是额驸。[45] 对有血亲关系诸王的反对，后来变为清朝不许诸王在军机处行走的传统，这一点一再得以重申。[46] 这一规则在嘉庆初年被短暂打破，而在 19 世纪中期面对极大危机时，这种破例时间更为长久，当时恭亲王奉命入军机处，继而成为军机处领袖。在清末，也有其他王公出任军机大臣。[47]

除了任命合适的皇亲外，乾隆皇帝有时使用特别宠信的军机大臣的儿辈，傅恒的三个儿子就是例证。军机处尹继善、庆桂这对父子也是这种例子：乾隆二十年（1755），庆桂先是担任军机章京；数年后，在尹继善去世后不到半年，就任用庆桂填补乃父的位置。

179 图表 7 乾隆朝军机大臣与皇室的一些关系。

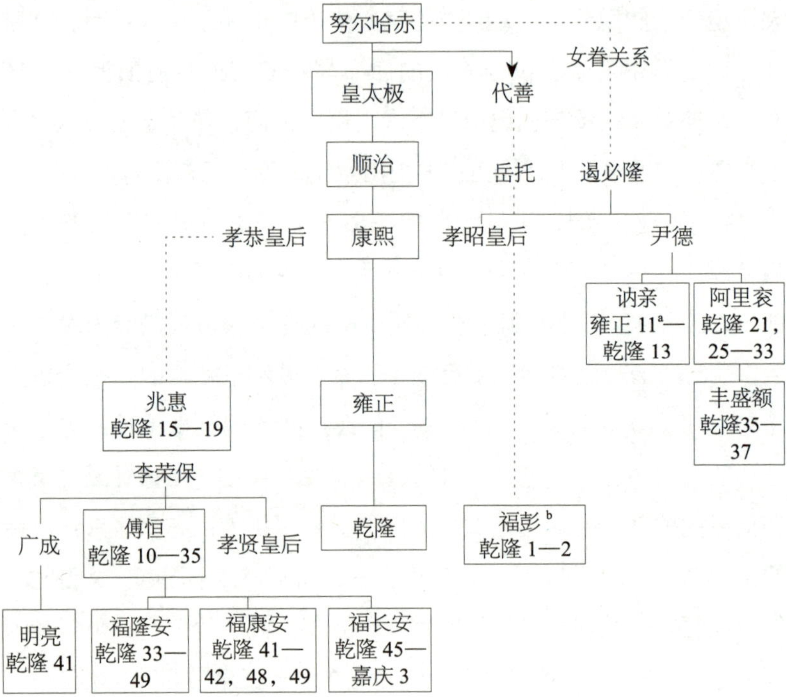

除清末外，宗室王公并不常在军机处行走，乾隆朝的一些军机大臣是皇帝女眷的家人。在本表中，军机大臣的名字出现在加黑的方框内，名字下面显示的是效力军机处的时间。并不能清楚地知道所有的这种关系。

资料来源：《清史》第 3 册，2206 页；恒慕义编：《清代名人传略》（台北，1967 年）。

a. 雍正十一年，讷亲承命供职的是军机处。

b. 福彭是努尔哈赤的六世孙，血亲关系稍远，然而他拥有郡王爵位。

到嘉庆朝，随着嘉庆四年（1799）初和珅的垮台，庆桂成为领班军机大臣并任职十多年，直至嘉庆十七年（1812）。[48] 蒙古旗人纳延泰、长龄是另一对担任军机大臣的父子。一些军机大臣在乾隆时期曾是军机章京，在升任军机大臣之前，常常离开军机处出任别处的

▲ 图 58　兆惠像

官职。[49] 与皇帝内部圈子有着家属关系有助于一个人的升迁。

乾隆皇帝在军机大臣的任命上偏向满人。身在军机处的内务府满人常常担任御前大臣[50]，嘉庆朝似乎停止了对于内务府人员在军机处的任命。研究军机处历史的一位学者近来的计算结果表明，在他统计的乾隆朝共五十九年间，军机处满人人数有四十四年超过了汉
180 人（占 75%），而汉人超过满人只有两年（占 3%）。在余下的十三年间，双方人数相等。然而，若以乾隆朝每位军机大臣任职时间计算，满人占优并不特别明显。如表 7 所示，从整个乾隆朝任职的时间看，大约满人占三分之二，汉人占三分之一（279 年 ∶ 158 年）。由此可见满人和蒙古人占优，即便他们在科举考试上表现欠佳，乾隆末年该集团的三十八位成员中，仅有两位举人、三位进士。[51]

表 7　乾隆朝军机处满人和汉人供职年份。

	军机大臣任职总年数	满人任职年数	汉人任职年数
第 1 个十年（一年至十年）	68	49（72%）	19（28%）
第 2 个十年（十一年至二十年）	85	56（66%）	29（34%）
第 3 个十年（二十一年至三十年）	75	44（59%）	31（41%）
第 4 个十年（三十一年至四十年）	73	42（58%）	31（42%）
第 5 个十年（四十一年至五十年）	73	47（64%）	26（36%）
第 6 个十年（五十一年至六十年）	63	41（65%）	22（35%）
任职总年数	437	279（64%）	158（36%）

资料来源：《清史》第 4 册，2487 ~ 2496 页。

注：所依据的《清史》表中没有开列两位亲王，他们是乾隆初（元年至十年）总理事务王大臣的领袖；如果加上他们，满人占据优势的数字会再增大一点；也删去了朱轼，因

为他没有出现在原表中，尽管一些人认为他曾入值军机处。也要注意，乾隆皇帝退位的数年也没有计算在内，仅包括乾隆朝的年份，总理事务王大臣期间已计算在内，视作军机处。蒙古人和汉军旗人视作满人计算。

汉军机大臣的数目增长缓慢。乾隆二年底（1738年初）总理事务王大臣解散后，军机处建立之初，仅有一位汉人——张廷玉。到乾隆三年底，曾在上一年退出的徐本再次入值军机处。随后在军机处的汉人人数逐渐增加。到乾隆朝中期，乾隆皇帝好像接受了军机处满汉复职制的做法，尽管极少完全对等。[52]汉军机大臣在乾隆朝第四个十年时达到了峰值，随后有些下降。也正是在这十年，军机处有了最早的汉领班军机大臣：开始是刘统勋，在任两年，接下来是于敏中，在任六年。军机处汉人人数缓慢的增加也是对旧有的、满人独占的议政王大臣会议以及康熙和雍正初期设立的其他满人占优机构的削弱。

军机处的许多人员来自部院堂官，即尚书、侍郎擢升为军机大 181
臣。供职军机处时，这些人常常保留他们部院的职位。有时，被任命做军机大臣的大学士会升任管理部务大臣，在这一有利位置上可以继续“兼管”部院决策。因为难以收集齐管理部务的情况，我们不能肯定乾隆皇帝意欲依靠他所任命的军机大臣来控制所有六部，但在乾隆朝，他有数次实现了这一想法，而这在他的儿子嘉庆皇帝时明确颁布为一项政策。[53]中央政府的有效管理势必要强化军机处与各部的联系。

即使不是所有外朝部院都被纳入，以与军机处建立联系，但军机处的人员任命肯定要包括户部在内。事实上，太多的户部堂官奉命进入军机处，乾隆皇帝不需要在内廷和户部间创建联系，就可以将户部高层业务在内廷执行并置于军机处的监管之下。例如，乾隆四十一年（1776）九月，户部的六位堂官中有五位是军机大臣。[54]

至此，户部很多业务纳入了内廷，以至于必须为位于外朝的该部衙署处理其余的部务做出特别的人事安排。这并不是要撤出任何身为军机大臣的户部堂官，也不是对户部进行新的任命，而是指派一名身任军机大臣的户部堂官“每日到署，专办户部事务”。甚至皇帝在圆明园时，这位大学士也不必随往，而是留下来处理部务，当然他还是军机处的人。[55]应该说，大多数户部堂官在内廷既要处理他们的部务，也要完成军机处的工作。在这一章的后面，我将探讨除了便于有效管理外，军机处是怎样通过这种兼职与外朝机构联系，而这些兼职促进了军机处的成长。

汉军机大臣籍贯中占优势的是中南部的四个省——江苏、安徽、浙江、江西，与清初政府中很多都是北方人相比是有变化的。在乾隆朝的十八位汉军机大臣中，有十三人来自以上这些省份，占到近 72%。这种优势在嘉庆和道光时期有所下降（见表 8）。这些省份是清中期最繁荣的地区，人们广有财富，可以购买乡会试所需的书籍、延请教师并拥有必要的闲暇，因此他们成功任职于军机处不足为异。[56]我们将在第七章看到，这一成就标准，以及由科举成
182 功所得到的赞助，似乎也延续到了军机章京的任命上，中南部省份同样占据优势位置。

表8　汉军机大臣的分省籍贯。显示截至光绪元年（1875）的四十三位汉军机大臣。在将近一百五十年的时间内，四个中南部省份（在方框中开列的）加上山东和直隶是军机处人员任命的最主要来源地。

省份	乾隆（包括嘉庆元年至三年）	嘉庆（自嘉庆四年始）	道光	咸丰	同治	总计
山东	2	1		2		5
直隶	1		1	1	2	5
山西			1			1
陕西	1		1			2
甘肃						0
河南					1	1
江苏	4		3	2		9
安徽			2			2
浙江	6	1		2	1	10
江西	3	1	1		1	6
湖北						0
四川						0
福建						0
广西						0
湖南	1	1				2
贵州						0
云南						0
总计	18	4	9	7	5	43

资料来源：《枢垣记略》卷15，页5～7b。殿试鼎甲的分省情况表，参见朱沛莲编著：《清代鼎甲录》，21～29页，在该表中，江苏居于首位。

尽管对于中国传统政治的认识多为重文轻武，但是乾隆时期的军机处确有武职的一席之地。[57] 这一时期许多武职人员供职军机处，一些人作为军机大臣奉派前线，而有些人是在军事凯旋后作为恩赏在军机处供职。还有一些人当开赴前线时撤出军机处，但回京后又官复原职。乾隆朝仅任命了四位经略，其中三位是军机大臣（傅恒两度出任经略）。[58] 在一次重要的军事征讨中，数位军机大臣一同派
183 往前线。这发生在第一次金川之役，当时讷亲、班第开赴前线；在讷亲失宠后，傅恒继任经略，往赴战场。[59] 到乾隆四十一年（1776）第二次金川之役结束时，该年十一位军机大臣中的四位有时在战争期间驻扎重庆。[60] 此外，另有四位前任和现任军机大臣效力疆场。[61]

阿桂的宦海生涯证明了军机大臣在地方与在中央效力的时间不相上下。乾隆二十八年（1763），他首次被任命为军机大臣，但马上就应命出任对付棘手的四川部落地区和新疆的军事统帅。他往赴第二次金川之役前线，表现卓越，返回京城时，乾隆皇帝遵循古礼，前往郊外迎接以为嘉褒。此后，他回任军机处，后又被派往云南准备对缅之役。甚至是乾隆四十四年（1779）他升为领班军机大臣后，仍被派往甘肃以安抚回民，并且还常常出京承办非军事的调查和调解使命。[62]

军机处是军事与调查人员的储备库，人员的使用扩展至军机大臣以外，允许军机章京随同军机大臣同赴前线。例如，第一次金川之役期间，有九位军机章京前后跟随不同的军机处将领前往四川。[63] 一场战争常常会扩充军机大臣和军机章京人数，因为京城必须做出新的任命，以填补随军派遣的人员空缺。乾隆皇帝廑念战事，曾说派讷亲前往四川前线“与朕亲往无异”。[64] 乾隆皇帝任命许多武职人

▲ 图 59　阿桂像

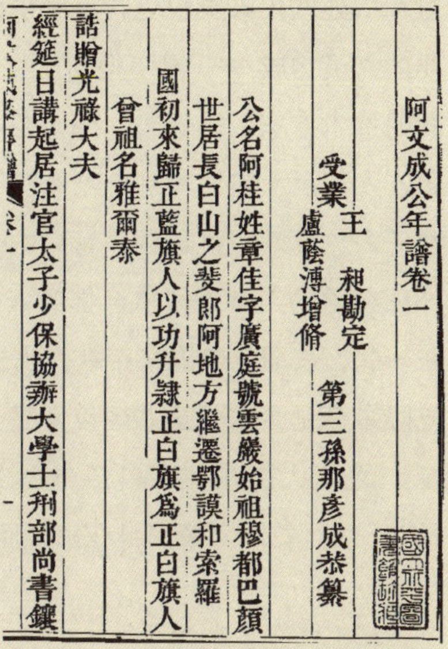

阿文成公年譜卷一

受業王　昶勘定

盧蔭溥增脩

第三孫那彦成恭纂

公名阿桂姓章佳字廣庭號雲巖始祖穆都巴顏

世居長白山之斐郎阿地方繼遷鄂謨和索羅

國初來歸正藍旗人以功升隸正白旗爲正白旗人

曾祖名雅爾泰

誥贈光祿大夫

經筵日講起居注官太子少保協辦大學士刑部尚書鑲

▲ 图 60 《阿文成公年谱》（阿桂年谱）

员入值军机处，并广泛任用军机大臣来完成重要的军事使命，这或许反映出了他对此的浓厚兴趣。

皇帝这种任命权力的反面，是也可以罢黜他的军机大臣，这同样无章可循。但皇帝不大可能随意、大规模地罢免：政府必须维持运作，不能摧毁了君主的这些身为大臣的合作者的士气。乾隆皇帝对军机处使用陟黜权力，反映出他需要军机处满足某些条件以及必要的人员构成——渴望得到可靠、忠诚的朝臣，需要财政和军事方面的技术专家，确保与六部等外朝机构的联系，以及需要找到一些蒙古人和汉人来加入这个乾隆初年基本上全由满人组成的集团。这
184 些任命也反映了挑选程序背后的一种立足于京师的认识：有着丰富外任经验的人常常没机会擢升入值军机处。[65]这些因素很好地混合在一起，表明了乾隆皇帝在做出这些任命时，已有人献计献策。但乾隆皇帝是否接受这些建议则是另一回事，毕竟最后要由他一锤定音。军机大臣是他亲自任命之人，有时受派遣，与皇帝亲往“无异”：执行乾隆皇帝因身在京师而无法独自完成的任务。

军机大臣：政治可靠

对于入值军机处人员（军机大臣和军机章京）的忠诚的考虑，无疑是影响皇帝选择的一个因素。一旦得到任命，这些属于军机处的人就必须绝对可靠，他们可被委以国家的最高机密。除了少数最高机密的奏折外，他们阅读、撮要、记录以及保存所有的奏折；有时他们也处理最高机密的材料。军机大臣和一些属员常常是仅有的可以接触这些所存放奏折及奏折附件之人，其中有反叛者的供词，有些言论极具煽动性。[66]敏感的文件仅限于在内廷管理者和外省的

高层通信人间传递，在抄付外朝时要删除尽净，军机大臣、军机章京承担着鉴别这些要删除的“不便语句”的职责。[67] 除此之外，军机大臣和军机章京也是主要的京员，收集和查阅乾隆文字狱所禁书籍。一旦各省上缴书籍，军机大臣就负责审查，并建议该销毁者、该留下者。在皇帝同意销毁后，军机大臣进行监督。[68]

政治上可靠，在任命军机大臣对出版的监管上也表现明显。正如第二章已提到的，历史学家、传记作者房兆楹评价张廷玉效力雍正皇帝，编纂了一部合皇帝意的康熙实录，这相当于“一场支持雍正皇帝的军事胜利”。[69] 通过对方略馆的控制，对方略等书籍的编纂，以及对编纂任务各层次的监管，军机大臣继续在乾隆时期取得同样的“胜利”。雍正皇帝的内廷代理人以及乾隆皇帝的军机大臣也负责其他的文字审查工作，例如负责《雍正朱批谕旨》所含奏折的挑选。此项任务中，奏折分为三种：已出版的为“已录”，后续 185
要出版的为“未录”，禁止出版的为“不录”。一些现存的“已录”奏折显示，它们在抄录过程中有一些经过了修订。[70] 监督这一过程的内廷官员以及后来的军机大臣在政治上是信得过的。

与外界严密隔绝，进一步增强了军机大臣政治上的可靠性。要求军机大臣上报拒收礼物、款待客人，或是与其他官员任何的交接——甚至也要报告不回访这样的失礼行为。通过这种方法，他们与外界保持距离，避免卷入任何麻烦。赵翼称颂军机大臣的正直，引述说，甚至是张廷玉在雍正朝得宠之时，“然门无竿牍，馈礼有价值百金者辄却之”。赵翼写到，身为领班军机大臣的讷亲“最蒙眷遇，然其人虽苛刻，而门庭峻绝，无有能干以私者”。这一段也评价了军机章京的洁身自爱，更没有接受馈赠以为报答者。赵翼告诉我们，在他生活的时代，军机处所在区域是与他处隔离开来的，由两人“正襟危坐”守护。外人欲进入，守护之人会拒绝说：“此机密地，非公等所宜至也。”这种分离被严格执行，一些军机章京仅因与部院官员交谈，就遭训斥。赵翼形容被斥责者“不敢置一词”。[71] 军机处的业务当然已分立出来——与庞大的官僚机构分离，独自在内廷处理。军机大臣们在现实中自我疏隔，倾向于离群独处，避开任何令人起疑的官员或社会联系，这是上述隔离做法的延展，增强了这一机构的可靠性。

档案中许多军机处奏片显示出军机大臣努力工作，不辜负乾隆皇帝的信任。例如，在撰拟上谕过程中，当军机大臣认为已经征得皇帝同意的意见中还有可改进之处，那就在上呈撰拟最后一稿上谕时附上一纸解释。通常这些改动关乎细务——一个在外省的调查者提供了新的信息，或是出于满汉复职制的考虑而需要改变一个省的人事任命。翻阅过 18 世纪档案的研究者总有这样的印象：无论发生什么变化，只要所撰拟的上谕不同于先前所认可的，军机大臣就
186 要随时上报皇帝。皇帝必定也会持有这种印象。因为军机大臣不能利用皇帝上谕的权威发布他们一厢情愿的命令，这种审慎维护了上谕制定程序的神圣不可侵犯，并让君主看到了他们的公正无私。

最后，仔细考察 18 世纪和 19 世纪初期的历史可以看到，似乎有一不成文的规定，军机大臣不会发表有关军机处议覆和办事程序的信息。[72] 结果，几乎没有什么回忆材料可以提供关于军机处运转方面有用的细节。张廷玉自撰年谱极少提到雍正各分立的机构或后来的军机处，小心翼翼地略去了所有有关军机处议覆的描述。[73] 所刊行的阿桂奏折是由他的孙子那彦成（也在军机处供职）收集的，

不包括阿桂在担任领班军机大臣年间以他的名义呈递的文件。[74] 18世纪军机大臣在回忆材料中并没有侈谈内廷程序，这也是他们忠诚的一个明证。

军机大臣的兼职

军机处是个非正式机构，因此不存在军机处本身的人事任命；军机处所有的中高层人员都是兼职，薪俸和官品都由本人的其他主要职位决定。这种将职责合并的做法并不是军机处的创新，甚至也不是清朝的创新——明朝的大学士也是兼职的。[75] 但对于清朝的军机大臣而言，这种做法似乎有了相当大的扩张，他们常常有一长串头衔。例如，乾隆十三年（1748），傅恒开列了许多兼职或头衔：经筵讲官、太子太保、协办大学士、议政大臣、领侍卫内大臣、兼銮仪卫事、兼管户部尚书事、暂管三库、内务府大臣。与内廷的非正式性的原则保持一致，傅恒军机大臣的职位由于是非正式的，故被略去了。四年以后，乾隆十七年（1752），这时傅恒已被任命为大学士和领班军机大臣，这些头衔中的一些取消了，取而代之的是其他的头衔：太保、保和殿大学士、兼管户部、御前大臣、兼管理藩院事。[76] 但所列职衔也没有提到他的军机处职位。这样的长长兼职清单是18世纪军机大臣的典型情况，但在军机处的职位依然是非正式的，因此也只能是非正式地得到认可。

军机大臣当然不可能完成他的所有兼职任务。即便如此，这些 187
职务还是很重要，因为它们提供了期望军机大臣能大显身手的广阔天地。例如，乾隆二十三年（1758），署理江西巡抚提交了一份关于载运粮食的奏折，朱批："该部速议奏闻。"但是随后的议覆不是

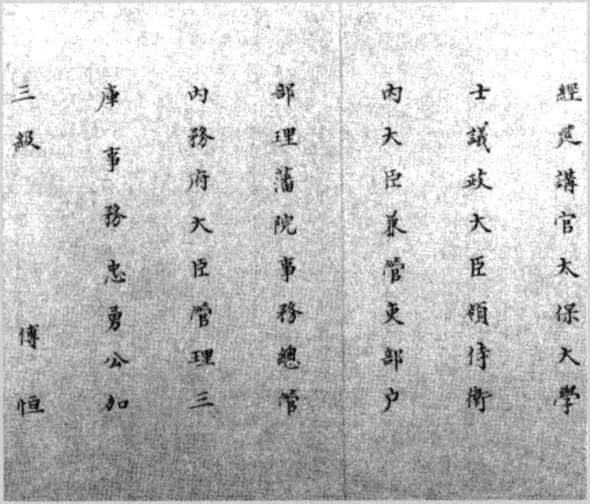
經筵講官太保大學
士議政大臣領侍衛
內大臣兼管吏部戶
部理藩院事務總管
內務府大臣管理三
庫事務忠勇公加
三級 傅恒

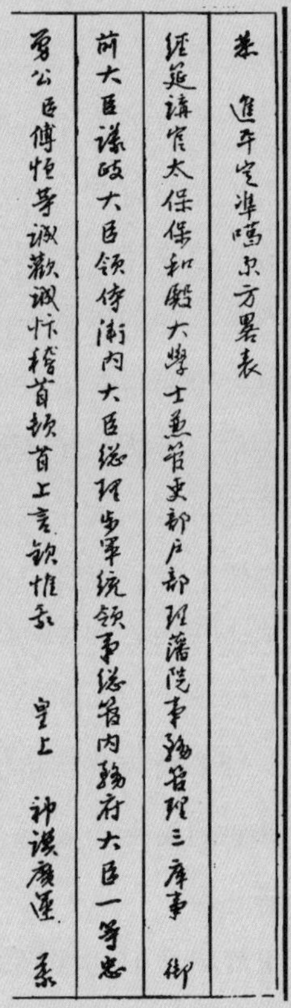
恭 進平定準噶爾方略表
經筵講官太保保和殿大學士兼管吏部戶部理藩院事務管理三庫事 御
前大臣議政大臣領侍衛內大臣總理步軍統領事總管內務府大臣一等忠
勇公臣傅恒等誠歡誠忭稽首頓首上言欽惟 皇上 神謨廣運 柔

▲ 图61　乾隆十四年六月二十五日傅恒会同他人所上奏折开列的衔名（左）、傅恒“恭进平定准噶尔方略表”开列的衔名。《四库全书总目》记载《平定准尔噶方略》系“乾隆三十七年大学士傅恒等恭撰奏进”，而傅恒已于乾隆三十五年去世，故，此处可视作傅恒最后的官衔

以户部尚书而是以军机大臣傅恒为首。尽管傅恒当时不是户部堂官，但他兼管户部事务，这个兼职就授权他负责该部的议覆。[77] 另一个类似的例子发生在乾隆十六年（1751），在一份上报山西火耗收入数目的奏折上，乾隆皇帝批示“该部知道”，就是交付有关部院。但结果是军机大臣——而不是户部的官员——提交简短的议覆奏折，向皇帝呈递了他们的调查结果。[78] 军机处成员的兼职又一次使他们接触信息，允许他们讨论并给皇帝出主意，而无须皇帝专门授权。军机处档册中有许多这种事例。[79] 查看档案，甚至有些议覆奏折以“臣部”开头，证明这是在军机处缮写的，可能是在一位管理该部事务的军机大臣的监管下完成的。[80]

有的兼职容许军机大臣控制六部之外的领域。许多军机大臣是翰林院成员，如此就将他们在翰林院的一些职责带入军机处。我们已经在表 6 中看到军机大臣是如何逐渐地侵占先前由大学士和翰林院成员主导的编书职权。此外，乾隆元年时，总理事务王大臣采取了一项针对起居注馆的行动，而在 17 世纪起居注馆还隶属于翰林院。[81] 乡会试及殿试，官员铨选升迁的考试，这些以前是由礼部、翰林院和大学士（有些情况下是由其他机构）负责的，在 18 世纪常常移交给军机处。军机大臣逐渐接管这些职责，比如协商科举考试问题并帮助皇帝选择会试、殿试试题，有时候他们作为读卷官。[82] 18 世纪，翰林院其他的尤其是出版领域的职责也在军机处办理，或者是涉及军机处的人员和内廷档案。乾隆时期的方略编纂更是如此，它们是利用保存在内廷的奏折和其他档案，并是在军机处 188
的监管下编纂的（见第七章）。翰林院，特别是它的掌院学士，历来也监管国史馆的业务，而在 18 世纪，翰林院掌院学士也是军机大臣，掌握着翰林院的最高领导权。[83]

由于一些军机大臣兼任大学士，军机处的职责也因此增多。清初，处理本章的职责掌握在大学士手中，他们中的一些人在内廷临时领命。因此，在早期，处理本章既可以在内廷（在那里身为皇帝助手的大学士进行票拟），也可以在遥远的、位于紫禁城东南角的内阁（在那里外朝的大学士及属下也处理本章）。这种内廷与外朝有关本章业务的模糊区分也是乾隆朝军机处的特色，内廷也处理许多本章。乾隆十六年（1751），军机处有奏片告知皇帝："臣等照常票签。"[84]若见到这样的文件实不足为奇。乾隆十三年（1748），因票拟差错，五位内阁官员受到处罚。五人中有三人兼任军机大臣。[85]到嘉庆八年（1803），两位军机大臣——他们同时也是大学士——身为稽查钦奉上谕事件处（简称稽查上谕事件处）最高长官当值。[86]尽管此前内廷官员就已介入本章体系，但乾隆朝的不同之处在于，到这时在内廷已形成一支统一的力量来协调本章和奏折。身兼大学士赋予了军机大臣对于各部院的监管权力，而后者依赖于本章；军机处也因此牢牢控制了本章体系。

通过兼职而带入军机处的内阁其他职责，包括负责九卿议事（见第五章）。例如，到乾隆末年，乾隆皇帝将一份关于公共事务工程有可能出现贪污的外省奏折交由"大学士与九卿"议覆。然而，随后的议覆是在军机处档册中找到的，这显示出这事归军机处办
189 理。[87]秋审中处决罪犯勾到也有着类似变化。这以前是大学士的职责，但有一年，皇帝发现出巡途中只有少数官员跟随，他宣布"军机大臣办理较为熟谙"，下令这项任务由大学士与军机大臣共同承担。[88]

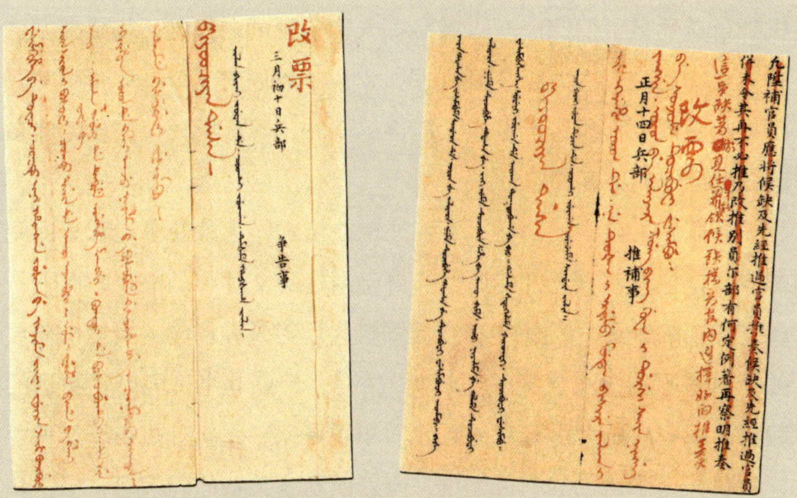

▲ 图 62　乾隆皇帝朱改签票

当然，军机大臣获得的一些任务指派并不是因为他们的兼职，而是因为皇帝信任他们，依靠他们处理各种问题。例如，在本章体系中，公文要依例交予相应部门处理，这些例是早经厘定好了的，规定由谁来处理在该体系中常出现的各种各样的问题。事实上，篇幅很长的章程规范着本章的分发。[89]而乾隆皇帝亲自指令将奏折交发官员，用朱笔在每件奏折结尾处写他的选择。乾隆朝及以后，军机处日益受皇帝们宠信——乾隆朝大部分时间内如此，乾隆皇帝更多地将奏折交军机大臣办理。军机大臣的兼职对于一些职责转归军机处起着重要作用，但军机大臣恪尽职守，不负所托，促成乾隆皇帝分配给他们更多的职责。

兼职加上皇帝的信任，军机处现在常常作为外朝机构和皇帝间的媒介，执行调查，并传递他们自己创建的文件中的信息，而不是转发外朝的议覆。档案中存在着军机大臣对外朝机构的奏报做摘要并予以重写的一些事例。[90]这种做法有将外朝与皇帝隔开得更远的趋势，而令内廷大臣离皇帝更近。乍看起来，军机处投身于这种媒介角色，为了自己的利益起见，掩盖或隐瞒某些外朝信息，但在我看来，这种不法行径可能极少发生。这种撮要的主要目的是为了突出要点，方便并启发忙碌的君主。若发现其中有不法行为，会迅速严惩不贷；军机大臣的目标是赢得皇帝的信任，若这样做，则适得其反。而且，在多数情况下，所做摘要都是相当平常的信息，对之改写或不如实书写，军机处从中也少有或无收获可言。

由于他们机构的非正式性质，军机大臣拥有许多兼职，而这对于 18 世纪军机处的扩张来说是一个重要因素。乾隆时期，这些兼职给军机处带来了众多的职责，以前由数个外朝机构处理的许多问

题都集中在了自己手上。从某些方面可以说，军机处的发展是以牺 190
牲外朝为代价的。最终皇帝与外朝日益疏离，而对于他的内廷军机大臣则倚赖有加。

军机处的行政职责

18 世纪时，军机处众多且不断扩展的行政职责也促成了它的成长。尽管旧有的外朝机构继续负责日常事务，但乾隆时期属于军机处管辖的领域增多了。乾隆皇帝更愿意向军机大臣分派任务，他们的职责快速扩张。对于几乎所有上呈给皇帝的或是任何出现在两种主要通信方式中的问题，军机大臣得到授权可以阅览、处理、研究或提出建议。他们处理问题的惊人能力在乾隆朝每个月都可以找到例证。

乾隆四十九年（1784）的一个例子显示，军机大臣的调查任务甚至关涉皇帝的私人生活。该年乾隆皇帝七十三岁，做了高祖，五世同堂。他命军机大臣找出天朝还有多少有福的高祖在世。他们的调查（限于绅士阶层）涵盖了所有内地省份，共找到七十岁以上的二十七人，八十岁以上的九十九人，九十岁以上的六十二人，百岁以上的四人。军机处将分省列表上呈皇帝，有些军机大臣因表现出色受到赏赐。另一项不同寻常的调查任务是派遣调查者（可能是军机章京，而不是军机大臣）到乡村询问农民的收成情况。对于那些试图绕过当地衙门，在皇帝出巡时拦截告御状即叩阍的平民百姓，军机处也负责调查他们呈控之事。这些人的请求五花八门，如有个人曾将自己的独子过继他人，现在又想将儿子要回。有的叩阍者精神错乱，一个例子说有人向皇帝状告同村的村民，声称他们拐跑了自己的老婆。对于这类案件必须要鉴别，分别处理。军机大臣调查每个案件，常常拿到供词，并向皇帝提出处理建议。[91] 尽管这些特别的调查不在军机处日常的处理事务范围内，但档案显示军机处常常处理这种不寻常的问题，当然还有许多意料中的事情。许多引起京城当局注意的事件最后都成为军机处关注的问题。

191 军机处的主要管理任务是保持内廷的这一执行机构的运行。今天我们知道这一点，是因为大量档案——包括随手登记档、各种清册——提供了军机处将潮水般涌入的文件和问题一一安排妥帖的细节。[92] 档案中甚至还有一捆绿头签（或称绿头牌），这是在安排引见时所用的。考察军机处如何完成这些职责，将有助于确定军机处与外朝机构以及与君主的关系。

绿头签

绿头签制度先前就有，一些政府机构涉身其中，军机处加入后，它提供了考察军机处行政责任的很好例证，是军机处许多业务的一种典型表现。这些绿头签可能是宫中造办处制作的。我在中国第一历史档案馆中看到的绿头签是涂有白色、顶端饰以绿色的薄木片，大多数长不足一英尺，供书写负责引见的官员的名字，或是皇帝将要召见可能被任命或升迁的人员的名字和相关信息。一些绿头签留有空白处，在引见后将添上所任命官员的名字。[93]

不同的组织机构负有准备绿头签所需信息的职责——有时是通政司，有时是带领该人引见的尚书或侍郎所在的部院，有时是其他

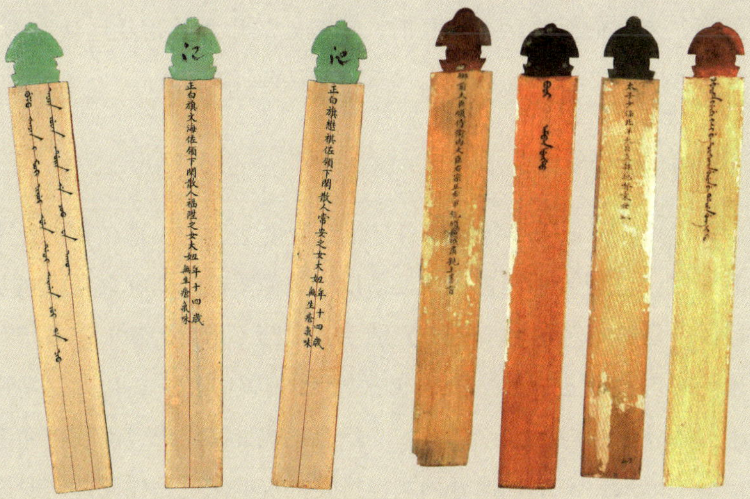

▲ 图 63　绿头签（外朝与后宫都使用，形制差不多）

机构。[94] 这是在军机处建立之前已有的制度，因此会典事例中没有关于军机大臣角色的详细规定。但是我们知道军机大臣参与其中，因为他们有时因办理绿头签有误而受到处罚，并且有时候他们带领引见或是听候皇帝吩咐准备绿头签。[95] 他们也撰拟上谕，这些上谕是这些绿头签使用过程中所颁的决定（例如写下宣布的任命人员），并调查绿头签准备、使用过程中所犯的错误。[96] 可以看出，就绿头签而言，当其他机构运行平稳时，军机处的角色就是从远处监管，若有任务指派或紧急情况发生，它可以直接采取行动。

跟踪文件与问题

军机处的一项主要行政任务是跟踪大量送达的或是在军机处产
192 生的文件。在乾隆朝和嘉庆朝，创设了数种军机处档案系列，主要是监控内廷的文件往来。例如，随手登记档（见第七章）记录所有前来的奏折，对它们摘叙事由并提供其他相关信息——比如，是否为相关的外朝机构抄录了副本。一旦有正式批答做出，也要在随手登记档中记录。有的档册开列了奏折及批复的朱批是如何并何时返给具奏人的——要特别注明，包裹何时交兵部捷报处发送，以及奏折是置于报匣还是夹板中送出的。后来，当奏折出借给负责编纂实录的机构（实录馆）时，另有档册记下这些出借的档案——何时出借及何时返还。如此一来，尽管军机处有了一套复杂的管理程序，但这些极少独立运作或是离开外朝机构的合作。军机处许多管理方法的成功有赖于外朝有效的工作。

军机处也发展了一种制度，以跟踪特殊的问题。有时乾隆皇帝在得到进一步的信息或是召见当事人时，才会对某事采取行动。在这种情况下，会命军机处“存记”，以备需要时查找，或将此事铭记于心，以便适时向皇帝“提奏”。清中期有一个利用军机处“存记”和“提奏”的例子，当时，在引见官员时，皇帝见到一个京官，下令第二年会试之后，上报这个人的情况。一年后，军机处从存记文件中找出了相关资料，报告此人在这次科考中落第。即便如此，乾隆皇帝见到上一年的材料，这提醒了他以前有令此人——他业务卓异，并且可能有很好的人缘——参加殿试的想法。结果，这个人高中二甲进士。这一提奏文件使得皇帝有机会给予他想施恩的人。

当就某一问题征询外朝意见时，军机处也使用它的存记和提奏文件，以掌握该问题的资料或信息。大多数情况下皇帝会下令，如果该部未能给出他所希望的建议，他的想法依然是要执行的。因为已经给予该部表达意见的机会，这样就不会遭谴责说是绕开了外朝。

军机处偶尔会没有尽到提奏皇帝的职责，这种情况下，皇帝的意愿就无法实现。乾隆九年底（1745 年初）就发生了难得一见的
军机处忘记提奏的事例，当时军机大臣信赖吏部，让吏部交送提奏 193
皇帝的命令，即当某个候补官员抵京引见时，提醒他们知道。但是吏部疏忽了，没有交送。结果，此人在引见时并没有皇帝所要的资料，他被实授知县，而不是最初计划的署理。[97] 确实存在着这样的偶尔疏忽，但大多数时候军机处存记和提奏文件为内廷决策提供了便利，军机处的侍奉对于皇帝来说已必不可少。

军机处将复杂的问题分类上呈皇帝，方便皇帝了解情况。档案中保存下来的一些奏折含有纸签，上面书写着军机大臣（或章京）对于奏折内容的摘要或解释，与雍正时期内廷代理人所做的相仿。[98] 有的档案上有军机大臣书写建议或意见的夹签或粘签。[99] 在军机处

供皇帝披览的档案中，用以提醒皇帝应特别注意的黄签现仍粘在某些外省奏折之上。在一份这样的文件中，写着三个人名的三个黄签帮助皇帝快速翻至——可能是在引见过程中——三个候选人员履历的起始处。[100] 一套财政报告中也有类似的标签，指出哪些人应该予以稽查而哪些可以宽恕。[101] 军机大臣也帮助皇帝选定科举考题，在一套“四书”（即四种儒家经典，常常从中出题）中夹上标签，标出以前会试和顺天府乡试考过的题目。[102] 通过种种的安排，军机处能够消化、存储和找出大量的信息。

谕旨的撰拟：“空白”谕旨

前面几章曾解释过，雍正时内廷代理人负责撰拟多种形式的谕旨。在乾隆初年，这一职责转交给了总理事务王大臣，很快又交给了军机处。军机处早期的谕旨起草职责主要包括两种文件：明发上谕与廷寄。乾隆朝并没有发展出第三种形式，而是发展出了一套办理某种上谕的流程。我还没有发现通行的汉文用词，我将之称为“空白”谕旨（“fill-in-the blank” edict）。

这种谕旨的撰拟可能源自之前就存在的内阁撰拟谕旨的一种形式，18 世纪仍在使用，它仅适用于简短、不复杂的谕旨，除了皇帝
194 的决定外，已含有其他所有要件。留有空白处，皇帝在此用朱笔写下决定，例如任命人员的名字，或是皇帝恩赏的一笔钱。其中的一种形式名曰“空名谕旨”，从中可以看出这种谕旨撰拟是如何简化军机处业务的。除皇帝所选定之人的名字外，空名谕旨书写了全部相关信息——日期、上谕类型、职官和地点。这种草稿常常附有候选人的名单以及军机处对此解释的奏片。该撰拟谕旨置于皇帝面

前，他会在空白处用朱批填写。对这种做法，18 世纪的一份评论详述过，当得知君主在这些文件上亲笔书写他们的名字时，这些新任命官员感到无上荣光。[103] 空名谕旨有许多好处，既省却了撰拟的步骤，又保存了皇帝所挑人选的朱笔。它是由军机处为了高效、妥帖地处理行政工作而创建出的数种方法之一。

对君主的建议与纠偏

军机处所设计的行政办法不仅是使事情简化，同时也是为了建议和引导皇帝。例如，使用标签将一些应该追查、要额外偿付所欠政府经费的个人标出，这就给了军机大臣很大的处置权力。乾隆皇帝——他在这种问题上不会比他的军机大臣知道得更多——通常会听从他们的建议。而且，军机大臣并不总是仅仅向乾隆皇帝提供附有军机处奏片的“空白”谕旨；他们常常是详述建议，并向皇帝请旨钦定他们的方案。因为皇帝极少有坚实可靠的其他选择，因此他会同意这些建议，尤其是如果它们出自他信任和欣赏的军机大臣。而且，对于来自其他部门的建议，在批示之前，他常常将此交军机处查核。

军机大臣也常常纠正皇帝的错误，不论是不经意所犯的错误，还是感觉他的判断有误。例如，乾隆十六年（1751）的出巡路上，乾隆皇帝召见过一个人，对他印象深刻，毫不犹豫地任命他为开封知府。而跟随出巡的军机大臣显然意识到此人经验不足，难以胜任如此繁难的职位。他们的解决办法是书写奏片，提供这个人的详细
履历，言辞温和地提议派另一个有过做知府经历的人去处理开封的 195
棘手事务。那个给乾隆皇帝留有深刻印象的人可以得到一个事务较

简的知府职位。面对军机大臣解释的奏片，乾隆皇帝没有异议，应允了这一方案。[104]

还有一次，军机大臣引导皇帝修改某任命，因为它会造成满汉复职制的失衡，将是失策之举。军机大臣看到一份任命安徽按察使的空名谕旨，上面填写了一个汉人的名字，他们呈上奏片，指出这一任命将安置第三个汉人在省大员的位置上（巡抚、布政使和按察使）；他们已做了调查，发现陕西和贵州是满人占优的省份。结果，原计划出任安徽的人被派往陕西，陕西的按察使调至安徽，这一过程名为"对调"。[105] 同样，当皇帝在有关财政的"空白"谕旨上写下不正确或不现实的数目时，军机大臣也会指出并拿出改动方案。[106] 对皇帝建言或是改正皇帝的错误并不总是容易的事，但档案中的一些军机处奏片不仅显示这是经常发生的事情，而且可以看出，通常情况下乾隆皇帝会听从军机大臣的意见。军机处的成功，部分原因在于它是以书面形式提出指导意见，而不是在可能引致当场争辩的谈话中。

计划和安排

军机处的有些建议过于琐屑，不可能要求皇帝关注实施细节，但征得他最后同意依然常常是必需的。例如，乾隆五十五年（1790），军机处撰拟了安南国王参观热河避暑山庄的活动及款待事项。规划了为期五周轻松自在的听戏、与宴、观烟火、放河灯和游玩，对于皇帝的一些喜好大都做了考虑。乾隆皇帝会信手添上一些内容，但总体上对于这类事情他会批准所呈递的安排。[107]

军机处也制订皇帝出巡的细节，这一工作在乾隆朝特别繁重，因为乾隆皇帝喜欢巡游。一次出巡可能是有着上千扈从的大规模的国家行动，也可能只是离开京城的一次简单临时驻跸，或是在京城之外的圆明园或热河停留。规定礼仪、考虑地形以及安排运输足够的物资以保证出巡途中政府的运作，这种种复杂工作与战争所带来的挑战很相像。不止一次，出巡超过三千人，包括四十五或五十位近臣——主要是满洲人和蒙古人，他们中间有侍卫、王公、一些 196
军机大臣、那些伴随圣驾之人，以及少数受宠信者。部院官员常常出现在大规模的出巡队伍中，但是有次出巡的计划中未出现两个最重要的部——吏部和户部的人员，相反安排军机处“兼管”。[108] 运输本身也是个问题。有人估计需要六千匹马以供部分出巡成员坐骑（必须为每人准备更换的马匹），并需要为有些人准备车辆（需要役畜、草料及准备饮水地点）。也有几次，内廷成员乘船出巡，这些船得到了准许，都有预先颁发的特殊的红票。帐篷、炊具及餐具必须在每一天行程结束时顺利就位。一个报时的钟是必需之物，即便皇帝一行由水路行进也是如此。[109] 出巡时，必须建立皇帝专用的邮驿，不仅为了向不断变动的帝王驻跸之地呈递各省奏折，同时也便于与那些留守京师、掌握整个京师官僚全部文件的人联络。

提前所做的出巡计划也包括皇帝沿途将要游览以及要做的事情。地方官员向北京派送特别备办的物资以支持皇帝的意愿。绘有景点的地图经皇帝寓目，用笔画出皇帝可能路过的景点，并有标签说明皇帝何时前往观光——一张是水利工程的地图，另一张是军事据点的地图。也有小幅折叠式的册子，大概四英寸高，以中国卷轴画的形式制成，可以不断地打开，展现沿途景色：山脉、丘陵、村庄、军营，甚至房屋、树木。有一幅是为皇帝巡视大运河准备的，也画

▲ 图 64 乾隆皇帝南巡图（局部）

出了出巡队伍要经过的城镇，有着完整的城墙和四个城门。[110] 在一些出巡途中，皇帝接见候补官员，接见、嘉奖致仕官员、地方显贵，或举行召试，或质询在籍的废员，有些会重新起用。[111] 尽管军机处向其他的宫内和中央机构以及地方寻求帮助，但对所有这些事宜的安排，它要负最后的责任。

人员任命与军机处记名名单

在军机处协调自己与其他外朝机构行政活动的一些任务中，官员的任命是最敏感的问题。所有重要的任命都要皇帝首肯，用于引见的人员名单和宣布皇帝任命的上谕基本上是在军机处办理的，尽管大多数情况下，军机处的工作建立在由吏部（若是武职，则是由兵部）提供的背景信息之上。然而18世纪人员任命过程中的一个显著不同在于，军机处获得了某种专有的赞助权（patronage 197
rights）。在吏部或兵部提供的记名名单之外，允许军机处使用自己的名单。这些名单所开列的是那些在引见时表现突出，将要安排到合适职位上去的候选人。当有出缺，就要参考这些名单，选出合适之人——看需要满人还是汉人。当一个名单中的人员派完，要开始新一轮的引见，产生新的名单。

我们不知道军机处是如何设法开辟自己的赞助源的，但有材料显示，到乾隆中期，允许军机处将一些人选放入自己的总兵和副将的记名名单中。[112] 而且，军机处的记名名单——这种名单的信息的确存在——似乎是小心翼翼地避开外朝耳目。乾隆五十四年（1789）的两道上谕揭示了这一点，它们都是关于同一次引见结果的，兵部对此提供了一位总督保举的数个职位上的人选。根据抄入军机处自己秘密收藏档册中的上谕，在引见中表现出色的三人——一个副将、两个参将——被记作“交军机处记名”。但是，同一天起居注中的明发上谕所记同一次引见的结果却没有提到任何军机处的记名名单。三位军机处提名人员只是写作“览”。军机处的赞助身份被隐瞒了起来。[113]

接下来的嘉庆朝，一份带有反对声音的兵部题本可能揭示了以上这种隐蔽做法的原因。它抱怨说，因为军机处负责将数个名单呈览皇帝，到皇帝做出任命之时，放在皇帝面前的是军机处而不是兵部提供的名单。那些在地方忠心耿耿效力多年、不幸受到部院而不是军机处保举的人都被忽略了，得宠的是那些新近在军机处的记名名单中占一席之地的人选。部院的保举希望渺茫。[114]军机处保举的效果可以清楚地从乾隆四十三年（1778）一个副将的例子中看出。这个人于四十一年（1776）引见，写入擢升总兵的军机处记名名单，第二年年中，他如愿以偿。四十三年（1778）初，他再次升迁，得到一个“紧要”的总兵缺。[115]这样的速度——在18世纪壅滞的官僚升迁中是特例——证实了军机处记名名单的功效。

198 可以说，军机处的行政事务包括了许多复杂任务。军机处作为内廷的行政执行机构，通过跟踪问题和文件，为皇帝的行政铺平道路，并且负责数不清的安排，其中一些对于皇帝的决策有着微妙的影响。而且，军机处以值得称道的高效率完成这一切，从随手登记档中可以看得清清楚楚：大多数情况下，在文件抵达军机处的当天，军机处就采取了相应的行动。[116]

军机处与外朝机构关系复杂，相辅相成，相克相生。军机处规模小、效率高，但它不得不依靠外朝机构以处理与本章相关的大量工作——核查各省奏报，诸如数目精确与否，以及是否遵循成例行事。这些机构也保存着它们处理过的相关档案，当军机处有所要求时，这些机构要提供信息。甚至转交给外朝的奏折（常常是朱批“该部知道”）也成为军机处的信息来源。

然而，不允许外朝机构取代或凌驾于军机处之上。凭借对于奏折体系的垄断，军机处控制了所有接触秘密信息的渠道，将许多文件——自然是最重要的——留在内廷。军机处也偶尔利用内廷的保密性和非正式性以扩展它所处理的问题，或是巧妙地避开部院——创立它自己的记名名单，或是重新书写部院的议覆。为了达到自己的目的，雍正皇帝过去常常利用他的内廷代理人以及其他内廷侍臣绕开外朝，而他们的这些18世纪晚期的继任者有时亲自绕过外朝，以营建他们在内廷的影响。

此外，军机大臣无疑自有盘算。积极使用自己的记名名单就揭示了他们是在努力争取自己的利益，同时调谐与外朝以及与君主权力的关系，而管理国家却又不允许他们追求一己私利。在当时的中国政界，为了私利而滥用公众信任的指控若成立，将会使这种卑劣之人身败名裂。军机处升至权力中心是冒着激起失势者强烈猜忌和报复风险的。当时军机大臣或许成功地争取到了自己的利益，但他们必须小心行事。军机处的许多行政业务能为自己所做的也就仅此而已。

军机处的地位上升——不仅在内廷，而且对于外朝以及外省的管理都居主导地位——是它在18世纪鼎盛时期的主要成就。乾隆 199
初年内廷机构统一，在服丧期结束后变成了一个常设机构，军机处在 18 世纪得以成长，从前的君主独断也转变成皇帝—军机大臣的统治形式，这一直持续到清朝结束。

皇帝不再直接处理许多与外朝相关联的问题。军机大臣通过兼职，现在监管着许多外朝事务，必要时会积极干预。交给外朝的调查会在军机处解决，甚至有时会重新书写。一个新的管理层——军机处——现在矗立在皇帝和外朝中间。

与各省的关系现在也以不同的方式处理。随着许多问题都转归军机处，外朝通信系统的一些领域也被新的奏折体系占有。另外，至乾隆时期，所有的奏折以及本章都在内廷受到监控——军机大臣浏览并常常就所有事关各省的重要文件向皇帝提出建议。

军机大臣在内廷行政中的作用不甚清楚。乾隆时期，许多满军机大臣同时在内务府担任职务，这可能导致了这两个主要的内廷机构在那一时期的合作。然而到了嘉庆朝，不再任命军机大臣作为御前大臣在内务府兼职，两个机构发生了分离。这无疑可以限制以前的合作模式。

军机处在内廷、外朝以及地方的行政中居支配地位，意味着这一新的机构现在综揽了许多以前被分别处理的政务，一些例行事务以前是由外朝官僚机构独立处理的，而一些事务曾由君主独自处理。军机处的崛起给中国政治体制带来了新的内廷霸权。

注

1.《清高宗实录》卷 57，页 6b。

2. 例子参见（台北）“边备夷情档”第 1 册，乾隆元年二月至五年十二月；第一次提到军机处是在 183 页。其他的档案比如“上谕档（方本）”和“议覆档”这时也依然如故，没有变化，大多数变化发生在雍正皇帝去世之后，参见第五章注 62。

3. 雍正末和乾隆初颁行六部和其他在京衙门则例是一股推动力量，但军机处不在这种法规编纂之列。嘉庆二十三年（1818）《嘉庆会典》之前的各版本中都没有记载军机处的规定，并且即使是《嘉庆会典》也只占短短的一卷篇幅（卷 3），在《嘉庆会典事例》部分也没有相应的事例，参见傅宗懋：《清代军机处组织及职掌之研究》，144 页（这一点也参见该书“结语”注 8）。由于非正式的性质，《历代职官表》（1784）没有记载军机处，尽管该书刊行时，军机处已经存在了近五十 347
年。18 世纪的上谕偶尔会论述军机处的一些办事程序，但直到 19 世纪才出现了梁章钜的《枢垣记略》，汇集并印行了有关军机处的办事程序。有一小册（不超过二十五页［双面］）军机处简要规章的档案，即（台北）“军机处规矩记载”（一册，盒号 3/2365），其中的一些资料不见于《枢垣记略》。

4. 梁章钜是在嘉庆二十三年（1818）由礼部主事任军机章京，参见《枢垣记略》卷 18，页 25。

5. 由于康熙皇帝实际在位六十一年（1661—1722），乾隆皇帝出于孝道，决定不超过这一时间，因此当他统治的第六十年结束，在嘉庆元年正月初一日，他退位。然而他继续大权在握，身为太上皇，直至三年后去世。在这期间，他只是批阅一小部分奏折，参见我的《清乾嘉时期公文上的御批》，载《“国立”故宫博物院通讯》，第 7 卷第 2 期（1972 年 5—6 月），1 ~ 13 页。乾隆皇帝继续执掌权力，退位后的那几年中，在内廷常常不用嘉庆年号，而是用“乾隆六十一年”“乾隆六十二年”“乾隆六十三年”。例子可参见《史料旬刊》，118 页。

6.（北京）“随手登记档”乾隆七年八月，157 ~ 180 页；（台北）“随手登记档”乾隆五十五年十一月，255 ~ 330 页。这些数字是从皇帝未出巡时为期三十天的月份中相当随机抽取计算得出的。在乾隆朝最后时期有所下降，乾隆七年十月，这三十天的数字要高于文中所引的数字，该月有 191 件外省奏折，平均每天 6.37 件；低于乾隆朝结束时的数字可以在乾隆皇帝垂暮之年找到——嘉庆元年五月是 312 件，平均每天 10.4 件，参见（北京）“随手登记档”乾隆七年十月，202 ~ 204 页；（台北）“随手登记档”嘉庆元年五月，169 ~ 351 页。雍正皇帝每日批阅奏折数目（他估计是二三十，有时五六十），参见《清世宗实录》卷 96，页 4b ~ 7。人们常引用的明初数字（当然是本章）是十天 1660 件，报 3391 件事，依此计算每月近 5000 件，即便对于本章来说也显得过高，参见贺凯：《明朝的政府机构》，载《哈佛亚洲学刊》，第 21 卷（1958 年），28 页。可以比较的数字是咸丰初年为期三十天的一个月的外省奏折数，是 643 件，平均每天 21.43 件，参见（北京）“随手登记档”咸丰三年三月，303 ~ 477 页。“随手登记档”文件数目增加的部分原因，可能是乾隆朝奏报制度的合理化安排，要求文件或附件一事一报，这样“随手登记档”文件数目可能增大，只是因为新的奏报要求而并非实质性的增加，因此很难知道精确的增加速度。出于这个原因，我也查阅了其他文件的数目以作为对“随手登记档”的补充。我没有使用军机处自己的每年使用纸张的报告，因为所报的数目系从户部领取的纸张，并非确切使用的数目；在不知道以前年份所剩纸张的情况下，这些数字并不能说明什么问题。

348 7. 故宫文献馆编：《清军机处档案目录》（北平，1930 年），7、8、13 页。道光七年（1827）以前的定制是每年两册。要测算这一增长，每册的页数当然也应该考虑在内。最早期的档册要薄于以后的：乾隆七年和十年的不足二百页，且是以草书书写的，若用楷体字书写会占更大的篇幅。到乾隆二十年和二十一年（1755 和 1756），每册仍然包括一整年，约有四百页。到了乾隆朝末，每半年一册，每册差不多四百页。咸丰初年每季度一册，约五百页。

8. 我的《满文档册对于清史研究的重要性》一文的表格，29 页。

9. “议覆档”是个很好的例证。尽管并非所有的档册都保留了下来，但很明显，有四册是属于雍正十二年的，一季一册。乾隆朝末期，依季度仍然是主要的划分指导原则，但若那样，每册都太厚，因此不得不每季分为两册，而当抄录时常常进一步按月划分。

10.《光绪会典事例》卷 320，页 18b ~ 20；《清代名人传略》，917 页。是奏事处而不是军机处监管奏折的保存，但当这些奏折是政府现行信息体系组成部分时，由军机处处理它们。军机处档案，参见第七章注 113 以及相应的正文。按比例来说，清朝最大部头的实录是同治朝的实录，平均每年 10.7 卷。

11.（北京）“议覆档”乾隆二年十二月初二日，339 页；（台北）“军机处文移档”乾隆四十三年五月二十九日，5 ~ 6、7 ~ 8 页。也参见（台北）“文移档”乾隆五十七年二月，9 ~ 10 页。

12.《枢垣记略》卷 14，页 12b ~ 14b。军机大臣与其他人一起吃早餐；后来每天的用餐地点是方略馆，其中显然没有军机大臣。

13. 方略馆的规模通常能反映出它正负责的出版项目的多少。我所找到的最大数字是在（北京）“桌饭档”乾隆四十六年四月，20 页，当值的人数有 141 人。另一个很大的数字是 138 人，是在（北京）“桌饭档”乾隆四十三年二月，3 ~ 8 页。但此前年份有时数字相对要小，如乾隆二十六年只有基本的人数 41 人，参见（北京）“桌饭档”乾隆二十六年三月初一日，4 ~ 7 页。也参见这种档册的其他册。

14. 杂役的满文用词是“拜唐阿”和“苏拉”，或是汉文昵称“小幺儿”。许多“小幺儿”终生服役，他们六十岁时还被人如此称呼，参见邓文如、王锺翰：《谈军机处》，载《史学年报》，第 2 卷第 4 期（1937 年），197 页。

15.《清史》第 4 册，2487 ~ 2497 页，军机大臣年表。关于乾隆朝和三年太上皇期间，我所得到的数字即平均每年有 6.95 位军机处大臣，是将那些与在他们的继任者任期有重叠的军机大臣排除在外；否则，平均数会更高，但欠精确。在乾隆中期繁忙的乾隆十三年至四十二年，每年平均有 7.5 位军机大臣。年表中最长的名单有 12 位军机大臣（乾隆十三年）以及 10 或 11 位军机大臣（乾隆十九年和四十一年），但这通常是在有数位军机大臣因军事或调查事宜而离开京师的情况下发生的。在康熙时，大学士的数目变动有着类似的情况，参见《清史》第 349
4 册，2445 ~ 2461 页。乾隆十三年，大学士的数目限定为四人，二满二汉，参见《光绪会典事例》卷 11，页 4b ~ 5。在嘉庆亲政期间（嘉庆四年至二十五年），军机大臣的数目平均是 4.5 个，参见《清史》第 4 册，2497 ~ 2500 页。每位军机大臣在任平均时间，参见墨子刻：《清代官僚机构的内部组织：法律、道德及联系诸方面》附录 6，435 ~ 436 页。

16. 这一数字包括 12 桌的人数、军机大臣的人数，以及任意一天那些不当值人员的约略数：16 ~ 20 位军机章京，可能还有一些下属，他们的职责和数目现在还不很清楚。我还不能够算出整个庞大外朝官僚的总数。雍正时期在翰林院任职的人远远超过 200 人，参见《清世宗实录》卷 12，页 16 ~ 17b。同一时期，内阁有 143 名中书，参见《雍正会典》卷 2，页 1b。六部的司员包括 57 名汉主事，参见（北京）“议覆档”乾隆二年六月二十四日，381 ~ 388 页。

17.《清高宗实录》卷284，页10 ~ 11b；《枢垣记略》卷13，页16a ~ b；（北京）"议覆档" 乾隆七年六月十一日，29 ~ 30页。

18. 乾隆十三年派往四川的三人是讷亲、班第、傅恒，高斌派赴山东，参见《清史》第4册，2489页；《清高宗实录》卷332，页10 ~ 11。

19.《枢垣记略》卷16，页3b ~ 4b；卷18，页3a ~ b。军机章京之外增加二十四人是相当大规模的增添，即便是在清朝末期，军机章京的法定总数是三十二人（一半满人，一半汉人）。

20. 北屋也用以指称整个军机处。关于北屋和南屋，参见《中和月刊史料选辑》第1册，1页。最初军机大臣和章京仅有数间木板屋，可能是在隆宗门以西的内务府。人们认为他们是在乾隆十二年（1747）移到了更为宽敞的区域。这些办公场所的部分资料，参见《枢垣记略》卷14，页10a ~ b；卷22，页7。《军机章京题名》，编辑者吴孝铭的跋，1 ~ 3页。吴振棫：《养吉斋丛录》卷4，页2b。傅宗懋：《清代军机处组织及职掌之研究》，450页。单士元：《故宫军机处值房》，载《文物》，1960年第1期（1960年1月），41 ~ 43页。叶凤毛：《内阁小志》，页11b ~ 12b。《国朝宫史》卷3，页7a ~ b。军机处的图片，可能是依照光绪时期重新布置了内部，参见万依、王树卿、陆燕贞编：《清代宫廷生活》（香港，1985年），插图82、83。军机章京的值房坐落在军机大臣值房的南面，因此称为"南屋"，当有文件或活动指"本屋"或"南屋者"时，可用于辨识出它的文件和活动。军机处的位置，参见本书地图1。

21.《清宫述闻》卷3，页25b；《清内阁库贮旧档辑刊》册1，页22。

22. 我感谢哈罗德·沙迪克（Harold Shadick）教授就此问题的解释（1979年4月10日的谈话）。"军国机务""军国""军机"等词中"军"字取其"国务"的广义，参见《续通志》第1册，4040页。《清太宗实录》卷63，页20 ~ 22（傅宗懋在《清代军机处组织及职掌之研究》23页如是解释）。《清世宗实录》卷2，页24b ~ 26；卷29，页4b。席吴鏊：《内阁志》，4页。嘉庆十年（1805）的一道上谕否认该词仅指狭义的军务，参见《清仁宗实录》卷144，页4b ~ 5。也参见萧一山：《清代通史》第1册，867页；杜联喆：《关于军机处的建置》。雍正十一
350 年名称的改变，是预测到了后来这一内廷机构的合并及其作用的扩展——这种情况下是需要一个比"军需"更好的名字；这种猜测很吸引人，但我还未找到有任何这种长远谋划的确切证据。军机处的名字常常写作"办理军机处"。也使用各种变化的名称，比如"办理军机事务府"，参见（北京）"录副"军务类，军需5，

雍正十三年十月初九日。军机处的满文名是 Cooha-i nash ū n-i ba，这一名称无可置疑地包含早期的军事含义。18 世纪的安南朝廷希望照搬中国的枢密班子，但误解了军机处名称的意义，为自己的文职大臣起了一个有着军事含义的机构名称，参见亚历山大 · 伍思德：《越南与中国模式：十九世纪上半叶阮氏政权与清朝的文职政府比较研究》（马萨诸塞州剑桥，1961 年），96 ~ 100 页。

23. 例外的情况，参见卜内特、哈盖尔斯特洛姆：《当代中国的政治组织》，128 页；贺凯：《中国古代官名辞典》，1735 条，这里的翻译是“Council of State”。汉文的“处”，意为“office”，常常并不用于在京的衙门，通常意指一个内部的机构或是下属机构。它用在军机处身上，有时有助于鉴别带有“本处”的军机处文件，参见《清宫述闻》的编者“按”；卷 3，页 25b。其他的用词如“枢臣”“大人”“大军机”也用于指称军机大臣，例子参见（北京）“随手登记档”乾隆十四年十月初七日，286 页。18 世纪，常说军机大臣在军机处“行走”，但有时一个新任军机大臣会给予“学习行走”衔，参见《枢垣记略》卷 13，页 3a ~ b；英和：《恩福堂笔记》卷上，页 29；陈康祺：《郎潜纪闻》（1880 年，台北 1968 年重印本），卷 2，页 1b；李鹏年等：《清代中央国家机关概述》，61 页。在 19 世纪后期，恢复使用议政王大臣的头衔，用于身为军机处领袖的恭亲王，参见（台北）“公记备考”；《枢垣记略》卷 13，页 2；（台北）“随手登记档”同治三年七月初四日，23 页。

24.（北京）“寄信档”乾隆三年九月初一日，1 页。例如《清高宗实录》（卷 25，页 20a ~ b）中一件日期为乾隆元年八月二十六日的廷寄还是以过去的方式开头——“谕大学士”，看不出该廷寄是由总理事务王大臣撰拟的，但从档案（后成为军机处的档册）中可以清楚地看到，参见（北京）“上谕档（方本）”，乾隆元年八月二十六日，55 ~ 56 页。名称和名字的不确定性在新的乾隆朝依然如此。

25.（北京）“议覆档”乾隆八年。另一个例子，参见（北京）“议覆档”乾隆七年六月十二日，33 ~ 38 页，这是命大学士调查，令军机大臣拿意见。也参见席吴鏊：《内阁志》，5 页。

26. 在（北京）“寄信档”乾隆四年七月二十六日（43 ~ 44 页），鄂尔泰、张廷玉也被授予“办理军机大臣大学士”，但在当时其他的材料中，军机处的头衔常常省略。在乾隆二三十年时，乾隆皇帝开始交给“军机大臣”更多的奏折，例子参见（北京）“议覆档”乾隆十六年和二十四年。

27. 领班军机大臣的地位，参见《枢垣记略》卷 13，页 2；傅宗懋：《清代军机处组织及职掌之研究》，229 ~ 233页。在19世纪，出现了位居第二的军机大臣“帮领班”，参见邓文如、王锺翰：《谈军机处》，载《史学年报》，第2卷第4期（1937年），194页。军机处领袖的其他用词，如“首席”和“揆席”，参见钱实甫：《清代的军机处》，见中国人民大学清史所编：《清史论文选集》第1辑，
351 475页。18世纪有的材料将领班军机大臣称为“揆首”，例子参见赵翼：《簷曝杂记》卷1，页4 ~ 5。现代研究者中也有人称这些人为“揆首”，参见李鹏年等：《清代中央国家机关概述》，60 ~ 61页。

28.《清史》第4册，2487 ~ 2496页。乾隆朝的两位汉领班军机大臣是三十七年至三十八年的刘统勋、三十九年至四十四年的于敏中，参见《清史》第4册，2448 ~ 2449页。

29. 领班军机大臣每年都列官修史表的首位，参见《清史》第4册，2486 ~ 2512页。

30.《枢垣记略》卷13，页1a ~ b。

31. 赵翼：《簷曝杂记》卷1，页4 ~ 5。据20世纪的一处记述，早晨召见叫作“早面”，参见邓文如、王锺翰：《谈军机处》，载《史学年报》，第2卷第4期（1937年），195页。我在18世纪的材料中还没有看到这种用法。

32.《清高宗实录》卷336，页24b ~ 25。注意第一章注75 ~ 80及相应正文所引雍正皇帝的类似免责声明。

33.（北京）“上谕档（方本）”，乾隆十三年十二月十二日，427 ~ 428页；《清高宗实录》卷328，页42b ~ 45。另一个尤其值得乾隆皇帝信任的官员名单，参见《宫中现行则例》（光绪朝），卷1，页28 ~ 29b。

34.《清朝续文献通考》第4册，8774页，嘉庆二年九月上谕。

35. 邓文如、王锺翰：《谈军机处》，载《史学年报》，第2卷第4期（1937年），194 ~ 195页；傅宗懋：《清代军机处组织及职掌之研究》，231 ~ 232页，569页及以后。大学士殿阁衔的等级，参见《雍正会典》卷3，页2（这开列的是旧的殿阁衔）以及《光绪会典》卷2，页1。

36.《清史》第4册，2494 ~ 2497页。阿桂、和珅的排名，也参见下一个注结尾的评论。

37. 在内部，军机大臣的等级可能是由他们在军机处得到任命的时间决定的，模糊不定时由君主来裁决。每一年的上下排序可以在《清史》的年表中找到，参见《清史》第4册，2486 ~ 2512页。另一个军机大臣等级表是民国时期编纂的

清史馆档案中的年表，参见（台北）“军机大臣年表”。其中一册（第 724 号），乾隆后期的表中，和珅一直排在阿桂的前面。

38. 一些例子，参见（北京）“上谕档（方本）”，乾隆三十二年十一月初七日，129 ~ 130 页；（北京）“议覆档”乾隆二十年十二月初八日，93 页。同时有两位显要同姓时，仍然不写名字。例如内阁的说明书（北京）“票部本式样”册 2，礼部“单签依议”部分，其中有“南刘”，用它将来自江苏的刘纶与来自山东的刘统勋区别开来，参见《枢垣记略》卷 15，页 5b。（正文只应看作笼统的说法。严格说来，满人的姓氏是不出现的，图表 6 中的“阿”“和”“福”只是这些军机大臣名字的首字。——译者）

39. 大学士的任命，参见《光绪会典》卷 3，页 3a ~ b；《清高宗实录》卷 330，页 6 ~ 7；席吴鏊：《内阁志》，页 3a ~ b。我还没有找到席吴鏊所描述的吏部名单的实例。

40. 季士家：《浅论清军机处与集权政治》，载《清史论丛》，第 5 辑（1984 年），182 页。在官方的规章中，这一过程被称为“特简”，意味着不能援引此作为先例，参见《光绪会典》卷 3，页 1。宣布任命军机大臣上谕的档案材料，参见（北京）“上谕档（方本）”，乾隆十三年九月三十日，201 页。

41.《清史》第 4 册，2497 页。这一故事出现在吴熊光的官方传记中，参见《清史》第 6 册，4474 ~ 4476 页。注意：这与实录的描述有差别（《清仁宗实录》卷 19，页 17b ~ 18），那里说这次任命是因为军机处需要增加汉人。这些材料都没有解释为什么乾隆皇帝在深夜召唤他的军机大臣。后授予吴熊光很好的职 352
位——直隶布政使。军机大臣备皇帝召见，参见乾隆皇帝大动肝火的上谕，《清高宗实录》卷 292，页 12b ~ 13。

42.《光绪会典》卷 3，页 1。清朝官员官品分为十八个等级，从一品到九品，每一品级分为正与从。官员品级的解释，参见贺凯：《中国古代官名辞典》，4 ~ 5 页。

43. 参见《清代名人传略》中这些人的传记。但请注意，傅恒的传记完全未提及他曾出任军机大臣，更不必说担任二十一年的领班了（正文为二十年。——译者）。

44.《清代名人传略》，72 ~ 74 页。兆惠的军机处任命，参见（北京）“议覆档”乾隆二十五年三月初十日，44 页。

45. 参见李光涛编：《明清档案存真选辑（初集）》（台北，1959 年），任命班第的名单，奏折的图版在 230 ~ 238 页。

46. 例如《清仁宗实录》卷 53，页 22a ~ b。

47. 恭亲王在咸丰三年（1853）短暂地入值军机处，在同治元年（1862）成为领班军机大臣，光绪十年（1884）退出军机处，参见《清史》第 4 册，2504 ~ 2508 页。参见这一章注 23。清朝末年，有其他王公入值军机处。

48.《枢垣记略》卷 16，页 5b;《清史》第 4 册，2493、2495 ~ 2499 页。道光以前父子都是军机大臣的名单，参见英和:《恩福堂笔记》卷上，页 30。中国高度重视家族传承，视个人为家族的组成部分，由此可以对亲属的任命有最充分的理解，参见秦家聪:《秦氏千载史》（纽约，1988 年），91 页。

49. 傅宗懋:《清代军机处组织及职掌之研究》，336 页注 202 表。

50. 英和:《恩福堂笔记》卷上，页 5。

51. 傅宗懋:《清代军机处组织及职掌之研究》，159、500 ~ 501 页。傅著（160 页）认为嘉庆朝的分配做得更好：二十五年中有十五年达到了平衡（占 60%），六年是汉人多于满人（占 24%），四年是满人多于汉人（占 16%）。傅宗懋的计算以他书中的军机大臣年表（529 ~ 685 页）为基础，我也对官方史书记载（《清史》第 4 册，2486 ~ 2512 页）做了计算。在乾隆朝，尤其是初年，人们强烈地感觉到缺少拥有进士功名的满人，例子参见（北京）"议覆档" 乾隆十三年八月十八日，213 页。也参见《枢垣记略》卷 15，页 1 ~ 3；英和:《恩福堂笔记》卷上，页 30，英和谈到乾隆朝拥有进士功名的满、蒙军机大臣，还有嘉庆朝的一些人。参见第八章注 45。清初大学士的情况，参见谢保樵:《清朝政府》（伦敦，1966 年），74 页注 52。

52.《清史》第 4 册，2487 页。对于日益增多的汉人一度在军机处的影响的深入分析，参见盖博坚:《〈四库全书〉：乾隆后期的学者和国家》，69 ~ 70 页。即便如此，在 19 世纪大部分时间，满人在军机处中还是占优的。例子参见费正清:《中国沿海的贸易和外交：通商口岸的开启（1842—1854）》（马萨诸塞州剑桥，1964 年），上册，85 页。

53.《清仁宗实录》卷 49，页 14 ~ 15；卷 130，页 14 ~ 15。傅宗懋:《清代军机处组织及职掌之研究》，188 ~ 202 页。管理部务大臣，参见第一章，35 ~ 41 页。

54.《清高宗实录》卷 1017，页 2a ~ b;《清史》第 4 册，2493 ~ 2394、2670 页。

55.《清高宗实录》卷 1017，页 2a ～ b。关于这一点，参见这一章注 108 及 353
相应正文。

56.《枢垣记略》卷 15，页 5 ～ 7b；魏秀梅：《从量的观察探讨清季布政使之人事嬗递现象》，载《“中央研究院”近代史研究所集刊》，第 2 期（1971 年 6 月），517 页；盖博坚：《〈四库全书〉：乾隆后期的学者和国家》，90 页；《清高宗实录》卷 16，页 7 ～ 10。清初的情况，参见魏斐德在《洪业：清朝开国史》中所发现的山东人在中央政府中占优情况（上册，436 ～ 447 页）。

57. 参见孔飞力：《中华帝国晚期的叛乱及其敌人》（马萨诸塞州剑桥，1970 年），12 ～ 13 页。

58. 朱彭寿编：《旧典备征》（台北，1968 年），29 ～ 30 页。四位经略是张广泗（不是大学士），雍正十三年末派往负责苗疆事务；讷亲，乾隆十三年派往金川前线；傅恒，乾隆十三年的晚些时候取代讷亲，乾隆三十四年被任命指挥缅甸之役。该头衔与大将军同级，参见赵祖铭编：《清代文献迈古录》（台北，1971 年），283 页。贺凯的解释说清朝时这一官职负责指挥绿营，这是错误的，参见他的《中国古代官名辞典》，第 1234 条。可能也是任命为经略的情况，参见《清高宗实录》卷 284，页 19a ～ 20b，但这里该词似做动词用，并不表明庆复实际上拥有此高级头衔。

59.（北京）“上谕档（方本）”，乾隆十三年十月十九日，25 页；乾隆十四年正月初三日，3 ～ 4 页；《清史》第 1 册，149 页第 8 栏。

60.《清高宗实录》卷 1002，页 40。

61.《清史》第 4 册，2493 ～ 2494 页。四人是阿桂、丰盛额、福康安、明亮。

62.《清代名人传略》，7 ～ 8 页。

63.（北京）“议覆档”乾隆十三年十二月初十日，408 ～ 412 页；《清高宗实录》卷 335，页 2b。

64.（北京）“上谕档（方本）”，乾隆十四年正月十七日，33 ～ 35 页。从档案中看出这是庄亲王等人面奉上谕。

65. 官员任命为军机大臣时的官职与品级一览表，参见傅宗懋：《清代军机处组织及职掌之研究》，167 ～ 169 页。明朝政府官员缺乏实际经验，参见黄仁宇：《万历十五年》，50 页。

66. 供词通常并不抄入给外朝或是国史馆使用的档案，也不通过其他任何途径送出军机处。故而，今天这些有价值的资料通常只能在军机处的档案中找得到，也就是说，在清朝时，只有中央政府中政治上最可靠集团即军机处的成员才可以看得到。

67. 例如（北京）“上谕档（方本）”，乾隆三十二年五月十四日，268页；（台北）“剿捕逆回档”乾隆四十九年五月二十六日，171页。

68. 富路德：《乾隆文字狱》（1935年，纽约1986年重印本），34、52页等。盖博坚：《〈四库全书〉：乾隆后期的学者和国家》。（台北）“上谕档（方本）”，乾隆四十四年七月初一日，3页；乾隆四十六年十二月十四日，340页；乾隆四十七年十二月初十日，207～209页，包含军机大臣上奏查阅、禁毁等的一些例子。其中许多书先是存放在北京宫中的方略馆，装书的箱子太多，一些不得不置于庭院，参见（台北）“上谕档（方本）”，乾隆四十三年五月十七日，361～362页。在清朝覆亡后，有相当多的书仍存放在那里，从未被烧掉。其中许多后来运往台湾。

69.《清代名人传略》，917页。例如，将雍正皇帝的朱批和谕旨编入出版物，
354 这一任务肯定需要有相当的鉴别力，因此只能交予内廷最受宠信之人。

70. 参见我的《雍正朝密折：档案原件与所刊布的材料》一文。明朝类似活动的记述，参见贺飞烈：《看守皇帝：代宗朱祁钰的政治史所揭示出的十五世纪中国皇帝制度的诸问题》，138页。

71. 邓文如、王锺翰：《谈军机处》，载《史学年报》，第2卷第4期（1937年），197页；赵翼：《簷曝杂记》卷1，页5～6。当有人试图通过军机大臣接近皇帝时，这些军机大臣被迫用他们的离群索居以消释这样的怀疑。例子参见都察院的一位低级官员向舒赫德的请托，（台北）“上谕档（方本）”，乾隆四十一年七月二十三日，585～591页。赵翼也描述了一位军机大臣的独处，这只是乾隆朝前半期的特点，截至赵翼离开军机处之时。也参见盖博坚在《〈四库全书〉：乾隆后期的学者和国家》中所讲的故事（72、84～85页）。

72. 邓文如、王锺翰：《谈军机处》，载《史学年报》，第2卷第4期（1937年），195页。

73. 参见张廷玉：《澄怀主人自订年谱》。该著作首次且极简略地提到办理军机大臣是在卷3（页6）。就我们所知，现在军机处讨论的档案无存。可比较对于唐宋时期高度机密事务讨论汇编《时政记》的评论，参见比斯利、普利布兰克编：《中国与日本的史家》（伦敦，1961年），65页。

74. 那彦成编：《阿文成公年谱》（1813年，台北1971年重印本）。然而，档

案中却有大量该年谱未收录的奏章。尽管军机大臣克制不去记述军机处的行动，但军机处的一些章京——赵翼、王昶、程晋芳，以及最重要的梁章钜——留下了有用的描述。（相关资料参见本书“征引文献”。）

75.（北京）“议覆档”乾隆元年十二月初六日，349～350页；傅宗懋：《清代军机处组织及职掌之研究》，188～194页；钱实甫：《清代的军机处》，475页及注3。明代大学士直至王朝结束都是兼职，参见钱穆：《中国历代政治得失》，90页。在清初，大学士有部院尚书的兼衔，参见《康熙会典》卷2，页1。

76.《明清史料》（台北，1972年），壬编第十本，页907b～908；壬编第八本，页755a～b。军机大臣其他的兼职，参见（台北）“上谕档（方本）”开列的勒保兼衔，嘉庆十九年闰二月初二日，29～30页；（台北）“上谕档（方本）”开列的赛尚阿兼衔，咸丰元年三月初九至初十日，83、89、95页。

77.（北京）“议覆档”乾隆二十三年四月初八日，80～88页。

78.（北京）“议覆档”乾隆十六年闰五月十三日，79～80页。

79. 例如，（北京）“议覆档”乾隆二十五年十月初五日，177、179～180页。嘉庆的一项改革规定，大学士不能在军机处处理部务。这一限制似乎不是为了防止军机处活动的扩展，而是为了防止部院人员前往军机处刺探部院业务，参见《清仁宗实录》卷76，页20b～22。

80. 参见（北京）“议覆档”乾隆十三年十月二十八日，321页，以及乾隆十三年十一月十九日的有关材料，377页；乾隆十三年十一月二十日，387～388页；乾隆二十年二月初三日，21页。

81. 参见《康熙会典》凡例的解释以及卷2，页2b～3；（北京）“议覆档”乾隆元年十二月初七日，367～371页；《光绪会典事例》卷1049，页1。起居注凡例的描述在《光绪会典事例》卷1055～1056。

82.（北京）“议覆档”乾隆六年七月初六日，273～275页；乾隆六年八月
初五日，345页；乾隆九年三月初二日，67～68页；乾隆二十五年五月二十二 355
日，57～58页。（北京）“上谕档（方本）”，乾隆四年五月初十日，105页；乾隆五十五年四月十九日，197页。（台北）“寻常档”乾隆五十五年正月二十七日，189～190页。《雍正会典》卷2，页13。《光绪会典》卷3，页9a～b。可与嘉庆八年翰林院负责的在任官员的考试做一比较，参见（台北）“随手登记档”嘉庆八年三月初五日，185页。

83. 值得注意的是，甚至是到了清朝覆亡之际，官方的规定还是将大多数的官

方出版置于翰林院，因为军机处的位置是兼职和非正式的，参见《光绪会典》卷70，页4b～7；《光绪会典事例》卷1049，页13b及以后。会典开列的翰林院的许多工作实际上是在军机处主持下编纂的，尤其是在乾隆朝。在嘉庆时，有一些业务已回归外朝，由外朝的学士们负责。

84. 例子参见（北京）“议覆档”乾隆十六年五月初七日，11页。有次，军机大臣报告他们已“照例”票拟，参见（北京）“议覆档”乾隆二十年五月初七日，155～156页。

85.（北京）“议覆档”乾隆十三年十一月二十九日，357～261页；《清高宗实录》卷330，页29b～30。当然，许多票拟仍是在内阁完成的，但是当乾隆皇帝改签时，军机大臣就特别关注这一文件，例子参见（台北）“上谕档（方本）”，乾隆五十五年六月二十一日，417页。许多明发上谕是在内廷办理的，时间上要更早一些。有一些雍正朝的例子。也参见标注为（台北）“寄信档”的档册，但包括了明发上谕，如乾隆二年九月二十六日的一件。19世纪初，龚自珍评论说，在军机处的大学士并不处理题本（《定盦文集》第4册，311页及以后），但这可能指的是通常题本在外朝处理的情况。即便如此，档案中还是有一些在内廷处理的例子。也参见（台北）“上谕档（方本）”，乾隆五十二年十二月初一日，435页。

86.（台北）“上谕档（方本）”，嘉庆八年六月二十五日，159页。

87.（台北）“寻常档”乾隆五十五年正月二十三日，151～163页。

88.（北京）“上谕档（方本）”，乾隆四十六年九月十一日，330页；《枢垣记略》卷13，页16。

89. 例如（北京）“票通本部本式样”。

90. 例子可见大学士向皇帝报告，他们已调查工部的某账目，并就此询问工部。工部回应了军机处，军机处凭此写出了报告，并向皇帝提交了此问题的全新报告，也就是说工部的解释没有直达御前，参见（台北）“议奏档”乾隆二十三年五月三十日，186～187页。也参见（台北）“上谕档（方本）”，乾隆四十七年十二月二十四日，371～372页，军机处上缴了从工部得到的清单，同时也写出了对此的概述，以供皇帝批阅。（台北）“上谕档（方本）”乾隆四十九年五月初三日（284页）显示了一个类似的文件，军机处作为中间人，对拿到手的题本做了摘要。（台北）“上谕档（方本）”乾隆五十一年十月初六日（145页）显示，军机大臣就乾隆皇帝询问康熙时期的一个重要案件做了概述，同时，呈递了最早上报此案件的题本原件。我所翻阅的档案中没有见到外朝对于要求提供信息的答复。

91.（台北）“上谕档（方本）”，乾隆五十年正月十六日，无日期条目，83 ~ 99 页；《清高宗实录》卷 1223，页 1b ~ 2；（台北）“上谕档（方本）”，乾隆五十五年四月初四日，21 ~ 22 页；（台北）“上谕档（方本）”，嘉庆十年九月十八日，209 ~ 212 页。军机处所要考虑的各种各样的问题，第五章有过描述，但应该说是不完备的。在没有全面考察满文材料的情况下——有些还不能看到——很可能有遗漏。军机处职责的概述，参见李鹏年等：《清代中央国家机关 356
概述》，61 ~ 63 页。

92. 现存的军机处业务分类涵盖了各种各样的领域：使用各种不同的印信（[台北] 印花簿），每日当值时上报文件的名称（[台北]“值班档”），军机处办公区域的饭食开支（[北京]“桌饭档”），以及负责通信的许多方面。（台北）“来文档”开列但并不抄录咨文以及记录来军机处领取文件的外朝人员的花押（私人特殊的签名方式），这一过程在《中和月刊史料选辑》第 1 册第 5 页中有描述。19 世纪晚期的两种文件备查档册——（台北）“公记备考”以及（台北）“内折总目”——有着粗略的索引，分类开列了一些奏折。军机处工作日志的其他描述，参见《枢垣记略》卷 22，页 6a ~ b；张德泽：《军机处及其档案》，见《文献论丛》（北平，1936 年）。

93.（台北）“上谕档（方本）”，乾隆五十二年二月二十日，222 页。绿头签以及用于皇室成员引见的红头签的图版，参见《清代宫廷生活》，图 75。

94.《光绪会典》卷 4，页 1 ~ 2；（台北）“宫中档”雍正朝奏折 021966，雍正二年正月二十六日，隆科多及吏部其他四位官员奏折；《清宫述闻》卷 4，页 34；《清稗类钞》第 1 册，“朝贡类”，6 ~ 7 页。绿头签的满文和蒙古文可能由理藩院备办，参见（台北）“交片档”嘉庆二十五年八月二十六日，51 页。

95.（北京）“上谕档（方本）”，乾隆三十二年二月初一日，93 ~ 94 页；乾隆四十七年正月初三日，19 ~ 20 页及 21 ~ 23 页所附名单。（台北）“上谕档（方本）”，乾隆四十九年四月二十八日，237 页；咸丰元年五月二十八日，245 ~ 246 页。咸丰元年的这条材料开列了咸丰皇帝所得到的绿头签上的信息类型：该人的姓名、官品、旗籍、年龄、科年、首任官职、后来的官职、在任时间以及四五字的评语。处罚，参见（台北）“上谕档（方本）”，嘉庆三年十二月二十一日，239 ~ 245 页；所提及的这位军机大臣是戴均元，也是当时的吏部尚书。

96.（台北）“上谕档（方本）”，乾隆五十二年十二月初九日，495页；乾隆五十五年二月二十日，222页。

97.（北京）“议覆档”乾隆九年十二月十三日，345～346页；（台北）“上谕档（方本）”，乾隆四十三年四月初十日，77页；《清高宗实录》卷1054，页16b～17；《清史列传》卷28，页38b。这些制度的规定，参见《光绪会典》卷3，页2b。例如乾隆六年（1741），湖南巡抚寻求平抑苗疆前线地区的粮价，因为该地区离已建仓廒过远，乾隆皇帝将奏折交户部议覆，同时令军机大臣保存此折，当部议返回时提醒他。户部议覆——大概是依据则例和先例做出的——建议拒绝该巡抚的请求。然而，在对户部议覆评论之后，皇帝同意了原奏折迫切要求的平抑粮价。可以说，乾隆皇帝最初寻求国家的规定以及户部的解释以赢得支持，但当议覆与他的意见不一致时，他将不考虑议覆——在这一例子中，可能是因为乾隆皇帝欲嘉勉一位心腹地方官员的请求，参见（北京）“议覆档”乾隆六年七月十二日，291～292页。

98. 例如（台北）“议覆档”乾隆六年至十年这一册，乾隆十年四月初三日，385～388页；（北京）“议覆档”乾隆十三年十一月初八日，345页。内廷代理人向雍正提供类似的服务，参见前面的第三章。

357 99.（北京）“议覆档”乾隆六年五月二十一日，219页。

100.（北京）“朱批奏折”内政类，职官，乾隆七年二月初一日，杨锡绂奏折。

101.（北京）“议覆档”乾隆八年二月二十六日，19页。

102.《光绪会典》卷3，页9a～b。

103.（台北）“上谕档（方本）”，乾隆四十一年二月二十九日，271页。同时所上的指引性奏片的例子，参见（台北）“上谕档（方本）”，乾隆五十五年四月二十三日，263页。这种文件也可以用满文呈递，参见（台北）“上谕档（方本）”，嘉庆二十五年十一月初二日，36页。并不是所有的任命都是通过这种方式，然而，某些地方官员的任命——显然各级都有——是通过内阁对题本票拟办理的，参见（台北）“上谕档（方本）”，嘉庆七年十二月二十五日，289页。也有“空缺谕旨”，撰拟谕旨所留下的空白处应填官职而不是人名，例子参见（北京）“议覆档”乾隆十六年三月十七日，195页。本章制度多种备办模式的描述，参见席吴鏊：《内阁志》，6页。在本章制度中，这种文件有时称为“空名签”或“空名票签”，参见（北京）“票部本式样”册2（户部和礼部），页3b。嘉庆皇帝所填写的两种类型——一种是人员任命，一种是金钱——可参见我的《清乾嘉时期公文上的御批》一文封底的彩图。

104.（北京）“议覆档”乾隆十六年五月初七日，9 页。其他例子，参见（台北）“议覆档”乾隆二十五年二月二十九日，27 页；（台北）“上谕档（方本）”，乾隆五十二年十月十七日，123 页。

105.（台北）“上谕档（方本）”，乾隆五十五年四月二十七日，287 页；《清高宗实录》卷 1353，页 36b ~ 37。其他例子参见（台北）“议覆档”乾隆五年七月十一日，185 页；（台北）“上谕档（方本）”，嘉庆元年九月二十五日，263 页。

106.（台北）“上谕档（方本）”，嘉庆十二年十月二十七日，211 ~ 213、231 ~ 232 页。

107.（台北）“上谕档（方本）”，乾隆五十五年六月初四日，261 ~ 264 页。

108.（台北）“上谕档（方本）”，乾隆二十六年十二月二十七日，386 ~ 397 页。

109. 档案中处处都是有关皇帝频繁出巡的材料。用于撰写这一部分的材料是：（北京）“议覆档”乾隆二十年九月二十五日，23 ~ 24 页；乾隆二十一年十月二十七日，207 ~ 215 页；乾隆二十一年十二月二十三日，253 ~ 264 页。（北京）“上谕档（方本）”，乾隆三十二年二月初一日，95 ~ 99 页。（台北）“上谕档（方本）”，乾隆四十一年正月二十九日，75 ~ 76 页。乾隆出巡，参见康无为：《孝治：为十八世纪中国皇帝的行动辩护》，载《亚洲研究杂志》，第 26 卷第 2 期（1976 年 2 月），193 ~ 203 页。对于出巡大员的金钱赏赐，参见《清高宗实录》卷 10，页 6 ~ 7。

110. 1985 年秋天，我在北京皇史宬举办的一个特展中看过这类材料。

111. 废员，参见档案中的许多讨论，（台北）“议奏档”乾隆二十二年六月十八日，221 ~ 222 页；（台北）“上谕档（方本）”乾隆四十一年八月初二日，223 页。嘉庆后期对于军机处如何处置废员的规定，参见《枢垣记略》卷 14，页 3a ~ b。晚清的一种档册专门关注这一问题，这就是（台北）“文武查办废员单档”。孙士毅因出巡途中受皇帝接见而得以擢升，参见（北京）“上谕档（方本）”，乾隆四十年三月二十七日，352 ~ 353 页。

112. 例子参见（台北）“上谕档（方本）”，乾隆五十一年四月二十九日，259 页。

113. 比较（台北）“上谕档（方本）”，乾隆五十四年十一月初一日，251 页，与（台北）“起居注册”同一天的记载。档案中有数条出于内廷赞助利益考虑而予以遮蔽的例子。可以将（台北）“上谕档（方本）”乾隆四十一年十月十四日（93 ~ 94 页）、乾隆五十四年七月十七日（15 页）、乾隆五十五年五月初四日（373 页），与（台北）“起居注册”中以上相同日期的记载进行比较。（第一个例子是有关军机处的知府和道台的记名名单，在“起居注册”该日期中没有相应
358 的名单。）我所找到的军机处最早的记名名单是在（北京）“议覆档”乾隆二十年十二月二十六日（111 页）。在军机处成立之前，对于不相同的记名名单处理的一个例子，参见（台北）“起居注册”，康熙三十五年二月初十日，显然是在乾清门听政时，十一位大学士、学士讨论这一问题。在乾隆初允许军机大臣有些赞助的机会——但却是与其他大员一起，这可以从（北京）“议覆档”乾隆十三年八月十三日（199 ~ 204 页）的荐举升迁人员名单中看出。

114.《清仁宗实录》卷 181，页 29 ~ 30。从（北京）“议覆档”乾隆二十三年四月二十四日（128 ~ 130 页）可以看出，军机处可能有着反对部院名单的类似问题。军机处管理人员任命的职责，参见《光绪会典》卷 3，页 3 ~ 5（《嘉庆会典》同此），以及《枢垣记略》卷 13，页 18a ~ b，页 20a ~ b。可能是清末对此问题处理的描述，参见邓文如、王锺翰：《谈军机处》，载《史学年报》，第 2 卷第 4 期（1937 年），196 页。怀疑和珅使用记名名单的问题，参见《清仁宗实录》卷 37，页 34b。

115.（台北）“上谕档（方本）”，乾隆四十三年正月二十七日，177 页；（北京）“录副”职官类，乾隆四十年月折包内无日期名单。通过比较前述名单与《清高宗实录》卷 21（页 20b）关于吏部的同知、通判、同州、知县记名名单的上谕，可以看出乾隆朝初期和末期记名名单的不同。然而，到了乾隆末，军机处时常准备此类官员记名名单，参见（台北）“上谕档（方本）”，乾隆五十五年十一月十二日，页 13。我认为，军机处使用自己的记名名单只是影响皇帝任命的一种办法而已，这一问题需要进一步的研究。

116. 日常的文件出入之外的情况都要记录在案，例子参见（北京）“随手登记档”乾隆二十年正月初二日，1 页。

第七章

军机处下属组织

乾隆初年总理事务王大臣（及后继者军机处）成立后，这一新 200
的机构急速发展。雍正时期旧有、分立的诸内廷机构统一，现有人员得到有效使用，有了军机大臣、军机章京、文书承发人员等，增补了新的人员。随着军机处处理复杂任务能力的提高，它获得了新的职责。这些新的职责反过来促成军机处下属各集团的增多，以及它们内部的细致分工并合理化。任命负责人，有了分班，下属机构得以命名——这一切都与军机处处理事务的迅速增多同步。新确立的三个主要人群与机构是军机章京、特殊的群体“满伴”，以及档案存储和出版机构——方略馆，后者的英语常常译作“Office of Military Archives”，其实它的业务是既存储档案，也编纂某些官方出版物。除圆明园遭劫掠后于 1861 年另建办理外交事务的总理衙门外，乾隆时期所确立的军机处高层官员和属员的结构至清朝结束一直都保持着。[1]第六章已对军机大臣自身做了研究，展现了军机处的变化，这里考察军机处下属的集团，以说明军机处其他的结构变化和发展。

军机章京

汉语的“司员”和满语“章京”通常英译为“clerks”，但它
201 并不能准确地表达这些人及其工作性质。[2] 军机章京不是账房的苦工——如英文翻译所蕴含之意，而是那些中青年中级文职官员。用“clerk”作译名，最好是理解为相当于从美国法学院毕业生中选择最优秀的年轻人作为协助并向高级法院法官学习的法律助理（law clerks）。像这些助理一样，军机章京被委以高级任务，可以自己做主处理。他们可以看到军机处经手的几乎所有文件，常常撰拟上谕，偶尔向皇帝呈递自己对政策的看法。[3] 许多军机章京仕途显赫，这些人早年入值军机处的经历起着重要作用，因为他们在此得到了极重要的实际训练和经验。曾任章京的关系网为军机处的平稳运行带来了极大的便利，因为他们中的许多人现在任职于全国各地的重要位置。

如同军机处自身一样，乾隆朝章京基本上是在承袭而来的非正式地位的基础上开展工作，它的组织形式、职责安排以及办事程序都没有正式规章可循。只是到了嘉庆朝（1796—1820），特别是嘉庆皇帝在四年（1799）亲政以后，才进行改革，对于章京有了详细规定。许多改革措施只是将18世纪已有的做法正式化或予以完善。相对于后来的规定，乾隆时有数种例外情形。

资格与任命

18 世纪时，军机章京的任命简单且不正式，通常是由军机大臣提名，皇帝首肯就行。[4] 如同军机大臣的职位一样，军机章京也是兼任，享有的是本职薪俸和品级。军机章京主要是从在京机构的司员中挑选（一般来说是正五品到从七品，一些八品或九品的满人也可以入值军机处）。通常，军机章京来自内阁或六部，但有时他们的仕途始于其他在京衙门，比如宗人府、理藩院或起居注馆。[5] 特别看重的是这些人的部院关系和处理部务的能力。一些军机章京职位要求来自特定外朝部院的人。[6] 即便军机章京在军机处全天候当值，他们的兼职还是带给了军机处一些好处。这一点同军机大臣的情况一样，也就是说，他们与外朝官僚的联系使得军机处能得到更多的信息，并且与在京的其他衙门人员建立有价值的关系。

18 世纪军机章京与后来嘉庆时的规定相比，来源更为多样。例 202
如在乾隆朝，进入军机处的一些章京的原本职位比后来所允许的要高。[7] 此类例子中，有两位是侍郎（正二品），三位是内阁学士（从二品），四位是左、右副都御史（正三品）。[8] 依据后来的改革规定，这么高职位的人不能做军机章京，但在乾隆朝还没有这些规定，可以有这样的安排。然而，乾隆朝已经实行了一条非正式的规定，那就是汉军旗人不能充任军机章京。[9]

18 世纪的另一种多样性——据称在 19 世纪取消了——是存在着最高层军机大臣的私人因素，允许这些人的年轻子侄在军机处行走。雍正十一年（1733），任命张廷玉之子张若霭，以及鄂尔泰的两位亲人——儿子鄂容安和侄子鄂伦，在“办理军机处”行走，以“随伊父教导”。[10] 以后有数例军机大臣或章京的子侄充任章京。[11]

可能也有其他的私人干预司员任命的情形，因为这就是当时的做法。乾隆初军机处的一份奏片描述了九卿亲自阅看新科进士，以找出相识之人；那些熟人将会是幸运的，他们将再次参加考试，赢得引见机会，从而可能得到京官的美缺。[12] 若军机章京的挑选与这种流行方式有显著差异，那倒是令人奇怪的。嘉庆改革的一个内容是，对军机章京挑选中的私人因素并不热心，将推荐权置于章京原来所在的各机构之手，而不是将它留给军机大臣。[13] 即便如此，军机大臣还是有审查这些人选的权力，这样他们就可以将不喜欢的人拒之门外。[14] 而且，毫无疑问，军机大臣有许多方法，能够让他们想要的某个人得到该人所属衙门的推荐。[15]

从表 9 可以看出私人关系在 18 世纪军机章京挑选中的作用：众多的汉军机章京来自中南部的省份，尤其是江苏和浙江。在乾隆朝，这些也恰是大多数汉军机大臣的籍贯省份，浙江占 33%，江苏占 22%（见表 8）。[16] 军机章京的数字弥补了军机大臣数字的不足，37% 的汉军机章京来自江苏，28% 来自浙江。来自中南部四个省份（表 9 中所开列）的汉章京共占乾隆朝汉军机章京总数的 84%。嘉庆朝改革后显著减少，但是四个省依然占很高的比例，占嘉庆朝任命章京的61%，浙江（34%）反超了江苏（16%）。在表中所显示的五朝中，以上四个省在汉军机章京来源上居优，占 336 名汉章京的 69%。这四省汉军机章京如此高的数字肯定不是偶然的。这与军机大臣的数字相似，表明了该地区的富庶以及私人关系会影响汉章京的挑选。

除了私人关系，通过其他途径也可以成为军机章京。科名对于汉人很重要，但对于满人并非如是，18 世纪和 19 世纪军机章京的挑选与此没有多大差别。从雍正八年底（1731 年初）任命第一位军机章京到嘉庆三年（1798）乾隆皇帝最后一整年统治的 68 年间，共任命了 223 位满章京，其中只有 4 位取得了功名；在下一个 68 年，从嘉庆四年（1799）到同治六年（1867），在 147 位满章京中，只有 1 位取得了功名。而汉人的情况正相反。在第一阶段 153 位汉章京中，只有 6 位（4%）没有功名，38 位（25%）是举人，83 位（54%）是进士。在下一个 68 年的 183 位新任汉章京中，进士、举人更多：137 位（75%）进士和 34 位（19%）举人。[17] 在这些人中，有几位名列三年一次科考的鼎甲。[18]

表 9　1861 年之前汉军机章京的籍贯省份。开列了拥有最多章京的中南部四个省。在本表所列五朝中，这四个省汉章京占到十八省所有 336 名汉章京的 69%。（同治朝及以后的籍贯省份没有列出，因为本表所依据的史料只开列了该时期的 30 名章京，这很不完备。雍正朝的数字指的是军机处前身的属员。） 203

省份	雍正	乾隆	嘉庆	道光	咸丰	总计
山东	0	4	4	3	1	12
直隶	0	8	3	7	2	20
山西	0	2	4	1	2	9
陕西	0	0	2	2	1	5
甘肃	0	0	0	0	0	0
河南	0	0	1	4	3	8
江苏	3	53	10	20	8	94
安徽	2	17	2	6	2	29
浙江	3	40	21	10	9	83
江西	1	10	4	6	4	25

续前表

省份	雍正	乾隆	嘉庆	道光	咸丰	总计
湖北	0	1	2	4	2	9
四川	0	0	2	1	1	4
福建	0	3	1	4	2	10
广东	0	0	1	3	4	8
广西	0	0	3	0	4	7
湖南	0	3	1	4	0	8
贵州	0	0	0	2	0	2
云南	0	1	0	0	0	1
未给出省份	1	1	0	0	0	2
总计	10	143	61	77	45	336

资料来源：《枢垣记略》卷 18 页 1 ～卷 19 页 8。《枢垣记略》的军机章京名单有一些错误，但这是能得到的最完备的名单。

204 现缺少军机处早期的书面规定，难以弄清楚 18 世纪军机章京任命中的其他要求。后来在嘉庆改革时的一些任命条件可能也适用于 18 世纪。[19] 一项改革规定，军机章京要“人品端方，年力富强，字画端楷”。嘉庆十八年（1813）有御史提出，军机章京试卷应该糊名，这样阅卷官员就认不出答卷人，判卷也就不会受先前是否相识的影响。上谕反对这一建议，认为对他们的判定既要考虑书法美观等条件，又必须要考虑人品。[20]

然而，直到现在还有人坚持认为，为这一国家最高枢密班子挑选重要的章京人员是建立在他们漂亮书法的基础之上的。道光（1821—1850）初期，内阁中书龚自珍未能步随乃父当上军机章京，

他极为失望，抨击军机处的挑选制度，声称在挑选那些处理帝国最 205
重要事务的人员时，最看重的是书法。龚自珍讽刺当时的做法：

> （龚自珍）考军机处不入直……乃退自讼，著书自纠。凡论选颖之法十有二，论磨墨膏笔之法五，论点画波磔之病百有二十，论架构之病二十有二，论行间之病二十有四，论神势三，论气禀七。既成，命之曰《干禄新书》，以私子孙。[21]

阅读军机处档册，看到其中漂亮、工整的字体实乃一种享受，这或许说明了龚自珍的抱怨有一定的事实基础，书法确实是挑选军机章京的一个因素。但是考虑到当时人的信念，即定期晨练书法能陶冶情操、平衡内心并增进洞察力进而塑造人格，那么书法才能的养成有助于国家最高事务的解决，持这种看法不能认为是离谱。

内部组织

18 世纪军机处的非正式性和缺乏规范也影响着军机章京的人数，乾隆时军机章京的规模并不固定，常常变动，吸纳新人，或应对紧急事务，或取代那些陪同军机大臣前往当时各战场的章京。乾隆二年（1737）总理事务王大臣解散时，军机处仅有 18 名章京。[22] 军机章京最早的、根本性的扩充是为了满足乾隆十三年至十四年（1748—1749）第一次金川之役的需要，当时有 29 名章京：21 名在京城，8 名因战争离京。[23] 乾隆三十六年（1771），为应付第二次金川之役，军机章京又有了增加。有文件提到，当时

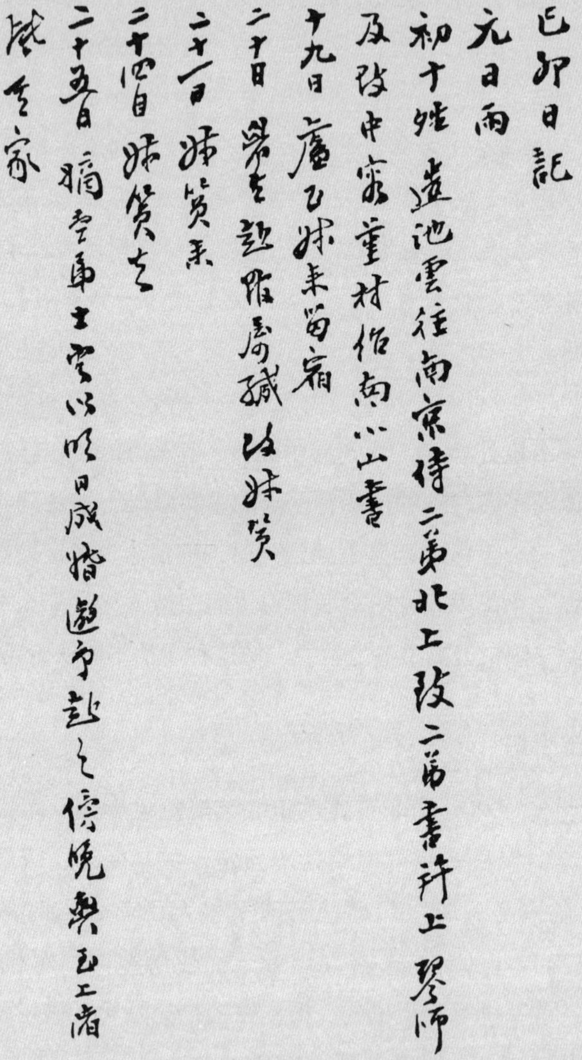

▲ 图 65　光绪年间曾任军机章京的王威彦的日记。可感知军机章京的书法水平

"章京四十余人"。[24] 总之，在军机处的早期，章京人数不断变动（见表 10）。

到嘉庆朝，法律规定了军机章京的数目，固定在 32 人。[25] 但可以额外增加以应不时之需。事实上，最早的破例是在新规定颁行的七年后，并且在 19 世纪，为应对其他紧急事件也有增加军机章京的情况发生，比如应付因镇压太平天国所带来的政务增多。[26]

满汉章京比例也起伏不定（见表 10）。雍正时，满汉章京的比例不平衡，是 71% 对 29%，但接下来的二十年有了变化，朝着更为平衡的比例发展，61% 对 39%。到嘉庆改革时，平衡了两个集团，从民族上划分为四组值班，两满两汉，规模完全一样。

在 18 世纪，军机章京内部可能已有了合理分工。每个当值的章京班子都有领班和帮领班，领班通常用满语称呼为"达拉密"（源于满语 dalambi，是动词，成为头儿或首领的意思）。对于达拉密，我们所知不多，在 19 世纪他们负责财务，对于所拟上呈军机大臣的上谕，他们负责检查以做最后修订。[27] 这些领班也负责分配工作。一些材料显示，军机章京中的满汉人群在不同的地点办公；当然，他们的任务分配不必基于语言[28]，而且，在许多场合他们一起工作。

表 10　雍正和乾隆皇帝统治期间每五年军机章京的增加数目。　206

	满	汉	总计
雍正八年至十三年	25	10	35
雍正十三年至乾隆五年	8	11	19
乾隆六年至十年	9	8	17
乾隆十一年至十五年	24	12	36

续前表

	满	汉	总计
乾隆十六年至二十年	19	14	33
乾隆二十一年至二十五年	18	14	32
乾隆二十六年至三十年	11	13	24
乾隆三十一年至三十五年	18	10	28
乾隆三十六年至四十年	25	19	44
乾隆四十一年至四十五年	25	14	39
乾隆四十六年至五十年	8	11	19
乾隆五十一年至五十五年	21	9	30
乾隆五十六年至六十年	12	8	20
嘉庆元年至三年	0	0	0
总计	223（59%）	153（41%）	376

资料来源：《枢垣记略》卷16，页1 ~ 14b；卷18，页1 ~ 12b。（北京）“议覆档”乾隆二十年十二月十一日，353 ~ 355页。

并不清楚在任一时间点上有多少军机章京值班。赵翼是在乾隆二十一年（1756）成为章京的，他后来回忆说是十人，但这一数字可能高了，因为时值战争。[29] 承平时期人数可能要少些。

到19世纪，也可能更早一些，当值的军机章京也有了详细的轮值规定。例如，梁章钜描述他在时的情形，时值嘉庆末期：

207 凡在城时，各章京两班，间日轮直，每班直日各二人，分班轮算，周而复始。直日即兼直夜，于直务毕后，退食于方略馆，至次日寅时首先入内，俟次班到齐，会同接折后，始行交班。[30]

尽管值班结束后可能得到休息，但值班的时间很长，可能要一口气超过二十四小时。赵翼感觉到了夜值的艰苦，“每久留一人直宿”。他写到了早班，这始于五鼓（即凌晨四点），他感到起床是何等的难事：“残睡未醒，时复倚柱假寐，然已隐隐望见有白纱灯一点入隆宗门，则皇子进书房也。吾辈穷措大专恃读书为衣食者，尚不能早起，而天家金玉之体乃日日如是。”[31]

赵翼也将轮班——他们隔数日一值班——与乾隆皇帝早起的习惯及每日“勤政”做了比较。赵翼说，皇帝早起，“长夏时天已向明”，而冬天时，“平时不知圣躬起居”，然到了腊月最后数天，当皇帝由宫中出来时，沿途必鸣爆竹（当神祇上天时，用爆竹将在世间游荡的鬼驱散开），从这声音中可以知道他们的君主已早起且行进到何处。赵翼又说：“计是时，尚须燃烛寸许始天明也。”[32]章京们早班时不情愿起床，而君王视事则没有轮班可言。

一些章京反而利用夜班做军机处的工作或阅读文件。梁章钜在嘉庆二十三年（1818）开始担任军机章京，利用夜班“翻阅旧档”，为他的记述军机处历史与程序的书《枢垣记略》抄录资料。[33]事实上，章京们不是唯一发现自己在凌晨艰于工作之人。黄钺是道光皇帝继位后最早委任的军机大臣之一，他炫示自己在朝的日子，“每于黎明，视奏折小字，不用灯光”。[34]内廷人员必须早早着手工作，以便皇帝开始理政时一切都准备妥当。

皇帝出巡路上，军机章京也轮值。同在京城时一样，达拉密负责当班的满汉各两位章京。[35]19世纪初，出巡在外的轮值制度已相当完备，这些很可能在乾隆皇帝经常离京外出时就已出台了。梁章钜记载说： 208

▲ 图 66　黄钺八十五岁像

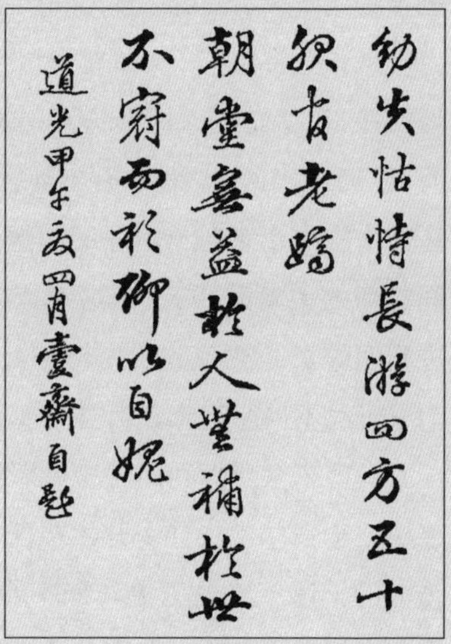

▲ 图 67　黄钺自题诗

> 若在圆明园，则每四日为一班，谓之该园班，每班直日亦二人，分班轮算，与在城内同。直务毕则聚居于外直庐……凡直日者为本班，不直日者为帮班。[36]

同在京城时一样，出巡轮值制度规定了达拉密及当班的两人一直要等到下一班的到来，这种独特做法名为“不截尾”。[37]其他术语有的出自满文，有的出自汉文，描述了出巡的其他特色。“音德密”这三个汉字（来自满文 indembi，意为途中休息，夜晚要停下来）表示皇帝出巡时的驻跸。“图塔密”（源自满文 tutambi，意思是待在后面）是待在京城的替班的名字，并不跟着出巡。这个班子要出迎返京的扈从队伍，并连续当值数日，以作为对那些出巡途中连续承应人员的补偿。尽管图塔密有一个意思相当的汉文词（“辍直”），但这一满文的读音可以写成三个汉字，因此在军机处的随手登记档中，替班通常如此书写。[38]这些活动有这么多的满文专门术语，这一事实意味着它们已使用了很长的时间，可能从雍正时期就开始了，当时军机章京中满人占优。（见附录 C 和 D，显示满人在雍正内廷中的比例远高于汉人。）

关注时间

安排作息时间，最合理地利用人们的精力，这种值班制度的创立是 18 世纪军机处日益完备和细致分工进程的组成部分。早在 18 世纪，军机章京的工作方式就证明了时间意识以及对效率的关切。例如，章京负责书写开列军机处每天所有收发文的登记册。这种登记册叫“随手登记档”，显示出军机处业务背后是对效率的追求。

209 随手登记档注明了重要奏折到达的时间以及发还这些奏折及其朱批的驿递速度，这表明了它对于时间的关注。尽管可能存在反应滞后，在正式的书面议覆的情况下这是必然的，但反应延迟超过一天就要在随手登记档中注明，这一事实显示对于及时处理到达内廷的公务的关切。[39] 随手登记档体现了每天要将皇帝所收文件处理完毕的理念。

还有其他证据表明了对于利用时间的在意。例如，在皇帝看到原件之前，就对某些奏折予以录副，以防皇帝立刻要求拿出意见。对于撰拟上谕的描述显示速度至为重要，若在处置上有所耽搁经常就要记录在案。[40] 有次，乾隆皇帝急于了解一份奏折的内容——他斥责具奏人未能提供所有的必要信息，第二天就追加了一道谕旨，而此时具奏人另一折中上奏的补充内容也到来了。[41] 所有这一切与外朝的做法形成了鲜明对比。在那里许多繁文缛节都可以打断政务的处理，例如，在整个正月，几乎可以不办理一切政务，因为有“封印”的习俗，这时不可动用处理文件必需的印信。[42]

早期的领班军机大臣傅恒使用钟表，这可能对于军机处关注时间起了助推作用。军机章京赵翼描述傅恒醉心于这些舶自西方的新玩意儿——既敬重傅恒，又以开放心态对待这一优越技术，并刻画了傅恒家里时钟的使用：

> 自鸣钟、时辰表，皆来自西洋。钟能按时自鸣，表则有针随晷刻指十二时，皆绝技也。今钦天监中占星及定宪书，多用西洋人，盖其推算比中国旧法较密云。洪荒以来，在璿玑，齐七政，几经神圣，始泄天地之秘。西洋远

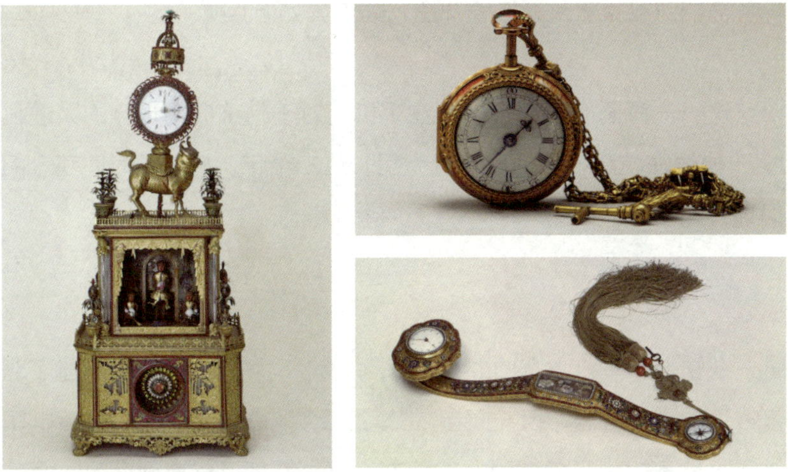

▲ 图 68　清宫旧藏 18 世纪的钟表

在十万里外，乃其法更胜，可知天地之大，到处有开创之圣人，固不仅羲、轩、巢、燧已也。钟表亦须常修理，否则其中金线或有缓急，辄少差。故朝臣之有钟表者，转误期会，而不误者皆无钟表者也。傅文忠公家所在有钟表，
210 甚至傔从无不各悬一表于身，可互相印证，宜其不爽矣。一日御门之期，公表尚未及时刻，方从容入直，而上已久坐，乃惶悚无地，叩首阶陛，惊惧不安者累日。[43]

这一故事阐明了居家以及在军机处对于精确时间计算的兴趣日增。傅恒在乾隆初任领班军机大臣长达二十年，应该是时间观念的倡导者。[44]

办公条件

在初期，军机章京的办公条件远远谈不上排场。赵翼描述了北京宫里的章京值房，仅一间半，“窄且暗”。在他离开军机处后，军机章京值房搬到了条件稍好的地方：三间矮房，仅前面有窗，面朝北。冬天很冷，房顶很低，夏天闷热。窗户由一种特别结实的“高丽纸”糊盖，刷上油挡风，同时不遮挡光线。[45]可能每年都向军机处各值房供应一些煤块（供火盆使用），冬天御寒用。夏天则运来冰块降温。[46]

在值房，军机章京必须确保他们的文件安全。只有当月的材料——随手登记档、清档、月折——放在手边，工作不需要时就保存在柜子里。当值的章京在结束值勤时负责封柜。[47]幸运的是，这三间房不必存放章京经手的所有文件。宫里西面另有一处地方存放

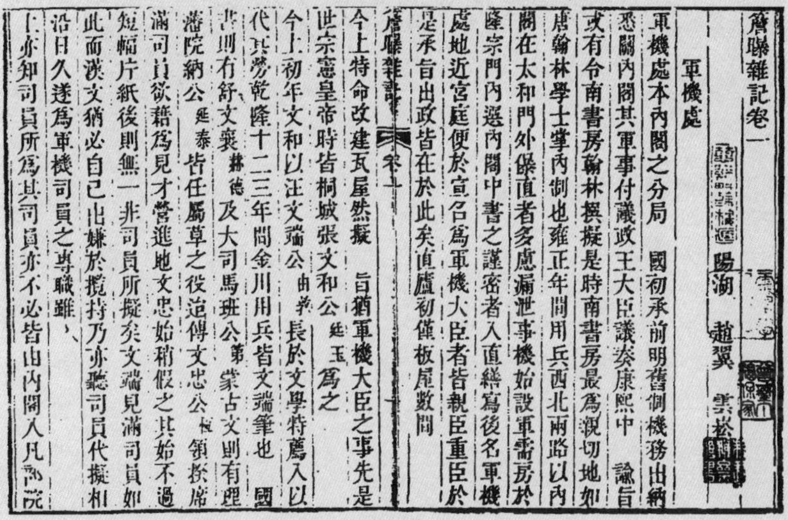

簷曝雜記卷一　　陽湖　趙翼　雲崧

軍機處

軍機處本內閣之分局　國初承前明舊制機務出納悉關內閣其軍事付議政王大臣議奏康熙中　諭旨或有令南書房翰林撰擬是時南書房最爲親切地如唐翰林學士掌內制也雍正年間用兵西北兩路以內閣在太和門外儤直者多慮漏泄事機始設軍需房於隆宗門內選內閣中書之謹密者入直繕寫後名軍機處地近宮庭便於宣召爲軍機大臣者皆親臣重臣於是承旨出政皆在於此矣直廬初僅板屋數間

今上特命改建瓦屋然擬　旨猶軍機大臣之事先是

世宗憲皇帝時皆桐城張文和公 廷玉 爲之

今上初年文和以汪文端公 由敦 長於文學特薦入以代其勞乾隆十二三年間金川用兵皆文端筆也　國書則有舒文襄 赫德 及大司馬班公 第 蒙古文則有理藩院納公 延泰 皆任屬草之役迨傅文忠公 恒 領揆席滿司員欲藉爲見才營進地文忠始稍假之其始不過短幅片紙後則無一非司員所擬矣文端見滿司員如此而漢文猶必自己出嫌於攬持乃亦聽司員代擬相沿日久遂爲軍機司員之專職雖

上亦知司員所爲其司員亦不必皆由內閣入凡部院

▲ 图 69　赵翼《簷曝杂记》封面及首页

▲ 图 70　隆宗门内北侧的军机章京值房

军机处档案，也是特别出版和抄写项目的所在地，军机章京常在这些房屋里办公。

当要求军机章京誊清一份议覆奏折或是撰拟一道即刻发出的上谕时，出巡在外的办公条件对于章京的机敏是一种考验。在早期，章京营帐中没有几案或其他家具，赵翼曾说过：“率伏地起草，或以奏事黄匣作书案，而悬腕书之。夜无灯檠，惟以铁丝灯笼作座，置灯盘其上，映以作字，偶萦拂，辄蜡泪污满身。”[48]乾隆皇帝四处巡游，出巡是政府生活的固定内容。章京不得不面对的困难是，远离京师，一年中要有数月应付此等必需品的匮乏。但在军机处初期，人们鲜少关注军机章京的办公环境。我们将会看到，条件后来有了改善。

职责

军机章京的业务既有常规的抄写，也有除了最机密的谕旨的撰 211
拟。分派给“小办公”即新手简单的档案管理和抄写工作，而“老办公”则负责有着自主性的工作，比如阅看奏折、撰拟谕旨以及为军机大臣的议覆做调查工作。[49]一些军机章京也帮助回复写给他们所效劳的军机大臣的私人书札。[50]有的人常常分派在京城调查不重要事件等。[51]许多人跟随着他们的军机大臣出差，经年累月远离京城。军机章京阅看奏折并书写每天的随手登记档，军机处几乎所有的秘密对他们都是公开的。19 世纪，军机章京也负责记录军机处印信的使用，这一事实表明他们同军机大臣一样受到信任，而在过去是军机大臣对此负责。[52]

有证据显示，军机章京的一些工作划分反映了他们兼职的优势，有些事例反映他们在工作中已发展出特殊技能。例如，在军机处兼职章京的户部属员可以为军机处处理财政方面的奏折。[53] 在嘉庆十八年至十九年（1813—1814），当镇压八卦教起义时，有章京编辑了一本小册子，记载了派遣的每支军队以及每个驻扎点将领和下层官员的名字。只要皇帝询问起义相关省份的战略据点情况，这位章京就随时出示他的笔记本。这给皇帝留下了极深的印象，这个人很快就升为安徽布政使。据记载，有章京在镇压八卦教的前线提出建议，也有章京在道光时期镇压西北穆斯林起义时提供方针指导。当然，面对突发事件时，专业不得不搁置一旁。在战争中，所有的军机章京一同处理纷至沓来的战地报告及相应的指示。在胜利后他们得到奖赏，就如同他们也是远征军队的一员。[54]

章京的职责与他们所效劳的军机大臣同步，军机大臣事务增多、压力增大而日益忙碌时，章京就有更多的事要做。决策时，章京可以就他们所熟悉的任何问题给出建议。他们执行调查任务，撰拟重要文件——既有谕旨，也有议覆奏折。他们办理文书通信中许多需要谨慎处理的细节，尤其是阅览奏折、撰写摘要和抄录文件。[55] 他们管理军机处档案，检查公文的存放，并书写用于查找文件的随手登记档。最后一点，许多军机章京在方略馆兼做校对和监督者，这
212 样一来他们也就关注着军机处的出版项目。在 18 世纪，当军机大臣日益关心喷涌而出的各种各样的内廷职责时，作为军机大臣私人助手的军机章京也一起投身于同样的工作。

档案　开始时，雍正皇帝和他的内廷代理人负责制订监管新的内廷通信方法，包括档案的存放程序，到了乾隆期，军机章京逐渐挑起了这些重担，他们一直身任此责，直到清朝结束。例如，章京

必须确保在军机处可以得到决策所需的所有重要文件。这意味着不仅抄录那些要发还具奏人的奏折，而且要提供能在档案中找到这些和其他文件的方法。他们工作的一个主要解决途径是名为“随手登记档”的工作日志。

这种工作日志每页写满了信息，信息之丰富，现今足以对它独立开展研究。具奏人的姓名在大幅的四方纸上位置突出（在每页靠近天头的位置，用浓黑的字体书写）；第二重要的是奏折内容，它的摘由也始于页面的天头。这些浓黑的标题一页页排列，便于快速查检到奏折（只要能想起具奏人的姓名），而且随手登记档每册封面之上编有韵码，“若列眉”，一目了然。[56] 朱批仅出现在一页的中间位置，在奏折摘由的下面，并空一格以示敬重，而不是通常一份上谕原件中的抬行——这样可以充分利用纸张。通过将“朱批”字样放在具奏人所上奏折的起首位置，对于皇帝批示文字的应有尊重问题很巧妙地解决了。这样一来，整个条目以“朱批（某人折）”开头（见图表 8）。为了便于使用者查找而设计的随手登记档，也因此保持了礼仪上的以帝王为中心。

随手登记档是内廷保存公文的索引，但它不是现代意义上的索引——也就是说，使用者不能通过检索号来找到文件的所在。实际的情况是，迅速浏览随手登记档的章京必须要查到所找文件的抵京日期（有时也会显示交发日期，但这与查检文件无关），进而才可以找到一份文件的全文。外省所上奏折的抄件——这是章京用草书快速书写的——可以从保存在方略馆的军机处录副奏折中找到。浏 213
览随手登记档也可以确定其他在京文件的抄件位置——上谕以及军机大臣的议覆奏折和说帖（也就是奏片），这些以时间顺序装订成

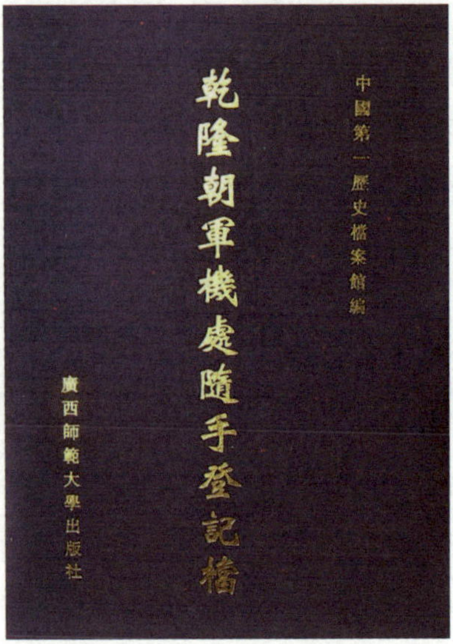

▲ 图71　中国第一历史档案馆编《乾隆朝军机处随手登记档》(桂林，广西师范大学出版社，2000)，共46册

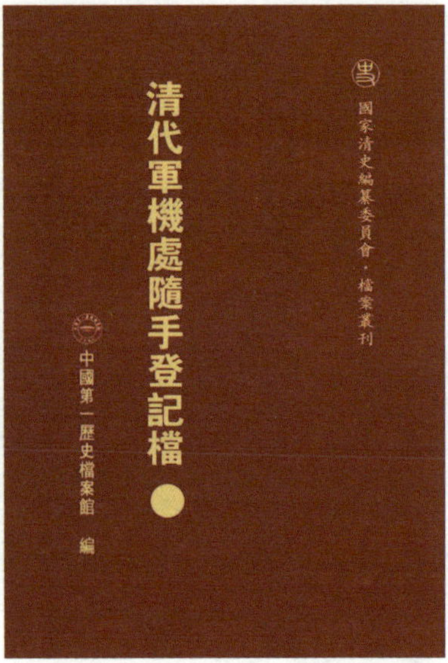

▲ 图72　中国第一历史档案馆编《清代军机处随手登记档》嘉庆朝至宣统朝(北京，国家图书馆出版社，2013)，共180册

厚厚的档册。[57]

随手登记档可以检索大量的内廷文件，将内廷业务的大量秘密呈现在查阅之人面前。随手登记档的页面上写满了奏折及朱批提到的机密政务的摘由，军机章京及更低级的军机处人员可以查看全部这些信息。因此，就不得不有一个保密的办法，同时又能保持对于文件往来的详确记录。做到这一点是通过对书写标题的简单变通，仅画一条线表示文件已到，而写摘由的地方空着，这常常是在一位军机大臣的命令下完成的。还有一种方法是，所做摘由千篇一律或做摘要但略去了敏感细节。例如，钤有“密奏”印章的关于人事的报告抵达时，径呈皇帝；负责随手登记档的章京仅记它们的抵达，以及封套内的文件数目。19 世纪中期的随手登记档记录了一份御史的奏折，记录的内容没用，只是写作“敬陈管见”。[58] 但这些措施常常是不必要的，因为都认为军机处人员是忠诚可靠的。军机处的工作执行起来要有信心：有关敌人行动和反叛阴谋的奏报细节要得到防护，即使是写在随手登记档上。

时移势易，不仅奏折及附件的数目以及上奏事务种类激增，而且军机处抄本的数目和品种也在增多。皇帝的谕旨还有其他档案——议覆奏折、奏片、供单、单以及一些情况下是文件的摘由——抄录在大幅四方纸上，装订成档册。外省奏折的处理稍有不同：18 世纪，大多数的抄件保存在军机处录副奏折中，当然有一些外省奏折抄录的档册也移交给“外寄档”。19 世纪有“月折档”，依月或更短的时间装订成册。除了一些文件按类型依时间先后编排——例如议覆档和寄信档，也有文件的综合性汇集，比如会引起人误解的“上谕档”，就包括了许多类型的文件，而不仅仅是上谕。

214 图表 8　随手登记档中具有代表性的一页。

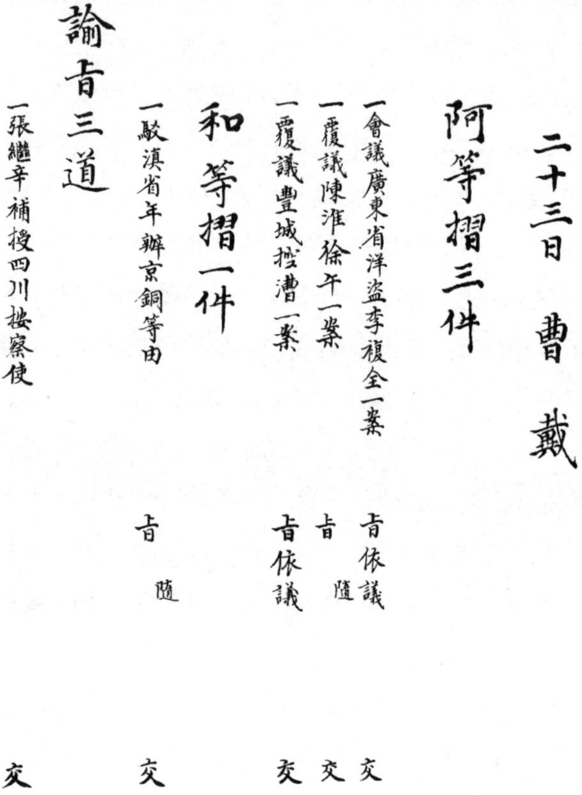
奏片一件
一提奏楊揆
二十三日 曹 戴
阿等摺三件
一會議廣東省洋盜李複全一案 旨依議 交
一覆議陳淮徐午一案 旨 隨 交
一覆議豐城控漕一案 旨依議 交
和等摺一件
一駁滇省年辦京銅等由 旨 隨 交
諭旨三道
一張繼辛補授四川按察使 交

215

这里包括两位军机大臣所上奏折以及其他项目，下面的“交”字表示一些交付外朝，两份奏折得到了皇帝的同意，另两份随“旨”下发。在这一时期，乾隆皇帝通常不在军机大臣的奏折上用朱笔书写，这解释了“朱批”一词为什么没有出现在这些条目上，浓黑的字体显示了日期，文件类别（奏片、军机大臣奏折、谕旨），以及两位军机大臣的名字。

资料来源：（台北）“随手登记档”嘉庆二年正月二十三日，44 ~ 45 页。

复制得到了台北“故宫博物院”的许可。

也有一些专门性的档册（现代的术语叫专案档），是将许多不同类别的相关档案收集在一起，每种档册涵盖一个主题。这种档册最常见的是对于战事的编纂，也正因此，被分作“紧要”材料，关于水利抢修、候补官员名录以及许多其他主题的档案也被置于一处。[59] 凡军机大臣或章京认为有必要的，都能够以这种档案形式 216
保存。

军机处档案于1920年代公之于世，人们发现汉文军机处档册一百五十种，总数达七八千册。[60] 另外，还有大量的满文档册，仅雍正、乾隆朝编纂的这种档册就有一千六百册之多，到同治十一年（1872）——这是满文档案目录中的最后时间——有将近四千册。[61] 军机章京负责这种繁重的编纂和抄写工作。

对于因频繁使用而面临散裂的重要档册，军机章京也负责定期抄写。这种抄写可能始于乾隆四十三年（1778），每五年抄写一次。这些抄本可以在出巡时携带或是留在圆明园，确保必须至少有一副本存在，以防止丢失或毁坏。[62] 军机章京保存和抄写军机处这一枢密班子档案的职责，使得他们接触到了几乎所有往来的重要文件。偶尔才会有不准他们看的文件。[63]

分派京外任务　18世纪，军机章京亲自效力于军机大臣，当军机大臣因事件调查或军事任务派离京师时，军机章京也常派往陪同。乾隆十一年（1746），上谕派一位军机大臣前往东北视察一新近开挖的河道，同时下令数位军机章京陪同，授予他们一行人乘驿前往的特权。[64] 皇帝出巡时，军机章京多半与军机大臣一同扈从。[65] 前面已提到，许多军机章京因战事离开京城。[66] 有的是要外出“办案”。乾隆四十三年底（1779年初），一位章京和一位刑部官员

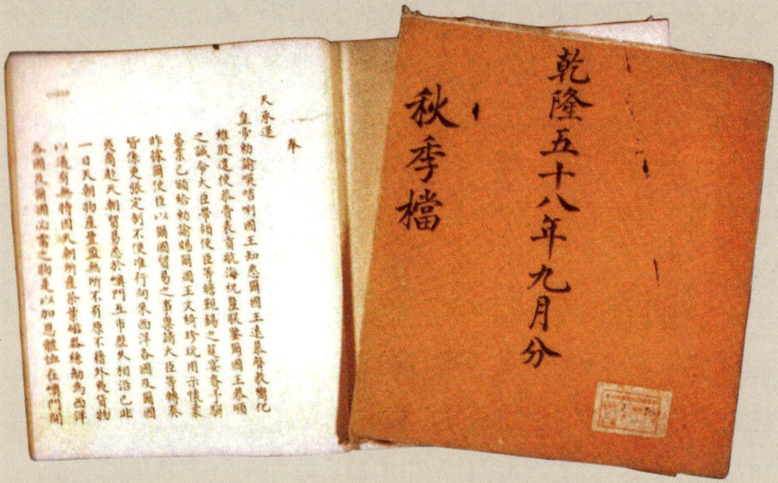

▲ 图 73　上谕档

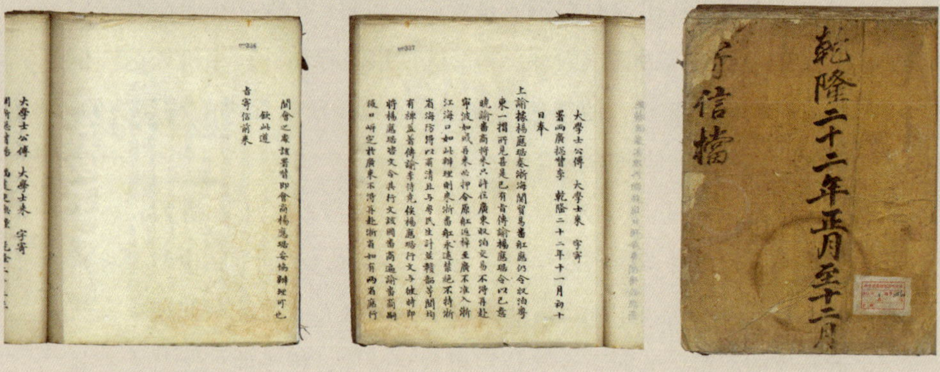

▲ 图 74　寄信档

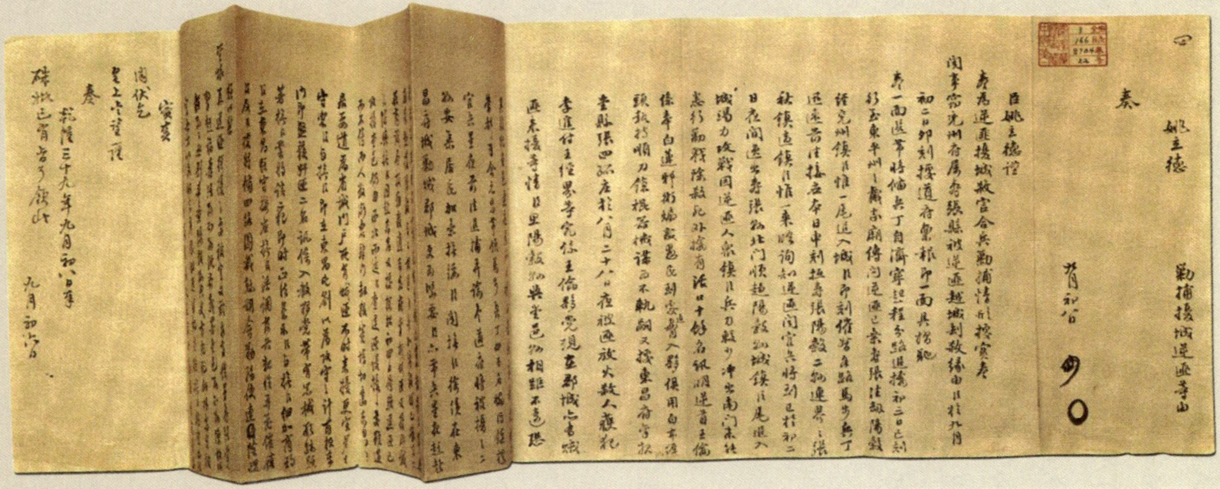

▲ 图 75　军机处录副奏折

陪同一位军机大臣前往东北盛京。军机大臣返回京城时，两位属下——精通业务的刑部官员和满军机章京——还在盛京。[67]

有时分派军机章京工作而没有军机大臣的监管，这时需要章京自己拿主意。乾隆四十九年（1784），一位军机章京和两位刑部官员前往甘肃记录在最近起义时被拿获的两个穆斯林的口供。此中的详细材料显示出，这位军机章京在远离北京的地方，在没有上司建议和同僚的陪同下，具有高度的处置权。[68]要审问甘肃穆斯林，这位章京必须克服不熟悉当地情况、方言、穆斯林用语等困难，并要
217 辨清反叛者在为他们反抗政府行为辩白中的传闻和事实。这位章京必须在很短的时间内熟悉各种情况，能够在对方闪烁其词时继续追问，弄清事实，将造反时的主谋与那些仅仅被裹胁随从之人分离开来。他必须得到反叛原因、如何预谋、供给来源等真相。如讯问的第一个问题是："你们究因何而起，从实说来。"（而供词都是直言没有什么图谋："不想越闹越大了。"）[69]如果质疑一份口供的真实性，那么这位章京会就这些问题再次审问。最后将报告和供词都送往北京，依据这些决定哪些造反者可以免受惩处，哪些要作为谋逆者受到惩罚。涉身这些审问的军机章京所处置的既是一些个体性命，又关乎帝国的安全。

那些陪同军机大臣接受军事任务的军机章京离开京城参战，有时长达数年。在前线，他们负责最高层的战事文牍业务，调查并应答北京提出的种种问题，草拟奏折以及跟踪军队的派遣和军需情况。数位军机章京记录了他们所参加的战争，或是协助编纂方略。有的章京接受军机处的任务，编纂或是书写其他类型的战争记述。[70]

许多军机章京睿智机敏，得益于当时的教育体制，并有出色表

现。除了承担京城内外非同寻常的职责外，他们也利用能接触文件的特权书写他们的经历，这一点不足为奇。他们的做法不同于上司军机大臣，后者的绝大多数都避而不写他们所了解的军机处。即便如此，这些军机章京的亲身回忆或是编写的著作鲜有披露军机处的秘密者。在这方面，他们同上司一样，无疑也有一种文字上的自我审查。

撰拟谕旨　撰拟谕旨是军机处的一项主要职责。在雍正朝及乾隆朝初期，它通常由军机大臣办理，军机大臣负责在与皇帝讨论政策的基础上撰拟谕旨。撰拟谕旨，任务艰巨。赵翼告诉我们，讷亲身为领班军机大臣时（乾隆初），因在文字功夫上稍显欠缺，就叫另一位他欣赏的写作能力强的军机大臣汪由敦做实际的撰拟工作。 **218**
赵翼接下来说："讷公惟恐不得当，辄令再撰，有屡易而仍用原稿者。一稿甫定，又传一旨，改易亦如之。文端（指汪由敦）颇苦之，然不敢较也。"[71]

逐渐地，许多谕旨的撰拟交给了军机章京。[72]有记载说，在针对西北蒙古最后决战中交发的军机处的许多文件，都是身为军机章京的赵翼负责撰拟的。[73]军书旁午，凡有抵达，就要立即讨论，尽快撰拟谕旨，有时数小时就交发。赵翼回忆说：

> 或巡幸在途，马上降旨，傅文忠（指傅恒）面奉后，使军机司员歇马撰缮，驰至顿宿之行营进奏，原不为迟也。然此营至彼营七八十里，必半日方到，而两营之间尚有一尖营，以备圣驾中途小憩者，国语谓之乌墩。司员欲夸捷，遂仓猝缮就，急飞驰至乌墩进奏，名曰赶乌墩。斯固

> 敏速集事，然限于晷刻，究不能曲尽事理，每烦御笔改定云。[74]

当然，军机章京也誊写这些改过的谕旨。

乾隆皇帝全神贯注于18世纪中期新疆的战争，他下令，凡是来自前线的重要报告，不论何时抵达都要上奏。多年后，赵翼回忆自己在深夜撰拟谕旨的情况：“虽夜半亦必亲览，趣召军机大臣指示机宜，动千百言。余时撰拟，自起草至作楷进呈或需一二时，上犹披衣待也。”[75]然而，军机章京极少直接从皇帝那里得到指示。章京可能撰拟谕旨，措辞润色，但是思想常常出自皇帝和军机大臣间的政策讨论。章京可能偶尔会直接记录下皇帝的吩咐，或撰拟一份普通的文件，但章京不总是参加对撰拟上谕至为紧要的政策讨论这一步骤。直至清朝结束，军机大臣一直牢牢掌控这一重要职责。[76]有
219 时，出于保密或是其他考虑，军机大臣将亲自誊写谕旨草稿，如同他们早先所做的一样。

差错、渎职与处罚

对于这一问题，极少公之于众，但档案里还是有一些关于军机章京无意的疏忽、有意的渎职以及受到处罚的记载。有时军机章京本人发现无意中所犯的错误并上报，从而受到轻微的行政处罚。一个例子是乾隆四十年（1775），一位军机章京在一份送往吏部的奏折抄件中将朱批写错。当该奏折返回军机处后，他与随手登记档核对，这时才发现原朱批是“该部议奏”，他却抄成了“该部知道”。因为这个差错是自己发现的，所以惩处很轻。[77]

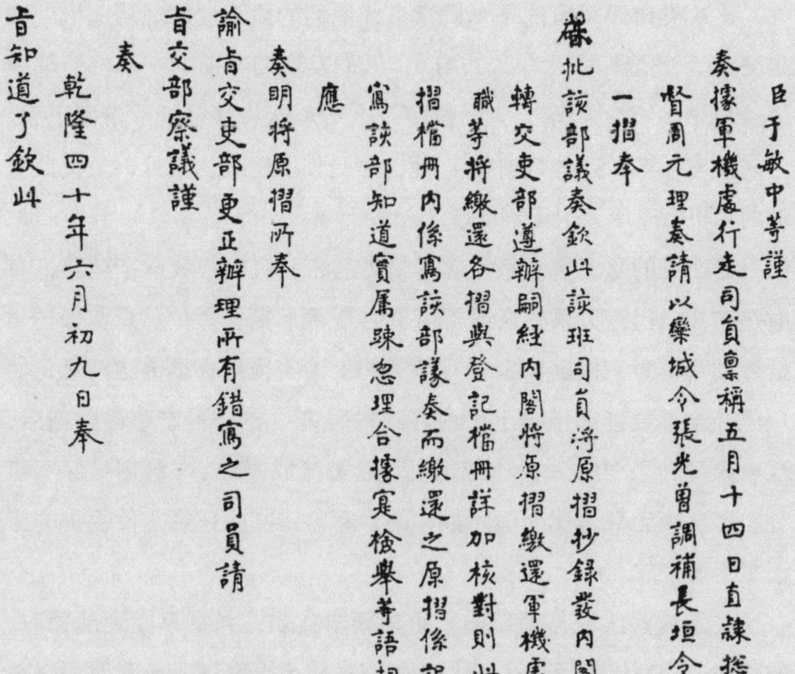
臣于敏中等謹
奏據軍機處行走司員稟稱五月十四日直隸揔
督周元理奏請以欒城令張光曾調補長垣令
一摺奉
硃批該部議奏欽此該班司員將原摺抄録發內閣
轉交吏部遵辦嗣經內閣將原摺繳還軍機處
職等將繳還各摺與登記檔冊詳加核對則此
摺檔冊內係寫該部議奏而繳還之原摺係誤
寫該部知道實屬疎忽理合據實檢舉等語相
應
奏明將原摺所奉
諭旨交吏部更正辦理所有錯寫之司員請
旨交部察議謹
奏
乾隆四十年六月初九日奉
旨知道了欽此

▲ 图 76　上谕档记载乾隆四十年六月初九日处分工作失误的军机章京

有时是其他官员发现并将错误上报。例如乾隆二十二年（1757），军机章京赵翼因疏忽未能抄录一份怀疑科举考试士子作弊的奏折。当人们找不到这份录副奏折时，赵翼的疏忽曝光，以轻微的行政处罚议处。[78]

比这类错误严重的是军机章京或他们的属下被发现从军机处拿走公文。乾隆四十六年（1781），人们发现四年前的一本档册缺少了最后十多页。经调查，一位誊录人员承认将这些纸片带回了家，后来他家被盗，这些纸被偷。他自然受到了惩处，而且，负责监管他的军机章京等人也因当时疏于检查而受罚。[79]

更严重的是军机章京泄露军机处秘密，有时是收取了贿赂，有时是向与自己有关系的人透露信息。乾隆后期，一位负责监督扬州盐务的军机章京提前将皇帝对盐务的上谕向扬州官员传达消息，使一位当地显要能够依据上谕内容囤积居奇。这一泄密事件败露后，泄密人受到了严惩——这位军机章京被流放伊犁。[80]利用接触军机处机密从事犯罪远比上面所描述的抄写差错甚或怀疑文件丢失的错误更不可饶恕。

关于这些渎职与处罚的一个重要事实是，当章京受到惩罚时，监管他们的军机大臣——我们会觉得也应承担责任——常常得以宽
220 免。军机章京承担全部责任，这一事实说明他们有相当的独立性。[81]另一点也引人注意，在一些事例中，军机大臣在向皇帝的报告中隐去了犯错章京的姓名，希图保护这些助手。[82]然而，通常情况下，要向皇帝报告章京的差错和渎职，这实质上是向皇帝保证，尽管偶尔也会看走眼，军机大臣还是对他们的章京保持警觉。最重要的是让君主保持对他们的信任。[83]

身为军机章京的优势与生涯

军机章京撰拟谕旨和执行其他任务，经常能接触皇帝，这使得他们在京城官僚圈内享有盛誉。一位章京写下了接近君主意味着恩赏“纱缎、饼饵、果蓏”，每岁暮赐“鹿肉”。[84] 军机章京还有其他提高声望的资源。像军机大臣一样，军机章京承命出京时，可乘驿驱驰。[85] 乾隆中期，他们获准身着貂褂，头戴大红帽，这是种奢华特权。[86] 不论走到哪里，他们都能被认出是皇帝高级枢密班子的办事人员。

乾隆中后期，皇帝出巡时军机章京的办公条件有了改善。赵翼记述了乾隆四十五年（1780）参观军机处行帐，这已是他离开军机处多年后的事情了：“见行宫之军机房明窗净几、华茵绣毯。”[87] 军机章京现在既享有值得夸耀的服饰，又在政治中心从事要务。

对于有着勃勃雄心的司员来说，身为军机章京为他们提供了有价值的职场培训。乾隆二十五年（1760），身为军机章京已有三年且刚通过了乡试、会试的毕沅，竟有意想不到的收获，令余生受益无穷。参加最后殿试的头一天晚上，他无急事可做，就浏览一份刚从皇帝那里发下的关于新疆军屯政策的奏折打发时光。第二天，仍然沉思对新近平定的新疆采取何等政策的皇帝，就在考试中出了这样的题目。据说，乾隆对于毕沅对形势的把握印象极其深刻，毫不犹豫地将这位章京的名次从第四改为状元。[88] 一同科考的另一位军机章京位居榜眼。因成绩斐然，两人立刻升入翰林院，离开了军机 221
处。[89] 可以说，接触重要文件的优势赋予了军机章京政策背景知识及见解，这是军机处之外的科考同人没有机会了解的。

军机章京职位一个重要的特点是，表现良好就有可能以此为跳

▲ 图 77 毕沅像

板，出任地方或在京的美缺，前程似锦。例如，毕沅长期封圻地方，数次出任巡抚，一度担任总督。那位高中榜眼的军机章京后来出任知府。军机处的档案中到处是奏请赏赐军机章京和题升美缺的奏片。[90]通过提升以前的军机章京，军机处将自己的人置于各要缺，在整个帝国内有着广泛的联系，并且得到忠诚、富有经验的襄助，这一做法所带来的形势大大有利于军机处。梁章钜开列的军机章京名单注明了每个人离开军机处后所升至的最高职位，突出了军机章京的这一方面。[91]供职军机处的章京们都期盼能有个好前程。

很难说军机章京必须供职多少年才可以提升。通常，军机大臣每三年考核军机章京，并保举其中最有才干者——然而，这并不意味着在军机处待满三年是一条定制。[92]一些人供职了二十年甚至更长时间；又有些人供职的时间很短，就被派往外省任职，后来又回到军机处。[93]让人长时间待在军机处是困难的，原因之一是由于兼职的规定，对于一个人可以擢升多高职位以及留任军机章京的限制不断增多，因此，优秀的章京面临艰难选择：如果他们愿意继续供职军机处，就要放弃外省有着更高薪俸的职位。结果，有时军机大臣为留住一个他们想要的人，就不得不寻机擢升他在京的本职。[94]

军机章京了解重要政策的背景事实，而军机大臣只是对于来自下面的建议和草稿加盖“橡皮图章”——原封不动地同意并上呈而已。这是不是“科员政治”呢？的确有一些支持这种观点的证据。一些曾担任军机章京者的回忆表明了章京对于整个军机处事业所起的重要作用。赵翼解释了司员（在军机处就是军机章京）是军机处和各部院撰拟谕旨等的关键性完成者，而这在早先的朝代都是大臣们的工作。[95]为什么章京极具重要性？18世纪的一位曾任章京者编造了一个绕圈子的说法，他认为，军机大臣为避专擅之名，故放手属员撰拟谕旨并承担其他重要工作。[96] 嘉庆的一道上谕就表明了军机章京决定写什么内容，接下来让军机大臣同意了事。[97]

222 但如果赵翼等曾任军机章京之人的回忆是有意鼓吹章京作用的话，那我们只有转向文献，寻求证据。在文献中，我们可以看到章京确实起着关键性作用，不仅是在处理巨量的往来通信上，而且有时会影响决策。他们的工作日志即随手登记档数以百册计，写满文字的纸张数以千计，记录着章京浏览、摘由、录副、评估、归类以及应命而查找的文件。这些档册浓缩了军机章京的成就，他们是文件流转的高手，在为帝国通信把脉。

然而，问题存在着另一面。18 世纪军机大臣与他们的章京关系密切，监管这些人工作，每天都与他们讨论问题。而且，即便是章京做完了调查，也是军机大臣而不是军机章京每天与皇帝讨论政策并提交议覆奏折。军机大臣不是挂名闲职。军机章京确实起着重要作用，但不是决定性的作用。皇帝之下的大多数处置权不是在军机章京而是在不辞劳苦的军机大臣手中。通过监督通信管理的许多细节，章京给予了军机大臣工作最根本的支持。

军机处满伴

乾隆时期，军机处的一个下属组织“满伴”，处理满文或其他边疆语言的文件，特别是关注满人利益的事务。对于这一机构没有太多的信息——我们不知道它始于何时，也不能确定它的人员和职责。它可能是由满军机大臣和章京或仅由章京组成。但有许多材料提到它。我最早碰到满伴是看到军机处随手登记档中常有这样的记载：某个文件“交满伴”或是“满伴交来”。[98] 当时无学者可以请教，告诉我满伴是什么。在文献中没有关于它的记述，目前我们的知识仍不能够给出一个确切的描述。

“满伴”这一汉文名字似乎是指章京中的一种民族人员构成，但“伴”字会有不同的写法，当意指满军机章京群体时，写作“班”，而不是“伴”。因此，满伴可能不同于军机章京的满人部分。[99] 它可能由一些满章京组成，由一位或多位满军机大臣监管。

满伴所指模糊，但我们还是可以对它做一概述。首先，我们使 223
用随手登记档里文件“交满伴”或“满伴交来”的有关记述，看看这一部门处理的事情。从中随机选择，看到这些文件的内容包括：满文文件，将谕旨译为满文，将满文奏折译成汉文或摘叙事由；旗员的任命、擢升及免职；宫廷侍卫的处罚；税关的罚锾，八旗财政和生息；黑龙江的收成；发配到边疆遣犯的逃逸。[100] 尽管这些描述简略，没有具体内容，但它们表明满伴处理的是与八旗、满人一些人事变动以及北部边疆有关的事务。

有一种关于满伴的资料，我判定是在军机处录副奏折中查检满文奏折的指南。我能够考察的仅有乾隆初的两本档册，即“奏折号簿”，这是与汉文的随手登记档类似的满文奏折的登记簿。像随手登记档一样，这些奏折号簿也开列有奏折的主题，这些可以用来了解满伴的关心所在。

附录 F 翻译、抄录了一个月的奏折清单，这出自奏折号簿中的最长月份。这一清单显示，提交满文奏折的大部分是东北、新疆、西藏等边疆地区的官员，也有一些出自内地满人驻防地区；有些奏折来自宗室王公，也有一份出自部院属员——一位御史，这些出自京城。这些奏折包括的问题主要是边疆地区、旗务以及满人人事管理，通常以满文上报，因为这种语言对于那些具奏人来说最容易。[101]

八旗财政在这些号簿中很突出。最详尽的一份摘由说，大学士讷亲（当时任领班军机大臣）等已讨论从京内外的“生息银两”中拿出一定的经费。此外，这一条目还开列了四组附件，都是对帝国某些指定地方类似的特别说明。[102] 有的奏折关注的是保持满人传统。例如，有奏折提议在满汉通婚问题上实施更严厉的限制。[103] 所能看到的这一号簿进一步揭示出，有些条目处置的不是用满文书写的文件。有一个注明是“番字文书”。有的地方也引用了其他语言——回人的书面语言，甚至是汉文。一些文件极像是用藏文写成的。[104] 可以说，从满伴所编纂的满文奏折号簿也能看出他们所处理的一些
224 问题是什么。我们还没有足够的信息确切知道满伴如何处置这些文件——他们的职责仅限于翻译[105]，还是包含更具处置权的行动。

然而，合乎组织逻辑的是，内廷用汉文以外的文字书写的文件，应分别交由懂满文和其他边疆语言的专家处理。需要处理大量只用满文写成的报告，这是内廷的一个特殊问题，但对于外朝却不是。一般说来，只提交满文题本而没有汉文的抄件，这是规定所不允许的。[106] 大多数的外朝业务以汉文文件为基础，或原文是汉文，或文件提交时附上必要的汉文翻译。而且，旧有的外朝对满文的要求日益降低。例如，到雍正中期，对要求原件为满文的文件，不必再行抄录副本以分别存放。乾隆五年（1740），在讨论是否用满文和汉文颁布明发上谕问题时，决定放弃旧有的满文，因为“现今人人尽

识汉字”。[107]

然而，内廷却是另一番情形。尽管军机处中的汉人有些许增加，但就军机大臣而言，满人在人数上仍超过汉人，满汉复职制仅适用于章京而已。总体而言，内廷的官员特别是内务府和侍卫中，旗人是大量的，从乾隆朝直至清朝结束，满人保持着优势地位。[108] 此外，由于奏折制度具有的自发性、直接性和非正式性特点，内廷通信允许具奏人用对自己来说最方便的语言上奏；对于奏折，没有要求以另一种语言上呈副本的规定。[109] 这意味着在满人官员占优的地方——边疆、八旗驻防地等，以及内务府并所有它派出的税差和人参、玉石等政府垄断行业的官员，许多文件，即令不是大多数文件——只用满文书写。正如嘉庆初年军机处一份税差问题的议覆奏折所解释的，此种情形无可更改。这些地区的文件和档案都用满文书写，这一事实意味着只能任命满人，而只能任命满人这一事实又造成了在接下来的奏报中继续使用满文。军机大臣对此表示赞同——“满汉兼用之处应无庸议”，也就是说不便任命汉人。[110]

满伴仅是翻译机构，抑或还处理这些文件的其他问题，从目前所能看到的材料中还找不出答案。尽管政务活动许多领域继续使用 225
满文，但军机处的汉人日多，这意味着对于这些政策的讨论某种程度上要满汉兼顾。例如，刚才提到的军机处对于税差问题的议覆是由四位军机大臣提交的，其中两位是汉人。因此，尽管最早的报告可能只是用满文书写的，同时这一话题是内务府的禁脔，但当面见皇帝讨论相关问题政策时，军机处人员还是包括了汉人成员。可以说，尽管有满伴，但在内廷最高层盛行着满汉两头政治。

满伴可能源于满人居优的雍正内廷。在内廷中，这些新的、以前不被人知的满人已取代了旧有的生来就赋有权力的满洲王公显贵，而后者在此前的清内廷居于支配地位。直到乾隆时期，军机处的满伴还是有助于在政府中保留一支强大的满人力量，可能部分出于慰藉满人在别处的损失，部分出于处理一些满人问题的需要。

方略馆

方略馆是又一个在18世纪建立和发展起来、属于军机处的重要内廷组织。像满伴一样，方略馆迄今未有正确的记述。而且，这一机构的汉文名称和通行的英文翻译（Office of Military Archives）都用词不当。英文的翻译强调了这是存放（还有其他的职责）许多清朝战事机密档案的机构，而汉文名称传达的是，这个机构的职责不是管理档案而是负责官方出版物——战争史，也就是方略。[111] 事实上，方略馆关注这两方面的内容：一方面，它负责保存内廷的主要档案；另一方面，编纂乾隆朝重大战争的官方史书，以及其他的官方出版物。而且，这两种活动紧密联系，方略主要就是由军机处档案中保存的机密战争文件编写而成的。

方略馆就此发展出了两种分离开来的内廷活动，一个是关于档案，另一个是关于出版。档案的保存可能开始得较早，一些高度敏感的档案——例如康熙时与俄国关系的档案——可能深藏于内廷。[112] 但是，康熙时期几乎没有保存多少内廷档案，而且普通的奏折根本就不收集：
226 奏折在皇帝批示后就发还，允许具奏人保留它们。今天档案中数量较少的康熙朝奏折是雍正皇帝一上台就下令的结果——除了一些人的之

▲ 图78 《清代方略全书》（北京，北京图书馆出版社，2006），共200册，收入方略24种。此书标注是“清·方略馆”编。按，此说不准确，书中收录了康熙年间编纂的《平定察哈尔方略》《平定三逆方略》《平定海寇方略》《亲征平定朔漠方略》等方略，而那时还没有“方略馆”

外，所有的奏折都要缴回，在北京保存。凭借这一要求，最终形成了“宫中档”，保存了成千上万的朱批原件。[113]一些年之后——在雍正朝中期——制订了另一项规定，大多数的奏折在发还具奏人之前要备份，这样，当奏折发还外省时，京中就有了一份奏报内容和皇帝对它批答的记录。这是军机处录副奏折的发端。[114]大约同时，办理军需大臣开始对重要的上谕、奏折以及与西北战争有关的咨文抄录并装订成册，仅雍正后期手抄的各种档册就达一百多册。[115]

内廷开展官方出版活动从时间上讲要晚些。康熙时期的三部方略可能是在规模很小的出版场所编纂的——可能只有房屋，有一位高层的修纂人员和一些笔帖式。这一时期，没有常设的内廷出版机构，几乎不存在对方略编纂有用的档案。[116]雍正时期关于准噶尔战争当时没有出版方略，只是很久之后，在乾隆对准之役最终取胜后，那段历史才被囊括在对该战争的全面记述中，以展现这场战争贯穿康雍乾三朝。[117]

内廷的保存档案和出版活动在乾隆十四年（1749）永久合并了，当时两位军机大臣张廷玉、来保请求建立方略馆以编纂第一次金川之役的史书。[118]这一新的机构与军机处有多重关系：它以一位军机大臣为首，它的大多数中层的监管人员来自军机大臣和章京。军机大臣任命它的其他成员，他们大多数来自内阁中书。军机大臣负责所有的工作，但凡有完成的部分，就将它呈递皇帝。[119]方略馆坐落在紫禁城的西部，很容易到达位于附近的军机处值房——就在隆宗门内，这进一步加强了它与军机处的联系。[120]

227 18世纪方略馆的历史与赞助它的机构即军机处的发展相平行，它的人员数目和类别很快就增多了——纂修人员、翻译人员、誊录人员（擅长满文或汉文）、执事人员、纸匠和杂役，并拥有了数个下属部门。方略馆的两个机构在 18 世纪下半叶同时产生：清档房、汉档房。[121] 另外，18 世纪还存在着一个文移处，其目的是收发出借或借阅档案材料的咨文，最后形成了“军机处文移档”。[122] 方略馆也有一些人员组成特别机构“译汉馆”。在军机章京的监管下，这些人负责保存满文档案并翻译这些材料。[123]

增加了很多机构，以应对方略馆的出版项目。我们不知道这些下属机构建立的确切时间，但是到 19 世纪中期，有纂修处、誊录处、文移处、校对处、大库、书库和纸库。[124] 一些机构可能在 18 世纪就已形成，开始时人数不多，占有紫禁城内西部一座宫殿中的一两间。

18 世纪是方略馆出版最兴盛的时期。档案的保管事业得以发展，方略馆继续管理着文件的保存，同时也抄录副本取代那些已损坏或必须送往他处的原件。此外，从乾隆朝开始，以这些档案为基础，编纂了大量的方略。正因如此，我们现在拥有以文件为编写基础的乾隆和嘉庆时期几乎所有重大战争的方略，还有许多其他主题史书，例如清宫史、辽金元史、《大清一统志》、《热河志》。[125] 方略馆的建立对于内廷出版事业大有裨益，这些出版建立在主要由奏折和廷寄所构成的内廷秘密通信之上，由军机处人员编纂和审查。外朝的实录馆、国史馆、翰林院等旧有出版机构继续它们惯常的工作，而这些编纂机构许多是以军机大臣为首。但除了这些旧有的外朝机 228
构，现在内廷又有了一个档案保存和出版单位，这使得军机处拥有自己的部门，投身到一个至关重要的政务活动领域。

乾隆十四年（1749）永久性建立方略馆，极有助于提升军机处的声望。尽管以前的明朝甚至清朝的外朝出版已经建立在档案基础之上，但方略馆现在能够将它的编纂工作更为紧密地与它保存的大量公文联系在一起。明朝的许多战争史书主要由亲历者个人撰写而成，这一传统有些在清朝沿袭下来。[126]例如，卷帙很小的康熙时期的《平定罗刹方略》，似乎与档案联系不多——它的许多条目都没有确切日期，而一些是可以在原件中找到的。[127]与这些早期的工作相比，盛清时期的方略常常包括带有日期的文件全文，并多达数百卷，对于文本的强调与18世纪知识分子生活的新精神相一致。[128]结果，这些新的内廷文化产品为军机处赢得了有功于国家学术生活的声望。

军机处在18世纪得以壮大，组织构成日益复杂，这反映出了职责的扩张，有一些职责促成了军机处的壮大，而有一些是由于其壮大所引发的。我们在第六章中已看到，某些结构上的特色，尤其是非正式性机制，对于军机处非同寻常的扩张至关重要。非正式性机制同样也对本章中所描述的壮大有影响。军机章京是兼职，这样军机处就能够从外朝招揽知识丰富、富有经验的人员。接下来，这些被任命者给军机处带来了他们原先遍布京城所能接触到的同僚和信息。这种法外活力也允许内廷增设满伴、方略馆等下属组织，这些组织很容易就建立起来，而无须在京城的官僚中展开全面的争论。只要说服皇帝内廷需要这种扩张，他就会同意扩张。

这一章所描述的内廷细致分工的特别模式也值得注意，因为一般说来，内廷所表现出的这种组织上的偏好不是新鲜之物。相反，军机处自己的扩张采用的是传统的外朝形式，复制了许多下属组织，它们处理四个主要的外朝业务类别：政务管理、通信管理、档案以及出版。当变化发生时，它走的可能是传统的路子。

注

1. 总理衙门，参见徐中约：《中国进入国际社会：1858—1880 年的外交》，哈佛东亚研究丛刊，第 5 种（马萨诸塞州剑桥，1960 年）；蒙思明：《总理衙门的组织与职能》（马萨诸塞州剑桥，1970 年）。军机处与总理衙门的关系，参见（台北）“上谕档（方本）”，光绪十五年二月十五日，117 ~ 121 页；《光绪会典事例》卷 350，页 9a ~ b；邓文如、王锺翰：《谈军机处》，载《史学年报》，第 2 卷第 4 期（1937 年），196 页。军机处确有其他一些小的下属机构，其中之一的密记处在乾隆朝后期约二十年的时间里繁荣一时，这将在第八章讨论。

2. 满文 janggin 源自蒙古文，汉字写作“章京”。尽管有着军事上的含义（等同于汉字的“将军”），军机章京的“章京”相当于汉文的“司员”，满汉章京都可以与司员一词互换使用。因此，司员与章京并不像何国梁《清代的军机处》（172 页）中所描述的是两个不同的群体。我看到过“汉章京”的用法，如（台北）“上谕档（方本）”，嘉庆十年十月初一日，7 页。“管员”一词有时也用于指称这些人。其中的用词还有“枢曹”“枢使”“小军机”，参见梁章钜编：《称谓 359
录》（1875），卷 13，页 2；邓文如、王锺翰：《谈军机处》，载《史学年报》，第 2 卷第 4 期（1937 年），193 ~ 196 页。在得到任命后，人们称他们“在军机处行走”，一个例子参见（台北）“上谕档（方本）”，嘉庆二十五年二月十三日，103 ~ 104 页。要注意，不要将新疆等边疆地区的满文官衔 janggin 与军机处的用法混淆；尽管用字上相同，但两者是不同的。关于前者，参见卜内特、哈盖尔斯特洛姆：《当代中国的政治组织》，724、874 页；《光绪会典》卷 3，页 5。也参见费迪南德·莱辛编《蒙英字典》（印第安纳州布鲁明顿，1973 年）的 janggin 词条。内阁中书的“中书”（此处英文也是用“clerk”，与上面的“章京”英译一样。——译者）一词，历史悠久，其中的一种可以回溯到一千多年前，与之相比，源于满文和蒙古文的 chang-ching 是个新词，参见《通志》（上海 1935 年重印本），第 1 册，657 页。与其他中层人员一样，军机章京使用特别的字词：他们称自己为“职”，称自己所写的文件为“禀”。

3. 上谕奖赏蒋炳对于两份奏折贡献自己的意见，这可能是其中的一个例子，参见（北京）“上谕档（方本）”，乾隆元年二月二十五日，170 页。也参见这一章注 45 及相应的正文。也要注意戊戌变法中四位军机章京的重要作用，当时他们作为“改革的执行者”，是康有为和皇帝间的联系通道，参见徐中约：《中国近代史》，374 页。

4.（台北）“上谕档（方本）”乾隆四十七年十月初六日（51 页）有一份 18 世纪外朝人员任命的详细规定，这可以和军机章京挑选的非正式性做比较。

5.《枢垣记略》卷 13，页 5b ~ 6；（台北）“上谕档（方本）”，乾隆四十五年十一月二十日，277 ~ 278 页。也参见王昶：《军机处题名记》卷 14，页 19 ~ 20b。当然，兼职意味着所有的军机章京必须达到他们原本职位的要求，参见（台北）“宫中档”雍正朝奏折 021983，雍正二年四月初五日，隆科多等奏折（关于考试）；（台北）“上谕档（方本）”，乾隆四十五年十一月三十日，277 ~ 278 页（关于他们身为原机构成员接受三年一次的京察）。1906 年，军机章京成为正式的官职，章京不必以兼职身份进入军机处。章京名单通常开列他们的本职衙门，参见《枢垣记略》卷 16 ~ 19。在雍正朝，一些满章京似乎供职于内廷而没有兼职，参见附录 D 以及它的资料来源清单。这种情况在乾隆时期仍偶尔发生，当然此时会尽可能快地让他们得到一个兼职官位，例子参见（北京）“上谕档（方本）”，乾隆四十年五月十九日，253 页；（台北）“上谕档（方本）”，乾隆四十六年七月初九日，77 页。章京依其本职得到俸银，而不是他们在军机处的位置。关于薪俸的材料不多。乾隆四十年的一道上谕评述一位内阁中书（从七品）的擢升：他年俸 90 两，加上其他津贴，共有 248 两，他要升为刑部主事（从六品），俸银为 120 两，加上其他的开支补偿，每年可得约 250 两，参见“和图利档”乾隆四十年闰十月二十七日。俸银，参见《光绪会典事例》卷 249，页 1a ~ b。两人被派往前线，归岳锺琪调遣，其中一位很快就成为内廷中层，两人得银 200 两，这些来自藩库及其他地方，参见（台北）“宫中档”雍正朝奏折
360 000170，雍正九年正月初三日，岳锺琪奏折。当然，军机处肯定有自己的经费以供开支（不同于薪俸），参见《清高宗实录》卷 896，页 18a ~ b；《枢垣记略》卷 14，页 10。值得注意的是，“和图利档”所记载的俸银是张仲礼研究（《中国绅士的收入》[西雅图，1962 年]，12 页，表 1）所提供数目的两倍，这说明张仲礼的著作未能将乾隆二年京官的双俸（见前面第五章）考虑在内。18 世纪军机大臣请求任命军机章京的一些例子，参见（北京）“上谕档（方本）”，乾隆四年二月二十日，218 页。（台北）“上谕档（方本）”，乾隆四十一年十月二十八日，183 页；乾隆四十六年七月初九日，77 页。

6. 任命军机章京看重他们的部院经历，参见《枢垣记略》卷 1，页 16b ~ 17。也参见《清高宗实录》卷 302，页 4b ~ 5；吕元骢：《清代前期政府官员的实习培训制度》，载《小亚细亚》，第 16 卷第 1 ~ 2 期，84 ~ 85 页。有关行动中的军机章京涉身部务的实例，参见《明清史料》癸编，页 950b ~ 951，以及这一章注 54 中提到的类似材料。这些包括了来自吏部和户部的数位章京，毫不奇怪。有材料显示，一些军机章京的位置是为某些外朝机构保留的，因此有份奏片才可能说到军机章京名单中有一个“军机中书”的空缺，例子参见（台北）“上谕档（方本）”，乾隆四十三年五月二十日，395 页；道光二年四月初三日，29 页。

7.《枢垣记略》卷 13，页 5b ~ 6。

8.《枢垣记略》卷 13，页 5b ~ 6。也参见英和《恩福堂笔记》卷上，页 29b，作者指出这些都是特简，以后的任命不能援引为例。

9. 这一做法是（台北）“上谕档（方本）”光绪十五年二月十五日（117 ~ 121 页）提到的，但是乾隆五十七年对员承宁的任命就可能是个例外，参见《枢垣记略》卷 16，页 13b。我未能找到这一禁令的原因。也有一条反对御史在军机处兼职的规定，参见《清朝续文献通考》第 5 册，8773 页。（北京）“议覆档”乾隆元年十二月初六日（349 ~ 350 页）记述了一例外情形。在升迁后，不允许翰林院成员充任军机章京，参见姚元之：《竹叶亭杂记》（台北 1969 年重印本），卷 1，页 15b。不允许担任军机章京的其他规定，参见吴振棫：《养吉斋丛录》卷 4，页 2a ~ b。

10.《清世宗实录》卷 131，页 3，页 1b ~ 2b。张廷玉：《澄怀主人自订年谱》卷 3，页 6。《清史》第 6 册，4207 页。人们认为，禁止大臣的兄弟子侄入值军机处的规定始于嘉庆朝，但在出自 18 世纪观察基础之上的一部著述中已经提到此点，参见王昶：《军机处题名记》卷 14，页 19。嘉庆的禁令在道光继位后不久就废除，参见《枢垣记略》卷 13，页 9b ~ 10b。

11. 参见《枢垣记略》卷 16 和卷 18 的乾隆朝章京名单。有名的父子章京是龚禔身及子龚丽正（他是过继的，乃龚自珍之父，而龚自珍未能充任军机章京）；惠龄乃桂芬之父，参见《枢垣记略》卷 16，页 7b，页 11b，页 16b；卷 18，页 8，页 13。朱迪思・惠特贝克：《龚自珍的历史观》（加州大学伯克利分校，博士学位论文，1980 年），12 ~ 13 页。18 世纪也有一些兄弟充任军机章京，例如札克桑阿、札拉桑阿。嘉庆改革使得一个人的直系亲属不能与他本人同时充任军机章京，参见《清仁宗实录》卷239，页8a ~ b；《清史》第6册，4584页。

12.（北京）“议覆档”乾隆十四年四月初十日，283 ~ 284页。也参见（台北）“宫中档”雍正朝奏折021973，雍正元年八月初六日，吏部奏折所描述的对
361 于九卿的信任。很可能成为军机章京的某些职位任命，参见（北京）“议覆档”乾隆元年五月十七日，415 ~ 416页。

13.（北京）“军机处规矩记载”，4页；《清仁宗实录》卷38，页1 ~ 2。在嘉庆十八年（1813），有建议要对在京机构可能保举军机章京的人数予以限制，参见《清仁宗实录》卷271，页16b ~ 17b。

14.（北京）“军机处规矩记载”，4页；《光绪会典》卷3，页5a ~ b；《祁文端（寯藻）枢廷载笔逸稿》，见《清代掌故缀录》（台北，1974年），117页。

15.《清仁宗实录》卷271，页16b ~ 17b。

16.《枢垣记略》卷15，页5 ~ 6b。

17.《枢垣记略》卷16页1 ~卷17页6b，卷18页1 ~卷19页9。除了文中给出的数字外，第一阶段的25位汉章京和第二阶段的24位汉章京也是走非常规科举的途径，就是说他们仅是通过了较低级的科考，或荫承了功名，或特别赏赐功名，借此他们可以占据一定的职位。在乾隆朝，进士名额大幅度减少：从乾隆元年（1736）的344名减少到乾隆最后常科即五十八年（1793）的81名，参见朱沛莲编著：《清代鼎甲录》（台北，1968年），16 ~ 17页。在第一阶段，与众不同的四位满人是：鄂尔泰的亲属鄂容安、鄂伦（都是进士）以及阿桂、成策（举人），参见《枢垣记略》卷15，页2b，以及卷16，页2，页7b。在第二阶段，文海是举人，参见《枢垣记略》卷17，页6。满人难以中试的种种原因，参见（北京）“议覆档”乾隆十三年八月十八日，213页。汉章京的科举功名，参见下一个注释。

18.《枢垣记略》卷16 ~卷19（军机章京题名）。参见这一章后面毕沅的故事。在乾隆朝，高中状元的汉章京包括梁国治、庄培因、金榜、毕沅和吴锡龄，梅立本、诸重光是榜眼，赵翼、沈清藻是探花，参见《枢垣记略》卷18。满章京的科举功名，参见上一个注释。

19.在制度出台后，还是有一些例外。例如，强逢泰是在1813年八卦教起义中一位死难知县之子，嘉庆二十一年（1816）恩赐工部主事（从六品）。数月后简任军机章京。在讨论他入部院时，有部文指出，该任命与“定例不合”。然而，该文件说，因为其父“功烈伟著”，故对他“不能拘于常例”。强逢泰以荫生

身份成为军机章京。特别给他一个额外位置，在章京中位列第 9，参见《清仁宗实录》卷 319，页 5 ~ 6;（台北）“上谕档（方本）”，嘉庆二十一年十一月十四日，95 ~ 97 页;《枢垣记略》卷 18，页 5; 韩书瑞:《千年末世之乱：1813 年八卦教起义》，133 页。

20.《清仁宗实录》卷 38，页 1 ~ 2。也参见姚元之:《竹叶亭杂记》卷 1，页 25。品行的重要性，参见《清仁宗实录》卷 271，页 16b ~ 17b。

21. 龚自珍的这段话由倪德卫英译，参见他的《反抗习俗与反抗的习俗》，收入芮沃寿编:《儒家信念》（斯坦福，1960 年），199 页，征引得到了斯坦福大学出版社的许可。对于龚自珍的详细研究，参见惠特贝克:《龚自珍的历史观》。

22.（北京）“议覆档” 乾隆二年十二月十一日，353 ~ 355 页。也参见（北 362
京）“议覆档” 乾隆二年十一月二十九日，325 ~ 328 页，对同一问题的记述;《枢垣记略》卷 6，页 1 ~ 2b 的条目，可能源自以上这些档册。

23.（北京）“议覆档” 乾隆十三年十二月初十日，408 ~ 412 页;（北京）“上谕档（方本）”，乾隆十四年二月十六日，125 ~ 126 页;《清高宗实录》卷 335，页 2b。这些材料很有用，它们开列了在京和在四川服务于金川之役的军机章京名单，上报以求赏赐。

24.《清高宗实录》卷 896，页 18a ~ b。由于战争，19 世纪时军机章京人数上下波动，参见卜内特、哈盖尔斯特洛姆:《当代中国的政治组织》，条目 129B 记载清朝后期军机章京为 60 名。

25.《清朝续文献通考》第 5 册，8773 页。光绪三十二年（1906），军机章京的数目增加到 36 名，参见《枢垣记略》卷 13，页 4b ~ 5。

26.《枢垣记略》卷 13，页 4b;（北京）“军机处规矩记载”，页 3b。军机章京成员详细分类可以从梁章钜对于军机章京的记述中得到，参见《枢垣记略》卷 16 ~ 19，题名开列章京的姓名、籍贯、科名、入值日期以及后来最高的官位。梁章钜的记述支持了乾隆时期章京数目扩张的看法，但他的记录并没有记载他们离职的时间，这意味着对于大多数章京，很难知道他们入值的确切时长、他们任期的平均时间，或是在同一时间到底有多少章京当值。我已找出早年军机章京题名中的许多错误，特别是雍正时期入值内廷机构的一些满章京失载。另外，档案中偶尔提到乾隆时期的章京，梁章钜也未能开列这些，例子参见（台北）“上谕档（方本）”，乾隆四十六年七月初九日，77 页所引述嵇承志的情况。记述军机章京的另一个名单是《军机章京题名》，但它比梁章钜所列的人数更少。为应付太平天国起义而添设四个额外军机章京职位，参见（台北）“上谕档（方本）”，光绪十五年二月十五日，117 ~ 121 页（回顾以前的形势）；咸丰三年二月初六日，71 页；咸丰三年二月十一日，151 页。

27.（北京）“军机处规矩记载”，页 2b。《枢垣记略》卷 13，页 3b，页 4b；卷 14，页 8，页 10；卷 22，页 5a ~ b。邓文如、王锺翰：《谈军机处》，载《史学年报》，第 2 卷第 4 期（1937 年），195 页。叶凤毛认为早在雍正十一年就有军机章京的领班，参见《内阁小志》，页 11b。帮领班的位置可能是 19 世纪设立的。1908 年领班军机章京授予从三品，帮领班是从四品，参见《清史》第 2 册，1358 页。领班的职责，参见吴振棫：《养吉斋丛录》卷 4，页 1b。

28.《中和月刊史料选辑》第 1 册，1 页。廖日荣认为首先是满章京占有南屋，参见他的《清代军机处：起源及 1861 年之前的组织研究》，61 ~ 62 页。到光绪朝，四个下属分班已有名称：满头班、汉头班、满二班、汉二班，例子参见（台北）“上谕档（方本）”，光绪四年三月初八日，127 ~ 130 页；光绪十五年二月初八日，49 ~ 52 页；光绪十八年正月初四日，41 ~ 44 页。

29. 赵翼：《簷曝杂记》卷 1，页 7 ~ 8。

30. 值夜班的称为“该夜班”。除了每班四人外，值班时还有作为领班（达拉密）的第五个人，参见《枢垣记略》卷 14，页 8；卷 22，页 6b ~ 7。

31、32. 赵翼：《簷曝杂记》卷 1，页 7 ~ 8，页 10。

33.《枢垣记略》原序。相形之下，一般人是难以接触内阁大库的，参见阮葵
363 生：《茶余客话》（台北 1976 年重印本），卷 2，页 1b。梁章钜的这一资料汇编很有用并揭示了很多东西，但难说厚重。不过，道光初年军机章京的这一作品所表现出的公开性，与此前著述的保密与沉默寡言形成了鲜明对比。

34.《历代小说笔记选》（清）（香港，1958 年），第 3 册，771 ~ 772 页。清中期皇帝的日常安排，参见吴秀良：《工作中的皇帝：康熙和雍正的日常安排（1661—1735）》，载《“清华”学报》，新第 8 卷第 1 ~ 2 期合刊（1970 年 8 月）。

35.《枢垣记略》卷 14，页 7b ~ 8。陪同皇帝出巡的 16 位军机章京得到了特别的酬劳，称为“帮贴银”，春天出巡为 20 两，时间更长的秋天出巡是 50 两，参见《枢垣记略》卷 14，页 12b ~ 14b。“随手登记档”记下了行在军机处的值班情况。

36、37.《枢垣记略》卷 22，页 7a ～ b。

38. 此等术语，参见（台北）“随手登记档”嘉庆十三年四月初二日，181 页；嘉庆二十四年九月初九日至初十日，214 ～ 215 页；道光三年九月二十四日至二十六日，244 ～ 245 页。皇帝出巡驻跸的一条材料，参见（台北）“随手登记档”嘉庆八年八月二十三日，140 页。

39. 这是从北京和台北的“随手登记档”乾隆和嘉庆朝考察所得。

40. 例子参见（北京）“议覆档”乾隆十三年九月十二日，253 ～ 254 页；（台北）“上谕档（方本）”，粘在乾隆四十七年下册 265 页顶部的纸签。

41.《清高宗实录》卷 1223，页 6 ～ 8。

42. 然而要指出的是，有一些对本章制度效率问题的关注，如（台北）“户科史书”记载，每月本章依完成和未完成的类别汇总，例子参见乾隆二十年正月三十日条目。本章制度中的迟缓或是可能造成的暂停，参见本书 29 页（见本书边码。——译者）及相关注释。

43. 赵翼:《簷曝杂记》卷 2，页 44 ～ 45。感谢台北“故宫博物院”张临生小姐向我介绍了赵翼的欣慰之情，并和我一起阅读一些段落。

44. 这一记载的不同解释，参见戴维·兰德斯:《时间的革命：钟表与现代世界的形成》（马萨诸塞州剑桥，1983 年），50 ～ 52 页。就上面所说的问题，想到阿瑟·凯斯特勒所举的前近代时间观念是有帮助的，他的例子是，需要乘坐火车的农民在当天很早就到火车站并等待火车的到达，参见《正午黑暗》（纽约，1948 年），190 页。

45. 赵翼:《簷曝杂记》卷 1，页 7;《军机章京题名》跋，页 1b。我感谢赵中孚、鞠德源，他们二位是东北人，向我解释高丽纸的特性，东北 20 世纪时仍在使用高丽纸。已退休的台北“故宫博物院”专家吴玉璋告诉我，故宫博物院于 1925 年在北京成立开放时，他分配到位于军机章京值房的一间办公室，当时窗户还保留着旧有的窗纸，也正是在这时改换成了玻璃。有关军机处值房的其他材料，参见本书第六章注 20。

46.（台北）“平定准噶尔文移档”乾隆二十三年二月至二十四年十二月；（台北）“军机处文移档”乾隆五十七年十月，11、13 页。我听人说（当然还没有完全证实），军机大臣常常在家办公，这更加表明了，木炭、冰块等慰藉之物是供给军机章京值房的。

364 47. 军机章京负责处理不同种类文件的更为详细的记述，参见《枢垣记略》卷22，页6a ~ b。

48. 赵翼：《簷曝杂记》卷1，页7。标准的折匣约11英寸长，5英寸宽，这刚好是奏折的长度，没有地方放手腕。

49. 邓文如、王锺翰：《谈军机处》，载《史学年报》，第2卷第4期（1937年），196页。

50. 赵翼：《簷曝杂记》卷1，页5 ~ 6。

51. 例子参见（台北）"议覆档（方本）"，嘉庆八年闰二月十一日，101页；嘉庆十二年十月二十五日，177页；嘉庆二十一年二月十一日，125 ~ 126页。

52.（台北）"上谕档（方本）"，道光三十年十一月初十日，103 ~ 108页。

53.（台北）"宫中档"嘉庆朝奏折004671，嘉庆五年二月二十八日，观豫奏折以及封套内的奏折。

54. 这一小册子的编者康绍镛，参见《续碑传集》（台北1974年重印本），卷16，页1a ~ b。吴孝铭对于两次战争的建议，参见《清史》第6册，4585页。一些军机章京作为他们本职所在部院上奏名单的一员参与议覆，参见《明清史料》癸编，页950b ~ 951，页954b ~ 955b，页963b ~ 964b。军机章京王昶也声称章京提出了重要建议，参见他的《军机处题名记》卷14，页19b。

55.《枢垣记略》卷22，页5a ~ b。

56.《枢垣记略》卷20，页16。对此的解释，参见鞠德源：《清代的编年体档册与官修史书》，载《故宫博物院院刊》，1979年第2期（1979年5月），37页。每天值勤书写"随手登记档"的两位章京的姓氏，附于该记录；这些都是汉姓，显示这一特别的任务是汉章京的职责。

57. 随手登记档，参见庄吉发：《本院典藏清代档案目录》的前言，载《"故宫"文献》，第2卷第4期（1971年9月）；我的《"国立"故宫博物院的清代档案之一：随手登记档》，载《"国立"故宫博物院通讯》，第10卷第4期（1975年9—10月），1 ~ 17页。这一档册进一步的信息，参见《中和月刊史料选辑》第1册，5页。最早的随手登记档现藏中国第一历史档案馆，日期是乾隆七年（1742）。当然，从起源上讲，这可能不是最早的，有的可能已亡佚。军机章京负责的军机处其他目录类档案的名单，参见单士元：《故宫博物院文献馆所藏档案的分析》，载《中国近代经济史研究》，第2卷第3期（1934年5月），276页。

58.（台北）“随手登记档”嘉庆三年十二月二十二日，254 页；咸丰三年三月初一日，304 页。其他的保密措施，参见这一章注 63。

59.《枢垣记略》卷 22，页 6a ~ b。有关军机处汉文档册名单，参见《清军机处档案目录》，以及中国第一历史档案馆所编军机处档案目录。

60.《清军机处档案目录》，1 ~ 6 页，总目部分所列档案；单士元：《故宫博物院文献馆所藏档案的分析》，载《中国近代经济史研究》，第 2 卷第 3 期（1934 年 5 月），276 ~ 277 页；《陈列文物总目》，载《文献特刊》“陈列总目”部分，69 页。其中一些是副本，许多是 19 世纪的材料。当然，到清朝结束时，并非所有的 150 种都同时一直存在。

61. 参见我的《满文档册对于清史研究的重要性》，载《晚期帝制中国》，第 6 卷第 2 期（1985 年 12 月），29 页。

62.《枢垣记略》卷 16，页 16。乾隆四十三年五月十六日阿桂讨论这一抄录 365
计划的奏折，参见（台北）“军机处文移档”，1 页。

63. 甚至一些最机密（密行陈奏）的奏折也要经一位军机章京过目，因为要录副存档，尽管在方略馆要防范向低层人员传播这样的材料，参见《枢垣记略》卷 22，页 6。军机章京可能接触不到那些在“随手登记档”中掩藏了内容或是完全不予记载的材料，例子参见《枢垣记略》卷 1，页 15 ~ 16b，嘉庆十年六月二十九日上谕，该上谕提到英和提交的一份“奏片密封”。这一天的“随手登记档”中没有开列这份文件，该文件是正式弹劾另一位军机大臣，请求特别召见；因此军机处的成员一般来说见不到这一内容，自然也包括军机章京。为了保密起见，军机大臣偶尔会暂时封存一份文件，例子参见（台北）“上谕档（方本）”以及“随手登记档”道光三年六月初九日，分别见 79 页和 422 页。

64.《清高宗实录》卷 274，页 12a ~ b。

65.（台北）“上谕档（方本）”，乾隆四十四年十一月初二日，148 页。出巡时军机章京的值班，参见《枢垣记略》卷 14，页 7b ~ 8。

66. 例子参见（北京）“议覆档”乾隆十三年九月三十日，281 页；乾隆十三年十二月初十日，408 ~ 412 页：关于在北京及前线为第一次金川之役效力的章京。《枢垣记略》卷 14，页 12b ~ 14b，关于乾隆三十六年（1771）第二次金川之役中使用的大批军机章京。其他 18 世纪的材料也提到军机章京投身战争，例子参见（台北）“上谕档（方本）”，乾隆五十四年二月初一日，127 ~ 128 页。据事后的抱怨看，不在军机处的官员领命出京时，有时也争取让军机章京陪同，这可能是想利用章京的经验以及与军机处的关系，参见《清仁宗实录》卷73，页18a ~ b。

67.（北京）“和图利档”乾隆四十三年十二月二十六日。刑部官员姜晟的传记，参见《清史》第6册，4455 ~ 4456页。

68.（台北）“剿捕逆回档”乾隆四十九年八月十六日，227 ~ 246页。

69.（台北）“剿捕逆回档”乾隆四十九年八月十六日，187 ~ 191页。（这一档册有关于此的大量供词。）

70. 赵翼是《皇朝武功纪盛》的作者，该书包括了乾隆朝的七次战争，其中赵翼亲身参与两次，参见《清代名人传略》，76页。军机章京撰写或编纂方略的例子，有赵翼、王昶等的《平定两金川方略》以及朱学勤等的《剿平粤匪方略》，后者是镇压太平天国的官方记述。朱学勤在咸丰八年（1858）成为军机章京，参见《枢垣记略》卷19，页7。18世纪的军机章京管世铭写下了皇帝木兰秋狝时扈从的记录《扈跸秋狝纪事》，参见李宗侗：《史学概要》（台北，1968年），291 ~ 292页。两位军机章京也记述了军机处自身：梁章钜编辑《枢垣记略》，吴孝铭写下篇幅较小的《军机章京题名》。另一部关于同一主题的著述，即王昶的《军机处题名记》似乎只是部分存留了下来，它的“记”可以在《皇朝经世文编》卷14（页19 ~ 20b）中找到。后一部著述在清朝时已看不到，参见《枢垣记略》卷22，页4a ~ b。

366 71. 赵翼：《簷曝杂记》卷1，页4 ~ 5。赵翼是汪由敦的助手，无疑是从汪由敦那里听到这一故事的。

72. 赵翼：《簷曝杂记》卷1，页2；邓文如、王锺翰：《谈军机处》，载《史学年报》，第2卷第4期（1937年），196页。

73.《清代名人传略》，75页。

74. 赵翼：《簷曝杂记》卷1，页6。一里约相当于三分之一英里。

75. 赵翼：《簷曝杂记》卷1，页7 ~ 8。

76. 赵翼的故事是一非正式的回忆。在正式的记述中，对于军机章京在谕旨撰拟中的作用没有如此强调的，例子参见《枢垣记略》卷22，页6b。对军机章京研究最有用的资料，许多是由军机章京自己提供的——因此人们怀疑，有着强调章京重要性的愿望，可能有时不惜歪曲事实。李宗侗发现，光绪时与俄国谈判，军机大臣亲自撰写条约的电文，章京不得与闻，参见他的《史学概要》，293

页。章京在谕旨撰拟中的作用，也参见《清仁宗实录》卷 132，页 10a ~ 11b；昭梿：《啸亭杂录》卷 7，页 18 ~ 19。

77.（北京）“上谕档（方本）”，乾隆四十年六月初九日，329 ~ 330 页。类似的例子，参见（台北）“上谕档（方本）”，乾隆四十六年八月初七日，626 页；道光四年七月二十五日，45 页。在我所碰到的许多档案例证中，所建议的轻微处罚最后常常是根本没有处罚。行政处罚，参见墨子刻：《清代官僚机构的内部组织：法律、道德及联系诸方面》，115 页。

78.（台北）“议奏档”乾隆二十二年十月初十日，273 ~ 274 页。可能无法掩饰赵翼在乡试问题上的可疑行为，因为他已抄录的另一份文件——送达军机处的平行咨文——上报了同样的信息。类似的例子，参见（台北）“上谕档（方本）”，嘉庆十九年十二月二十三日，551 ~ 552 页。乾隆四十年（1775），另一位章京因抄写错误而被开出军机处，这一不同寻常的严厉处罚可能反映出不论如何都想要将此人除名，参见（北京）“上谕档（方本）”，乾隆四十年五月十二日，215 页。

79.（台北）“上谕档（方本）”，乾隆四十六年七月十六日，250 ~ 252 页。从军机处拿走地图的一个例子，参见《枢垣记略》卷 1，页 18a ~ b。

80.《枢垣记略》卷 1，页 20b ~ 21b。这一事件在《清代名人传略》中有简略记载（541 ~ 542 页）。

81.（台北）“上谕档（方本）”，嘉庆七年九月二十四日，251 页。

82.（北京）“上谕档（方本）”，乾隆四十年六月初九日，329 ~ 330 页。

83. 有时弹劾军机章京并不会造成对他的处罚。嘉庆十七年（1812），两位章京应布政使私人之命呈送礼物，皇帝宽免了这二人。在就此事的廷寄中，皇帝的旁批说“事所必有”，参见（台北）“上谕档（方本）”，嘉庆十七年八月二十七日，199 ~ 201 页。

84. 王昶：《军机处题名记》卷 14，页 19b。

85. 可参见如下材料，（台北）“剿捕逆回档”乾隆四十九年五月十五日，75 页；（台北）“上谕档（方本）”，乾隆四十七年四月三十日，289 页；乾隆五十五年十一月初一日，2 页。

86.《军机章京题名》跋，页 1b。

87. 赵翼：《簷曝杂记》卷 1，页 7。

88. 这一故事来自洪亮吉的记述，引自李宗侗：《史学概要》，289 ~ 290 页。

故事还说，其他两位同时参加考试的章京考前奚落毕沅说，毕沅的书法“中下”，次日的考试没有希望高中鼎甲。他们称自己能夺魁，遂回去准备，而留毕沅一人当值。

367 89.（北京）“议覆档”乾隆二十五年六月二十一日，91 ~ 92 页；《枢垣记略》卷 18，页 4b ~ 5。除毕沅的正史传记外，也参见昭梿：《啸亭杂录》卷 7，页 13b ~ 14。

90. 赏赐军机章京，参见（北京）“议覆档”乾隆二年十一月二十九日，325 ~ 328 页；（台北）“剿捕逆回档”乾隆四十九年七月十四日，51 页；（台北）“剿捕档”嘉庆七年十二月十七日，77 ~ 78 页。最常见的奖赏是在军机处尽力效劳一段时间后，比如效力于一场战争或每五年（在 19 世纪中叶后，是每三年）轮值抄写大量的文件。军机章京升迁的材料，参见（北京）“议覆档”乾隆十三年六月初七日，17 ~ 19 页；（北京）“上谕档（方本）”，乾隆四十七年九月二十四日，437 页；（台北）“上谕档（方本）”，嘉庆二十五年十一月十八日，242 页。军机大臣也寻求他们的章京能在本职官位上得到小的升迁，这样他们能继续供职于军机处并能得到稍高一些的津贴，参见（北京）“议覆档”乾隆二十三年十月二十二日，271 ~ 271 页。《枢垣记略》卷 13（页 9b ~ 10b）中很清楚地表明，军机章京被认为是有前途的年轻人为了得到更好职位而进行培训的岗位。

91. 邓文如、王锺翰：《谈军机处》，载《史学年报》，第 2 卷第 4 期（1937 年），198 页。

92.《枢垣记略》卷 14，页 16。一些章京仅入值一年左右就得以擢升，参见《枢垣记略》卷 18，页 5（诸重光和童凤三供职都不到一年）。

93.（台北）“上谕档（方本）”，乾隆五十二年十一月十七日，305 页。在离开军机处后再次入值的例子，参见（北京）“上谕档（方本）”乾隆三十二年四月十二日，69 页；（北京）“上谕档（方本）”，乾隆四十年三月二十七日，352 ~ 353 页；（台北）“上谕档（方本）”，嘉庆二十五年二月十三日，103 ~ 104 页。一些人在受到处罚后回到军机处，以及一些人在降职后可以再次供职军机处，可参见蒋炳的例子，（北京）“议覆档”乾隆二十三年四月十一日，110 页。

94.（台北）“上谕档（方本）”，乾隆四十六年十二月初二日，157 ~ 158 页。

95. 赵翼：《簷曝杂记》卷 1，页 3；卷 2，页 43。也参见《枢垣记略》卷 22，页 4a ~ b。赵翼对于军机处认识的分析，参见昆顿 · 普里斯特：《描述中央政府机构：盛清的史学和知识调适》，载《帝制晚期中国》，第7卷1期（1986年6月），27 ~ 49页。

96. 王昶：《军机处题名记》卷14，页19。

97.《清仁宗实录》卷25，页32b ~ 34。也参见（台北）“军机档”乾隆029103，乾隆三十三年十二月初十日及十二月十九日吏部的议覆。

98.（北京）和（台北）“随手登记档”。

99. “伴”用于指汉军机章京和满军机章京，参见《枢垣记略》卷13，页11a ~ b。有时用“满屋”替代满伴，我们可以肯定，前者是指称满章京，参见《中和月刊史料选辑》第1册，1页，以及本书第六章的注20。“满屋”一词在清朝的使用似乎要晚些，例子参见（北京）“随手登记档”咸丰三年三月十四日，382页；（台北）“随手登记档”同治九年六月初七日，181页。

100.（北京）和（台北）“随手登记档”。

101. 现存的一些“奏折号簿”信息，参见《清军机处档案目录》，11页。满文档案的目录之一——（北京）“满军机档案总目正本副本并月折”说到，清朝时曾有二十册“月折号簿”，包括的时期是乾隆元年到十九年。当满文档案得到彻底整理时，其他十八册可能会重见天日。

102.（北京）“奏折号簿”乾隆十一年七月，60页。

103.（北京）“奏折号簿”乾隆十四年三月，25页。

104.（北京）“奏折号簿”乾隆十一年四月，31页；乾隆十四年十月，93页。**368**
也参见（台北）“上谕档（方本）”，乾隆四十五年二月二十四日，273页。

105.《枢垣记略》卷14，页16b，页23。还有其他的军机处和内廷机构处理翻译问题，尤其是内翻书房，它的设立主要是将谕旨从一种语言译为另一种语言。还不清楚该机构何时成立。乾隆二十二年（1757）的一道上谕，令将待翻译的谕旨送往军机处，同时要从军机处挑选译者，参见《清史》第2册，1358页；《乾隆会典》卷3，页12b ~ 13；《光绪会典》卷3，页11b；《宫史续编》卷54，页1b ~ 2；庄吉发：“上谕档”，载《“故宫”文献》，第3卷2期（1972年3月），67页。

106.《清高宗实录》卷5，页40a ~ b。雍正四年上谕，关于明发上谕的翻译，参见《乾隆会典则例》卷2，页21b ~ 22。《光绪会典事例》卷15（页20a ~ b）也有此记载，但并没有说只有明发上谕才可以翻译。

107.《清世宗实录》卷87，页2 ~ 3b；（台北）“议覆档”乾隆五年三月二十六日，53 ~ 54 页。1981 年 6 月 23 日我与刘景宪交谈，见告中国第一历史档案馆现存满文档案近两百万件。我们谈话时，这些档案的整理工作还没有完成。

108. 乾隆三十二年，皇帝乘船出巡的一次安排揭示了内廷满人所占分量之重。每天不离皇帝左右的人员是五位领侍卫内大臣、两位军机大臣（其中一位是汉人）、十一位满扈从人员以及二十五位侍卫——换言之，超过四十人的内廷圈子，只有一位汉人，参见（北京）“上谕档（方本）”，乾隆三十二年二月初一日，95 ~ 99 页。

109.《清世宗实录》卷 1，页 29b ~ 31。感谢同行、朋友鞠德源在这些问题上对我的帮助。1980—1981 年我碰到了一个满文文件在边疆事务上居主导地位的绝好例子，当时我尝试着帮助阿兰·内桑森（Alynn Nathanson）博士寻找青衮杂卜叛乱的档案材料，她正做博士论文《清朝对喀尔喀蒙古的政策与 1756 年青衮杂卜叛乱》（伦敦大学，1983 年）。在相关的档案清单中，我没有找到任何的汉文文件；在内桑森博士的帮助下，我了解到，中国第一历史档案馆的许多满文文献在 1950 年代被复制并译为蒙文出版，收录于拉什扎木苏编：《1755—1758 年蒙古人民争取独立的武装斗争》（蒙古人民共和国历史科学院历史研究所［乌兰巴托，1962 年］），其中第 3 卷第 3 册大半内容是报告这一事件的。

110.（台北）“寻常档”嘉庆四年十一月初十日，127 ~ 129 页。

111. 卜内特、哈盖尔斯特洛姆《当代中国的政治组织》第 139 条错误地将这一组织“置于内阁的监管控制之下”，这一错误一再被人承袭。会典及会典事例正确地将方略馆视为军机处的附属部门（《光绪会典》卷 3，页 10a ~ b），但它的许多出版物——比如方略，会典是在翰林院的部分予以记述的，说是翰林院得到了编纂指令，参见《光绪会典事例》卷 70，页 4 ~ 6b。丁韪良的《翰林论丛：关于中国人知识生活的论文》（伦敦，1880 年）也持这种看法（26 页）。然而，许多现存的其他档案向我们证实，方略和其他出版物并不是在翰林院而是在方略
369 馆编纂的，可能是在一位翰林出身的军机大臣的监督之下，参见这一章注 118 中对于翰林院与军机处关系的讨论。有关 19 世纪末军机处编写方略的资料，参见（台北）“剿捕档”同治八年三月十二日（无页码）；（台北）“上谕档（方本）”，光绪十五年正月十四日，93 ~ 96 页；《枢垣记略》卷 12，页 9 ~ 14b。感谢罗伯特·詹克斯（Robert Jenks）为我指出上述第一条材料。

112. 处理与俄罗斯关系的卷宗（“俄罗斯档”及其他变称）似乎是康熙内廷

保存的极少数专门档案之一。就我们所知，这些保存到了20世纪，参见单士元：《故宫博物院文献馆所藏档案的分析》，载《中国近代经济史研究》，第2卷第3期（1934年5月），276页。这一卷宗从咸丰时期开始有了汉文档案，参见张德昌：《军机处及其档案》，72页。满文档案可能必须在内廷处理，参见这一章注107～110及相应正文。

113. 雍正皇帝要求缴回奏折的上谕的图版，参见我的《“国立”故宫博物院档案中的清代奏折》，9页。

114. 现在都说录副始于雍正七年或八年（1729、1730）。皇帝的谕令，例子参见（台北）“宫中档”雍正朝奏折000022，雍正七年二月初一日，岳锺琪奏折的朱批。内廷代理人向皇帝保证他们已抄录了副本，参见（台北）“宫中档”雍正朝奏折019819，奏片（无日期，无具奏人）。雍正七年的一些录副文件一直存留至20世纪，参见《整理军机处档案之经过》，载《文献特刊》（北平，1935年），18～19页。今天中国第一历史档案馆所藏最早的一件是（北京）“录副”2158-1，雍正七年四月二十九日，乃一件用朱笔改动过的上谕。然而，保存至今的绝大多数录副是从雍正八年开始的。

115. 参见清朝档案管理人员对于这些材料所做的编目：（北京）“满军机档案总目正本副本并月折”以及（北京）“清查各档记载簿”。

116. 康熙朝的大多数编纂工作是在外朝完成的，可能是在翰林院，参见《枢垣记略》卷12，页16～17b。但当时的三种方略可能是在分派于内廷的大学士监督之下编纂的。这些方略涉及敏感的边境和叛乱问题，这一事实使它们不大可能成为外朝的编纂对象。康熙朝最早的方略《平定三逆方略》（完成于1686年）的领衔编纂人员勒德洪是大学士中的副揆，因此极可能供职于康熙的内廷。《平定朔漠方略》（完成于1708年）的编纂人员以温达领衔，温达最后官至大学士中的首揆，自然隶属于内廷，但该方略是在翰林院和南书房——也就是内廷——的成员张廷玉的指导下完成的，参见《清代名人传略》，65～66页；《词林典故》卷63，页1a～b。《平定罗刹方略》（收录在潘祖荫《功顺堂丛书》，第21册）原稿用满文写成，可能是源于上面提到的内廷与俄罗斯交涉档案。人们不知道编纂者的姓名，但它敏感的主题再次表明，这是内廷的编纂作品。方甦生（《清内阁库贮旧档辑刊》册1，页23）提到康熙时期的另外两种以方略形式写成的著作，一种是关于海盗的，一个是关于察哈尔的；我还未能考察这些。

370 117. 这是《平定准噶尔方略》。许多编纂人员是军机大臣：傅恒（正总裁）、刘统勋、尹继善、于敏中、兆惠，参见《清代名人传略》，253 页。

118.《清高宗实录》卷 335，页 1b ~ 2b。《明清档案》癸编（页 929b ~ 930b）是与后者有关的抄件，其中说，主要的具奏人是张廷玉。也参见《清内阁库贮旧档辑刊》册 1，页 22b。军机大臣可能从身为大学士的兼职上获得了对方略的编纂领导地位，因为在此前的诸朝大学士都开列有此项职责，参见《雍正会典》卷 2，页 3。张廷玉、来保提议设立方略馆，他们时任大学士。

119.（北京）“议覆档”乾隆十五年正月二十二日，35 ~ 36 页；《光绪会典》卷 3，页 10b ~ 11；《枢垣记略》卷 14，页 23；邓文如、王锺翰：《谈军机处》，载《史学年报》，第 2 卷第 4 期（1937 年），196 页。军机处上呈作品已完成的部分，参见（北京）“各书进呈奏折档”和“报销进书档”。

120.《清内阁库贮旧档辑刊》册 1，页 22b；《清宫述闻》卷 3，页 25b。方略馆现在已圮废不存，位于武英殿后（北面），靠近该殿。地图上的标识，参见吴长元：《宸垣识略》（1788 年，台北 1972 年重印本），卷 1，页 32a ~ b，以及本书前面的地图 1。

121. 我见到的最早关于方略馆下属部门的资料，是在（台北）“军机处文移档”乾隆四十三年五月二十九日。也参见（台北）“上谕档（方本）”，乾隆四十九年四月三十日，261 ~ 262 页，提到了满汉档房。这些人员的头衔，参见（北京）“桌饭档”。方略馆收存的内容，参见（台北）“上谕档（方本）”，嘉庆二十三年七月二十四日，233 ~ 234 页；张德泽：《军机处及其档案》，载《文献论丛》（北平，1936 年），82 页；《陈列室文物总目》，载《文献特刊》“陈列总目”部分，70 页。中国第一历史档案中方略馆的档册特别丰富，足以归为不同的卷宗类别，参见郑理：《明清档案》，13 页。

122. 这类档案最早的形式是（台北）“平定准噶尔文移档”，文件始于乾隆二十三年（1758）。

123.《光绪会典》卷 3，页 9；（台北）“军机处文移档”乾隆四十四年五月，29 ~ 30 页。对于近来军机处档案管理制度以及这些档案现状的评述，参见我的《清代军机处的档案管理制度——官僚体制创新之一研究》，陈国栋译，见中国第一历史档案馆编：《明清档案与历史研究：中国第一历史档案馆六十周年纪念论文集》（北京，1988 年），下册，643 ~ 668 页（原是提交 1985 年 10 月北京召开的

“明清档案与历史研究学术讨论会”论文）；《中国档案及其中的美国史资料》，梁侃译，载《档案学参考》，第 16 ～ 17 期（1986 年 12 月），2 ～ 17 页（英文原文收录于刘易斯 · 汉克编：《1945—1980 年国外研究美国史指南》[纽约州怀特普莱恩斯，1985 年]，第 1 册，504 ～ 566 页）。这些文章的中译本的署名是我的中文名“白彬菊”。

124. 张德泽：《军机处及其档案》，载《文献论丛》（北平，1936 年），82 页。 371

125.（台北）“上谕档（方本）”，道光三年七月二十二日，229 ～ 230 页；《清内阁库贮旧档辑刊》册 1，页 22 ～ 24b。乾隆朝的方略名单太长，无法在此开列，参见《清内阁库贮旧档辑刊》册 1，页 22a ～ b。关于 18 世纪出版的更全面的讨论，可参见我的《以史为镜：透过历史档案看乾隆皇帝》（提交 1982 年 12 月美国历史协会年会的论文）。

126. 刘易斯 · 汉克编：《1945—1980 年国外研究美国史指南》，引言，4 ～ 7 页。

127.《平定罗刹方略》，参见这一章注 116。

128. 感谢杜维运教授与我讨论这些问题。

第三部分

结　局

▲ 图 79　嘉庆皇帝像

第八章

嘉庆皇帝对军机处的改革（1799—1820）

嘉庆四年（1799），嘉庆皇帝亲自掌权，这时军机处已在帝国 231
的统治中取得了支配性地位。军机处在组织机构上扩张，增添了数个下属机构，并完善了领导层级。军机处额定人员增多，办事程序更加周密与合理，处理事件的数量和种类激增。军机处现在要处理的文牍铺天盖地，因为清政府面对许多新情况，尤其是乾隆朝的战争使得文牍不断增加。处理内廷奏折和外朝题本都掌握在军机处手中。军机处也承担主要的决策职责，调查事情原委，准备议覆奏折，与皇帝商讨各项事宜，撰拟谕旨。对于政策讨论和官方的许多出版计划——这些在乾隆朝剧增——而言，保存完备的档案很重要。

军机处对于六部等许多外朝机构的监管职责成倍增加。军机处借此得以实施数种形式的干预。在一些事例中——比如出题并负责殿试，军机处利用它的兼职，接手了以前属于其他机构职责的业务。至于其他任务——比如保存人事档案，军机处采取了更超然的监管姿态，允许较低的户部和兵部等机构保存这些档案并增添新的信息。

在军机处看来，军机处和其他京内外机构的划分界限高度渗
232 透——也就是说，军机处很容易进入非己领域。但是，通常来讲，外朝机构鲜能影响军机处，要想将已被军机处夺去的职责拿回来不是易事。

一个内廷中心机构集这么多重要的中央政府任务于一身，这否定了旧有的制衡，那时这些职责是在不同的外朝和内廷机构间分配。毫不为奇，这种情形很快就成为改革呼吁的焦点。但我们将要看到，最终，许多改革的要求轻易就被忽略了，因为是军机处负责撰拟并确保皇帝批准这些关于改革的上谕。如此一来，军机处能够解决由于它的壮大所引发的问题，并保持它自身的强势地位。

最重要的是，要知道，在乾隆结束时军机处仍是一个非正式建立且基本上无章可循的机构。军机处发展出了自己的内部行事规则，以及通常是协商的行事做法，但没有什么律令和成文规章规定或限制它的活动。然而，经过嘉庆朝（1796—1820）的改革，这一情况发生了变化，颁布了新的规定某些军机处活动的章程。下面我们将分析这些改革的原因、它们如何发生、对军机处的政府中心地位有多大的影响。

嘉庆改革的原因

乾隆朝最后二十年，身为军机大臣的和珅在军机处恣意妄为，这常常用来作为嘉庆改革的首要催化剂。事实上，尽管有一些改革

看起来是对和珅的不法行径的纠偏，但有些似乎与此关联不大，更可能是冲着军机处的一些不能令人满意的表现，特别是到 18 世纪末已取得支配性的内廷霸权。另外，一些改革措施处理的是帝国财政问题，因为经历了乾隆时巨大的开销包括军事战争的支出后，国库业已空虚，清政府对此进行了小规模的经济改革，缝缝补补。

我们将嘉庆时期经济上厉行节俭的努力置于一旁，对于本研究来说，有用的是只讨论对军机处本身的改革。不仅是从和珅案，而且是从引发改革的推动力量来探讨改革的起因。我们会看到，许多改革可能不仅是为了改正和珅的不法行径，而且也是为了改变 18 世纪军机处这一内廷机构过度膨胀所造成的失衡。清廷没有公开和珅 233
恶行的所有细节（可能是担心散布一种为非作歹的模式），因此分析起来难度极大。军机处业务的所有细节也未全部揭开。故而，一些允许和珅非法作为或可能在将来引发类似问题的军机处办事程序必须改革，但是要在暗中进行。在研究嘉庆朝改革时，我们必须留意这些细微之处。

和珅案

和珅的祖父是忠心侍奉乾隆皇帝的杰出满大学士*，但和珅本人踏入仕途时地位低微，这似乎注定了他的一生将寻常无奇。但他在乾隆四十年（1775）升至侍卫，在紫禁城内廷一门禁值班，因能接触皇帝，促成了整个清朝历史上最令人惊异的仕宦人生之一。

---

* 此处有误，这里的满大学士应指英廉；和珅只是娶了英廉的孙女，英廉并非和珅的祖父或外祖父。——译者

和珅平步青云，位极人臣，直至四分之一世纪后——嘉庆四年（1799）——以监禁、死亡而终了一生。[1] 在这二十五年间，和珅屡遭弹劾，但出于没有确凿证据，这些指控从未被追查过，个中原因还不完全清楚，并且只要乾隆皇帝还活着，他就不可能受到惩处。人们都相信他得到了皇帝的庇护。

和珅长期在军机处任职（始于乾隆四十一年，1776），从嘉庆二年（1797）年起任领班军机大臣。皇帝令他自裁可以视作嘉庆改革的先声。尽管和珅案牵涉面很广，但其中仅有三个主要的问题与18世纪军机处扩张相关联：和珅任军机大臣期间，可能因为他的地位和影响，从而被认为聚敛了令人难以置信的财富；以和珅为首的密记处滥用权力；文书往来上的某些可疑做法。这些问题也可能与军机处满伴的业务密切相关。其他数款次要的指控——如和珅擅自乘轿进入紫禁城、将宫女纳为妾室——也是皇帝对他强烈不满之处，但这些指控现在难以核实。和珅最卑劣的行径——通过密记处所做的那些勾当——被彻底掩盖了起来，在当时颁发的上谕里根本没有提及。而且，滥用通信这一点也在公之于众时语焉不详，只有那些私下知情者才能明白。可能还需要数本专论才能彻底揭开神秘、喧嚣一时的和珅案。

234 和珅的财富　与和珅同时代的人有感于他的贪婪和大肆敛财，编造了数则关于他的逸事。一是说他迷恋珍珠，每天都有请托之人前来和珅府宅，带着能找到的最熠熠发光的珍珠。有一故事说，和珅每日早餐要吃一颗大个儿珍珠，这能使他过目不忘。[2] 和珅垮台时，他的二十款罪状中包括数款与贪婪有关，尤其是关于珍珠的罪行：家里藏有珍珠手串二百余串——“较之大内多至数倍”，有一颗大珠“大于御用冠顶”。这些罪状也开列了和珅拥有大量值钱的衣服，放债的收据，以及夹壁、窖藏和私人仓库里的金银钱财。[3]有人估计，所抄没的和珅资产数目超过二亿两白银，再加上三倍于此的黄金，这些足够偿付四次庚子赔款。[4]

难以置信的财富成为对他僭越的指控：和珅已远远超出了他所应有的极限。他帽顶的宝石据说比皇帝的还要大。据说他家的墓地“置隧道”。他的宅第有许多稀有的芳香楠木，而这只能用于皇家建筑。一项指控称，和珅别墅的一座建筑是仿照紫禁城内的宫殿而建的。[5]有一则传闻是在和珅死后出自他的一个仆人之口，说和珅的一串珍珠与皇帝的式样相同：夜间“四周无人”时，他会拿出，“灯下悬挂，临镜自语（将自己想象成一位君主）”。[6]和珅被人臆测的财富是他最惹人注意的不端之处，许多出现在案发还有随后的记述中。然而，目前尽管可以想象他将巨额金钱据为己有，但我们没有过硬的证据，可以将他公认的巨额财富积累与军机处的任何侵吞行为联系起来。

密记处　密记处创建于乾隆末年，是为了监管某些官员的罚金。该机构的档册在清朝时归类于军机处满文档案[7]，但事实上该机构的建立是游离于军机处之外的，它与内务府的关系大概与军机处的差不多。例如，我们知道，那些被密记处罚款的人是内务府侍臣，而且那些收缴的金钱上缴内务府，而不是军机处。[8]尽管如此，两位 235
满军机大臣——和珅与福长安——都在内务府有职位，管理着密记处，用军机处文件向皇帝报告密记处的活动。[9]该机构因此可能被视作军机处反常的、混合而成的分支单位，主要关注内务府事务，但是由在内务府兼职的军机处人员监管。

密记处最重要的目的是要求犯错之人——他们主要负责内务府辖下榷关的税收——上报自己的罪行，并自行议罪。[10] 尽管这两位军机大臣主导着这一问题的文书往来，但乾隆皇帝亲手所写的批语，常常证明他本人是共谋。他不仅同意这样做，而且指令（可能是在建议的基础上）哪些官员可以免于偿还或是将他们的罚金部分豁免。[11] 议罪银数目巨大：一些高达数万两，有的超过十万两。[12] 新皇帝执政伊始就撤销了密记处，这一情况表明它在运作中存在着极大问题。

两项改革是关于密记处的：一个是撤销了该机构，另一个是 1799 年嘉庆皇帝执政后将军机处与内务府分离开来。对于这种分离，人们现在所知不多。我主要是注意到了以下事实：与内务府的文移往来不再见于军机处的随手登记档[13]，这意味着在这些年里，军机处可能不再阅看内务府上呈皇帝的奏折。这表明军机处和内务府的合作，即以前允许某些军机大臣在密记处兼职的做法出了问题。

和珅与通信　一些罪名指控和珅滥用文书通信，但公开的罪名中缺乏可以核实的细节，因此要研究这一问题的真相极为困难。皇帝的一道上谕谴责和珅迟误军报[14]；另一项错误是，和珅转发的一道上谕未能准确传达皇帝的意思，为达到自己的目的做了篡改[15]。最严重的罪名之一是斥责和珅擅冒皇帝特权，自己拥有奏折的抄本即副封，以便在皇帝看到奏折之前就了解它的内容。[16] 别的指责还
236 包括和珅驳回青海“贼番”抢夺达赖喇嘛商队的奏折，以及对和阗运送玉石奏报的错误处置。[17]

这些罪名难以核实。因为军营文报即军报转送通常比普通奏折快，它们的传递时间也要记录在案，我试图使用随手登记档去考察

迟误的问题。但除了因冬天突降大雪外，我没有发现这一时期不同寻常的持续性文件递送迟缓的证据。诚然，递送上谕的迟误——不论无意或蓄意——在清朝及以前的朝代总有可能发生，正是由于这种原因，清朝撰拟上谕的程序包括了在交发之前皇帝最后御览一遍，这一程序叫“过朱”。[18] 通常，皇帝当然相信他的军机大臣会准确地传递商讨过并达成一致意见的上谕——如果发现不是这样做的话，那么很显然必然会选用新的军机大臣。

确保上谕内容的其他措施包括监管使用印信[19]，以及一种早就成为军机处传统的做法：在商议和撰拟上谕之间，凡对上谕内容有任何轻微的改动，都要上禀皇帝。[20] 我看到的档案材料并不支持和珅能够对谕旨制度造成实质性破坏的指控，当然将来可能会出现新的证据。

通信方面最严重的切实罪名，即和珅非法接收外省奏折的副本，也是有讨论的余地的。他可能会从某些地方大员那里收到非法信息，但这一情报可能不是通过将送给皇帝的文件非法备份获得的。首先，我们有许多证据表明，整个 18 世纪及 19 世纪初，除了很小部分最机密的奏折外，皇帝阅毕文件后，军机大臣通常马上就能看到。[21] 单独为和珅做一副本也就能提前一点时间而已，果是如此，作为一项严厉指控就没有什么意义。而且，外省官员不愿遵从获得副本的非法行动。这一计划会很快暴露，会给所有卷入者带来麻烦。

上谕中对于和珅的所谓奏折副本，使用的一个术语是“副封”。[22] 它并不是一个通行的文书用语，并不必然如现在通常所认为的指奏折的副本。其实，这个词更像是故意令人模糊不清的编造

之物，可能是一个暗号，是说给那些不懂得以及懂得的人听的。如此，不知情的人就会想象是一些外省官员非法将副本送给和珅。而
237 那些知道底里的人就会有不同的理解，并认识到非法呈送任何特殊的含有信息的公文给军机处的做法都要永远叫停了。

如果副封一词不是指奏折副本，那它指的是什么呢？我认为和珅不会非法利用监管严密的奏折制度，而是找到了一种完全合法的手段来获取他想要的特殊信息，利用的是一种很少使用且监管不严的通信体系。这可以通过使用平行文书——咨文达到目的，通过咨文，政府高层人员间可相互传递公文。不像正常的上谕和奏折，在乾隆时大多数咨文是不受大臣检查以及皇帝批阅的，也不在军机处随手登记档上登记或在军机处录副存档。甚至是因交发而抄写咨文的军机章京，也没有理由怀疑领班军机大臣下达的命令。通过使用咨文而不是更正式和更高等的文件，和珅能够以正式的形式进行通信往来，同时还绕过了皇帝，并避开了现有监督措施。

这一分析得到了两个重要事实的进一步支持。第一，在和珅时期（其他时期极少见），所撰拟的一些上谕和咨文以“不必专折具奏”（或类似的话）结尾。[23] 也就是说，寻求一种更简单的回复形式——可能是用咨文。第二，我们可以断定，咨文体系已经出现了问题，因为随后嘉庆通信的一项改革是，通过设立特别的档册跟踪这些文件，以改进监督。如此说来，嘉庆皇帝认为可恨之极但又不希望描述得特别准确的“副封”，可能就是通过咨文通信渠道传递的公文。我们目前还不知道通过这种渠道传送的是什么样的信息——可能是一些地方物价或是即将到来的政府采买，银钱比价的变动，或是其他消息——这些使得内部人通过及早交易就能获利。

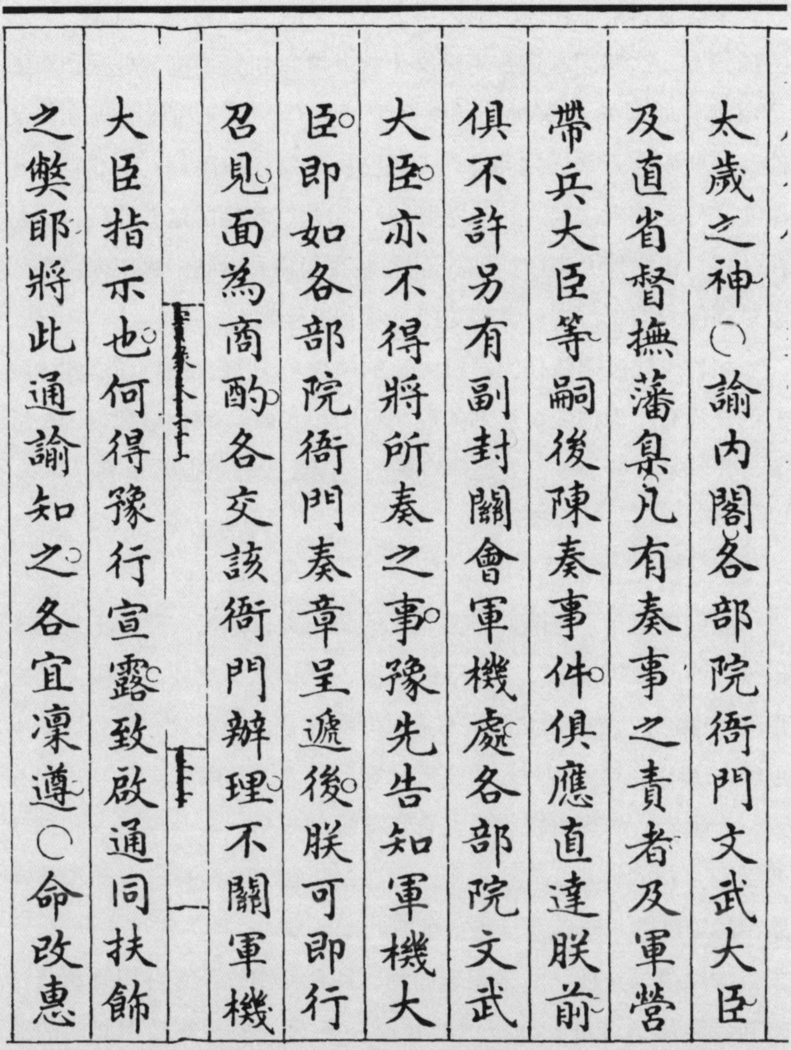

太歲之神〇諭內閣各部院衙門文武大臣及直省督撫藩臬凡有奏事之責者及軍營帶兵大臣等嗣後陳奏事件俱應直達朕前俱不許另有副封關會軍機處各部院文武大臣亦不得將所奏之事豫先告知軍機大臣即如各部院衙門奏章呈遞後朕可即行召見面為商酌各交該衙門辦理不關軍機大臣指示也何得豫行宣露致啟通同扶飾之弊耶將此通諭知之各宜凜遵〇命改惠

▲ 图 80　实录中记载嘉庆皇帝关于“副封”的说法

某些罪名集中在边疆地区事务——和阗玉、青海“贼番”——的通信上，这些问题适合用满文上报并在军机处由满人处理，可能是由满伴处理的。军机处随手登记档只登录汉文而没有满文的文件，因此不会开列这些问题，而满文材料常常被略掉，除非它们与汉文文件一起到来或送达以备翻译。因此，和珅的这些罪名可能是
238 在间接打击满伴办事中出现的问题。我们将会看到，嘉庆改革加强了对满伴的控制，这一事实支持了以上的猜测。

和珅可能滥用他作为军机大臣的威权。然而，就目前所知，我们仍然没有掌握他敛财计划的确切意图和实质。我们可窥得一二细节，尤其是那些与军机处运作有关的，但还没有掌握整个情况。

和珅之死

在内廷纪年“乾隆六十四年”的第三天，即嘉庆四年正月初三日（1799 年 2 月 7 日），老皇帝去世，享年八十七岁。[24] 和珅随之丢失了保护人。朝廷立即宣布进入紧急状态，应对这一形势，毫不迟疑。嘉庆皇帝无视三年服丧期间无改父之道的儒家教条。不出五天，大学士、领班军机大臣兼管户部吏部事务、身为伯爵的和珅就被褫职，投入监牢。[25] 到了十八日（2 月 22 日），开恩允准和珅在监牢悬梁自尽——这是一种更可取的行刑方式，因为它可留全尸。[26] 军机大臣福长安被认为是和珅同党，押到监牢，下跪并眼瞧着昔日的同伴自尽，这是一种可怕的处罚。随后，福长安被押回他的监牢，等待秋审后行刑。[27] 此时，他还不知道最终可以捡回性命。

这是动荡不安的日子。此前和珅已将军机大臣减至三人。现在随着两位突然被投入监狱，军机大臣突然间要大换血。允许第三位

▲ 图 81　乾隆皇帝老年像

▲ 图 82　和珅像

现役的军机大臣休致，整个班子都要换人。高居首位、新皇帝的兄长成亲王（永瑆）被任命为领班军机大臣，并兼管户部及户部三库。满洲亲贵庆桂，他是以忠心服侍前两朝皇帝而闻名的家族的后人（大学士尹泰之孙，大学士、军机大臣尹继善之子），召入军机处，很快继永瑆出任领班军机大臣。在两年前和珅如日中天时被开出军机处或离职的四个人也恢复了职务。[28] 要求皇室人员介入，这是出现严重紧急状态的信号，至少有四位亲王应召进入新皇帝的政府效
239 力。除了成亲王，皇帝任命另一位兄长怡亲王永璇总理吏部。第三位是睿亲王淳颖，管理理藩院。第四位是定亲王绵恩，管理步军统领。[29] 也有新任命人员突然出现在其他部院。在新皇帝亲政的头一个月，各部院京官约五十个最高职位中超过二十个任命了新人。[30]

朝廷大换人，解除了这么多中央最高官员的职务，然而进一步惩处为非作歹者却做得很有限。上谕宣布，该案不再一查到底，“不予株连”，否则会搅得官场不得安宁，恢复常态则将迁延时日。[31] 嘉庆四年正月十五日（1799 年 2 月 19 日），仅颁布了和珅大小罪名二十款。[32] 大臣们讨论和珅罪行并提议凌迟处死。[33] 皇帝减轻处罚，同意和珅在监牢悬梁自裁。另一位保全性命的主犯福长安很快释放，令为乾隆皇帝守陵。陵寝在北京东面，大约一天的行程——这是一种轻微处罚，是失宠朝臣常见的内部流放形式。[34] 可以说，尽管人们认为和珅的关系网错综复杂、分布广泛，但只有一人——和珅自己——在这一垮台中丢掉了性命。一些人被夺官，其中只有一个人——福长安——受罚重些，被关了很短的一段时间。除了调查和没收和珅的财产，整个和珅案在短短的半个月内处理完毕。然而，随后的军机处改革却贯穿着整个嘉庆朝。其中许多

似乎与和珅案没有什么直接关系。

反对军机处在 18 世纪的扩张

除了和珅这一罪魁祸首外，嘉庆改革的一个重要原因似乎是外朝对于军机处的反对立场，认识到了军机处在乾隆时期持续的权力膨胀。对于这一点现在没有大量的证据，我们也找不出一个关心此事的强有力、直言的外朝集团，但还是有一些外朝对于军机处非同寻常的扩张表现出担忧的例子。下面我举三个嘉庆时期批评军机处的例子，这应该是由外朝反对立场所激发的。

反对军机处控制谕旨撰拟　早期反对军机处的一个例子，是一位御史在嘉庆七年（1802）的奏折中提出的。他质疑军机处的扩张剥夺了许多属于外朝机构的职责，在军机处集中了太多的权力—— 240
尤其是至关重要的撰拟谕旨权力。皇帝并没有和善地接受这位御史的主张。对此的谕旨拒绝了这一暗示，即军机处现在对于此前内廷和外朝间的相对权力平衡构成了威胁，并辩护说，谕旨的撰拟权力不是来自军机处，而是来自皇帝，并坚信皇帝是此种职责的唯一正确、合法来源；尽管军机处对于所有谕旨撰拟进行集中控制，但这“并非将臣工赞翊之职，尽责之此数人也”。[35] 我们将会看到，嘉庆皇帝的军机处改革没有采取实际的措施以回应这一批评。军机处自身可能负责与皇帝一起讨论大多数的改革谕旨，并撰拟它们，因此对此没有采取行动，表明了军机处和皇帝对于谕旨撰拟和其他权力集中在军机处之手感到满意。

反对军机处挑选章京的方法　另一位御史在嘉庆十年（1805）建言，敦促在挑选军机处汉章京时更加关注科考等第，同时提议，因可能危及国家机密，不应允许大臣们的子侄兄弟担任章京。[36]这些指责威胁到了军机处挑选属员的权力，但军机大臣发现这两点是有价值的，我们下面描述嘉庆朝改革时会看到它们得到了采纳。这类抱怨可能反映了外朝对自己的人员赞助实施情况——不能将心腹属员安置到军机章京这一为人看重的职位上——感到不满。

反对军机处的优势赞助地位　嘉庆十二年（1807）又有一个外朝反对的例子，这次来自兵部，质疑军机大臣对人员赞助的垄断，军机处所提名的武职人员赢得了任命。兵部抗议说，它自己推荐的那些多年来表现卓异的人在提升时却被忽略了，同意的都是军机处的人选。军机处记名名单上的人的擢升远快于由兵部正常提名的人。兵部自己的记名名单未被认真对待。

外朝的抱怨又一次被搁置一旁。对此的谕旨无疑是由军机处撰拟并经皇帝批准的，没有对兵部的抗议让步——“该部所议未免太
241 优”，内中透出内廷的反应，“嗣后仍悉照旧例办理”。[37]这样，军机大臣的赞助活动全胜，而兵部提出的权力要求没有得到认可。[38]

很显然，在军机处主导着皇帝回应的情况下，一致或持续性的反对立场不会得到支持。在内廷与外朝或各竞争机构间制衡的想法，在中国其他历史时期极为重要，但现在几乎全部被搁置起来。军机处现在正撰拟着为自己集权辩护的谕旨。

嘉庆十四年底（1810年初），军机处与君主的亲近关系——前者显然得到了后者的支持——在一份奏折中得到了承认。该奏折将军机处抬写。这种谦恭通常只严格用于皇帝及皇帝祖先等具有威严的字眼。[39]尽管皇帝迅速斥责，但这一事件显示，在一些地方，军机处被视为君主自身的附属物。这种高高在上和膨胀的权力所带来

的嫉妒，可能与和珅案一样重要，是嘉庆改革的一个原因。

嘉庆皇帝对军机处的改革

嘉庆四年初，在太上皇去世后，嘉庆皇帝亲掌大权，一上台就快速而果断地了结了和珅案。但有更多改革要做。没有进一步处决人犯、撤销机构或是取代名誉扫地之人。没有彻底改革，也就是说没有对现行体制做根本性改变。很显然，朝廷迫切需要采取一些措施以平息潜在的批评，同时要将军机处长久以来确立的高效内廷运作模式恢复正常。正因如此，大部分改革都不轰轰烈烈，而是悄然进行。

尽管嘉庆皇帝亲手写过一条批语，痛斥了一位官员私自发送信息给和珅，但几乎所有的改革谕旨都是他人撰拟，以皇帝名义发布，“嘉庆（皇帝）改革”（Chia-ch’ing reforms）的表述应该说并不恰当。到 18 世纪末，军机处已发展壮大，有着精心制订、十分完备的程序。一个刚刚掌权、没有经验的君主几乎不可能掌握足够的权力——更不用说精明地——随己所愿进行改革。就我们所知道的，从雍正中期开始的谕旨撰拟，以及军机处在讨论、撰拟和发布过程中的中心地位看，很可能是军机处负责撰拟这些改革的谕旨——甚至是那些要改革它自身程序的谕旨。[40]

对军机处有影响的改革，关乎军机大臣本身、章京、满伴、军 242
机处负责的通信特别是咨文和某些新的档册。在考察这四类后，我们可以进一步分析改革的特定方向，并且能够解释为什么军机处愿意允许一些变革。

影响军机大臣的改革

除了废除密记处及钦命和珅自尽外，和珅案后续的最具意义的影响可能是军机处在政府中地位的轻微变化。从和珅死后数月开始，采取了一系列不大的动作，旨在稍稍降低军机大臣的声望以及减少他们的一些不怎么重要的活动领域，之后就宣告完成。因此，尽管军机大臣接近皇帝的特权地位没有受损——他们继续对到来的奏折提出建议、撰拟谕旨、存储并查检文件、关注官方的出版，但他们相对于其他官僚的高高在上的地位有了轻微下降。

随着嘉庆改革，以前由某些军机大臣担任、置于各部尚书之上的兼管部务被废止了。[41] 一般说来，每个部都有一位尚书或侍郎入值军机处，但更高的兼管部务的职位（“总理”）现在不再给军机大臣。[42] 军机大臣也从其他声望显赫的位置上被排除。皇帝出巡时，有大臣留在京师负责政务，现在也不再分派军机大臣加入其中。[43] 嘉庆朝开始，满军机大臣不再兼任属于皇帝随员的御前大臣。[44] 同时，满洲人和蒙古人成为军机大臣的资格考察更严，嘉庆皇帝的任命不是看他军事上的英勇表现，而要有进士功名，甚至有时要求是翰林院成员，而乾隆朝不是这种做法。嘉庆朝以前所任命的 36 位满军机大臣中，仅有 4 人（11%）拥有功名，仅有 2 人（6%）是进士。但从嘉庆朝开始，进士所占百分比不断上升：嘉庆朝 10 人中有进士 4 人（40%），道光朝 8 人中有 4 人（50%），咸丰朝 8 人中有 5 人（62.5%）。[45] 对于满人担任军机大臣的标准，现在正逐渐向早已有要求的汉军机大臣的候选人看齐，这一努力意味着既遵循普遍接受的标准，也在习惯上依赖于个人与皇帝的纯粹私人关系。

243 随着嘉庆皇帝亲掌大权，军机大臣的人数急速减少。在乾隆统治时期，军机大臣增加很多，有时多达 10 人、11 人，第一次金川之役开始（乾隆十三年，1748）时，一年中有 12 人。（军机大臣人数在乾隆末年和嘉庆初年下降，但这一减少部分是因为和珅清除军机处中的异己。）若不依照某一年在任的军机大臣总数，而是依据任一时间点上军机大臣人数（包括在京师的和派遣外省的）计算的话，乾隆时期平均 7 人，明显高于嘉庆时期的 4.5 人，而且，后一个数字接近乾隆初年设立的大学士 4 人的定额。[46] 军机大臣人数在清朝从未有过正式的规定，但这样一个以大学士人数标准为方向的非正式减少，意味着受制于外朝官僚机构的法定数额。

再一个变化表现为给予嘉庆朝军机大臣的一些细小轻微的羞辱性处罚。皇帝并不总是为细小差错而惩处他的最高级官员。例如，在给一外省官员的朱批中，雍正皇帝写道："今若治你罪，向后孰敢保举也？"[47] 如前所述，对于兼管部务大臣的无心之过或属下出现的差错，雍正和乾隆两位皇帝将行政处罚（降级和罚俸）特别予以宽免。尽管有例外情形，但在雍正朝和乾隆朝，皇帝对于军机大臣还有兼管部务大臣基本上是宽宏大量的。[48]

然而，在嘉庆朝，皇帝——在可能是与军机大臣商议而拟定的上谕中——几乎没有留意先前的这种做法。嘉庆七年（1802），一道上谕严厉警告军机大臣会因"语句笔画小误"而受到惩罚，强调"既有错误，自应请议"。上谕接下来说"朕亦时加宽免"。[49] 事实上，常常发出这种威胁性警告，结果是频频宽免。

对于军机大臣以及各机构人员的行政处罚，根据的是既定的程序。要处罚大臣时，会在上谕中指出他的错误，该案件交吏部时会有一纸签，上书建议处罚的严重程度，"察议"字样表示是很轻的案

244 件，“议处”用于严重些的案件，而“严加议处”表明了最严重的违规行为。[50] 嘉庆时期，应予军机大臣最轻处罚的例子包括：满人名字汉译时错了一个字，撰拟上谕最后一稿中缺了一个字，粗心忘记书写上谕结尾交发的指示“四百里”一词之“里”字。[51] 应受严厉些惩处的情况，比如，嘉庆十三年（1808）人员任命名单中错误地出现了一个人名。这种情况下——会将一个职位任命给不合适的候选人，会怀疑军机大臣收受了贿赂——军机大臣上奏请求“议处”。皇帝同意惩罚，但减轻为“察议”。军机大臣明白皇帝的这种指示最后将会是宽免，接下来热情上奏对圣恩关怀的感激，结尾时保证：“嗣后惟有加倍详慎，以期仰副鸿慈。”[52]

嘉庆改革所带来军机处地位改变的一个极不寻常的证据是三份长长的处分清单，这是嘉庆二十三年（1818）军机处、内务府、南书房的内廷人员的处分累积情况。这中间，该年五位军机大臣有七十多起小失察和过失。有的因此受到了一个月至两年不等的罚俸，有的是降级。一些过错包括未能看出刑部议覆题本中的错误、撰拟谕旨中的小错误、交发咨文迟误、绿头牌出错，以及未能在一些上呈皇帝的诗句中加黄签（以提醒皇帝注意）。[53] 尽管惩处或斥责军机大臣在过去并非没有，但这样一种吹毛求疵的抱怨清单（因某某差错而罚俸三个月，又因其他差错被降一级，等等）还是新的做法。当然，惩处自身并不重，没有解职，罚俸或降级也很有限。

这种新的做法很难解释。它显示出军机大臣与皇帝以及其他在京官僚的关系有了变化。因为服从于常规的官僚惩处规定，军机大臣会远离皇帝而更接近外朝官僚。这样的一个举措本会减少军机大臣内廷位置的独特性，并缓解了如下的批评，说他们是皇帝心腹，

享有特殊优免权利。常规的行政处罚使得他们更像是外朝的人，因 245
此更少招致抱怨，说他们是凌驾于法律之上的法外组织的成员。

尽管军机大臣人数减少并适用于行政处罚，但军机处依然强大，改革丝毫没有触及它更大的利益——对于信息的控制、撰拟谕旨以及监管出版。军机处的秘密内廷独占领域保持不变。事实上，嘉庆朝关于军机处的两项改革关注保密问题。两者都是在嘉庆五年底（1801）的一道上谕中开列的，描述了来自其他机构的人员如何在军机处台阶附近闲逛，向窗户内偷看，假装办理公务，刺探情报。因此，上谕宣布将实施新的规定：只有属于军机处的人——军机大臣、章京和文移人员——可以进入军机处值房；在那里，他们只能处理军机处的事务——有关他们部务的要在别处办理，以保证部院司员远离军机处。另外，上谕列举了其他人——王公贝勒及其他大臣——不得在军机处附近闲逛。撰拟谕旨只能在值房进行。而且，如果谕旨要转交王公大臣，不能在军机处，而是在军机处东面一些——乾清门的台阶上。最后，上谕宣布了第二项改革：一位稽查御史每天在与军机处相邻的内务府值房值班，以监督军机处出入人员并且保证外朝人员不能接近军机处。[54]

这些不是第一次也不是最后一次试图解决内廷的保密问题。雍正皇帝太过小心谨慎，他的政治统治运作的许多细节似乎永远消失了。为了保密起见而使众人远离军机处，这在乾隆时期进一步加强，军机处值房外有门卫将部院人员驱散。[55]保密的严格规定不得不定期更新和修订。

很显然，嘉庆皇帝设立起着监督作用的科道官并不能一劳永逸地解决问题。半个世纪后，咸丰皇帝统治之初，一道上谕准许内阁人员前往军机章京值房领取发抄外朝的文件，但上谕接着说："仍遵照旧有堂谕，承领事件人员……不得进军机直房。"同一上谕声言，不到文件承领时间，这些人不得提前来军机处探听消息。上谕最后严厉警告："严禁各衙门人员，不许在军机堂并章京直房阶外附近处
246 所，站立窃听。"[56]

在军机处办事保密问题上，过错更多的是外朝人员的探听而不是军机处人员的泄密。即便如此，军机大臣和章京还是因为用玻璃而不是用纸糊盖小窗户——这是为防止外面的人看到里面——而受到惩罚。光绪朝（1875—1908）之初，允许使用玻璃，但即便到了如此晚近的时期，恭亲王仅允许用一些小块的玻璃。只是在他被开出军机处后，军机处的窗户纸才被拿掉。[57]

另一项改变了军机处独特性的是准许刊印有关它的信息。此前的会典即《乾隆会典》，是在乾隆十二年至三十二年（1747—1767）编纂的，在会典与会典则例中都没有关于军机处的内容。而新的会典即《嘉庆会典》完成于嘉庆二十三年（1818），有几乎都是关于军机处的专门的一卷。大约同时，其他有关军机处的作品也编纂出版了，章京吴孝铭作《军机章京题名》，另一位章京梁章钜下更大气力收集了大量的题名、规章制度以及军机大臣和章京的诗作。[58]尽管这些作品直到咸丰朝才出版，但两位章京可能在嘉庆时期已着手工作，当时他们供职军机处并能够接触到它的档案。

然而，尽管有新的出版物，必须承认它们并没有全面展现军机处。就我们所知，吴孝铭的著作仅是一个名录，而梁章钜的资料汇编具有高度选择性。而且，《嘉庆会典》中关于军机处的一卷仅有十二页（二十四面）。这样做可能不是为了通过削减军机处的活动，

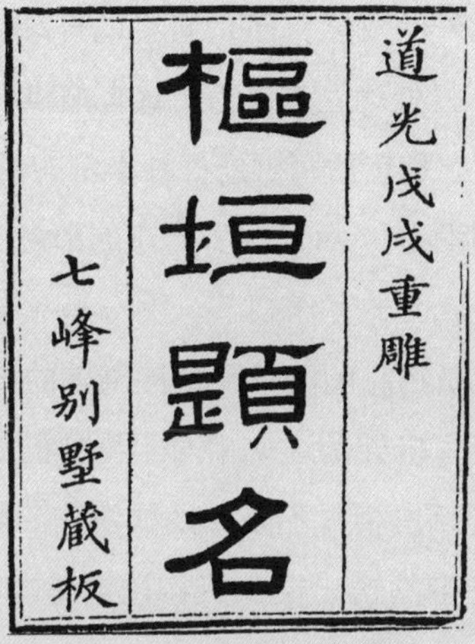

道光戊戌重雕

樞垣題名

七峰別墅藏板

我

朝雍正八年設立軍

機處軍機大臣無定

員自大學士以下京堂

官以上奉

特旨召入掌書

諭旨綜軍國之要以

贊機務常日直

禁廷以待

召對凡

▲ 图 83　吴孝铭《枢垣题名》及潘世恩序（认为雍正八年设立军机处）。此书也以《军机章京题名》行世

以改革、限制军机处的发展，而是简单地将军机处记录在清朝会典里——这是帮助军机处确立其作为正式官僚机构的又一办法。真正对军机处有意义的应是包括军机处各种事例的卷次，但是19世纪的两个会典版本中都没有。而且，所刊印的都是一般性的程序，较少揭示对军机处最具意义的运作细节。那一卷密排的七面纸记述的是军机处开列赐给官员物品的清单及这种清单的要求。怪哉，近三分之一的篇幅是关于军机处的这一相对不重要的业务，而主要但秘密的撰拟谕旨的职责只占相对不重要的两页。[59] 即便如此，官僚机构
247 依会典行事，而皇帝的这一枢密机构以前是非正式、不受约束的，是凌驾于这些典章制度之外的。包括在《嘉庆会典》内，这赋予了军机处确定的政府组织的合法地位。这使得它更像一个外朝机构，同时也会提供一些保护以防止它被解散。

影响军机章京的改革

军机章京是嘉庆改革的焦点之一。从嘉庆四年（1799）开始，章京的人数有了限制，第一次制订了他们的任命方法。乾隆时期章京没有定额，没有专门的考试，也没有引见（当然，许多章京首次得到他们本职任命时有考试和引见）。[60] 许多章京由于军机大臣的赞助而得到任命，这些军机大臣常常安排亲属、朋友子侄或是科考门生在军机处谋职。[61] 军机章京被赋予代表着声望的标志。例如到乾隆末，允许他们身穿标志着隶属于军机处的特殊官服。当身膺机密任命派到地方、代表皇帝或是作为军机大臣的随员离京时，他们的行程享受最高待遇，可以使用与赏给大臣一样的设施。尽管这些并不是特别重要的问题，但嘉庆掌权后，那些旨在控制章京的改革措

施表明削减章京人数的做法是明智的。

嘉庆皇帝对于军机章京的改革很早就开始了。嘉庆四年正月十六日（1799 年 2 月 20 日），新皇帝掌权还不到两周就下发了一道上谕，此后章京的任命要有章可循。“军机章京，职事较重，岂有转不带领引见之理？”该上谕指出，即便是各部院和各旗最底层的笔帖式都要在引见后才能任命，职位高很多的军机章京不必遵行同样的验看是不可想象的。[62] 结果，此后候选章京也要经过引见。我们将简单地评价一下这在多大程度上影响了章京的任命。

嗣后章京的人数固定在三十二人（满洲、蒙古十六人，汉十六人，依族别分为四班）。[63] 他们从部院司员、内阁中书，以及内阁、六部、理藩院的笔帖式中挑选。起居注馆等其他衙门的人员也偶尔入选。候选章京不再由军机大臣而是由这些人所在的部院高层京 **248**
官推荐。资格包括：“人品端方，年力富强，字画端楷。”[64] 嘉庆四年（1799）晚些时候，又一项资格规定，章京不能同时身兼科道官员。[65] 嘉庆十一年（1806）又加入一项要求，优先考虑在六部中有经验的人，原因是这些人比不熟悉部务的人有用。这样的人优于他人，要先行推荐和选用。[66]

嘉庆十一年（1806），从在京的大员保送人员中挑选军机章京的办法又一次改变，加上了书面考试。所期望的条件几乎与以前的一模一样：“品方年富，字画端楷。”[67] 但在嘉庆十八年（1813），有人建议，章京考卷应糊名，这样，判卷时不带偏见。这一建议遭拒绝，上谕回应说：如此做法，“但能观其文字，其人之才品何由识别？”[68]

这些变化并未从根本上改变军机大臣在选择章京时的决定性作用，这一点意义重大。候选章京所在原机构的大臣给出最初的推荐，这一要求是可以规避的，因为军机大臣常常恰恰在这些机构兼职。尽管对考试的要求似乎为挑选过程注入了平等性，但实际上，军机大臣检查考试结果，并且他们自己挑选引见的候选人员。最后要说的是，尽管新建立的引见似乎使得选择权不再掌握在军机大臣之手，但皇帝还是很难利用常规的引见去挑战他的军机大臣的选择。我们找到的几个19世纪早期挑选军机章京的事例显示，皇帝依靠并顺从军机大臣的推荐。

例如，道光二十四年（1844）一位军机大臣在日记里记载挑选满章京的情况，这显示军机大臣继续在大多数章京的挑选上举足轻重。在那次任命中总共有十八名候选人员，军机大臣保送的十人中有九人最后成为章京。[69]（落选之人不在下一个任期为五年的章京任命名单中，这并不一定是皇帝特意将他排除——这个人可能生病或当时被任命其他的职位。）重要的是，尽管这些改革确保了其他机构可推荐、考试及引见，但军机大臣仍然决定谁会当选为章京。这
249 一早期改革之后的记录章京挑选的材料显示，皇帝倾向于听从他的军机大臣的保举或只轻微地有所改动。[70]可见，对于章京挑选过程的改革并没有明显减弱军机处在任命中的影响。标准更严格了，但挑选还是建立在军机大臣与候选章京的私人关系与联系之上，并不比以前少多少。

军机章京资格的另一项改革是关于乾隆年间军机大臣子弟出任军机章京的。[71]嘉庆十年（1805），所有大臣的子弟——不仅是军机大臣的——都被排除在考虑之外，用提出这项建议的御史的话说："恐不无私通信息，泄露机密等弊。"新的规定要求京内外三品及以上官员的子弟都必须退出。甚至一人已是军机章京，若有近亲

升至大员，那他就要从军机章京位置上退出。[72]很显然，这一严格规定对于有雄心抱负的家族的根本利益是沉重的打击，在道光皇帝继位后，这一规定悄然废止了。[73]

还有一些只是轻微触及了军机章京的改革，但给人留下了要削减章京规模的印象。乾隆皇帝一去世，就有对于军机章京声望的小小打击。当时宣布说，在南书房协助军机大臣撰拟谕旨的章京不得再使用出入便捷的内右门。[74]这一改变虽意味着不过三分钟的绕行，但对亲近皇帝并应允使用特别的内廷各门和殿廊的人群来说，被剥夺使用最接近皇帝召见宫殿——养心殿的大门的特权，意味着地位的轻微下降。

军机章京地位又一次轻微下降发生在嘉庆五年（1800），禁止他们作为与军机处没有直接关系的官员的秘书助手应命外出。在乾隆朝，军机章京普遍被用作智囊人员，不仅服务军机大臣，而且也为其他官员效劳。人们寻求帮忙，既因为他们的才能，也因为他们与军机处的关系。上谕夸张地说："是朕非钦派各大臣出差，竟系派军机章京出差矣。"上谕表达了"恐小军机之故态复萌"，尽管没有给出这些可叹的"故态"包括哪些。[75]这一举措减少了军机章京在军机处以外活动的机会。

嘉庆九年（1804）进一步决定，军机章京不再协助留京的官员（当皇帝出巡时）备办奏折等事宜。因为军机大臣不再是留守北京官员的组成部分，因此他们的属员也就不适合为其他机构的官员工 **250**
作。[76]另一个小的变化是减少了章京的经费，每年少了五千两。[77]

但是，这些变化对于章京协助撰拟谕旨、抄录文件、归类档案和监管出版的主要职责来说，都是边缘性的。嘉庆改革没有触动任何核心任务，也没有影响章京接触国家机密。而且，继续指派给章京特别的——例如在战争中——任务，同他们在乾隆时期一样。[78]可以说，嘉庆的数项改革尽管影响到了军机章京，但最终在章京挑选过程或是他们的核心职责方面都没有实质性的变化，这些还同以前一样。章京作为一个群体一直是起着枢纽作用的内廷集团，直到清朝结束。

改革满伴与咨文体系

前面提到，和珅的罪名中有三四款关乎军机处满伴可能犯的错误。其他不法行为——在和珅垮台时被掩盖而没有公开——是关于滥用咨文的。有一些证据表明，军机处内部的改革通过启用新的办公记录或跟踪潜在有问题的活动以弥补这些漏洞。

这些新的满伴档册有两种，即"大员子弟档"[79]和"交片档"，前者包括了满洲大员的身处官位的亲属名单，有时还附有他们所得的恩赏。例如，有名单开列了直隶布政使庆格四个弟弟的职位：

> 户部钱法堂笔帖式，吉德，四十三岁；
> 军机章京、刑部员外郎，吉祥，四十二岁；
> 户部笔帖式，吉成，三十七岁；
> 户部笔帖式，吉昌，三十岁。[80]

这四个弟弟都有美差，因此我们可猜测，这种档案的目的之一不是要考虑他们的任命或施以其他恩赏，而是监督家庭影响以及在有需要时降低这种影响。[81]

这一档册上有的名单可能是为了既跟踪家庭关系，又要了解适
宜的恩赏——但是不会太多——分配给应赏满洲官员的家人。例
如，嘉庆六年（1801）的一份名单显示，大员子弟档中有 105 人在
四天的时间内予以引见。105 人中，20 人得到了恩赏：1 人成为三 251
等侍卫，10 人成为蓝翎侍卫，9 人授予拜唐阿。[82] 类似的名单散见
于乾隆时期各类档册，这说明，作为强化并跟踪了解这类人事数据
的文件，嘉庆的这种档册并不是全新的。[83]

“交片档”是嘉庆朝军机处满伴另一新的档册。[84] 大多数文件是很短的、以咨文形式发出的指示——寻查信息，令人参加考试或面试，指派章京新的任务，安排人员侍奉皇帝出巡或狩猎，等等。一些文件引用简短上谕为据。[85] 因为档册中的这些文件可能是由满伴发出的，因此在随手登记档中没有相关记录。故此，创立这种档册是为了跟踪满文咨文，可能就是和珅为达其非法目的而使用的那种文件，事后被含糊地称为“副封”。

还有一个对满人和满伴有影响的改革线索，就是军机处与内务府的联系被切断了。从嘉庆五年（1800）开始，内务府汉文奏折不再见于随手登记档，满军机大臣不再被授予内务府御前大臣的头衔。也可能是利益分离做法的组成部分，就如同章京失去内务府经费一样。进一步的研究可以厘清这两个内廷机构的分离情况。

通信改革

嘉庆时期，一些改革发生在通信领域。一是对于咨文体系的新控制措施，上面已经谈到了。另一个是，嘉庆四年（1799）嘉庆皇帝掌权伊始，就“广开言路”，官员能够呈递讨论与他们的职责范

围无关的问题，低级官员以前无权但现在可以上书皇帝。[86] 但是，广开言路没有达到预期目的。该年底朝廷表达了对于建言中营私的不满："朕阅其所言，稍有足录，间有恩奖，而望恩幸泽者，遂视此为干进之阶，纷纷具折呈递，累牍连篇。不过首列颂扬虚语，后述
252 干乞私情，于公事毫无裨益。"借此关闭了言路。上谕最后说："嗣后不应奏之人，不得妄行封奏。"那些没有具奏权的人的意见，先要交奏有特权的大臣，由他们决定应否呈递皇帝。[87]

嘉庆皇帝统治之初，允许道员使用奏折，信息来源因而拓宽。上谕提到许多官职——知府、同知、州县官，但现在只允许道员具奏，"著照藩臬两司之例"。[88] 很难想象朝廷通过这一安排希望得到什么，因为现代研究者已利用档案验证了，至少在嘉庆朝，道员的奏折少之又少。[89] 事实上，外省布政使和按察使的奏折几乎同样稀少。而且，道员的大部分报告都是以咨文的形式上达，加以撮述写入督抚所上奏折，或偶尔作为奏折附件。对道员来说，上司掌控着他的提拔和前程，越过或站在上司的对立面具奏几乎不可想象。[90] 因此，允许道员具奏的改革很显然在当时没有多大意义（当然，费正清发现，在鸦片战争期间，道员的确直接上奏，偶尔也从远离他们上司的地方上呈重要的消息）。[91]

再一个小的通信改革发生在嘉庆五年（1800），当时决定，某些可在奏折又可在题本奏报的问题此后要限制为一种方式，即在奏折中奏报。引起朝廷关注副本问题的事例是，一位满洲将军出征时，暂时将印信转给一位属下。两人都在两种通信系统中上报这一行为，结果使用了四份公文上报一件不甚重要的信息，这本来只需一份至多两份公文很容易说明问题。为此颁布一道上谕，叫停这种繁

冗，但不是将这一问题归于题本——依起源说来是应置于此的，而是规定将来这类问题要以奏折上报。上谕最后说得含糊不清，为的是“以归于简易”。[92] 当然，新的行事办法不仅简化了程序，而且也为内廷提供了更多独有的信息来源。这道上谕所引述的例子是很低级且不是特别重要的，可能是为了转移人们的注意力并防备批评。这个例子是将越来越多的问题纳入奏折体系这一趋向的表征，因此也加强了军机处独家接触某些信息来源的权力。 253

嘉庆时期的一项通信变化影响着奏折呈递皇帝的办理方式。通常情况下，内阁呈递本章，那些来自礼部或太常寺关于庄重祭祀典礼（在天坛、地坛或太庙举行）的题本要置于当天其他题本之前，这样皇帝会首先阅读它们。而且，奏事太监要预备一个水盆，这样皇帝可以先净手——上谕对此解释说，然后才“敬谨披览”。[93] 但是，奏折是秘密的，它们不会在上呈皇帝之前就予归类。情况是，奏事太监已习惯将奏折分成两部分：外省奏折和京内奏折。因此凡是有关重大祭祀典礼的奏折就会随便地与其他奏折混杂在一起。

嘉庆七年（1802）宣布改变这种做法。上谕说，旧有的做法：

> 殊不足以彰诚敬。嗣后，礼部、太常寺及各衙门具奏事件，除封奏照常呈进外，其恭遇天、地、祖宗大礼，各项典礼仪注，或奏折及绿头牌内有称述尊号之处，本系露封陈奏者，奏事处即应照进本之例，先行呈递。[94]

该上谕意义重大，原因有二：第一，它展现了对于礼仪的尊重，尽管长久以来这是对于题本所报许多事情的通行做法，但现在是第一次如此办理奏折；第二，它揭示出，除密封者外，奏折的内容——至少是主题——在皇帝知晓后就不再保密。为了挑出那些有关祭祀的奏折，奏事太监至少要知道奏折的主题。普通奏折的内容在皇帝批答之前不再保密。

嘉庆改革时期主要的斗争是为争夺军机处在 18 世纪的成果，以及军机处如何处理将来与君主和外朝官僚的关系。军机处的发展已经打破了此前政府的制衡，并引发了外朝一些人的愤怒，他们因丧失权力进而反对军机处。军机处已盗走了他们的一些特权。此外，
254 在受机密性保护而不受法律约束时，和珅的不法行径成为一个内廷机构所能做出的骇人听闻的极端事例。

因此，改革剥夺了军机处的一些属于皇帝和内廷独有的东西。两种改革措施——撤销密记处和设立监督咨文的新档册——纠正了和珅的某些胡作非为，还有就是，改变了挑选章京的一些程序。但这些主要改革对于军机处在政府中的地位来说，只是无关痛痒的敲打。19 世纪赋予军机处的公开性，特别是在《嘉庆会典》单列一卷描述，似乎给了军机处一件新的合法外衣。即便军机处仍属于内廷，但它已变成一个法定机构。军机大臣现在服从细微的行政处罚，这是它心甘情愿在行政法规框架之内运作的又一表现。对于军机处地位的其他标准化做法——失去了管理部务地位，人数减少，更愿意选择拥有更高功名的满人——都强化了如下认识，即军机处现在已经变成一个与其他中央机构运作方式一样的机构。

但同时，军机大臣很显然继续享有他们改革前的权力和特权，他们得到了皇帝的信任与强有力支持。例如嘉庆十一年（1806），

宗人府、都察院用了四十多天商议一个简单的问题：那些主持近来一系列科考的人应加多少级。所撰拟的上谕斥责这一延误，认为“一两旬”足以核实并完成整个报告。在谕旨草稿的这些话旁边，嘉庆皇帝亲自用朱笔改正，将所需时间减少为“八九日”。接下来朱批还说：“试思军机处承旨不过一两时辰，各衙门如此疲玩，实属可厌。”[95]尽管有这些改革，军机处依然赢得了皇帝的信任，以及皇帝对于军机处保有它最关键职责的支持。

面对外朝的攻击，军机处在改革时期，利用它的内廷优势条件，成功地捍卫它的有利地位。军机处负责撰拟改革的谕旨，并得到了皇帝发布它们的授权。在这样的条件下，通过这一过程所出台的只能是军机处所希望看到的改革措施。军机处最重要的业务——监管通信、议覆政策、撰拟上谕、保存档案以及监管出版——都保持不变。除了谕旨现在只能在军机处撰拟外，没有任何改革措施真正修 255
改了军机处的核心职能。相反，嘉庆军机处改革的最显著特色，恰是没有对众多至关重要、必不可少的任务进行改革。

总之，嘉庆改革显示，在19世纪初，不再对军机处实施真正的改革。它的中心位置早就形成并牢固确立。皇帝对它的忠诚和高效深信不疑。外朝官僚不能够有效挑战军机处在18世纪中后期所取得的霸权。皇帝和国家都已离不开它。

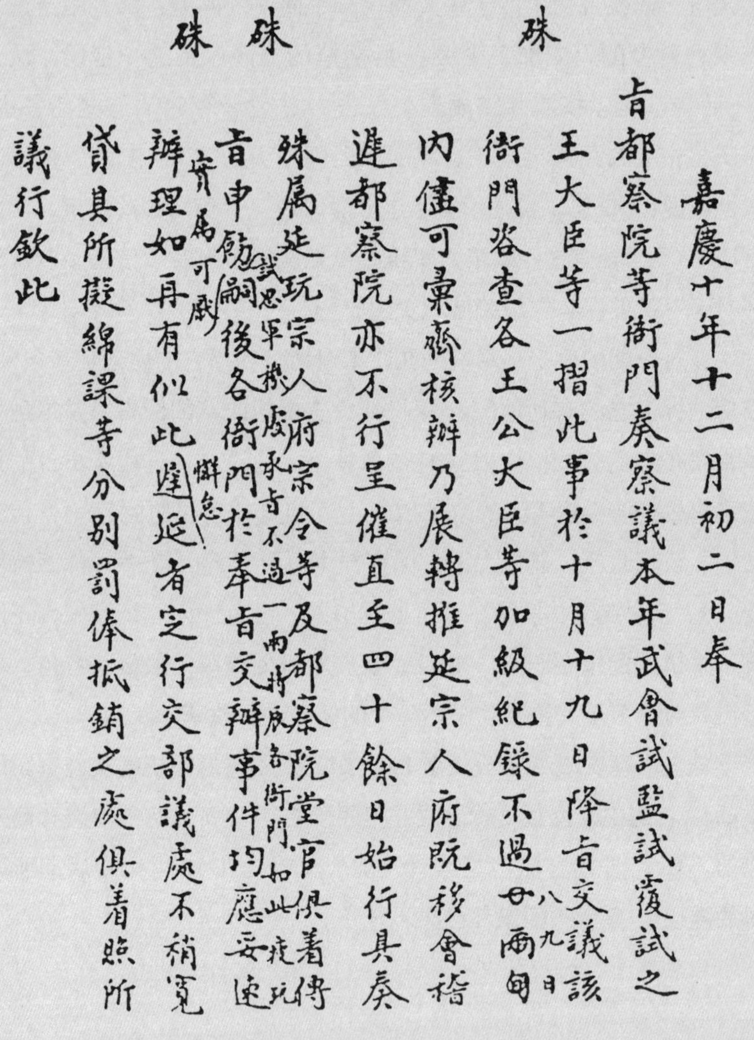

▲ 图 84　嘉庆皇帝赞扬军机处高效的上谕，出自嘉庆皇帝的亲改，是其真实意思的表达

注

1. 和珅案的英文记述，参见《清代名人传略》中毕乃德所写的和珅传，288 ~ 290 页；倪德卫：《和珅及其弹劾者：十八世纪的意识形态和政治行为》，见倪德卫、芮沃寿编：《儒家思想之实践》（斯坦福，1960 年），209 ~ 243 页；曼素恩：《洪亮吉（1746—1809）：十八世纪时期政治问题的理解与表达》（斯坦福大学博士学位论文，1971 年）；白克浩司、濮兰德：《清室外纪》（台北 1970 年重印本），343 ~ 371 页（它提供了许多原始文献的英译）；康无为：《皇帝眼中的君主统治：乾隆朝的形象和现实》，248 ~ 259 页；葛量洪：《嘉庆皇帝》（伦敦，1934 年），第一章和第二章。一些已出版的关于和珅案的原始材料，参见毕乃德：《读〈东华录〉与〈实录〉札记》，载《哈佛亚洲研究》，第 4 卷第 2 期（1939 年 7 月），110 ~ 113 页。研究和珅时代晚期的一套已出版但不寻常的原始材料，参见朱希祖编：《嘉庆三年太上皇帝起居注》（北平，1930 年）。和珅的侍卫岗位是在乾清门。台北“故宫博物院”藏有官修清史的和珅传记的最后稿本。感谢吴哲夫给我提供一抄件。

2. 萧一山：《清代通史》第 2 册，212 页。

3.《清仁宗实录》卷 37，页 46b ~ 51b。和珅财产问题，参见商全：《清代和珅在京家产考实》（未刊稿）。感谢中国建筑历史研究所杨乃济先生惠借此文章的抄件，并带我参观和珅的府宅。

4. 白克浩司、濮兰德：《清室外纪》，367 页注；李剑农：《中国近百年政治史》（上海，1948 年），10 ~ 11 页。李剑农也估计和珅的家产相当于当时中华帝国年收入七千万两的十倍。抄没和珅财产清单，参见《史料旬刊》，97 页及以后。

5.《清仁宗实录》卷 37，页 46b ~ 51b。这座宫殿是宁寿宫。

6.《清仁宗实录》卷 39，页 32b ~ 34。

7. 这些“密记档”出现在军机处满文材料的目录中：（北京）“满库档案草本 372
清册”（有乾隆五十一年二册），（北京）“清查各档记载簿”（有嘉庆元年一册），以及（北京）“满军机档案总目正本副并月折”。有些条目出现在文献馆出版的《清军机处档案目录》中（9、21 页）。现存档案中有一册，约是乾隆五十八年至五十九年，载《文献丛编》第 2 册，733 ~ 749 页。台北“故宫博物院”有四册，分别是乾隆四十年至五十年，乾隆五十三年至五十七年，乾隆五十八年至六十年，嘉庆元年。北京的四册包括了乾隆五十一年至五十三年，乾隆五十八年和乾隆六十年，是汉文档案的一部分（盒号 2247）。要注意的是，这一名下还有其他档册，但它们与乾隆晚期的密记处没有关系，其中一册（2247-5）始于同治时期。最早的密记处档案可能保存成册，用于其他的目的，例子参见（北京）“和图利档”乾隆四十三年十二月初三日，关于罚锾的上谕。

8. 这是陶博《康雍乾内务府考》所持的认识（117 ~ 120 页）。关于此与军机处其他办公地点的分离，参见昭梿：《啸亭杂录》卷 7，页 16b ~ 17b。与军机处的关系，参见庄吉发：《“国立”故宫博物院典藏清代档案述略》，载《“故宫”季刊》，第 6 卷第 4 期（1972 年 12 月），61 页。

9. 例子参见（台北）“密记档”乾隆五十七年十月十五日，263 ~ 264 页；（台北）“随手登记档”相应的日期。

10. 密记处的英文描述，参见张德昌：《内务府的经济作用》，载《亚洲研究杂志》，第 31 卷第 2 期（1972 年 2 月），264 ~ 265 页。

11. 例子参见（台北）“密记档”嘉庆元年二月初三日，19 ~ 23 页。这些材料都特别提到皇帝的朱批。

12.（台北）“密记档”。

13.（台北）“随手登记档”嘉庆四年以后。

14.《清仁宗实录》卷 37，页 28b ~ 29b，页 47b；卷 38，页 14。

15.《清仁宗实录》卷 37，页 48b；卷 40，页 14b ~ 15b。也参见《清仁宗实录》，卷 37，页 15 ~ 16b。没有特别强调这一罪状，无疑是透露出这类犯罪行为极容易再犯。孟森讨论了和珅的影响和忠实撰拟谕旨问题，参见《清代史》，273 ~ 277 页。皇帝对于和珅案中各谕旨的修改，参见《史料旬刊》，97 ~ 100、127 ~ 131、149 ~ 153、262 ~ 266 页。

16.《清仁宗实录》卷 37，页 27a ~ b；卷 38，页 9a ~ b。还有数条关于这种犯罪的材料，例如（台北）“宫中档”嘉庆朝奏折 004489，嘉庆三年十二月十六日，福昌奏折的朱批，它警告说“军机处副封，永行禁止”。这一朱批可参见我的《清乾嘉时期公文上的御批》一文开头的图片。也参见费正清、邓嗣禹：《清代文书种类及使用》，见《清代行政三论》，26 页注 52。

17.《清仁宗实录》卷 37，页 9b ~ 10，页 48b。

18.（台北）“随手登记档”嘉庆元年至三年；《枢垣记略》卷 22，页 5b。在这一时期的奏折中，我只发现一次无法解释的延迟，它似乎用了两个半月由广州抵京。它可能已到达，而后被返回重新具奏，参见（台北）“宫中档”嘉庆朝奏折003622，嘉庆三年正月初九日，常福奏折。

19.《枢垣记略》卷13，页1。

20. 例子参见（台北）“议覆档”乾隆二年四月二十一日，231 ~ 232页；乾隆六年九月十一日，365页；乾隆十三年十二月初一日，401页。（台北）“上谕档（方本）”，嘉庆十年十二月十六日，267页。雍正时期，官员必须将陛见时的面谕写出，并上呈皇帝，这样皇帝就能保证只有他欲散布的看法才可以传播，例子 373
参见（台北）“宫中档”雍正朝奏折000471，雍正八年十月十五日，岳锺琪奏折。

21. 任命满军机大臣时，例行要请示皇帝，是否允许他们看满文和汉文奏折。这一问题在道光以后不再问及，此时允许所有军机大臣看所有的奏折，参见《枢垣记略》卷13，页2b ~ 3。也参见《光绪会典》卷3，页1b。

22.《清仁宗实录》卷37，页27a ~ b。也参见这一章注16。

23. 例子参见（台北）“寻常档”乾隆四十九年十月十六日，193页。（台北）“上谕档（方本）”，乾隆五十一年六月初六日，558 ~ 559页；乾隆五十二年十一月二十六日，415页；乾隆五十五年五月二十三日，151页。我在这些时段所见不如和珅时期多，但也偶尔见到，例子参见（北京）“议覆档”乾隆四年九月二十八日，257页。

24. 嘉庆元年至三年事实上是乾隆统治的最后三年，参见第六章注5。

25.《清仁宗实录》卷37，页27b，页33及以后。

26. 皇帝同意自缢身死是宽大的表示。自缢是比任何其他的包括身首异处（比如砍头）在内的死刑都好的形式，因为人们认为人死时尸身应该完好地归还父母和先人。

27.《清仁宗实录》卷37，页27b；卷38，页2b ~ 7。《清史》第4册，2497页。福长安的传记，参见《清代名人传略》，249页，以及《清史》第5册，4121页。

28. 恢复原职的人是戴衢亨、那彦成、傅森，他们上一年被开出军机处；董诰于嘉庆二年（1797）丁忧；庆桂一直入值军机处至乾隆五十八年（1793），参见《清史》第4册，2496 ~ 2497页。成亲王身为领班军机大臣没有出现在《清史》的表中（《清史》第4册，2497页），因为他得到此位是在年中，而退出是在下一年开始之前。然而，这一事实在他的官方传记中已有说明，参见《清史》第

5 册，3668 页。嘉庆四年十月二十二日（1799 年 11 月 19 日）成亲王退出军机处时，上谕宣布让诸王入值军机处“究与国家定制未符”，参见《清仁宗实录》卷 53，页 22a ~ b。19 世纪时，这一不许诸王入值军机处的规定被悄然摒弃。恭亲王在咸丰初年以及整个同治时期直至光绪十年（1884）身任领班军机大臣，参见《清史》第4 册，2504 ~ 2508 页。后来也有其他王公入值军机处。我们已经知道，这一上谕内容对于嘉庆皇帝的父亲统治时期来说是错误表述，因为乾隆皇帝统治伊始，有两位亲王供职于总理事务王大臣，在 18 世纪剩余时间内也有其他的皇亲在军机处地位显赫。参见前面第五章对此问题的讨论。

29.《清仁宗实录》卷 37，页 27b ~ 28。

30.《清史》第 4 册，2694 页。

31.《清仁宗实录》卷38，页 7b ~ 9；卷46，页 4b。《清史》第6 册，4458 页。曼素恩、孔飞力：《王朝衰落和反叛的根源》，见费正清编：《剑桥晚清史》（纽约，1978 年），108 页。在二十年前的甘肃案中，众多官员被处死，另有许多人被
374 流放，对此的记忆可能作为惩治“不为已甚”的告诫挥之不去。甘肃案中，该省负责地方救灾官员将约一百万两赈灾款项据为己有，对此的简要描述参见《清代名人传略》，100 页。（查《清代名人传略》，上述的一百万两是指时任甘肃布政使王亶望的贪污所得，并非整个案子的贪污总数。——译者）魏丕信《18 世纪中国的官僚制度与荒政》（巴黎，1980 年）已对理解该案的赈灾背景做了考察。

32.《清仁宗实录》卷 37（页 46b ~ 51b）有此罪名。其他的罪状，参见《清仁宗实录》卷 37，页 32 ~ 36。

33.《清仁宗实录》卷 37，页 46b ~ 47；卷 38，页 3 ~ 4b。

34.《清史》第 5 册，2141 页。

35.（台北）“上谕档（方本）”，嘉庆七年二月二十四日，117 ~ 122 页。在《枢垣记略》卷 1（页 10 ~ 12）中有一个不完整的版本（约三分之二）。我使用的该文件的档案版本是抄件，但原稿注明了皇帝所添加的内容。

36.《枢垣记略》卷 13，页 6b ~ 9。

37.《清仁宗实录》卷 181，页 29 ~ 30。

38. 参见第六章靠近结尾处对记名名单的讨论。

39.《枢垣记略》卷 1，页 17。

40. 朱批，参见这一章注 16。也参见谢保樵：《清朝政府》，85 ~ 87 页，认为

嘉庆改革是为了削弱军机处的权力，改革是皇帝在科道官的建议下完成的。

41. 前面已提到，管理部务大臣的任命难以查明，但成亲王永瑆似乎是嘉庆初年最后一个管理部务大臣。

42.《清仁宗实录》卷 130，页 14 ~ 15。管理部务于 19 世纪得以恢复。

43.《清仁宗实录》卷 132，页 8a ~ b。

44. 英和：《恩福堂笔记》卷上，页 5。

45.《枢垣记略》卷 15，页 1 ~ 4b。1830 年代，英和回忆在军机处等的生活经历，开列了在他之前拥有进士功名及翰林院成员身份而供职军机处的满洲人和蒙古人。在他能够确认的七八十年中，军机大臣中只有三位满洲人和蒙古人是进士：尹继善，乾隆十三年（1748）入值；梦龄，乾隆二十一年（1756）入值；那彦成，嘉庆三年（1798）入值。而在他生活的三十三年中，他给出了进士出身而成为军机大臣者共五人：他本人是在嘉庆九年（1804），桂芳是在嘉庆十八年（1813），穆彰阿是在道光七年（1827），自己的儿子奎照是在道光十七年（1837），文庆是在道光十七年（1837）。英和在讨论结尾处志得意满地指出，现在五位满汉翰林同值军机，“尤从来未有”，参见他的《恩福堂笔记》卷上，页 30；《清史》第 4 册，2489 页及以后。

46. 这些数字是根据《清史》第 4 册（2487 ~ 2500 页）的表计算得出的，参见第六章注 15。必须记住的是，乾隆时期（不是嘉庆时期）许多当值的军机大臣会出京，在前线作为将领执行特殊的调查任务。在做这些统计时，我是按乾隆皇帝统治六十三年至嘉庆三年（1798）计算的，而嘉庆时期是从嘉庆四年（1799）嘉庆皇帝亲掌大权开始。通过利用清朝时国史馆编写的以及在清朝覆亡后清史馆 375
重新编写的表和注释（两种都藏于台北“故宫博物院”），可对这些问题做进一步研究。

47.（台北）“宫中档”雍正朝奏折 006651，雍正二年五月十二日，田文镜奏折的朱批。

48. 处罚，参见盖博坚：《〈四库全书〉：乾隆后期的学者和国家》，95 ~ 104 页。

49.（台北）“上谕档（方本）”，嘉庆七年二月二十四日，120 页。

50. 墨子刻：《清代官僚机构的内部组织：法律、道德及联系诸方面》，115 页。这些文件显示，朝廷或皇帝有机会给出最终想要的议覆的线索。如果所批是

“察议”，可能的结果是根本不予处罚。然而，如果指示是“严加议处”，那么所给的处罚建议可能很严厉。

51.（台北）“随手登记档”嘉庆十年十二月二十六日，478 页。（台北）“上谕档（方本）”，嘉庆十年二月初五日，73 ~ 74 页；嘉庆十年十二月初六日，111 ~ 112 页；嘉庆十年十二月初十日，161 页。我从同一月选出这些例子，是要展示这种指示的频繁程度。尽管在乾隆时期有着同样的指示，但这种记载在那一时期的档册中极少。

52.（台北）“上谕档（方本）”，嘉庆十三年三月初三日，19 页。对于军机大臣的过错，我还没有发现嘉庆时期最严厉的批示即“严加议处”的例子。对于内廷官员的处罚参见前面的 40 ~ 41 页（见本书边码。——译者）。

53. 绿头牌，参见第六章注 93 ~ 96 及相应正文。

54.《总管内务府堂现行则例》（1853 年），卷 1，页 2 ~ 3；《清仁宗实录》卷 76，页 20b ~ 22；《枢垣记略》卷 14，页 8b；姚元之：《竹叶亭杂记》卷 1，页 14b。嘉庆六年（1801）时决定不要求科道官员前往圆明园，只需在城中值班（《枢垣记略》卷 14，页 9b ~ 10），进一步表明这一改革专门是要解决部院在军机处探听情报的问题，因为部院人员不会经常出现在圆明园。在京的稽查军机处御史在道光皇帝继位后几乎立刻裁撤，参见《枢垣记略》卷 14，页 10。嘉庆八年（1803），对于皇帝出巡制订了类似的规定，以防止闲杂人等靠近处理政务的营帐（在“白布城”中处理事务，相当于内廷，“黄布城”相当于北京紫禁城皇帝居住的最里面区域），参见（台北）“上谕档（方本）”，嘉庆八年三月二十九日，345 页。这些警告不得不在嘉庆二十三年再次重申，参见（台北）“上谕档（方本）”，嘉庆二十三年六月初七日，39 ~ 41 页。

55. 赵翼：《簷曝杂记》卷 1，页 6。

56.《清文宗实录》卷 21，页 15 ~ 17。更完整的上谕，参见（台北）“上谕档（方本）”，道光三十年十一月初十日，103 ~ 108 页。

57. 李宗侗：《史学概要》，289 页。依现代的标准看，军机处的窗户很小：44 英寸宽，32 英寸高。窗户，参见第七章注 45 和相应正文。

58.《清代名人传略》，805 页。《嘉庆会典》中军机处这一卷几乎与《光绪会典》的相同，后者参见卷 3，页 1 ~ 12b。军机章京编辑的著作，参见本书征引文献中他们名下的相关条目。吴孝铭是嘉庆十八年时成为章京的，梁章钜是在嘉庆二十三年，参见《枢垣记略》卷 18，页 14b ～ 15。

59. 颁赐物品，参见《光绪会典》卷 3，页 5b ～ 9b，页 2 ～ 3。其中对于撰拟谕旨记载很少。本书的读者会注意到，本研究并不经常引用会典中的军机处卷，只是因为它没有什么用。

60. 乾隆时期如何对待章京，参见前面的第七章。 376

61. 例如，最早被任命的三位军机章京——张若霭、鄂容安、鄂伦，在雍正十一年（1733）——是张廷玉和鄂尔泰的子侄，参见《清世宗实录》卷 131，页 3。龚自珍称张廷玉和鄂尔泰将十名中书带入军机处，参见邓文如、王锺翰:《谈军机处》，载《史学年报》，第 2 卷第 4 期（1937 年），195 页。

62.《清仁宗实录》卷 38，页 1 ～ 2。

63.《清仁宗实录》卷 38，页 1 ～ 2；一个更完整些的版本参见《清朝续文献通考》第 5 册，8773 页。嘉庆十一年做出安排，保留一个已在军机处效力的人作为候补，称为“额外行走”，参见《枢垣记略》卷 13，页 4b。该额外行走也是试用性的任命。通过此种方法任命的人通常遇出缺时就补任章京，参见（台北）“上谕档（方本）”，乾隆五十四年十一月十六日，309 ～ 310 页；光绪十年三月二十六日，227 页。咸丰十一年设总理衙门，军机处特别设立一群额外行走章京，以在新衙门兼职效力，参见《枢垣记略》卷 13，页 106。到清朝覆亡时，章京数额可能进一步增多，参见第七章注 24；李鹏年等:《清代中央国家机关概述》，64 页。

64.《清仁宗实录》卷 38，页 1 ～ 2。

65.《枢垣记略》卷 13，页 6。这一非难的提出，显然是认为御史的品级——正五品或从五品——对于兼职的章京来说太高，而不是因为反对军机处与都察院有联系。此后，章京也不能在稽查钦奉上谕事件处或通政司兼职，参见吴振棫:《养吉斋丛录》卷 4，页 2a ～ b。

66.《枢垣记略》卷 1，页 16b ～ 17。

67. 姚元之:《竹叶亭杂记》卷 1，页 15。

68.《清仁宗实录》卷 271，页 16b ～ 17b。

69.《祁文端（寯藻）枢廷载笔逸稿》，见《清代掌故缀录》，117 页；《枢垣记略》卷 17，页 19。军机大臣挑选军机章京的另一个例子，参见（台北）“交片档”嘉庆二十三年四月二十六日，196、200、201 ~ 208、228 ~ 230 页，备办引见之事由满伴负责。参加考试的五十五人中，十六人表现出色，得以挑出引见，最后有九人作为章京入值，参见《枢垣记略》卷16，页17；卷17，页1 ~ 2。

70.（台北）“上谕档（方本）”，嘉庆十年十月二十九日，393 ~ 395页；《清仁宗实录》卷271，页16b ~ 17b。在这个例子中，皇帝似乎基本上遵循了三十一名汉人的引见名单顺序，这是章京挑选程序的一部分。如果皇帝的选择完全不受外界影响的话，我们应能看到从名单的各部分所选出的大致相等。但事实上，若将名单分为四个部分，我们会发现六人是从头八个人中选出的，六人是从第二组的八人中选出的，三人出自第三组，二人出自最后一组（只有七个人）。这样渐小的比例表明，在为皇帝所制作的名单上，姓名的顺序代表了军机大臣的好恶，当皇帝挑选时，这一名单虽不是完全但却是强烈地引导着皇帝。

71. 有人认为，乾隆时期存在着一些反对裙带关系的批评，可参见王昶：《军机处题名记》卷14，页19。

72.《枢垣记略》卷13，页7；《清仁宗实录》卷239，页8a ~ b。档案文件，参见（台北）“上谕档（方本）”，嘉庆十年十月二十四日，319、331 ~ 335、337页。

377 73.《枢垣记略》卷13，页9b ~ 10b。也参见姚元之：《竹叶亭杂记》卷1，页15b。顾莼传记中他的言论，参见《清史》第6册，4584页。

74.《宫中现行则例》（光绪朝），卷1，页36 ~ 37；《枢垣记略》卷13，页12。

75.《清仁宗实录》卷73，页18a ~ b。

76.《清仁宗实录》卷132，页8a ~ b。

77.《枢垣记略》卷14，页12b ~ 14b；（北京）“议覆档”乾隆十三年九月三十日，281页。这一数额历来由内务府拨付，现在它反对并要求归还。

78.（台北）“上谕档（方本）”，嘉庆十八年十二月十六日，79 ~ 80页；嘉庆十八年十二月十七日，81、83 ~ 85页。这些条目开列了当时军机处的三十三位章京，他们因在平定八卦教叛乱中出力而得到奖赏。所有章京均沾皇恩，八人“从优议叙”，其他二十五人“议叙”。

79. 各种形式的“大员子弟档”，参见《清军机处档案目录》“总目”部分及19 ~ 20、28、41页，时间最早是嘉庆十一年。嘉庆和道光时期的档册还散见于（北京）“满库档案草本清册”，显示这些档案是由满伴编纂的。它们的内容满汉文兼有，因此某个时期档案的整理者将它们拿出，归为汉文档案，收入《清军机处档案目录》。我所看到的例证——可能不是最早的——可以由这种散布得到解释。而且，这些目录所列条目没有早于嘉庆朝的，这表明这些档案很早就已不全了。这些档案散佚不存，可能是因为它们并不特别受重视，也可能因为它们包括某些人希望处理掉的信息。更早相同类型的信息出现在其他档册中，参见这一章注 83。

80.（台北）“大员子弟档”嘉庆十一年二月，34 ~ 35 页。尽管这些是满文名字，但它们看起来用的是汉文的命名方式。该布政使与诸弟标示辈分的用字有别，这可能表明他们的生母不同。

81. 有例外的情况，嘉庆十年时已经决定二弟吉祥不必因哥哥有着更高的职位而辞去军机章京，这是因为在新规定生效之前他已经入值了，参见（台北）“上谕档（方本）”，嘉庆十年十月二十四日，337 页。

82.（台北）“大员子弟档”嘉庆二十年，107 页。

83. 乾隆时期的一些名单出现在嘉庆时期的“大员子弟档”中，例子参见嘉庆二十年，109、111 ~ 113 页，这包括了乾隆五十年和五十五年任命的名单。这三个类似的名单出现在似乎不适宜的档册中，参见（北京）“留京办事档”乾隆四十九年二月十六日，25 ~ 29 页。

84.《清军机处档案目录》“总目”部分，3 页，开列五十八册，都是 19 世纪的，参见 20 ~ 21、28 ~ 29、34 ~ 35、58、68 页。最早的时间是嘉庆七年至九年；更早的可能散佚，或是直到这一时期才有了这方面的改革。我发现没有迹象表明乾隆时期存在着这类档册。有关道光朝的，参见（北京）“满库档案草本清册”。我看过的档册满汉文兼有，这解释了为什么尽管这些应该与满文档案存放在一起，但却开列在汉文档册《清军机处档案目录》中，并在台北“故宫博物院”与汉文 **378**
材料收藏在一起。它们在清朝满文目录以及“随手登记档”中略去，而“随手登记档”只开列被认为是汉文的文件，这很显然表明它们被认为是满文材料。一旦满文档案得到整理，可以查阅，就可能揭示更多的情况。

85. 例如（台北）“交片档”嘉庆二十五年四月二十三日，40 页。

86.“广开言路”，参见易劳逸：《1880—1885 年中法战争中清朝君臣的对策》（马萨诸塞州剑桥，1967 年），20 ~ 21 页。

87.《清仁宗实录》卷 54，页 4 ~ 6。

88.《清仁宗实录》卷 40，页 22 ~ 23。也参见第一章注 122。奏折制度中奏事规定的极好概述，参见吴秀良：《清代的题奏制度》，载《哈佛亚洲研究》，第 27 卷（1967 年），25 ~ 26 页，61 ~ 62 页注 49。一些信息也参见墨子刻：《清代官僚机构的内部组织：法律、道德及联系诸方面》附录 5，433 ~ 434 页。

89. 一个稀见的例子，参见（台北）"宫中档" 嘉庆朝奏折 004580，嘉庆四年五月十一日，哈当阿奏折。

90. 罗伯特 · 韦斯：《太平天国前夕地方统治的灵活性》，载《清史问题》，第 4 卷第 3 期（1980 年 6 月），3 ~ 4 页。

91. 费正清：《中国沿海的贸易和外交：通商口岸的开启（1842—1854）》上册，189 ~ 195 页。

92.《清仁宗实录》卷 61，页 24a ~ b。

93、94.《清仁宗实录》卷 103，页 24b ~ 25。

95.（台北）"上谕档（方本）"，嘉庆十年十二月初二日，25 页。

结 语

军机处的研究是个大课题，内容广泛。现在北京和台北的军机处档案都已开放，研究者可做的题目不胜枚举。在本书中，我主要利用档案，考察了军机处历史研究必须首先要解决的问题：雍正和乾隆时期内廷结构及职责的重大变化。相关的问题，诸如派系斗争、军机大臣的个人生平、军机处 19 世纪的历史以及某些重大问题是如何处理的，这些都有必要涉及，但只能点到为止或整个忽略。将来的研究肯定会产生其他的关于军机处的专著。它的文献利用几乎没有止境，对它的研究多种多样，富有挑战性。

军机处设立时间问题

第一章至第五章的分析证实了，雍正后期软弱的内廷机构与成熟的军机处简直无法相提并论，军机处的设立时间因此也必须要重新考虑。对此问题有数种可行的解决方法。如果从人事方面——也就是从那些在雍正皇帝左右侍奉的高级内廷代理人方面——看待军机处，那么，可以认为军机处从怡亲王充任顾问的角色时算起。这将军机处的设立时间定在雍正元年。尽管认定的时间不同，但《清史》史表将怡亲王列为最早的军机大臣。[1]

如果从最终促成了军机处形成的最早、持续性、非正式的内廷集团或机构的角度来看，那么军机处起始时间则要定在雍正四年
258（1726），当时怡亲王、张廷玉、蒋廷锡共同办理军备及相关事务。有人主张这一起始时间。[2]

如果认为军机处的设立是它第一次使用汉文名称“军机处”的时间，那么就会定位于雍正十年（1732）的一个时间点（此前为“办理军需大臣”，这时发生了变化）。对于档案中它相应的满文名称早期使用的彻底考察，所得出的结论可能会有轻微的变化。吴秀良的论证思路与此不同，但他也主张是雍正十年。[3]

如果我们将成熟的军机处所拥有的主要特征作为军机处设立的必要条件，那么在乾隆皇帝统治初年总理事务王大臣时期所获得的特点就会被认为至关重要。这些特点包括了这个班子作为单一内廷高级枢密行政机构的永久性巩固，以及拥有的广泛权力。而这一切都取决于雍正皇帝去世之后，乾隆二年十一月二十八日（1738 年 1 月 17 日）上谕宣布服丧期结束后将继续保留这一过渡班子。

很显然，不存在单一的事件或公告可以认定作为军机处设立的时间点。因此，最好的替代方法应该是不必寻求单一的设立日期，而是确定一个设立时段。如此一来，军机处的设立可以界定为是从雍正继位到乾隆二年底（1723—1738）逐步形成的。设立时期可以

分为两个阶段，第一个阶段的特点是雍正皇帝强权统治下机构的相对软弱，第二个阶段的特点是在年轻、没有经验的乾隆皇帝统治下的内廷转型。

下面将分析在本书第二部分所描述的主要趋势——军机处头一百年的发展，并思考它对皇权的影响。到这一阶段结束时，清中期君主与军机大臣的关系是合作还是竞争呢？

内廷转型的主要阶段

从君主统治到大臣管理的内廷转型，分为三个阶段。康熙皇帝建立了地位高、人员组成有着民族特色并保持分离的几个内廷机构，雍正皇帝保留了乃父的机构分立特征，但也削弱了各机构权力，从而保证了它们唯己命是从。这是第一阶段。在统治初年，雍正皇帝实行竞争性管理方法，变换任务分配以及设立特别班子，不允许有 259
集团——而只有他自己——垄断或操纵信息。然而，最终雍正皇帝采取了新的做法，在雍正四年（1726）允许由他的三位户部的心腹——怡亲王、张廷玉、蒋廷锡组成的持续性内廷团队接手战争的筹划，这一任命很快也朝着其他事务方向发展开来。尽管雍正后期内廷有一个机构的名称（“军机大臣”或“军机处”）在乾隆时被军机处沿用，但它只是雍正时数个内廷机构中的一个而已。这个机构当时着眼于西北战事并负责通信，但所管事务并不广泛，这有别于接下来的乾隆朝统一的军机处。雍正内廷是在非官方、非正式的基础上组建的，这一情势带来了法外活力，这在后来的内廷扩张阶段至为重要。

第二阶段的重要结构变化始于雍正十三年（1735）晚些时候，在雍正皇帝去世后的三个月内，雍正各分离的内廷机构迅速统一。这些新近统一的机构通过承袭过渡班子即总理事务王大臣无所不包的权力得到进一步加强。最后，乾隆二年末（1738年初），这些机构虽已到期却得以继续存在，最终产生了一个新的强势内廷机构——乾隆时期的军机处。这些变化为在这一世纪剩余时间内所发生的扩张铺平了道路。

军机处成长的最后阶段，主要包括在乾隆二年总理事务王大臣撤销之前不断强化种种所获。当新的下属机构（比如方略馆）出现时，的确带来一些结构上进一步的轻微变化。但乾隆时期军机处的特点不是组织上的重大发展，而是在现有内廷框架内各种职能的扩张。

以前对于军机处设立和成长的解释，并没有强调内廷与外朝的区别。迄今这一界限只是从通信方面有所揭示。前人已指出外朝的题本处理庶务以及可以援例办理之事，而突发事件和此前未曾出现的情况则划归由军机处操作的内廷奏折制度。我们现在知道，这种二分法没有说透整个情况，因为军机处处理的许多事情可以归为庶务，而有时题本——尤其是在奏折出现之前——可以处理秘密事件和特殊情况。此外，将军机处的创设、成长和通信联系起来尽管重要，却也掩盖了引发军机处崛起的结构性变化。因此，除通信外，本书所进行的分析也强调了内廷从康雍时期分散的、小规模的机构到乾隆及以后的统一整合与内部职责强化、细化的转型。

18 世纪有利于军机处成长的因素

传统中国内廷的实质，对于带来这里所描述的变化至关重要。260 在18世纪的内廷，皇帝的意志——而不是行政法规——乃法律。这给予促使军机处成长的许多因素以自由空间，比如保密性、法外活力、兼职、官僚网络、信息接触、职责增多、通信监管以及免于繁文缛节。另外，还有时代的特定条件，例如乾隆时期的战争，以及皇帝对巡幸的喜好。帝国两个主要民族——满与汉——在这一首要统治机构中的混合，削弱了满人自身固有的权势影响，而这曾威胁着清初的皇帝。最后，尽管证据还嫌薄弱，但可以推测出，大臣们的野心在军机处的扩张中是一个重要因素。下面我将进一步描述这些在乾隆时期促使军机处成长的重要因素。

保密性

保密性很重要，因为它意味着军机处的活动深藏于内廷。在早期，军机处的成绩大多数不外露，不为一般人所知，不在邸抄上刊出。军机处的通信将局外人拒之门外。当军机处增添了一个新的调查问题或承担了一个新的职责时，外朝官僚不一定能观察到这些变动。因为正在发生什么几乎不为人知，军机处及其活动几无反对者可言，鲜能招致非议。[4] 同时，在内廷的秘密范围内，军机处能够监管并掌控重要的职责，尤其是通过两种通信体系。即便是许多以前作为最高机密的奏折现在也交付了外朝，不必再“具题来”，也还是能做到机密，因为除非皇帝专门下令，否则奏折内容不能外露。[5] 军机处有自己的档案——只有军机处人员才能接触，并在方略馆有自己的出版人员。使用自己的记名名单也就是职官候选人名单，军机处控制候选人的做法可以得到保密。内廷保密性包围和保护着军机处，并提供了一个起遮蔽作用的帷幕，使人难以看清军机处的成长。

内廷的非正式性与法外活力

软弱的雍正内廷机构在乾隆初年得以统一，它们的脆弱也从而转化为一种优势，因为在当时，其他大多数官僚机构都须服从行政
261 法规，这些则例规定了职责，明确了人员编制，内廷却无此等拘束。尽管法定的外朝组织能够并且确实随着时间而变，但它们的革新不会轻易得到批准，而且任何具有重要意义的革新通常是在中央政府多级辩论商议之后才能确立。然而，对于军机处这样的内廷机构，改变则是比较简单的事情。改革通常只在内廷讨论，而且只要能说服皇帝，就可以立刻得到批准。

军机章京的早期成长就是一个例证。在18世纪，新的军机章京人选通常由军机大臣上奏片提出，经皇帝批准任命。但是这些奏片既不向皇帝介绍情况，也不向其他大臣或官僚披露任何可能引发广泛讨论的信息。这些信息包括：当时没有任何章程规定章京的数目；与其他部门不同，对于章京的任命无须皇帝亲裁；章京总人数正在增多，汉章京人数增加比满章京要快。这些信息都极有可能出现在外朝的书面议覆或当面的议奏中，但实际上并没有。自从嘉庆改革规定了只有三十二名军机章京之后，军机大臣请求增加更多章京的写法就有了不同，这些请求注意到了新的法定限制，并为每一次增员寻求理由。[6]但目前我们能知道的是，内廷章京的增员依旧

没有广受争论。即使是在嘉庆改革后，要改变内廷无非就是军机处提议、皇帝批准而已。如此一来，内廷的非正式性使其变化和发展轻松自然。雍正皇帝用以控制他的内廷机构的一种办法，即分隔它们，使其软弱无力，在乾隆朝及以后却作为一种法外活力协助了军机处的扩张。

兼职

内廷扩张不受外朝反对的影响，部分得益于军机处结构的另一特色，即军机处自己几乎没有实缺。它的中层和高层成员都是兼职的，当军机大臣与章京在军机处当值时，没有将他们在其他机构的本职取消，而是继续拥有这些职位。（我们所见张廷玉等人就是这种情况；例外的是，升任大学士的军机大臣常常会升至更高的兼职职位，即管理部务。）由于有着兼职的机制，某些部院的外朝职责就悄无声响地进入内廷的权限内，已到军机处任职的官员在他们的新办公地点，继续处理他们本职机构的一些业务。兼职就这样以又一种方式帮助了军机处的成长——它将业务转移到军机处，并将军机处 262
持续的壮大伪装了起来。[7]

通过官僚机构联系一切

兼职与人数众多、忠心耿耿的原任军机章京群体结合在一起，给成长中的军机处带来了与整个京内外官僚机构有价值的联系。到乾隆皇帝统治晚期，军机大臣和军机章京可能牢牢兼掌了五十个以上的京官职位。此外，那些在军机处任期结束的章京，大多数擢升至外省知府及以上的美缺。章京于京城在职训练仅一些年后就提升职位，这一做法看似很“短视”——似乎军机处将自己富有经验的中层侍从拿掉了，但通过这种方法，军机处将有内廷经历的人置于地方职位，军机处的人脉因而遍布整个国家。原任章京成为军机处网络的一部分，他们所提供的关系在需要时能派上用场。通过这些联系，重要的人脉横向进入多层官僚机构，从而在一定程度上弥补了军机处在政府中一向的纵向发展。

信息接触

军机处人员的兼职带来了许多有利条件，最重要者之一是能够接触到信息。内廷存储档案信息含量很大，但还是不能容纳京官处理过的所有信息，军机处辛苦劳作的工作人员也不能处理外朝主办的所有文件细节。军机处正在成长，但许多中央政府业务继续由传统的部院处置，只有皇帝的高级枢密班子提出要求时，外朝档案的内容才向他们开放。军机处档册中到处都是奏片，所报告的信息就是从在京各机构获得的。因为有着兼职，这就确保了军机处不仅能看到它自己信息丰富的文件，也可接触任何其他机构的文件。

军机处的职责

毫无疑问，军机处所获得的大量新职责是它成长的一个标志，这反过来也促成了它的进一步发展。然而，这难以用详细、精确的词汇进行分析，因为它治下的许多领域是逐渐发展丰富的，而不是从其他部门职能整个转移或新近创立的。而且，由于这一内廷枢密班子是非正式组织，没有法定地位，这也成为研究的障碍。虽然有些职责早已转移到了内廷，但法规还是常常将此归于外朝机构名下。

例如，在会典和会典事例中，军机处监管出版的许多职责继续开列 263
在翰林院的名下。[8]因此，将军机处的前身机构在雍正朝及军机处自身在乾隆朝所获得的职责，与更早的康熙晚期内廷的情况进行比较，尽管值得做，但无法全面铺开。

大学士等在监管官方出版中的作用就是一个很好的例证。康熙时期有数个出版项目，特别是经书类，它们的编纂班子包括了大学士，并且这些人中的一些身负内廷任务。然而，第七章已表明，一旦军机处成立，军机大臣常常奉命监管官方出版。因此，在这前后两个阶段，许多官方出版的监管工作都是由内廷人物主导的。真正的变化似乎只是语义上的。

事实上，这前后两个阶段存在着重大区别。与内阁的编纂班子成员不同——他们中的一些人从未进入内廷、全职效力，军机处是一个强大、统一的内廷机构。当军机大臣监管出版时，他们是站在作为皇帝的高级枢密班子成员综揽内廷各项事务的高度行事的。而且，除了内廷出版监管者有变化外，强大的军机处在出版物的类别划分上以及与外朝的合作方式上也都有变化。例如，在乾隆朝，军机处越来越关注一种再度兴起且日益扩大的类别——方略，这是利用内廷档案编纂的。此外，军机大臣也监管着国史纂修的准备工作，并热切从事满洲人历史的出版。[9]可以说，康熙时期有些内廷人员以他们在翰林院的地位，甚或是以内廷侍臣的优势地位承命涉身官方出版工作，而到了乾隆时期，内廷在这一领域的职责得到了极大发展与丰富。此时许多业务的监管出自内廷，一些有着内廷编纂人员，而有些书籍的整个编纂过程全部是由内廷提供保证并在内廷完成的，所有这些活动都由一个大规模、统一的组织支撑着。

在有的情况下，职责转移有着不同的方式。例如，为修订律例，雍正皇帝于雍正元年就要求内廷和外朝机构荐举人员。最后他选择了内廷侍臣朱轼以及三位不在内廷效力的尚书，组成一个监管修订的班子。然而，乾隆朝伊始，新皇帝指定总理事务王大臣负责
264 这一任务。结果，这一内廷机构就一直认真审议该问题上的各种建议，并对那时开始实施的律例做进一步的修订。[10] 在这一阶段，其他许多职责也是以类似的方式转归内廷的。

通信的扩张和规范

在军机处成长过程中，通信管理是又一极为重要的职责，因为它是将新的问题转移至军机处的又一途径，使得军机大臣可以接触到皇帝治下除最高机密外的所有文件。此外，内廷众成员可能在通信方式的改变上有发言权，从而增强了他们对政策形成的影响。到了乾隆朝，内廷通信的构成远远超过了康熙时期旧有的。康熙时期一些京内外大员只是偶尔使用奏折与他们的统治者联系。此后外省所上奏折急剧增多，在乾隆一朝就可能增长了两倍，达到了康熙末期的十倍。力求规范是奏折体系扩大的一个重要因素，因为许多是为了“画一”起见，要求经常奏报新的问题。

当军机处成功地应对如潮水般涌入内廷的文件时，它的扩张也就随之发生。一套档案记录制度得以创立，包括了录副奏折，还有数以百计的档册，以保存谕旨、京官奏折、奏片等。经常要用到的档案成为清中期所建立的定期备份方案的目标。这些业务需额外人手：有时会借用内阁中书抄录档册。其他的扩张发生在乾隆初年奏折制度成为正式制度之时，文件不必再具题而直接交发外朝，自然

也不必再绕开部院。此种高效使得该体系更有用，也因此鼓励了它的成长。到乾隆初年，军机处也监管本章制度中的文件。

渐渐地，两大主要通信体系所涵盖的、上呈皇帝的许多问题，令军机大臣和章京接触了大量的信息，这也迫使他们开展更多的调研，发展许多领域的专业知识。最重要的是，政策制定的关键性工作包括了调研、议覆及撰拟谕旨，使得军机大臣能够影响政策。就这样，文牍的膨胀不仅提高了军机处处理它们的能力，也帮助了军机处的崛起。同时，因为皇帝毕竟是“孤家寡人”，他不再能够继续完全掌控全部的公文，这种对皇权的侵蚀也有助于军机处的成长。

新近组织起来的军机处档案很快就派上了用场，它既为决策提 265
供了政策背景，也有助于出版工作。通过兼任的编纂职位以及军机处自己的出版部门——方略馆，许多军机大臣作为乾隆朝基于档案发展起来的文学事业的领导者，取得了突出的文化地位。有了这一成就，军机处就在内廷成功地复制了传统外朝所关注的四个方面：行政、通信、档案、出版。

不拘于繁文缛节

在早期，军机处的活动不受繁文缛节约束，这也推动了它的成长。例如，为了便于高效浏览，随手登记档没有遵循丝纶簿以皇帝为中心的做法。如果军机处的随手登记档也这样做，就要将所有皇帝书写的字（例如不重要的旁批）都抬至页面的最顶端，而具奏人的姓名——对于浏览可能是最为重要的信息——就要出现在不易看到的位置，丝纶簿就是这样的情况。而在随手登记档中，皇帝的朱批位于页面中间，具奏人的姓名靠近页面顶端，用醒目的字当标题。

虽然随手登记档奏折条目一般都以“朱批（某人折）”开头，以彰显处处以皇帝为中心，但这一做法在皇帝幼冲及有的时期——如乾隆和嘉庆两位皇帝共同统治的嘉庆元年至三年（1796—1798），这时似乎不希望让人清楚地知道批示来源——被遗弃。不再明确标注具奏人姓名，也无任何“朱批”的字迹，正如214～215页*所显示的一样。

另一种免于礼节约束的例证在于奏折不用印。这意味着奏折可以在中国新年的封印期间奏报公务，而因为要求在处理过程中用印，大部分的题本在封印期间无法办理。例如，乾隆十四年除夕申刻（下午三点至五点），乾隆皇帝已经“搁笔”了，但面对来自前线、当天晚上抵达的紧急军情奏折，他并没有遵从习俗，还是动了笔。[11] 一年之中还有数个此类的场合，碍于礼节不能使用题本，但内廷通信系统并不受影响。[12] 内廷通信不用印这一新颖之处使得它不受这种礼节的束缚。尽管题本也有应对紧急情况的方法，但奏折不拘泥于繁文缛节，在战争等危机发生时大有用武之地，因为这时是不能有丝毫耽搁的。

乾隆时期的战事

乾隆时期的紧急事件也促成了军机处的成长。在18世纪政府
266 关切的所有事件中，战争是最需要有一个高效、秘密行事的内廷班子的。涉身一阶段的许多军事行动，每次都表明了一个高效的内廷班子的重要，能全面负责军事战略、人员调度、各军队行走路线、

---

* 见本书边码。——译者

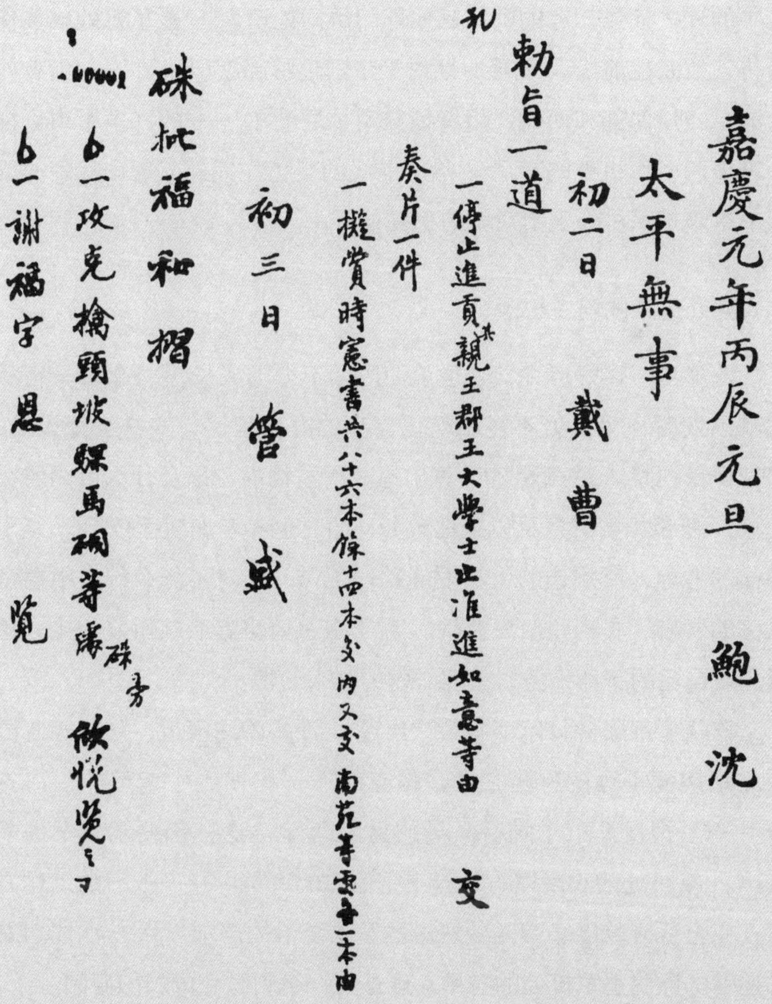
嘉慶元年丙辰元旦　鮑　沈
太平無事
初二日　戴　曹
一停止進貢親王郡王大學士止准進如意等由　交
勅旨一道
札
奏片一件
一擬賞時憲書共八十六本餘十四本交內又交南苑等處各一本由
初三日　管　戚
硃批福和摺
一攻克擒頭坡踩馬硐等處硃勇
欣悅覽之
一謝福字恩
覽

▲ 图 85 “随手登记档”嘉庆元年元旦（正月初一日）：“太平无事”

战争用品采办、驿传体系、补给线及政策研究。军机处自己处理了其中的许多任务，有的则与其他部门协同处理。一些军机处成员作为将领被派往前线。乾隆时期对于帝国边疆部族和邻国——前者如台湾、四川西部和西北，后者如安南、尼泊尔——的许多军事远征一再表明了军机处的有用。除了前线的英勇作战外，每场战争的胜利都有赖于军机处坐镇京城的稳妥处置。

到处巡幸的君主统治

乾隆皇帝喜好巡幸，这也迫使内廷不得不成长。当皇帝一行从北京出发时，军机处不得不简化自身的办事程序，安排少量人员，携带少量档案。必须精确计算出巡时所需物品，以及什么可以留在北京。所带档案必须足以处理政务，同时也不增加载运负担。基于同样的考虑，所挑选的人员要能胜任工作，同时不能令行进中皇帝队伍的营帐、车辆和船只拥挤。对于在京值班者必须做好安排，可以完成自己的工作任务，处理必需的往来通信。

乾隆皇帝通常每年都有数次出巡。许多路途很近，是到圆明园或北京南面不远的狩猎之地，但有的——比如到中南部的沿海省份——是涉及两三千随行人员的重大远行。这些都要求早早提前安排。军机处的小规模、掌握丰富信息的人员以及高效率的工作方法，完全适应乾隆皇帝四处巡游的君主统治的需求。每一次成功安排巡幸都证明了军机处的有用，这是又一个刺激它成长的原因。

军机处满汉混合

这一帝国最高统治机构中的满汉混合也促成了它的成长，通过减弱旧有的满洲王公显贵在治理上的优势，使汉官能在政策决定中发挥影响。尽管内廷的民族区分在诸如皇帝的侍卫和内务府等机构中仍很突出，但这在军机处已大大削弱。满汉军机大臣每日早晨一同进见，一整天都共同办事。在乾隆时期，两个汉人出任过领班军机大臣，还有的人极具影响力，其中最早、最有名的是张廷玉。旧有的、作为战争与媾和的主要建议来源的满蒙议政王大臣的排他性 267
权力，被民族上混合的军机处所取代。军机处的满伴负责处理纯粹关乎满人利益的较不重要的事务，比如八旗生息银两、荣誉和赠赏、个人离职等。权力得到增强的汉人出现在内廷，极大地方便了军机处许多职责的处理，尤其是大规模的汉文出版计划以及对于广大外朝人员的监管，因为这些人中汉人占优。最为重要的是，此时汉官对于几乎所有最重要的决定都可以发表意见，包括军事问题。一个强大的机构若仅由单一民族人群居主导地位，就会造成派系对立，而一个民族混合的机构则能够发展壮大而不招致对立的民族结盟的攻击。

大臣们的野心

难以透过以皇帝为中心的文件来评估军机处成长中大臣们的野心所起的确切作用，因为军机大臣的贡献极难辨晰。然而，在军机处权力崛起的背后，大臣们的强力推动还是可以从数个方面得到揭示。例如，雍正皇帝去世后内廷的迅速统一——对于服丧期不改父道来说，这种急促显得不合时宜，这似乎是大臣们急切地想要利用皇帝之死来实现心存已久的计划。而且，在这一过渡期，内廷诸机构得以统一，与过去服丧期允许它们继续保持分立状态的做法不同，总理事务王大臣的作为似乎表明他们对自己机构的长远未来很有信心，扩大活动的范围并规定了很多办事程序，使得这些到服丧期结束时难以取消。

在这一点上，我们可以用本书中描述到的更早些时候（明朝）某些对变革模式的有意识追求，作为对当时（18 世纪）有限资料的补充。明朝的大学士，存在着从明开国皇帝（1368—1398 年在位）所任命的非正式侍臣的位置，向明中晚期健全组织的转型，而清中期军机处的成长显然与之相似。历史不会完全重复。但是军机处使用某些原有的、富有成效的办事程序——他们的历史知识必然令他们对这一切了如指掌，与明朝的经验有着惊人的相似。这是有意识地努力去复制在上一个朝代所使用的成功策略吗？我们不能肯定，但存在着可能性。

例如，同清朝军机大臣一样，明朝的大学士开始也是被任命的非正式内廷人员。而且，如同军机处前身机构中的最早文职成员一
268 样，他们也是兼职，这就使他们得以进入京内外的官僚机构。到明中期，大学士的一种极为重要的权力就是监管最重要的通信体系——题本。[13] 进一步的研究可能揭示清朝在其他方面复制明朝的经验。

在清朝，大臣们的军机处扩张方案可以解释为什么皇帝的工作议程中塞满了大量的琐事，从而侵蚀了皇帝处理重大事件的能力。档案中到处都是皇帝要办理的不重要事情的往来通信。例如，直到乾隆三十多年，每一例分发和更换递送奏折的报匣都仍要上呈皇帝批准，尽管到那时，军机处及其雍正时的前身之一已有三十多年应对这样的平常事件的经验。[14] 而且，在巡幸计划的每个阶段，都

会定期将最琐碎的细节上报皇帝。[15] 新出现的以及不适宜的问题也常常添加到奏折中，而这是皇帝要阅读的。例如，雍正十一年（1733），一道上谕要求讨论各级官府如何使用心红（印章要用到），并要呈览皇帝。对此的讨论规定不仅使用心红要上报，而且每年所得到的数目也要上报，这一建议肯定会增加皇帝不必要的文牍量。[16] 有一次，有人请求澄清地图上的两个地名，面对这类细屑事情，乾隆皇帝得批准一正式廷寄上谕。官员们面对朱批，常常要用奏折回奏，而这反过来又带来新的朱批。因此皇帝别无选择，只能阅读或至少是浏览长篇文件，并且要在每件写上简短批语。有时，皇帝需要面对成堆的阅读材料——比如，准备出版的内廷材料的每一卷都要征得皇帝的同意。[17] 军机大臣可能故意将不必要的业务堆积如山，这样皇帝就无法很好地处理重要的事宜。

可能阻碍军机处成长的因素

并不是所有的条件都有利于军机处的发展。雍正皇帝的统治方式——尤其是他对将小规模、分立且非正式的内廷机构转变为一个大规模的强大机构缺少兴趣——就是一个障碍。只要雍正皇帝还在世，内廷就不可能完全统一。皇帝具有破坏性的反复无常也隐约浮现，有时外在表现出来，造成官员去职或对他们计划的否决。当 269
看到感兴趣的事务和重大决策从自己的权限范围中拿走，其他的在京机构有时会用派系斗争和分裂性举措破坏军机处。[18] 而且，雍正皇帝已削弱了科道官员，这些人本来能够反对这些变动的。但是这些因素没有一个能够永久妨碍军机处的优势地位。即便是嘉庆改革——可能是军机处的反对派最具意义的成绩——也未能恢复外朝此前的辉煌，或是明显地降低皇帝对于军机处的倚赖。推动军机处的因素远远胜出于这些阻碍因素。

嘉庆统治结束时的军机处

本书最开始所提出的最后一个问题是要探寻 19 世纪初的军机处情况。军机处在当时内外朝框架中处于什么位置？军机处是否遵循了以前一些朝代的内廷班子模式，并通过指挥外朝机构而挑战了皇权？或军机处依然是一个内廷机构，继续作为皇帝的私属陪臣，忠实地推进君主统治的利益？

清代军机处对于长久存在的内外朝二分法的解决之道，不是要在内廷的恭顺与外朝的自主间必居其一，而是在两条战线巩固它的地位：一方面，它使皇帝相信，它确实是受皇帝恩惠的可靠仆人，而另一方面，它听命于一些规章，因此也就能够申明它对于外朝官僚机构的领导地位。军机处在外朝的兼职容许它监管院部等机构。而在内廷，雍正皇帝的个人专制统治让位给了君主与大臣间更平衡的合作。

军机大臣与皇帝的关系

作为一支不可忽视的力量，军机处的出现带来了许多变化。在下面，我将仅揣度那些发生在中央政府最高层决策程序中的变化。这种考查是比较困难的。人们几乎不能穿透各种决定中突出皇帝中心地位的空话、套话。军机处总是小心翼翼地使用这些词汇，甚至在已经皇帝同意的他们自己的保举等文件中也是如此。即便如此，若没有对于军机处在决策上影响的初步评价，那么对于18世纪军机处的研究将是不完整的。我们需要重新审视经常用以理解清政府的在18世纪不断加强的君主专制模型。

军机处会尽力去影响决策，并约束皇帝的专制意向，这并不令 270
人奇怪。皇帝可能会犯严重错误，这是专制政治在理论和实践中的一大缺点。无人挑战的皇权可以灭绝一个家族，令一省贫穷，给国防带来危险，或让帝国沦丧于蛮夷。经过了数个世纪，中国各朝的大臣们想出了种种办法，以限制这种不受约束的皇权所造成的潜在破坏。例如，在古代盛行一种宇宙观，即皇帝有维持自然界秩序的职责，而大臣要使用不吉利的自然表象和征兆以制约皇帝的不可取行为（清朝时还有这种理论的残留）。还有一种方法是用身后的恶名来震慑君主。著名的唐太宗（626—649年在位）想看（可能要审查）当时的起居注，不论是否可信，这个故事都表明了皇帝的谋臣使用此类策略，以应付皇帝不受欢迎的行为。[19] 当明白皇帝的误判可能导致"数千百年之患"，甚至康熙皇帝似乎也吸取了皇帝职责的教训。[20] 因此，在18世纪时，北京中央政府的大臣同样会试图对君主施加限制不足为异。事实是，统治太重要了，不能留给最高统治者。

下面我将从政府决策机会的三个角度分析清中期大臣对于皇帝政策影响的可能性：（1）地方奏折；（2）廷寄的商议；（3）奏折的

议覆。我想说的是，尽管 18 世纪的君主们拥有我们通常所认为的皇权应有的所有权力，但在以上三方面，皇帝们更愿意征求意见，大多数时间不倾向于单独运用他们的决策权威。尽管大臣的目标有赖于皇帝的批准，但大臣的合作对于大多数皇帝的计划来说也是必不可少的。双方互相制约。皇帝可能会令官员们的希望破灭，但相关研究极少提及的是，大臣同样能够限制皇帝的自主行动。

对于外省奏折的决策

康熙、雍正时期，奏折制度是一种非正式的、皇帝与地方大员间的私人通信渠道。康熙皇帝使用这一渠道，主要是用作地方情况的直接信息来源，否则的话，他就得不到或太晚才能得到信息。雍正皇帝扩大了这一制度，使用它搭建与心腹地方官员的联系桥梁，
271 循循善诱，吐露心声。他也使用奏折渠道以形成建议，然后令官员具题，呈送外朝机构。雍正皇帝甚至对奏折如何在京处理也感兴趣，对于抄录和存档，不厌其烦地指示，细致入微。正如我们已看到的，他掌管每件事情，有次甚至因为自己所用的茶杯在一份奏折上留下了污渍而向具奏人道歉。

但是，雍正皇帝信手写下大量朱红色笔记——纸张大小、形状各异，上面都是朱红色的想法及再思考后的想法，当返给具奏人时，这些被装入密折的封套——皇帝的这些指令没有登记，给负责跟踪指令内容的内廷官员造成了很大的困难。雍正皇帝执意亲自管理内廷，加上批示凭兴之所至，因此难以从他统治方式所产生的各种混乱中找出秩序。在这种情况下，内廷通信体系发生重要的变化并不奇怪。有些变化——引入廷寄上谕以及内廷将返给具奏人的皇帝

指示和奏折备份——是在雍正时期发生的，有的则始于接下来的乾隆朝。

雍正皇帝一去世，奏折就从过去康雍时期秘密、非正式的通信渠道转变成正式、系统化和制度化的体系，用以上呈并决定国家的许多事务。所有这些变化中最令人惊奇的是朱批的简化和常规化。雍正皇帝的朱批长篇大论，常常直抒胸臆，而乾隆皇帝的大部分批示遵循了简洁的一个字到四五个字的格式。乾隆皇帝仍旧是一个人批览奏折并决定如何回复。但大多数情况下，他的回应锐减，只有十来个常用的套语。

乾隆皇帝的这种简洁不仅与雍正皇帝的长篇批示，而且也与题本的做法——外朝处理题本的规定无所不包，司官依此票拟——对比鲜明。那些做出票拟的内阁属员必须始终参考票部本式样等档册，以确信既分析了每份题本，并就问题类别正确归类，又为其中的具体情况找出确切解决意见。[21] 当然，我们不能指望乾隆皇帝自己在书房中翻阅同样的指导性档册，查看应当如何批示每天的奏折。因此，当乾隆皇帝回复日益增多的奏折时，就发展出了一些便于处理的简要朱批。

例如，仅批示“览”或“知道了”等字的奏折，只需在内廷存 272
档。对于奏报好消息的奏折会另写欣赏之语：“欣慰览之”。凡做出“该部议奏”处理指示的奏折，就必须在外朝登记。当奏折的附件同原折一起交外朝，就要使用特别的套语：“单并发”。若认为附件极其秘密，不能在平常的外朝档案中收藏，就会写：“单留览”。

还有其他一些套语是用来针对奏折所提出的问题下达商议指令的。若需讨论并进而撰拟下发谕旨，皇帝会使用“另有旨”或差不

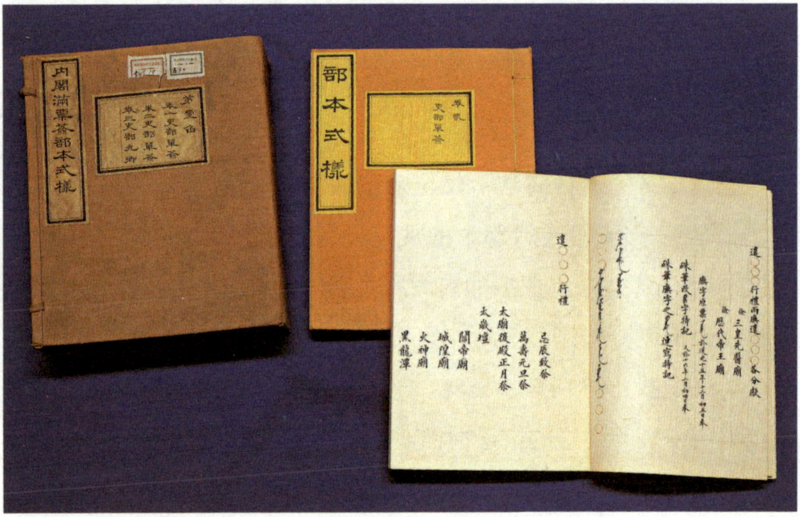

▲ 图 86 《内阁满票签部本式样》书影

多的批示。“该部议奏”及更明确的“军机大臣议奏”的批示则指示相关人员讨论并上议覆奏折。[22] 这些基本套语都有许多变化形式及修饰润色，但从乾隆时期开始，几乎所有的外省奏折得到的批示都是这些简短套语。虽然没有任何东西阻碍长篇批示，但乾隆皇帝很少多写。

通常乾隆皇帝能够选用适当的套语。如果他不能，军机大臣会写给他奏片，请求他做必要增加，以确保奏折能正确处理。我见过一些事例，乾隆皇帝对于奏折的处理出现误判，认为有必要撰拟正式的谕旨，并在折上写下了“另有旨”，只是在后来才意识到下发一大篇谕旨实无必要，只用一个“知道了”作为回应就够了。在这种情况下，就要更正，否则具奏人见此批示会去寻找已经承诺的谕旨，若没有收到该谕旨，那么他必须上报说没有收到。[23] 在皇帝偶尔粗心的场合，军机大臣会主动地忽视不合适的朱批并根据形势采取行动。皇帝仅批示存案，而军机大臣却会商给出了建议，就属这类情况。但这些例子在如潮水般吞没了乾隆皇帝书案的文书中是特例。乾隆皇帝基本上变成了一个书写适宜朱批的精准、勤勉的办理人，成为军机处处理新近正式化并日益扩张的内廷通信体系的一部分。

皇帝拥有什么样的权力以将他的意志强加于奏折之上？很显然，皇帝有权随意书写。但是皇帝对于奏折的敷衍、常规化的批示，在雍正以后成为标准做法，这表明在多数情况下，清中期的君主们并不想一人独治。皇帝不受约束的行为，当然可能，但极少见。

就奏折而言，皇帝主要有两种不受约束的做法。首先，他拥有 273
将奏折交发的权力——也就是说，他能选择到底由哪一个朝臣议奏外省奏折所提出的问题，即上议覆奏折。这一方法可以绕开军机大臣或其他个人及群体，不给他们研究此问题并提出建议的机会。这种奏折交发的权力使得皇帝可以挑选讨论并可能提出他自己能够同意之建议的人。尽管在统治初期，雍正皇帝专断地使用这种交发权力，以强化他的竞争性行政作风，但在乾隆朝，许多有一定裁量权的任务交给了军机大臣或是其他可能包括军机大臣在内的集团，比如九卿或六部等。乾隆皇帝极少使用这种交发权以绕开他所有的军机大臣。

另一种不受约束的是皇帝拥有直接批准奏折中的建议的权力。通过这种手段，君主能够自主、秘密地决策，不受大臣建议的干扰。此种批准的标准套语是朱批“照所请行”——一个真正的专制统治者会相当频繁使用的词。然而，与此相反，这一批语极少见——据我对 18 世纪随手登记档的抽样计算，一般不会超过文件的 5%（不是所有的文件都包括请示）。到乾隆朝，皇帝并不经常使用地方奏折这一渠道直接解决所报告的问题，通常是将奏折交付讨论——“军机大臣速议具奏”；或第二天他和军机大臣敲定解决办法的谕旨，那么，此种的批示是“即有旨”。一般说来，乾隆和嘉庆两位皇帝仅对于地方上最简单的请示径直同意，而这些直接同意的请示也都是来自他们所熟知和宠信的官员。

最后，若皇帝给奏折的批示不切实际或是个坏主意，那么它的执行就将成为问题。我阅读了记录皇帝意见和文件处理的 18 世纪的奏折和随手登记档，这些档案揭示，官员想要规避或修订皇帝多余的或是错误的意见，是很容易做到的。而且，从乾隆统治初年开始，奏折极简要的批示是极其模糊和留有余地的，这些扼要的奏折交发命令包含很大的可以进行不同解释的空间。正如在第六章结束时所看到的，在实行过程中，甚至皇帝对于议覆职责的分配有时都可以被曲解。

因此，乾隆奏折制度与雍正时期的差别很大。现在是一个正 274
式、制度化的体系，以简化的朱批为特色，皇帝极少利用朱批专断行事，为所欲为。相反，朱批和军机处办事程序常规性地将奏折交给他人议覆或采取其他行动，最常见的是交给军机大臣或由他们主导的机构。皇帝仍旧掌握权力，可以独断行事并在奏折上任意书写，但他们极少在这些文件上写下自己的行事指令。乾隆初年奏折的朱批体系的变化有利于皇帝涉身管理事务，但不鼓励专断。

廷寄上谕中的决策

军机处的崛起造成了对于皇帝行动的非正式限制，廷寄上谕是第二个主要表现方面。[24] 为了理解这类上谕的撰拟过程，我们必须回到那份无日期的雍正皇帝朱批，这在本书前面引用过，可能是在雍正七年或八年（1729、1730）某个时候写给岳锺琪的。我们尽管不能确切说出是什么促成了皇帝的反应，但看上去可能是雍正皇帝、岳锺琪针对准噶尔蒙古的重大袭击惨败。在该朱批中，雍正皇帝向岳锺琪吐露心声。“诸凡出乎意外，”他写道，“朕诚慌诚恐，痛自省责，一一皆我君臣自取之咎。”[25] 这些话出自雍正皇帝与岳锺琪秘密、袒露心扉的通信，不仅显示了已发生的军事溃败，而且表明了皇帝感到别无他法，只能自行担当过失，因为他当时没有征求在京专家的计划安排，而是决定独自一人行事。除了附带批评岳锺琪的出师未捷，皇帝只能独自面对他的“自取之咎”。

可能在写下这些不久，雍正皇帝就扩大了廷寄承旨人员名单，成立了有一定规模的专家讨论班子，以商讨确定政策指示。早期廷寄指定由曾经协助咨询和谕旨撰拟的内廷代理人（主要是怡亲王、张廷玉）来做，而现在承旨名单（也就是整个协商）扩大，包括了其他许多人，尤其是办理军需大臣。他们最早是在雍正八年底（1731 年初）召集起来的，为准噶尔之役出谋划策（见表 2）。雍正皇帝指挥战争，不再只是与一位朝廷心腹（比如怡亲王）磋商，或是到最后不得不将“诸凡”过失归咎于自身和岳锺琪。从此以后，
275 前线的收信人作战会更有信心，因为他们知道皇帝的命令部分听取了专家的意见，而前线将领信得过这些人的建议和经验。帝国现在有了一种经常使用的上谕形式，看起来源于皇帝，但其格式已显示它是建立在共商基础之上的。[26]

当然，雍正皇帝参与撰拟谕旨的商谈并可以坚执任何他想要的。而且，廷寄是在商谈中确定的，朝臣可能会发现难以当面挑战皇帝，因为皇帝很容易主导这些会谈。即便如此，正如同奏折的情况一样，在许多时候，皇帝很少有机会亲自独立调研，结果还是不得不倚赖大臣的建议。

乾隆朝，大臣们继续参与廷寄的讨论——通常是他命军机大臣进见，商量标记为“另有旨”的奏折。然而在乾隆朝又出现了一种新的做法，承旨人员名单只开列领班军机大臣，有时是两个职位最高的人。嘉庆二年（1797），当时和珅在阿桂去世后成为军机处领班军机大臣，所有军机大臣个人的名字都从廷寄的承旨人员名单中省略了，只是用撰拟该上谕的“军机大臣”字样。关于这些最新的变化，有次乾隆皇帝告诉和珅，由于军机大臣的名字不再出现，“外省无知，必疑事皆由汝，甚至称汝师相”。[27] 因此，尽管独裁者自己

的想法仍会得到传达，尽管我们不能肯定辨识出廷寄里表达的所有想法的来源，但是我们知道与军机大臣商议已成为一个确立的传统，乾隆皇帝自己也承认，领班军机大臣和珅是“一应”政务的关键策划人。每天喷涌而出的以皇帝的名义发出的指示中，商议——最经常的是与军机大臣——已经成为制度。

决策与议覆奏折

研究清中期决策的人，对于当时制定重大政策时的精心研究与商议，肯定印象深刻。这一过程的最后一步（这应该得到比我在这里所能提供的更为细致的研究）是议覆奏折。它是奏折体系中的一种，皇帝的参与处理方式与外省奏折体系有所不同，因为这些讨论是基于外省所上奏折，由皇帝分配给一个集团或数个集团共同讨论。大多数议覆奏折是由在京的各专家，并常常是协同军机处或是在军 276
机处的领导下写成的。尽管有时讨论人员可以上呈两种或以上的供选方案，但通常他们只会提供一种建议；如果皇帝认为它不合意，该问题会被重新分派。将要上呈给皇帝的议覆会被认真考虑，常常会征引以前的文件和成案为根据。如果有多个机构参加了议覆，讨论结果会由数个重要在京机构的最高成员会签。

面对议覆，皇帝也有数种选择。他可以同意议覆，可以修改议覆的建议，也可以直接拒绝他们的研究结果。这一制度甚至允许皇帝否决或修改部分建议——正如可以减轻惩处的例子一样。最具意义的是记录乾隆皇帝（及后来的皇帝们）对于这些奏折采取的行动，因为几乎所有的奏折都得到了批准，约占98%或99%。偶尔有一件奏折会被皇帝修正。径直拒绝的可能性总是存在，但皇帝的此等举动少之又少。因此，如奏折一样，乾隆时期的书面议覆也展现出很低的皇帝决策比率。乾隆皇帝保留了干预的权力，但极少这样做。[28]正如地方奏折的朱批情况一样，18 世纪的大臣所寻求并得到的不是皇帝的意见，而是皇帝对他们自己的项目和计划的认可。实际上，做出决定的不是君主，而是这些提出建议的人。如此一来，决策似乎如同理查德·诺伊施塔特在关于美国总统制的《总统的权力：领袖政治学》一书中所提出的，是总统的属僚做出的，用以“效劳他们自己（华盛顿的官僚），而不是总统的权力”。[29]寻求皇帝的批示，不是为了皇帝能有所创新，或是能对政策做出新贡献，而只是需要他批准他人的想法、计划和期望。皇帝的朱批主要是将他人的主张合法化。

为什么会是这样？因为乾隆皇帝是一个特别优柔寡断的人吗？我粗略翻阅了嘉庆和道光的材料，发现这两个皇帝同样不愿拒绝高级京官的这种正式议覆。皇帝的审慎可作为一种答案，因为我们可以追问，皇帝还能从什么地方——除了由朝中的派系所造成的偶尔分裂之外——获得信息，并以之为基础得到其他好的方案，将他的大臣认真研究并提出的建议取而代之呢？

另一看法认为，皇帝不总是插手是因为他需要大臣们的合作。常常行使否决权就会降低士气并动摇大臣们的凝聚力，而后者对于平稳地管理政府必不可少。若君主总是我行我素，因为小小的争执就将官员解职，那么他就会动摇留任者的忠心。

277 最后，在处理议覆奏折时皇帝也不太可能不受束缚，因为官员间的分歧在讨论过程中差不多已经讨价还价或得以消弭，结果是全体一致提出了意见。尽管皇帝有时会怀疑甚或看出分歧，但他通常面对的是在建议背后显然团结一致的官员群体，甚至是那些开始对该建议持反对意见的人也签了字。[30] 即便君主有权否决这样的议覆结果，由于上述原因，也不会常常真的否决。

读者可能会反对这种思路，认为既然皇帝任命他们自己的军机大臣，那么皇帝自己任命之人的建议总是得到皇帝的批准，这不足为异。而且，读者还可以争论说，政府运作的一个条件就是处罚——甚至可能是解职——那些意见相左者，这一形势会强令官员与皇帝的立场保持一致，以保住官位。无疑，这样的压力有时影响着政策建议，尤其是当皇帝本人的意见已先期给出。

有的论断认为，18 世纪清廷党争激烈，不同派别成员间的意见大多相左。而且，如果看看类似的情形，别的统治者——不管是总统、总理还是首相——也任命了内阁成员及其他高级官员，我们会发现由同一人进行挑选并不妨碍这些被选出的人彼此意见极不一致。雍正和乾隆时期发展出来的奏折议覆制度，尤其是它所提供的全体一致支持的建议（而不是皇帝挑选他自己的内廷手下）这一点，将那些研究及讨论政策、消除不同意见并在皇帝面前表现为全体一致的人置于优势位置。除了默许并同意他人的建议，皇帝常常别无选择。

可以说，尽管充分发展的清朝专制政治证据实足，但若仔细阅读相关决议文件，则需要对军机处建立和早期发展之后的君主制的实态重新评估。有清一代，如果一位皇帝对于决策成竹在胸，那么他通常能在决议的表述和谕旨的撰拟中占据优势；我们有许多著名的皇帝成功干预决策的例子。但在大量的事例中，皇帝根本心无定见。而且在许多情况下，我们可能混淆了决议与批准，或是误读了皇帝对廷寄这种清朝书信体的强调，或是误解了决议官员意见一致的效果，或是忽视了官僚对于具体决策实施的阻碍。尽管在许多情况下，一个成熟的清朝专制统治者能够强加其意志给他人——如果他执意为之的话，但在更多的场合，清朝专制统治者常被吹炫的权
278 力无疑都被官员联合起来成功地阻止了，或根本就无法施展。

事实上，军机处的崛起并没有支持迄今被认为是日益增长的18世纪皇帝专制统治，而是创立了一个能够有效地运行的政府，无论北京是否有一个强大、占据优势的君主。乾隆初年的变化产生了一个私人枢密班子，随着其实力的壮大，这个班子减弱了皇帝积极干预的必要性。这一事实在19世纪晚期皇帝虚弱与幼冲的时代变为一个优点，当时的朱批以“军机大臣奉旨”的格式开头，且不是由皇帝而是同样由军机大臣写就。傀儡皇帝仍旧挂名高高在上，然而这种在政策讨论上对于大臣的依赖成了延续王朝存在的保证。军机处的一个主要依靠，即奏折这一新的秘密通信体系，曾被视作18世纪专制统治者们的一个重要工具，但它事实上只是短暂地加强了康熙和雍正皇帝的权力。此后，奏折加强的是它的管理者——军机处的影响力。

就官员成功地扩大了他们在政府中的影响而言，清中期不是中国历史上的第一次。其他的例子已在本书前面引述过，例如晚明题本的票拟制度，有时赋予外朝官僚在决策上的决定性权力。尽管大多数对于题本的票拟都是敷衍、程式化的，但有时外朝人员形成的处理办法的确能在接下来得到皇帝的批准。清中期的皇帝，尤其是雍正皇帝，寻求抵消这种外朝影响的上升，并寻求重新确立专制统

治。反过来看，成熟的军机处又是对于雍正皇帝——钟摆的另一个极端——的一种回应，这部分是受到了大臣反对君主的特权的推动。

在历史发展中，中国人如果不努力解决专制皇权为所欲为的问题，那才是令人惊诧的。同样，如果看到历史确实在自我重复，中国人如果发展出了西方式的、对于君主权力的成文宪章式的限制——如同来源于在兰尼米德挑战英国国王约翰的男爵们的行动一样*，那也将会令人诧异。因为缺乏西方政府特色的正式法定制约，中国的大臣再次——这次是通过一个内廷的枢密班子——创造了许多方法，非正式地施加他们自己的影响，并且限制君主不受约束地干预决策过程的机会。

* 1215年，英格兰国王约翰在诸男爵的胁迫下，在兰尼米德地区签署了《大宪章》，规定了国王的权限，赋予了贵族和人民新的权利。——译者

注

1.《清史》第 4 册，2486 页。

2. 李宗侗:《办理军机处略考》，载《幼狮学报》，第 1 卷第 2 期（1959 年 4 月），4 ~ 5 页。

3. 吴秀良:《通信与帝国控制》，86 ~ 92 页。

4. 有迹象表明，时移势易，内廷某些领域的保密工作办理不善，例如人事报告不再坦白直言，且更为程式化，失去了自然、率真，而过去是向雍正皇帝直言不讳地鉴别人选的好与坏（第一章描述过），例子参见（台北）“宫中档”嘉庆朝奏折 003519，嘉庆三年十二月十五日，梁肯堂奏折。对内廷严重泄密表示不满的上谕可以在《清高宗实录》卷 963（页 17 ~ 20）找到。

5.（北京）“议覆档”乾隆二十三年十二月十一日，299 页。

6.（台北）“上谕档（方本）”，咸丰三年二月初六日，71 页。

7. 参见第六章对这一要点的讨论，186 ~ 190 页（见本书边码。——译者）。

8. 参见第六章注 83。

9. 柯娇燕:《〈满洲源流考〉与满洲传统的形成》，载《亚洲研究杂志》，第46卷第4 期（1987 年11 月），762 ~ 790 页；我的《以史为镜》。也参见前面第五章、第六章和第七章关于出版的信息。

10. 律例纂修班子的变化，比较《清世宗实录》卷 9 页 22 和卷 11 页 26b ~ 27，以及总理事务王大臣的议覆，参见（北京）“议覆档”雍正元年六月二十八日，55 ~ 56 页；乾隆元年八月十一日，133 页；乾隆二年闰九月初七日，199 ~ 200 页；乾隆二年十一月初七日，297 页。也参见附录 E 律例项下的总理事务王大臣条目。

379 11.《清高宗实录》卷 332，页 1b ~ 3b。过去常说，甚至是在奏折体系中，中国新年也是神圣的，不必办公，“随手登记档”中这一天喜庆地标记为“太平无事”。我注意到在早期的“随手登记档”中记载有这一令人舒适的字眼，而到了 19 世纪，这一表述更受尊崇，这些内廷侍从否认已是频仍的内部叛乱与外部入侵。

12.（北京）“议覆档”乾隆十五年正月二十九日，55 页。停用题本的场合，参见《光绪会典》卷 2，页 5 ~ 6。封印，参见富察敦崇:《燕京岁时记》，卜德英译并注释，95 页。

13. 司徒琳:《南明史》，2 ~ 7、14 页，以及参考文献；与司徒琳教授的谈话，1989 年 1 月 17 日。

14. 例子参见（北京）“上谕档（方本）”，乾隆三十二年十二月初三日，无日期的军机处奏片，261 页。

15. 例子参见（北京）“上谕档（方本）”，乾隆三十二年二月初一日，无日期的军机处奏片，93 ~ 94 页。

16.（北京）“朱批奏折”乾隆二十四年四月二十七日，“内政·其他”类，内中所上报的雍正十一年十二月二十日的文件。

17.《枢垣记略》卷 12，页 9 ~ 14b。乾隆时期一些呈递的材料，参见（北京）“报销进书档”档册。

18. 例子参见龚自珍著名的文章《上大学士》，收入《定盦文集》（台北重印本，1968 年），第 4 册，311 ~ 322 页。

19. 魏侯玮:《人君之鉴：魏徵与唐太宗》（纽黑文，1974 年），22 ~ 24 页。所谓唐宋以来君主专制主义加强的文献相当多，对这一主张扼要的表述，参见牟复礼:《中国专制主义的成长：对于魏特夫东方专制主义运用于中国的评论》，载《远东学报》，第 8 卷（1961 年），1 ~ 41 页。

20. 康熙皇帝的话引自朱金甫:《清康熙时期中央决策制度研究》，载《历史档案》，1987 年第 1 期（1987 年 2 月），80 页。

21. 我还没有看到任何此种 18 世纪的档册，时移势易，它们可能已经散佚、消失。即便如此，（北京）“票部本式样”“票通本式样”及相关档册——这些我定为是道光朝的，包括乾隆时期的许多规范；例如，在道光朝这些档簿中，最早的条目是雍正五年（1727）的。我看到的这一册子，依各部为序，每个部平均 60 页，六部共 360 页。这表明在道光初年，有几册多达 720 页，以供那些撰拟谕旨的人参考。到了 19 世纪晚期，这些内容增多，有着更多的档册，分门别类。

22. 参见我的《清乾嘉时期公文上的御批》，载《“国立”故宫博物院通讯》，第 7 卷第 3 期（1972 年 7—8 月），4 ~ 5 页。

23. 例子参见（北京）“议覆档”雍正十三年八月二十八日，39 页；（北京）“随手登记档”乾隆五十年三月初九日，110 页；（台北）“随手登记档”嘉庆三年十二月二十六日，262 页；（台北）“宫中档”嘉庆朝奏折 004407，嘉庆三年十一月十六日，司马、倭什布奏折。

24. 廷寄上谕，参见第三章。

380 25.（台北）“宫中档”雍正朝奏折 000592，封套内朱谕第 2 件。

26. 对于廷寄上谕以哪些被咨询的承旨人名单开头的分析，参见第三章 106 ~ 109 页（见本书边码。——译者）。

27.《清朝续文献通考》第 5 册，8874 页。

28. 君主不受约束以及超凡魅力（charismatically）的行事权力，参见孔飞力：《政治罪与官僚君主制：1768 年割辫案研究》，载《帝制晚期中国》，第 8 卷第 1 期（1987 年 6 月），80 ~ 114 页。皇帝决策不受约束，这是没有疑义的，但孔飞力所描述的各种情形非同寻常。18 世纪的“随手登记档”显示，在几乎所有情况下，乾隆皇帝都认可他最重要官员的书面议覆。

29. 理查德 · 诺伊施塔特：《总统的权力：领袖政治学》（纽约，1960 年），6、112 页。

30. 我对这一论点做过更为细致的探讨，参见《朱笔：军机处通信体系与清中期的中央决策》（耶鲁大学博士学位论文，1980 年），特别是第八章。

附录 A

雍正朝文件中的“部”

正确理解某些令人困惑的“部”——通常指的是“户部”——对于揭示雍正时期文件的含意有很大帮助。主要的问题是，一些对于外省所上密折的朱批或所下谕旨，说要“交部”，似乎秘密通信随便就交给大规模、公开的外朝官僚机构中的一个衙门。[1] 看起来皇帝不保守机密，但没有证据表明，这些奏折确实交外朝了。而且我们知道，一个通信体系向另一个移交文件并不符合雍正朝大部分时间的办事程序。那些不得不交外朝的奏折，通常朱批“具题来”，即要重新具题。[2] 文件中出现的“部”，有的令人困惑，似乎表明包含着秘密信息的谕旨是由外朝的一个衙门撰拟的，其实，我们从其他证据可以知道，它事实上是在内廷撰拟的。那么，这些“部”是什么意思呢？

对这些问题最好的一个回答，是雍正皇帝自己在雍正四年（1726）的一道谕旨中提供的。在谕旨中，雍正皇帝同意对于云南某些盐业问题的建议，这是由户部堂官包括允祥（怡亲王）、张廷玉、蒋廷锡以及三位侍郎提出的。皇帝的批示不是针对这些讨论人，而是写给原报告者云南总督鄂尔泰，户部堂官的建议是要发给他。朱批解释说："此交部密议者。尔所奏甚是。部议更得理。"

280 在这一文件中，我们有两条证据可以互证，认识到雍正的"部"只是指撰写了建议的六位户部堂官（其中三人是内廷人员）。[3] 而且皇帝接下来的话，进一步将堂官与人数更多的户部人员，特别是与外朝的中层部门可能会处理报告技术细节的人员区分开来。皇帝告诉鄂尔泰重新以题本上奏，这样外朝的属员就可以看到："应题奏者具题。"[4] 如果说这一通信往来原是要发外朝的中下层人员的话，那这最后的命令就显得不恰当了。因此，在这个例子中，皇帝将奏折交"部"，不是说要将这一问题转交外朝。机密性势必要求秘密地处理这样的文件。这一议覆完全是在内廷，由雍正皇帝的心腹也就是三位代理人所做的，他们也是户部高层官员，在这件事上，得到了户部其他堂官的协助。这一小集团就是雍正皇帝的"部"。

还有一个例子出现在更早一些由户部堂官对于云南盐课收入议覆的朱批中。朱批也不是写给讨论之人，而是给最初调查这一问题的外省具奏人，引述说"发部密议之折"。但这些具奏之人不是外朝的部院人员，而是怡亲王、张廷玉和户部四位侍郎（包括蒋廷锡）——换言之，又是户部的堂官。[5] 这一事例与上一个雍正皇帝使用"部"实际上只是指与内廷关系密切的一群人的例子相同。

在一些例子中，"部"的意思比前面所说的还要窄，不是指整个户部堂官，仅指堂官中的内廷代理人。将一些廷寄原文与后来所发出的廷寄文件比对，可以看出，我们所知道的由内廷代理人撰拟的谕旨有时称为"户部字"。有一份提到"部"的文件，现在我们可以证实仅指“怡亲王等”，这是一种简写形式，常常用于指三位内廷代理人，他们也是户部堂官的最高层。[6]

这四个都是雍正朝中期的例子。稍晚一些出现了类似的用词上的混乱情况，即“户部”事实上指的是“户部军需房”。雍正十一年末（1734年初）对于一份采买马匹奏折的议覆，是与此相关的一 281
个很好的例子。该议覆有一部分同意地方官员的请求，他的奏折报告了采买马匹和开支“交部核销”。接着这些议覆者加上了他们自己对于这一采买的许可，写道：“此应交户部查对。”[7]但所附的一份处理文件表明，整件事最终的去处是“交户部军需房”。可见，文件中的三次用法，将文件转交“部”、交“户部”和交“户部军需房”是一个意思。即便早期一些“部”在使用时意味着户部堂官，或户部的三位内廷代理人，而有时——尤其是后来——它可能指户部军需房，这是户部内廷代理人监管的一个机构。

有证据表明，“部”的使用有着时间上的划分。在雍正七年（1729）军需房建立之前[8]，它或指户部的三位内廷代理人，或指整个六七人的户部堂官。军需房建立之后，它的用法就复杂了：有时指内廷代理人，有时指他们在这一新军事机构中的属员。尽管并不总是明确，但在这一阶段，下令要求进行秘密议覆的，可能不是交整个户部甚或户部堂官以及适宜的部门，而只是给内廷的管理部务大臣及堂官的其他成员，而下令“部”调查并存案者可能是交军需房。

有的用法在今天看来已变得过于模糊而无法区别，但还是有证据可以帮助弄明白。例如雍正六年（1728），雍正皇帝朱批一奏折，解释说：“此奏著怡亲王等密议。将议折批旨一并发来”。议覆在形式上过于简化，以致在开始或结尾没有给出这些作者——而是在中间，他们两次称自己为“臣部”。[9]我们从其他文件知道，以这种方式自称的通常或是户部的三位内廷代理人，或是户部的整个堂官。与此可以进行对比的是，雍正七年（1729）一道上谕令由奏折上呈的“军需奏销事件”，交“该部”以“查对”，这现在可以很清楚地得到解释。尽管在户部军需房建立之前，内廷已做了这项工作，但
282 雍正七年（1729）年中，军需房就接手了此业务。[10]这一新的机构是在怡亲王同“户部堂官一二人”的领导下运作的，负责战争军需的“一切案件”。[11]它的全称包括“户部”字样，它的附属职责之一是要处理以前称“部”的人所执行的某些任务，它仍在他们的监管下运作，考虑到以上几点，用这一词语来称呼这一新的机构不足为奇。

一份甚或几份文件是不能解决这一谜题的。这里给出的结论是综合研究得出的：

1. 到清中期，有两种截然不同的文件处理制度：旧有的本章制度，它的文件在外朝流转，而新的奏折制度，它的文件（至少是在雍正时期）只在内廷办理（第一章）；

2. 雍正皇帝非常关心财政和官员渎职问题，他最宠信及最早的三位心腹作为户部官员，取得了最初的一些成功（第二章和第三章）；

3. 这几位户部官员成功地办理了早期的西北战争备战事宜；他们的业务逐渐扩张，包括了廷寄或奏折能够上报的任何问题（第三章）；

4. 尽管军需房的设立是作为户部的一部分，但这并不意味着它

是一个外朝机构；相反，从严格意义上讲，它隶属于户部的内廷大臣，也就是怡亲王同“户部一二堂官”（第四章）；

5. 将显示是同一集团的各种用法进行比对将会证明，雍正的“部”既指内廷的户部堂官（有时更狭义地指三位内廷代理人），同时在后来也指这些代理人所监管的“户部军需房”，而且常常可以看到“部”仅指户部，而不是其他的部。这与我们所知道的最早内廷代理人的谕旨撰拟和议覆的角色相符合，这些人开始身为户部堂官的成员，后作为皇帝心腹升至显位。

这一信息对于理解实录和其他谕旨中的“部”，尤其当涉及户部（比如“谕户部”）时是有用的。从所知户部堂官在议覆中的作 **283**
用，以及户部的内廷代理人在撰拟谕旨中的作用，我们可以得出结论，在雍正时期，这些“部”不是谕旨的交发对象，而是与皇帝讨论谕旨内容并撰写了皇帝所批准的谕旨的人。

注

1. 有许多的例子，其中两个参见岳锺琪奏折，（台北）“宫中档”雍正朝奏折000059，雍正七年十二月初七日，以及（台北）“宫中档”雍正朝奏折000068，雍正七年十二月初七日。两份都是关于前线军需的，朱批都说到了“部”，前者将折交“部”，后者是向“部”下达命令。查郎阿的例子，参见（台北）“宫中档”雍正朝奏折016727，雍正八年正月初四日。

2.“具题来”的使用，参见第一章注130～133及相应正文。

3. 这一事例中的六个人包括一位总理户部事务大臣、两位汉尚书（没有满尚书）、三位侍郎，这些人的名字出现在具奏人的名单中（见图表4），参见（台北）“宫中档”雍正朝奏折014708，雍正四年四月二十六日，允祥（怡亲王）等五人奏折。

4.（台北）“宫中档”雍正朝奏折014708，雍正四年四月二十六日，允祥（怡亲王）等五人奏折。

5.（台北）“宫中档”雍正朝奏折014709，雍正三年十二月二十三日，允祥等五人奏折。雍正初年，在“具题来”这一表述程式化之前，有一些交外朝的奏折的例子（在康熙朝的奏折中也有一些“具题来”的例子），参见《年羹尧奏折》第1册，4～5页，雍正元年正月初五日，年羹尧奏折。

6.（台北）“宫中档”雍正朝奏折016724，雍正七年十二月十五日，查郎阿奏折，它引述了（台北）“宫中档”雍正朝奏折000469，雍正七年十一月十八日由“怡亲王等”撰拟交岳锺琪的廷寄；很显然一份抄件送查郎阿。这里的“字”与廷寄（字寄）的“字”不同，表明是依照廷寄的样子、内有上谕的咨文。同样的一个例子说到“户部字”（户部咨文），是关于军费问题的，说“部臣”——肯定是堂官或内廷代理人——已考虑了这一问题，参见（台北）“宫中档”雍正朝奏折000066，雍正七年十二月初七日，岳锺琪奏折。再一个例子是（台北）“宫中档”雍正朝奏折000226-1，雍正八年六月十九日，岳锺琪奏折，它提及收到了包括关于战争问题的上谕的“户部字”。也参见（台北）“宫中档”雍正朝奏折000220，雍正八年五月三十日，岳锺琪奏折，引用了似乎是廷寄的上谕。（这在《清世宗实录》中以简略的形式出现，参见卷83，页36b～38，这里错误地当作
381 “谕兵部”。上谕的内容是关注军费的细节，这本应是户部代理人与皇帝讨论，然

后以廷寄发出的。)(台北)“宫中档”雍正朝奏折 000300，雍正七年六月初三日，岳锺琪奏折上的朱批，告知岳锺琪“此事已交怡亲王、大学士等议行。将议奏之折具录来，卿知之”。现在我们可以猜测，这些以户部咨文形式发出的上谕是由皇帝的代理人撰拟的。还有更早的使用户部咨文以传递皇帝谕令的例子。《宫中档雍正朝奏折》第八辑，821～822 页，雍正五年九月初四日，岳锺琪奏折，其中有“部字”关于雍正三年末的军事问题，议政王大臣会议已商讨过。(台北)“宫中档”雍正朝奏折 020075，关于湖南水灾赈济的上谕，时间是雍正五年七月十三日，标明“户部奉上谕”，这并没有用“字”字，也没有已成型的廷寄的其他特点。没有见到原件，难以知道这些材料的确切情况；它们可能是廷寄的雏形，它们的撰拟是由早期的内廷代理人监管的。

7.(北京)“议覆档”雍正十一年十一月二十七日，53～54 页。“户部军需房”散见于这些材料中，例子参见(北京)“议覆档”雍正十一年七月初七日，45 页；雍正十一年十二月初二日，67 页。

8.(台北)“宫中档”雍正朝奏折 020499，雍正十三年九月二十二日，允礼、张廷玉、海望奏折。

9.《宫中档雍正朝奏折》第十一辑，360～363 页，雍正六年九月十六日，岳锺琪、西琳奏折，内附有确认是由内廷代理人书写的典型“议折”。当时许多朱批直接命内廷代理人，而不是使用“部”的简称，例子参见(台北)“宫中档”雍正朝奏折 000327，雍正七年六月初三日，岳锺琪奏折。

10. 雍正七年七月二十九日上谕，(台北)“宫中档”雍正朝奏折 000220，雍正八年五月二十日，岳锺琪的奏折中曾大段引用。上谕部分内容参见《清世宗实录》卷 83，页 36b～38。这里提供的解释反驳了吴秀良的看法，即只要岳锺琪请求将事情交部，这就意味着还没有设立军需房，参见他的《清代军机处建置的再检讨》，载《“故宫”文献》，第 2 卷第 4 期(1971 年 10 月)，29 页，以及他引用的朱批；朱批参见(台北)“宫中档”雍正朝奏折 000289，雍正七年十一月十二日，岳锺琪奏折。军需房建立前的形势，可参见第三章内廷代理人雍正六年对于岳锺琪采买马匹与大车计划的意见(104～105 页[见本书边码。——译者])。

11. 引文出自(台北)“宫中档”雍正朝奏折 020449，雍正十三年九月二十二日，允礼、张廷玉、海望奏折。

附录 B

“办理军需大臣”的材料

284 下表给出了清朝史料中出现的办理军需大臣的代表性材料。含有这一集团名字的材料始于雍正九年（1731）正月，很接近它最早见诸记载的时间——雍正八年十二月，当时办理军需大臣中有数人出现在一份关于战争的廷寄承旨人员名单中。雍正十一年（1733），这一名称的使用减少，“办理军机大臣”日益取而代之。原始材料中第一次使用这一新名称是在“议覆档”雍正十一年正月初五日（页 1 ~ 2）。（对于某些日期虽早但肯定是后来添加的评论，参见第四章注 49。）自雍正十一年起，太多材料使用此新名称，这里不再开列。

在下表中，检索到的文件置于左侧，引述信息置于中间，引述内容的主题置于右侧。

文件检索栏的文件数字（如［台北］11808）指的是台北“故宫博物院”的馆藏号。

文件检索	活动	主题	
（台北）起居注册，雍正9/1/11	谕办理军需大臣	西北人员问题	285
（台北）起居注册，雍正9/1/13	廷寄承旨人员中有办理军需大臣	尹查纳及笔帖式派往青海	
（台北）起居注册，雍正9/1/14	谕办理军需大臣	马齐之子派往西北	
（台北）上谕内阁[a]，雍正9/3/26	办理军需大臣议奏	令议每省派多少军队，分拨军队	
（台北）11808，许容奏折，雍正9/5/12	朱批命将奏折交存办理军机处并讨论相关内容	运输粮食到甘肃西部	
（台北）13052，宪德、黄廷桂奏折朱批，雍正9/5/16	告知办理军需大臣	西藏、蒙古的喇嘛教	
《朱批谕旨》第9册5756页，迈柱奏折，雍正9/12/6	朱批命将奏折交办理军需大臣讨论	湖北调配军队保卫地方	
（台北）起居注册，雍正10/3/2	谕办理军需大臣（实录是办理军机大臣）	西北军事供应及武器	
（台北）起居注册，雍正10/3/16	谕办理军需大臣（实录是办理军机大臣）	两位大臣吴礼布、巴特马前去训练蒙古扎萨克军队	
（台北）起居注册，雍正10/7/25	谕办理军需大臣（实录是内阁）	侍卫哈岱派往前线	
（台北）7793，李卫奏折朱批，雍正10/9/4	办理军需大臣议覆	直隶军备问题	
（台北）录副2188-11，张广泗奏折，雍正10/10/4	奏折交办理军需处	奏折附片；派军队支持鄂尔泰	
（北京）议覆档，雍正十一年春	这一册大多数讨论人是办理军需大臣		286

续前表

文件检索	活动	主题
（北京）议覆档29–30，鄂尔泰等议覆奏折，雍正11/1/17	朱批命将奏折交办理军需大臣议覆	返回西藏的马价问题
（北京）议覆档35–37，雍正11/1/20	朱批命将奏折交办理军需大臣议覆	春天甘肃驻军所需马料（新的生长季节到来前无草可得）
（北京）议覆档39，所讨论奏折的朱批，雍正11/1/21	将原折交办理军需大臣	养廉；马匹
（北京）议覆档41–62，朱批，雍正11/1/24	命办理军需大臣商议	军事人员问题
（北京）议覆档91–92，朱批，雍正11/2/12	命办理军需大臣商议	请求道台赴西安；任命安西的人员
（北京）议覆档53–54，咨，雍正11/7/11	提到办理军需大臣[b]现在将其所办之事交办理军机大臣	被解职官员派往西北，作为兵卒效劳，他的病情
（北京）议覆档175–177，议奏，雍正11/9/6	命办理军需大臣讨论所上奏折	请求同意官员在前线调查
（北京）议覆档23[c]，雍正11/10/17	命将议奏交军需处存档并通知相关的巡抚	军饷

a.《雍正上谕内阁》一处用词的评论，参见第四章注49。

b. 该条目，有一处原作“办理军机”；其中“机”字被划掉，后面写的是“需大人处”。该档簿是乾隆朝的抄本，划掉处表明抄写之人依据习惯书写，写下后就发现了自己的错误。

c. 这条对于办理军需大臣来说是很晚的材料了，它不是用标准方式书写的，没有描述这些大臣讨论并建议的这类常见活动（而是命将所说文件存档）。这可能指的不是大臣而是军需处，这一机构常常受命保存档案。

附录 C

雍正朝“办理军需大臣”“办理军机大臣”人名

下表是我收集到的各种材料中出现的这些大臣的名字。与记载早期“军机大臣”的出处比如《清史》、梁章钜《枢垣记略》、《清代职官年表》等常见的名录相比，有所扩充。我也使用了另一种重要的史料：早期廷寄中的承旨人员名单。内廷代理人监管这些大臣，但这些代理人不属于大臣群体，因此不包括在这里。 287

好奇者可能会问，《清史》中出现的那些人名为什么不见于雍正十年以后的廷寄承旨人员名单？很不走运的是，至雍正十年，廷寄承旨人员名单只开列商议负责人（有时是两个商议负责人）——这人通常是一位内廷代理人，而不是开列所有参加商议者（见第三章表 2）。

那些在文件（而不是编纂作品）中只出现过一次的名字这里从略，包括朱轼、拉色（？）*、鄂善。《枢垣记略》也只是开列了索柱、

* 应是拉锡，参见第三章表 2 的注 f。——译者

纳延泰、性桂、双喜。这些人可能早在雍正时期就身在其位。由于缺少明确的时间及其他确切的信息，这些名字也从略。

288

名字	最早提到的时间	来源			
		廷寄承旨人员名单	《清史》	《枢垣记略》	《清代职官年表》
尹泰	雍正 8/12/28	√			
查弼纳	雍正 8/12/28	√			
阿齐图	雍正 8/12/28	√			
特古忒	雍正 8/12/28	√			
海望[a]	雍正 9/9/8	√		√	
莽鹄立[b]	雍正 9/9/8	√	√	√	
丰盛额[c]	雍正 9/9/8	√			
哈元生	雍正 10/10		√		
马兰泰	雍正 11/2		√		√
福彭	雍正 11/4		√		
讷亲[d]	雍正 11/11		√	√	√
班第[d]	雍正 11/11		√		

a.《清史》列有海望的名字，但时间是在雍正皇帝去世以后。《枢垣记略》所给出的也是那个时间（尽管《枢垣记略》这一时期并不给出明确的时间）。

b.《清史》表中出现莽鹄立，是在雍正皇帝去世以后。

c. 丰盛额情况反常，他当时可能是内廷代理人（见第三章）。在《清史》表中，丰盛额的出现是在雍正皇帝去世之后。

d. 讷亲和班第在《枢垣记略》中入军机章京名单，前者是在雍正十一年，后者是在雍正十一年八月。后来他们可能成为真正的大臣集团成员。但在傅宗懋的著作中，雍正朝"军机大臣"包括讷亲，参见《清代军机处组织及职掌之研究》，148 ~ 149 页。

附录 D

雍正朝内廷满章京

最完备的军机处章京名录可见梁章钜的《枢垣记略》。最早的 289
始于雍正八年末舒赫德的任命。然而，将梁章钜的名录与其他早期名单或材料，尤其是与满文档案史料对比，可知梁章钜未能得到早期满文方面的准确信息。下表中，军机处各前身组织中的满章京以他们首次出现的时间为序开列；所有的时间都是雍正朝的，另有说明者除外。

总共有三十五人。尽管他们中的三十二人见于《枢垣记略》满章京的部分，但只有二十四人列于雍正朝之下。很显然，对于其他的八人所知甚少（许多人没有明确的入值时间、旗籍、以前的职位，或《枢垣记略》通常会给出的其他事实），只是笼统地显示他们是在乾隆朝初年的不同时间入值的。另外十一人是从雍正朝的满文资料中辑出的：其中四人不见于其他资料；另七人见于其他资料，但都是标明乾隆以后。早期的满章京分派到不同的内廷领域或班子，他们的材料已不存在，这可以部分解释一些时间上的出入。尤其是那些效力于大臣集团（我所做的鉴别大部分源于这些档案）的章京，他们可能不为内廷的其他部分知晓。他们的名字很显然是事后记录下来的。

该表很有意义，因为它显示了在雍正内廷集团中，与汉章京相比，满章京占绝对优势，这种不平衡在《枢垣记略》中并不特别显眼。此外，数名满人现在已从乾隆朝的名单中拿去，这意味着与已知的相比，乾隆朝的汉章京增加得更多。那些只出现在早期满文资
290 料中的名字置于括号中。那些在雍正皇帝去世后入军机处者视作乾隆时期的章京，故没有列入。

名字	早期满文资料 时间 雍正 年 / 月 / 日	（北京）“议覆档” 时间 雍正或乾隆 年 / 月 / 日	《枢垣记略》开列 时间 雍正或乾隆 年 / 月 / 日
舒赫德		8/12/26	8/12
常钧			8（无月日）
明善（Mingshan）	8/12/26	9/2/25	9/2
敏德（Mingde）	8/12/26		乾隆九年以后
兆惠		9/1/22	9/1
雅尔哈善		9/2/2	9/2
积兰泰		9/6/4	9/6
阿思哈		9/7/2	9/7
保宁（Booning）	9/8/2		13/11 以后
佟额莫（Tunge-me）*	9/8/2		

* 这两人的汉文名字不见于《枢垣记略》，现据满文音译。——译者

续前表

名字	早期满文资料 时间 雍正 年 / 月 / 日	（北京）“议覆档” 时间 雍正或乾隆 年 / 月 / 日	《枢垣记略》开列 时间 雍正或乾隆 年 / 月 / 日
崇禄（Cunglu）	9/8/5		乾隆九年以后
苏楞额（Surrege）	9/8/5		？ 10
德克进（Dekjin）	9/8/10		乾隆九年以后
董汉（Donghan）	9/8/10		13/11 以后
佛存（Fot'sun）	9/9/2		？ 10
唐乌里（Tanggūri）	9/9/2		？ 10
德兴（Dehing）	9/11/10		？ 10
三赞保（Sangt'sangt-boo）	9/11/16		乾隆九年以后
特曼 / 德敏（Te-man，也作 Demin）*	9/11/19		
书秀（Shusio）	9/11/27		乾隆六年以后
硕善（Surshan）	9/12/5	乾隆 2/8/11	乾隆 2/8
傅亮		10/10/11	10/10
椎霍托			10？
逊札齐			10？
索诺木			10？
扬珠			10？
瓜兰泰			10？
官保			10？
瞻柱			10？
达素		11/1/21	11/1
鄂容安			11/5

续前表

名字	早期满文资料 时间 雍正 年/月/日	（北京）“议覆档” 时间 雍正或乾隆 年/月/日	《枢垣记略》开列 时间 雍正或乾隆 年/月/日
鄂伦			11/5
班第			11/8
讷亲			11（无月日）
苏崇阿		13/1/26	13/1

资料来源：（北京）满文“军务议覆档”雍正八年十二月至九年八月；（北京）“议覆档”乾隆二年十二月十一日，353 ~ 355 页；《枢垣记略》卷 16，页 1 ~ 3b；叶凤毛：《内阁小志》（清刻本，1836 年），页 11a ~ b。

附录 E

总理事务王大臣中的编纂人员

下表显示的是，在总理事务王大臣期间，以其成员为首的、出版了大量官方出版物的编纂班子的情况。在几乎所有编纂班子的最高层，总理事务王大臣班子的一个或多个成员占据着监管位置。当然，这些职位乃兼职，并不是说这些人整天忙于编纂事务；他们可能负责大政方针，而由手下人负责实际工作。在右栏的名字中，最上面的一行显示最高的编纂层，下一行显示的是次高层，总理事务王大臣的成员名字下画横线。有些情况并没有完备的编纂信息，但还是开列了书名，以显示总理事务王大臣编纂事务的多样性。即便是没有成员被任命为最高层的监管职位，总理事务王大臣也常常给出建议并撰拟有关这些出版物的谕旨。 291

除另有说明者外，所有的档案出自北京。除另标明外，所有时间（年 / 月 / 日）都是乾隆时期的。卷和页码位于每种资料的结尾处（卷 / 页码）。

292

史料来源	出版物名称	在编纂班子最上两层的总理事务王大臣
“上谕档（方本）”雍正 13/12/1，165 页；《清高宗实录》8/2；《光绪会典事例》1049/14b	《八旗满洲氏族通谱》	鄂尔泰 福敏、徐元梦
《澄怀主人自订年谱》4/1b，1/1/14	玉牒	鄂尔泰、张廷玉 福彭（平郡王）
“上谕档（方本）”1/6/16，257 ~ 259 页；《清代名人传略》236 页	《钦定四书文》	弘昼（和亲王） 方苞
《澄怀主人自订年谱》4/7，1/7/9。“议覆档”1/7/5，67 ~ 68 页；2/4/5，137 ~ 138 页。《清高宗实录》21/1 ~ 2，1/6/16，22/23b。《清代名人传略》236、603 页	《三礼义疏》；出版时包括三部著作：《周礼义疏》《仪礼义疏》《礼记义疏》	鄂尔泰、张廷玉 朱轼
《光绪会典事例》1049/14	《日讲礼记解义》	
始于乾隆 1 ~ 6 年，完成于 21 年。“议覆档”1/7/5，67 ~ 68 页；2/4/5，137 ~ 138 页。《光绪会典事例》1049/14。《清代名人传略》805 页。（台北）“上谕档（方本）”47/6/24，683 页	《大清通礼》	命总理事务王大臣与礼部共同编纂
“议覆档（方本）”2/5/28，37 页；《清高宗实录》43/18；《光绪会典事例》1049/14b；《清代名人传略》102、318、603 页	《授时通考》	鄂尔泰、张廷玉

续前表

史料来源	出版物名称	在编纂班子最上两层的总理事务王大臣	
《清世宗实录》首卷 4b ~ 5；《光绪会典事例》1049/12b ~ 13b，雍正 13/10 上谕	《清世宗实录》	鄂尔泰 张廷玉、福敏、徐本、三泰	
《光绪会典事例》1049/13b，乾隆 1 上谕	《清世宗圣训》	同上	
“上谕档（方本）” 1/10/5，153 页。	国史	鄂尔泰	
《光绪会典事例》1049/13b ~ 14。“议覆档” 1/6/28，55 ~ 66 页；2/7/4，9 ~ 11 页；2/ 闰 9/7，199 ~ 200 页；2/11/7，297 页	律例[a]	包括总理事务王大臣成员	
编纂和刊印始于雍正朝，但在总理事务王大臣期间仍在继续			
《清代名人传略》6、453、603、718 页	《八旗通志》	鄂尔泰	293
《清代名人传略》919 页	《上谕八旗》[b]	同《清世宗实录》	
《清代名人传略》919 页	《上谕旗务议覆》	同《清世宗实录》	
《清代名人传略》919 页	《谕行旗务奏议》	同《清世宗实录》	
《雍正朱批谕旨》序言，雍正 10/3/1 及后序，乾隆 3/2/4	《雍正朱批谕旨》[c]	鄂尔泰、张廷玉	
《清代名人传略》919 页；（台北）“议覆档” 25/3/26，53 ~ 54 页	《雍正上谕内阁》	同《清世宗实录》	
“议覆档” 1/12/21，394 页。参见《清世宗实录》9/26，雍正 1/7/25；《清高宗实录》9/35b ~ 36	《明史》	张廷玉	

续前表

史料来源	出版物名称	在编纂班子最上两层的总理事务王大臣
“上谕档（方本）”雍正 13/11/15，71 页	《一统志》	
（台北）“起居注册”雍正 13/1/23；《清代名人传略》792 页及其他页。也参见《光绪会典事例》1049/14b	《皇清文颖》	鄂尔泰、张廷玉
（陈观胜）《中国佛教的历史考察》，451 页	《汉文大藏经》	

a. 早期的律例（约五年修订一次），参见《清世宗实录》卷 11，页 26b ～ 27。

b. 数种雍正谕旨的编纂并没有成立单独的编纂机构。它们是由实录馆完成的，这解释了鄂尔泰、张廷玉等人何以列入编纂人员；方甦生：《清内阁库贮旧档辑刊》册 1，页 24。

c.《雍正朱批谕旨》最早刊印是在雍正十年（1732），很显然那一版所收的奏折和朱批没有涵盖整个雍正朝。乾隆三年二月初四日（1738 年 3 月 23 日）下令校订完备的版本并于次月刊印，见《雍正朱批谕旨》后序。我们知道这是在总理事务王大臣期间进行的，参见“上谕档（方本）”，乾隆元年十一月初一日，217 页。

附录 F

军机处满件业务——对乾隆初年一个月满文奏折上报事项的考察

下面开列了乾隆十一年十二月（1747 年 1 月 11 日—2 月 8 日） 294
这一个月的满文奏折上报的问题。选择这个月是因为它是该年奏折最多的月份——共计六十五件。材料来自满文录副奏折，这是奏折抵京后抄录而成的。该档案按月将奏折分为不同的包（没有提供更准确的日期），并提供了主要具奏人的名字、官职及摘由。（尽管原来开列有具奏人姓名，但在下列表中名字略去，只提供官职。）具奏人从王公、军机大臣、大学士、武职将领，到远为低下的边疆旗人，以及盛京官员、关差等。可认出有的是京官。从两年（乾隆十一年，1746；乾隆十四年，1749）的录副中可以看到，最低级官员是部院的主事（正六品）。乾隆十一年有四百一十三件奏折，共十三个月，平均每月三十件。有一些奏折是代奏。下面有的是对原文的概述，做得可能不尽令人满意。

具奏人的官职	问题
295 御史	提议拿出一定旗地的收入生息，所得分给旗人
西藏副都统	西藏收成
	奏谢恩赐玻璃器、瓷器（代奏）
	奏谢恩赐项链（代达赖喇嘛）
	奏谢恩赐衣帽（代奏）
	针对颇罗鼐的谋划
	奏谢恩赐布料（代奏）
	雪情
德尔敏（Te-erh-min，人名）	请求陛见
都统	镶蓝旗蒙古的经费
公	为子请求永久性职位
亲王	反对上面的请求
天津都统	赴京陛见日期；据部的建议取消一职位
宁夏满将军	任命存在的问题：无人任满必需的三年
归化都统	奏请所发指示
江宁将军	奏请任命其子在八旗任职
青州将军	建议一事应交部议处
热河副都统	请求将棚马银交当铺生息
	奏谢任古北口提督
宁古塔将军	任命空缺
	抓捕一罪犯
	赴京陛见日期
	抓捕并处置罪犯
	请求建造卡伦
296	请求同意建议并审讯罪犯

续前表

具奏人的官职	问题
	纠劾官员
副都统	报告每年恩赏五千两的分发
	请求将一些罪犯流放东北为奴
	因母亲年高，请求回京告养
盛京侍郎	请求为受涝灾百姓建房
杭州副都统	奏谢署理职位
	雨雪情况
郎中	请求改变办事方法
	又请求改变办事方法
副都统	因病请求休致
侍郎	请求变革翻译童试
公	奏谢恩赐其子物品
川陕总督	上奏审讯并处罚建议
打牲乌拉总管	纠劾官员
副都统	请求派人暂代其职
黑龙江将军	报佐领亡故并奏是否由其弟承袭
乍浦副都统	军队操演
贝勒	奏谢任命其子为安答
	奏谢恩赐《八旗通志》
启施（Ch’i-shih，人名）	奏谢暂署热河副都统
镇海将军	请求将官员经费投当铺生息
亲王	任命侍卫
理藩院	奏报蒙古地区受灾并请求蠲免赋税
大学士等	纠劾官员
奉天将军	请求为盛京官员铸印信

续前表

具奏人的官职	问题
	官员经费在当铺生息
	改变经费处置的办法
	盛京围场
	勘察受灾旗人；请求蠲免赋税
	请求增加护卫陵寝人员
	讨论阿赉泰（A-lai-t'ai）的弹劾请求
	降级
	陵寝护卫人事问题
	调查某人的情况
贝勒	回复要他解释为何打破上奏规定
	奏报一副都统亡故
将军	抓捕罪犯

资料来源：（北京）“奏折号簿”乾隆十一年十二月。我认为从根本上说这是满文档册，却由于包含很多的汉字而被误归入汉文档案，参见《清军机处档案目录》，故宫博物院文献馆编（北平，1930年），11页。一旦可以看到所有的满文馆藏并用于研究，就可能发现其他档册。我也见过提到其他年份的材料，例子参见（北京）“议覆档”，乾隆四年十二月十二日，307～310页，说到要在“号簿”中填入满文议覆。

征引文献

档案

许多档案在清朝时就有备份，现在一些分藏在北京和台北两地。在注释中有的特别注明——用（北京）或（台北）——我所利用具体档案的收藏地，但在征引文献中略去了收藏地点，以免误导读者，以为在一地收藏的档案不会在另一地找到。（当然，不同地点的档案页码常常不同，有时内容有轻微差异。）满文档案开列在它们的汉文名字之下，清朝就是这样归类的，今天若要利用就不得不去查找。

军机处档案

寄信档

交片档

剿捕逆回档

剿捕档

清查各档记载簿

桌饭档

朱批奏折

军机处规矩记载

军机处文移档

汉军机档案总册
汉库档案正本清册
寻常档
议覆档
议奏档
公记备考
宫中档
宫中廷寄包
来文档
录副（军机处录副奏折）
满军机档案总目正本副本并月折
满库档案草本清册
密记档
内折总目
报销进书档
边备夷情档
平定准噶尔文移档
上谕档（方本）
随手登记档
大员子弟档
电寄档
奏折号簿
文移档
文武查办废员单档

内阁档案

内阁满票签部本式样
内阁满票签通本式样

票部本式样

题本

其他档案

起居注册

和图利档

户科史书

上谕档

著作

那彦成. 阿文成公年谱：34 卷［M］. 1813 年第 1 版. 台北：1971 年重印本.

金松乔. 爱新觉罗宗谱：8 册［M］. 奉天：1938.

Arlington, L. C., and William Lewisohn. In Search of Old Peking. Peking: Henri Vetch, 1935.

阿灵敦，卢因森. 寻找老北京［M］. 北平：（魏智）法国书店，1935.

Backhouse, E., and J. O. P. Bland. Annals and Memoirs of the Court of Peking. 1st ed. 1914; repr. Taipei: Ch'eng-wen, 1970.

白克浩司，濮兰德. 清室外纪［M］. 1914 年第 1 版. 台北：成文出版社，1970 年重印本.

Bartlett, Beatrice S. "An Archival Revival: The Qing Central Government Archives in Peking Today." Ch'ing-shih wen-t'i 4, no. 6 (Dec. 1981): 81–110.

白彬菊. 今日北京所藏的清朝中央政府档案［J］. 清史问题，1981，4（6）：81–110.

———[Pai Pin-chü]. "Archive Materials in China on United States History." In Guide to the Study of United States History Outside the U. S. 1945–1980, edited by Lewis Hanke, 1: 50466. White Plains. N. Y.: Krause International, 1985. (Translated by Liang K'an and published in Tang-an hsueh ts'an-k'ao [Journal of archival studies], nos. 16–17 [Dec. 1986]: 2–17, as "Chung-kuo tang-an chi ch'i-chung ti Mei-kuo shih tzu-liao" [Chinese archives and their materials on U. S.

History]).

白彬菊 . 中国档案及其中的美国史资料 [J] . 梁侃，译 . 档案学参考，1986 (1617) : 2-17.(英文原文，收录于刘易斯 · 汉克编 :《1945—1980 年国外研究美国史指南》[纽约州怀特普莱恩斯，克劳斯国际组织，1985 年]，第 1 册，504 ~ 566 页)

———. "Books of Revelations: The Importance of the Manchu Language Archival Record Books for Research on Ch'ing History." Late Imperial China 6, no. 2 (Dec. 1985) : 25-36.

白彬菊 . 满文档册对于清史研究的重要性 [J] . 帝制晚期中国，1985，6 (2) : 25-36.

———. "Ch'ing Documents in the National Palace Museum Archives. Part One. Document Registers: The Sui-shou teng-chi." National Palace Museum Bulletin 10, no. 4 (Sept. -Oct. 1975) : 1-17.

白彬菊 . "国立" 故宫博物院的清代档案之一：随手登记档 [J] . "国立" 故宫博物院通讯，1975，10 (4) : 1-17.

———. "Ch'ing Palace Memorials in the Archives of the National Palace Museum." National Palace Museum Bulletin 13, no. 6 (Jan. -Feb. 1979) : 1-21.

白彬菊 . "国立" 故宫博物院档案中的清代奏折 [J] . "国立" 故宫博物院通讯，1979，13(6) : 1-21.

白彬菊 . 清代军机处的档案管理制度——官僚体制创新之一研究 [C] . 陈国栋，译 // 明清档案与历史研究：中国第一历史档案馆六十周年纪念论文集：下册 . 北京：中华书局，1988：634-688.(本文原是提交 1985 年 10 月北京召开的 "明清档案与历史研究学术讨论会" 论文)

———. "History as Mirror: Through the Looking-Glass and into Wonderland with the Ch'ien-lung Emperor." Paper presented at the American Historical Association, Dec. 1982.

白彬菊 . 以史为镜：透过历史档案看乾隆皇帝 .(提交美国历史协会年会论文，1982 年 12 月)

———. "Imperial Notations on Ch'ing Official Documents in the Ch'ien-lung (1736–1795) and Chia-ch'ing (1796–1820) Reigns." National Palace Museum Bulletin 7, no. 2 (May-June 1972): 1–13, and no. 3 (July-Aug. 1972): 1–13.

白彬菊．清乾嘉时期公文上的御批［J］．"国立"故宫博物院通讯，1972，7(2)：1–13. 1972，7(3)：1–13.

———. "Ruling in Late Imperial China: Evidence from the Memorials of Discussion and Recommendation." Paper presented at the New England Conference of the Association for Asian Studies, Yale University, 15 Nov. 1986.

白彬菊．帝制晚期中国的统治：议覆奏折中的证据．(提交亚州研究协会新英格兰会议论文，耶鲁大学，1986 年 11 月 15 日)

———. "The Secret Memorials of the Yung-cheng Period (1723–1735): Archival and Published Versions." National Palace Museum Bulletin 9, no. 4 (Sept.-Oct. 1974): 1–21.

白彬菊．雍正朝密折：档案原件与所刊布的材料［J］．"国立"故宫博物院通讯，1974，9(4)：1–21.

———. "The Vermilion Brush: The Grand Council Communications System and Central Government Decision Making in Mid Ch'ing China." Ph. D. diss., Yale University, 1980.

白彬菊．朱笔：军机处通信体系与清中期的中央决策［D］．耶鲁大学，1980.

Bastid, Marianne. "The Structure of the Financial Institutions of the State in the Late Qing." In The Scope of State Power in China, edited by Stuart R. Schram. New York: St. Martin's Press, 1985.

巴斯蒂．晚清国家财政机构的组织形式［M］// 斯图亚特 · 施拉姆．中国的政权．纽约：圣马丁出版社，1985.

Beattie, Hilary J. Land and Lineage in China: A Study of T'ung-ch'eng County, Anhwei, in the Ming and Ch'ing Dynasties. New York: Cambridge University Press, 1979.

希拉里·贝蒂．中国的土地和宗族：明清安徽桐城研究［M］．纽约：剑桥大学出版社，1979.

Bielenstein, Hans. The Bureaucracy of Han Times. New York: Cambridge University Press, 1980.

汉斯·比伦斯坦．汉代的官僚制度［M］．纽约：剑桥大学出版社，1980.

Biggerstaff, Knight. "Some Notes on the Tung-hua lu and the Shih-lu." Harvard Journal of Asiatic Studies 4, no. 2 (July 1939): 101–15.

毕乃德．读《东华录》与《实录》札记［J］．哈佛亚洲研究，1939，4（2）：101–115.

Bodde, Derk, and Clarence Morris. Law in Imperial China: Exemplified by 190 Ch'ing Dynasty Cases (Translated from the "Hsing-an hui-lan"); with Historical, Social, and Juridical Commentaries. Cambridge, Mass.: Harvard University Press, 1967.

卜德，莫里斯．中华帝国的法律［M］．马萨诸塞州剑桥：哈佛大学出版社，1967.

Bredon, Julie. Peking. Shanghai: Kelly and Walsh, 1931.

裴丽珠．北京纪胜［M］．上海：别发洋行，1931.

Britton, Roswell S. The Chinese Periodical Press, 1800–1912. 1st ed. Shanghai: Kelly and Walsh, 1933; repr. Taipei: Ch'eng-wen, 1966.

白瑞华．1800—1912 年的中文期刊［M］．上海：别发洋行，1933 年第 1 版；台北：成文出版社，1966 年重印本．

Brook, Timothy. "The Spread of Rice Cultivation and Rice Technology into the Hebei Region in the Ming and Qing." In Explorations in the History of Science and Technology in China, edited by Hu Tao-ching. Shanghai: Chinese Classics, 1982.

卜正民．明清时期水稻种植和技术在河北地区的传播［M］// 胡道静．中国科技史探索．上海：上海古籍出版社，1982.

Brunnert, H. S., and V. V. Hagelstrom. Present Day Political Organization of China. Translated by A. Beltchenko and E. E. Moran. Shanghai: Kelly and Walsh,

1912.(First published in Russian, 1910.)

卜内特，哈盖尔斯特洛姆 . 当代中国的政治组织 [M] . 贝勒成科，墨澜，译，上海：别发洋行，1912.(原为俄文，1910 年出版)

Chan, Albert, S. J. “Peking at the Time of the Wan-li Emperor (1572–1619).” In International Association of Historians of Asia: Second Biennial Conference Proceedings, 2: 119–47. Taipei: IAHA, 1962.

陈绪纶 . 万历时代（1572—1619）的北京 [C] // 国际亚洲历史学家协会：第二届双年会议论文集：第 2 册 . 台北：国际亚洲历史学家协会，1962：119–147.

张治安 . 明代内阁的票拟 [J] . “国立”政治大学学报，1971, 24: 143–156.

Chang, Chung-li. The Income of the Chinese Gentry. Seattle: University of Washington Press, 1962.

张仲礼 . 中国绅士的收入 [M] . 西雅图：华盛顿大学出版社，1962.

故宫博物院文献馆 . 掌故丛编：10 册 [M] . 1928—1929 年第 1 版 . 台北：国风出版社，1964 年重印本 .

Chang Te-ch’ang. “The Economic Role of the Imperial Household in the Ch’ing Dynasty.” Journal of Asian Studies 31, no. 2 (Feb. 1972): 243–73.

张德昌 . 清代内务府的经济角色 [J] . 亚洲研究杂志，1972，31 (2)：243–273.

张德泽 . 军机处及其档案 [M] // 文献论丛 . “论述二” . 北平：1936: 57–84.

张廷玉 . 澄怀主人自订年谱：6 卷 [M] . 1749 年序 . 台北：文海出版社，1970 年重印本 .

赵翼 . 廿二史劄记 [M] . 最晚的序作于 1801 年 . 台北：乐天出版社，1973 年重印本 .

赵翼 . 簷曝杂记：4 卷 [M] . 清刻本 . 台北：中华书局，1957 年重印本 .

昭梿 . 啸亭杂录：10 卷 [M] . 1814—1826 年撰 . 台北：文海出版社，1968. 2 册 .

陈康祺 . 郎潜纪闻：12 卷 [M] . 清朝 1880 年刻本 . 台北：成文出版社，

1968 年重印本 . 4 册 .

Ch'en, Kenneth K. S. Buddhism in China: A Historical Survey. Princeton: Princeton University Press, 1964.

陈观胜 . 中国佛教的历史考察［M］. 普林斯顿：普林斯顿大学出版社，1964.

陈列室文物总目［M］// 文献特刊 .“陈列总目”. 北平：故宫博物院文献馆，1935：1–96.

郑里 . 明清档案［J］. 故宫博物院院刊，1979（1）：11–20.

整理军机处档案之经过［M］// 文献特刊 .“报告”. 北平：故宫博物院，1935：17–21.

季士家 . 浅论清军机处与集权政治［J］. 清史论丛，1984（5）：179–191.

朱希祖 . 嘉庆三年太上皇帝起居注［M］. 北平：北京大学，1930.

乾隆京城全图［M］. 原绘于 1750 年前后 . 北平：兴亚院华北联络部政务局调查所，1940.

钱穆 . 中国传统政治［M］// 查时杰 . 中国通史集论 . 台北：未名书屋，1973.

钱穆 . 中国历代政治得失［M］. 台北：三民书局，1969. 此书由薛君度（Chün-tu Hsueh）、陶慕廉（George O. Totten）英译，书名 Traditional Government in Imperial China: A Critical Analysis，纽约：圣马丁出版社，1982。

钱实甫 . 清代的军机处［M］// 中国人民大学清史研究所 . 清史论文选集：第 1 辑 . 北京：中国人民大学出版社，1979.

弘昼，方苞 . 钦定四书文：41 卷［M］. 1739.

Ching, Frank. Ancestors: 900 Years in the Life of a Chinese Family. New York: Fawcett Columbine, 1988.

秦家聪 . 秦氏千载史［M］. 纽约：福西等科隆比纳出版社，1988.

刘锦藻 . 清朝续文献通考：14 册［M］. 1921 年编者序 . 台北：1965 年重印本 .

故宫博物院文献馆 . 清军机处档案目录［M］. 北平：1930.

Ch'ing Hsüan-t'ung. From Emperor to Citizen: The Autobiography of Aisin-

Gioro Pu Yi. Translated by W. J. F. Jenner. 2nd ed. 2 vols. Beijing: Peking Foreign Languages Press, 1979.(1st ed. 1964.)

溥仪. 我的前半生[M]. 詹纳英译本. 第2版. 北京：外文出版社，1979.(第1版，1964)

唐邦治. 清皇室四谱[M]. 1923年第1版. 台北：文海出版社，1968.

章唐容. 清宫述闻：6卷[M]. 最晚的序作于1937年. 台北：文海出版社，1969年重印本.

清内府藏京城全图年代考[M]//文献特刊."报告". 北平：故宫博物院文献馆，1935：3738.

方甦生. 清内阁库贮旧档辑刊：6册[M]. 北平：故宫博物院文献馆，1934.

徐珂. 清稗类钞：12册[M]. 1917年第1版. 台北. 商务印书馆，1966年重印本.

清史：8册[M]. 台北："国防研究院"，1961.

清史列传：10册[M]. 第1版. 上海：1928年. 台北：中华书局，1964年重印本.

中国社会科学院. 清史论丛[M]. 北京：中华书局，始于1979年.

Ch'ing-shih wen-t'i (The study of Ch'ing history). English-language journal appearing irregularly 1964-1985; in June 1985 name changed to Late Imperial China.

清史问题[J]. 英文期刊，1964—1985年不定期出版.(1985年6月改名为《帝制晚期中国》)

祁文端(寯藻)枢廷载笔逸稿[M]//清代掌故缀录. 台北：三人行出版社，1974.

钱实甫. 清代职官年表：4册[M]. 北京：中华书局，1980.

万依，王树卿，陆燕贞. 清代宫廷生活[M]. 香港：商务印书馆，1985.

国家档案局明清档案馆. 清代地震档案史料[M]. 北京：中华书局，1959.

朱沛莲. 清代鼎甲录[M]. 台北：中华书局，1968.

赵祖铭. 清代文献迈古录[M]. 台北，1971.

清太祖努尔哈赤实录[M]. 北平：故宫博物院文献馆，1933.(乾隆朝版

本，民国排印版）

朱彭寿 . 旧典备征：5 卷［M］. 1941 年跋 . 台北：文海出版社，1968.

朱金甫 . 清康熙时期中央决策制度研究［J］. 历史档案，1987（1）：80–88.

朱偰 . 北平宫阙图说［M］. 长沙：商务印书馆，1938.

鞠德源 . 清代的编年体档册与官修史书［J］. 故宫博物院院刊，1979（2）：34–44.

鞠德源 . 清代题奏文书制度［J］. 清史论丛 . 1982（3）：218–238.

庄吉发 . 清世宗拘禁十四阿哥允禵始末［J］. 大陆杂志，1974，49（2）：24–38.

庄吉发 . 清世宗与办理军机处的设立［J］. 食货月刊，1977，6（12）：666–671.

庄吉发 . 清世宗与奏折制度的发展［J］.“国立”台湾师范大学历史学报，1976（4）：197–220.

庄吉发 . 清代奏折制度［M］. 台北：“故宫博物院”，1979.

庄吉发 .“国立”故宫博物院典藏清代档案述略［J］.“故宫”季刊，1972，6（4）：57–66.

庄吉发 . 本院典藏清代档案目录［J］.“故宫”文献，1971，2（4）：81.

庄吉发 . 评价吴著《清初奏折制度之发展》［J］. 大陆杂志，1970，41（8）：21–28.

庄吉发 . 上谕档［J］.“故宫”文献，1972，3（2）：67–68.

庄吉发 . 从故宫博物院现藏宫中档案看清代的奏折［J］.“故宫”文献，1970，1（2）：43–53.

吴孝铭 . 军机章京题名［M］. 第 1 版 . 1828. 台北：文海出版社，1970 年重印本 .

中和月刊史料选辑：2 册［M］. 台北：文海出版社，1970.

Crossley, Pamela Kyle. “Manzhou yuanliu kao and the Formalization of the Manchu Heritage.” Journal of Asian Studies 46, no. 4（Nov. 1987）: 761–90.

柯娇燕 .《满洲源流考》和满洲遗产的形成［J］. 亚洲研究杂志，

1987, 46 (4): 761–790.

Eastman, Lloyd E. Throne and Mandarins: China's Search for a Policy During the Sino-French Controversy, 1880–1885. Cambridge, Mass.: Harvard University Press, 1967.

易劳逸．1880—1885 年中法战争中清朝君臣的对策［M］. 马萨诸塞州剑桥：哈佛大学出版社，1967.

Eisenstadt, S. N. The Political System of Empires. New York: Free Press, 1969.

艾森斯塔德．帝国的政治制度［M］. 纽约：自由出版社，1969.

Elman, Benjamin A. From Philosophy to Philology: Intellectual and Social Aspects of Change in Late Imperial China. Harvard East Asian Monogaphs, no. 110. Cambridge, Mass.: Harvard University, Council on East Asian Studies, 1984.

艾尔曼．从理学到朴学：中华帝国晚期思想与社会变化面面观［M］// 哈佛东亚研究丛刊：第 110 种．马萨诸塞州剑桥：哈佛大学出版社，1984.

Eminent Chinese of the Ch'ing Period (1644–1912). Edited by Arthur W. Hummel. 1st ed. 1943; repr. Taipei, 1967.

恒慕义．清代名人传略［M］. 第 1 版．1943. 台北：成文出版社，1967 年重印本．

Fairbank, John K. Trade and Diplomacy on the China Coast: The Opening of the Treaty Ports 1842–1854. 2 vols. Cambridge, Mass.: Harvard University Press, 1964.

费正清．中国沿海的贸易和外交：通商口岸的开启（1842—1854）：2 册［M］. 马萨诸塞州剑桥：哈佛大学出版社，1964.

Fairbank, John K., and Ssu-yü Teng. "On the Types and Uses of Ch'ing Documents." In Ch'ing Administration: Three Studies. Cambridge, Mass.: Harvard University Press, 1961. (Originally published in Harvard Journal of Asiatic Studies 6, no. 1 [Jan. 1940]: 1–71.)

费正清，邓嗣禹．清代文书种类及使用［M］// 清代行政三论．马萨诸塞州剑桥：哈佛大学出版社，1961.（此文原刊于《哈佛亚洲研究》，第 6 卷第 1 期［1941 年 1 月］，1–71 页）

Farquhar, David M. "Emperor as Bodhisattva in the Governance of the Ch'ing Empire." Harvard Journal of Asiatic Studies 38, no. 1 (June 1978): 5–34.

大卫·法夸尔．清帝国统治中身为菩萨的皇帝［J］．哈佛亚洲研究，1978, 38(1): 5–34.

———. "Mongolian versus Chinese Elements in the Early Manchu State." Ch'ing-shih wen-t'i 2, no. 6 (June 1971): 15–22.

大卫·法夸尔．早期满洲政权中的蒙古与中原因素［J］．清史问题，1971, 2(6): 15–22.

冯尔康．雍正传［M］．北京：人民出版社，1985.

Fisher, Thomas S. "New Light on the Yung Cheng Accession." Papers on Far Eastern History 17 (Mar. 1978): 103–36.

费思堂．雍正继位新论［J］．远东历史论文，1978，17：103–136.

Franke, Wolfgang. An Introduction to the Sources of Ming History. Kuala Lumpur: University of Malaya Press, 1968.

傅吾康．《明史》的史料来源［M］．吉隆坡：马来西亚大学出版社，1968.

———. "The Veritable Records of the Ming Dynasty (13681644)." In Historians of China and Japan, edited by W. G. Beasley and E. G. Pulleyblank. London: Oxford University Press, 1961.

傅吾康．明朝的实录［M］// 比斯利，普利布兰克．中国与日本的史家．伦敦：牛津大学出版社，1961.

傅乐成．中国通史：2 册［M］．第 2 版．台北：大中国图书公司，1972.

Fu Lo-shu. A Documentary Chronicle of Sino-Western Relations (1644–1820). 2 vols. Tucson: University of Arizona Press (for the Association for Asian Studies), 1966.

傅乐淑．中西关系史事编年（1644—1820）：2 册［M］．图森：亚利桑那大学出版社，1966.

傅宗懋 . 清代军机处组织及职掌之研究［M］. 台北：嘉兴水泥公司文化基金会，1967.

傅子浚，朱秀元 . 明清档案馆历史档案整理工作在大跃进中［J］. 历史研究，1959(1)：95–96.

Goodrich, L. Carrington. The Literary Inquisition of Ch'ien-lung. 2d ed. New York: Paragon Books, 1986. (1st ed. 1935.)

富路德 . 乾隆文字狱［M］. 第 2 版 . 纽约：派拉根出版社，1986 年重印本 .(第 1 版，1935)

Grantham, A. E. A Manchu Monarch: An Interpretation of Chia Ch'ing. London: George Allen and Unwin, 1934.

葛量洪 . 嘉庆皇帝［M］. 伦敦：乔治 · 爱伦爱文出版社，1934.

Guy, R. Kent. The Emperor's Four Treasuries: Scholars and the State in the Late Ch'ien-lung Era. Harvard East Asian Monographs, no. 129. Cambridge, Mass.: Harvard University, Council on East Asian Studies, 1987.

盖博坚 .《四库全书》：乾隆后期的学者和国家［M］// 哈佛东亚研究丛刊：第 129 种 . 马萨诸塞州剑桥：哈佛大学出版社，1987.

———. "Zhang Tingyu and Reconciliation: The Scholar and the State in the Early Qianlong Reign." Late Imperial China 7, no. 1 (June 1986): 50–62.

盖博坚 . 张廷玉与政治调和：乾隆初期的学者与国家［J］. 帝制晚期中国，1986, 7(1)：50–62.

Heer, Ph. de. The Care-taker Emperor: Aspects of the Imperial Institution in Fifteenth-Century China as Reflected in the Political History of the Reign of Chu Ch'i-yü. Leiden: E. J. Brill, 1986.

贺飞烈 . 看守皇帝：代宗朱祁钰的政治史所揭示出的十五世纪中国皇帝制度的诸问题［M］. 莱顿：布利尔出版社，1986.

Ho, Alfred Kuo-liang. "The Grand Council in the Ch'ing Dynasty." The Far Eastern Quarterly 11, no. 2 (Feb. 1952): 167–82. (Reprinted in China: Enduring

Scholarship Selected from the Far Eastern Quarterly—The Journal of Asian Studies, 1941-1971, edited by John A. Harrison. Tucson: University of Arizona Press, 1972.)

何国梁．清代的军机处［J］．远东季刊，1952，11（2）：167-182.（《〈远东季刊〉与〈亚洲研究杂志〉中国研究论文选（1941—1971）》，约翰・哈里森编，图森：亚利桑那大学出版社，1972年）

Ho, Ping-ti. Studies on the Population of China, 1368-1953. Cambridge, Mass.: Harvard University Press, 1959.

何炳棣．1369—1953年的中国人口研究［M］．马萨诸塞州剑桥：哈佛大学出版社，1959.

Ho, Ping-ti, and Tang Tsou, eds. China in Crisis. Vol. 1, Book 1: China's Heritage and the Communist Political System. Chicago: University of Chicago Press, 1968.

何炳棣．中国遗产的突出方面［M］// 何炳棣，邹谠．危机中的中国．芝加哥：芝加哥大学出版社，1968.

Howorth, Henry H. History of the Mongols from the Ninth to the Nineteenth Century. 3 vols. in 4. London: Longmans, Green, 187-588.

亨利・霍渥士．九至十九世纪蒙古史：4册3卷［M］．伦敦：朗曼格林书局，1875—1888.

潘世恩．熙朝宰辅录：1卷［M］．1838.

席吴鏊．内阁志［M］．约1766. 上海：博古斋，1920.

萧一山．清代通史：5册［M］．第1版．1928—1931. 台北：商务印书馆，1967.

谢国桢．明清笔记丛谈［M］．上海：中华书局，1962.

谢敏聪．明清北京的城垣与宫阙之研究［M］．台北：学生书局，1980.

Hsieh Pao-chao. The Government of China (1644-1911). 1st ed. 1925; London: Frank Cass, 1966.

谢保樵．清朝政府［M］．第1版．1925；伦敦：弗兰克卡斯出版社，1966.

徐中舒 . 内阁档案的由来及其整理［J］// 明清史料：甲编 . 台北："中央研究院"历史语言研究所，1972 年重印本 .

Hsu, Immanuel C. Y. China's Entrance into the Family of Nations: The Diplomatic Phase, 1858–1880. Harvard East Asian Monograph no. 5. Cambridge, Mass.: Harvard University Press, 1960.

徐中约 . 中国进入国际社会：1858—1880 年的外交［M］// 哈佛东亚研究丛刊：第 5 种 . 马萨诸塞州剑桥：哈佛大学出版社，1960.

———. The Rise of Modern China. 3d ed. New York: Oxford University Press, 1983.

徐中约 . 中国近代史［M］. 第 3 版 . 纽约：剑桥大学出版社，1983.

缪荃孙 . 续碑传集［M］. 1910 年序 . 台北：1974 年重印本 .

嵇璜，等 . 续通志［M］. 1767 年编纂 . 台北：1954 年重印本 .

Hsuan-t'ung cheng-chi shih-lu. Part of the Ta-ch'ing li-ch'ao shih-lu, covering the last reign of the dynasty.

宣统政纪 .《大清历朝实录》本 .

Huang, Pei. Autocracy at Work: A Study of the Yung-cheng Period, 1723–1735. Bloomington: Indiana University Press, 1974.

黄培 . 雍正史之论［M］. 布鲁明顿：印第安纳大学出版社，1974.

———. "The Grand Council of the Ch'ing Dynasty: A Historiographical Study." London School of Oriental and African Studies Bulletin 48, no. 3 (1985): 502–15.

黄培 . 清代的军机处：一项史学研究［J］. 伦敦大学亚非学院学报，1985, 48(3): 502–515.

黄培 . 说《朱批谕旨》［J］. 大陆杂志，1959, 18(3): 75–80.

Huang, Ray. 1587, A Year of No Significance: The Ming Dynasty in Decline. New Haven: Yale University Press, 1981.

黄仁宇 . 万历十五年［M］. 纽黑文：耶鲁大学出版社，1981.

Hucker, Charles O. A Dictionary of Official Titles in Imperial China. Stanford:

Stanford University Press，1985.

贺凯 . 中国古代官名辞典［M］. 斯坦福：斯坦福大学出版社，1985.

———. “Governmental Organization of the Ming Dynasty.” Harvard Journal of Asiatic Studies 21（1958）：1–66.（Reprinted in Studies of Government Institutions in Chinese History，edited by John L. Bishop. Cambridge，Mass.：Harvard University Press，1968.）

贺凯 . 明朝的政府机构［J］. 哈佛亚洲学刊，1958，21：1–66.（又收录于毕晓普 . 中国历史上的政治制度研究 . 马萨诸塞州剑桥：哈佛大学出版社，1968）

奕赓 . 东华录赘言［M］. 1844 年序 . 台北：文海出版社，1970 年重印本 .（《佳梦轩丛著》的一部分，1935 年初刻）

稻叶君山 . 清朝全史［M］. 从日文翻译 . 1914 年第 1 版 . 台北：中华书局，1960 年重印本 .

Ishjamts，N.，comp. Mongolyn ard tümnii 1755–1758 ony tusgaar togtnolyn zevsegt temtsel（The armed struggle of the Mongolian people for independence，1755–1758）. Studia Historica Instituti Historiae Academiae Scientarum Republica Populi Mongoli，vol. 3，fasc. 3. Ulaanbaatar，1962.

拉什扎木苏 . 1755—1758 年蒙古人民争取独立的武装斗争［M］. 蒙古人民共和国历史科学院历史研究所 . 第 3 卷第 3 分册 . 乌兰巴托，1962.

Johnston，Reginald F. Twilight in the Forbidden City. New York：D. Appleton-Century，1934.

庄士敦 . 紫禁城的黄昏［M］. 纽约：阿普顿世纪出版书局，1934.

Jones，Susan Mann. “Hung Liang-chi（1746–1809）：The Perception and Articulation of Political Problems in Late Eighteenth Century China.” Ph. D. diss.，Stanford University，1971.

曼素恩 . 洪亮吉（1746—1809）：十八世纪时期政治问题的理解与表达［D］. 斯坦福大学，1971.

Jones，Susan Mann，and Philip A. Kuhn. “Dynastic Decline and the Roots of

Rebellion." In The Cambridge History of China, vol. 10: Late Ch'ing, 1800–1911, edited by John K. Fairbank. New York: Cambridge University Press, 1978.

曼素恩，孔飞力 . 王朝衰落和反叛的根源 [M] // 费正清 . 剑桥晚清史 . 纽约：剑桥大学出版社，1978.

阮葵生 . 茶余客话 [M] . 18 世纪刊行 . 台北：商务印书馆，1976 年重印本 .

Kahn, Harold L. Monarchy in the Emperor's Eyes: Image and Reality in the Ch'ien-lung Reign. Cambridge, Mass.: Harvard University Press, 1971.

康无为 . 皇帝眼中的君主统治：乾隆朝的形象和现实 [M] . 马萨诸塞州剑桥：哈佛大学出版社，1971.

———. "The Politics of Filiality: Justification for Imperial Action in Eighteenth-Century China." Journal of Asian Studies 26, no. 2 (Feb. 1967) : 197–203.

康无为 . 孝治：为十八世纪中国皇帝的行动辩护 [J] . 亚洲研究杂志，1967, 26 (2) : 197–203.

中国第一历史档案馆 . 康熙朝汉文朱批奏折汇编：8 册 [M] . 北京：档案出版社，1985.

Kessler, Lawrence D. K'ang-hsi and the Consolidation of Ch'ing Rule, 1661–1684. Chicago: University of Chicago Press, 1976.

劳伦斯・凯思勒 . 康熙和清朝统治的巩固（1661—1684）[M] . 芝加哥：芝加哥大学出版社，1976.

Koestler, Arthur. Darkness at Noon. New York: New American Library, 1948.

阿瑟・凯斯特勒 . 正午黑暗 [M] . 纽约：新美国图书馆，1948.

张国瑞 . 故宫博物院文献馆现存清代实录总目 [M] . 北平：故宫博物院文献馆，1934.

故宫博物院院刊 [J] . 1979 年 2 月起季刊（1959 年和 1960 年各出版两期）.

"故宫" 文献 [J] . 季刊，1969—1973.

故宫博物院明清档案部 . 关于江宁织造曹家档案史料 [M] . 北京：中华书局，1975.

缪荃孙 . 光绪顺天府志 [M] . 1886.

Kuhn, Philip A. "Political Crime and Bureaucratic Monarchy: A Chinese Case of 1768." Late Imperial China 8, no. 1 (June 1987): 80–104.

孔飞力．政治罪与官僚君主制：1768 年割辫案研究［J］．帝制晚期中国，1987，8(1)：80–104.

———. Rebellion and Its Enemies in Late Imperial China: Militarization and Social Structure, 1796–1864. Cambridge, Mass.: Harvard University Press, 1970.

孔飞力．中华帝国晚期的叛乱及其敌人［M］．马萨诸塞州剑桥：哈佛大学出版社，1970.

宫中现行则例：4 卷［M］．光绪版．

"故宫博物院"文献处．宫中档雍正朝奏折：27 辑［M］．台北："故宫博物院"，1977—1980.

龚自珍．定盦文集补编：4 卷［M］．台北：商务印书馆，1968 年重印本．（最初在 19 世纪末刊行，包括《定盦文集初编》4 册 4 卷）

于敏中，等．国朝宫史：2 册 36 卷［M］．台北：1970 年重印本．（首次出版，北平：故宫博物院，1925 年，依乾隆时期的稿本，1761 年序）

庆桂，等．国朝宫史续编：12 册 100 卷［M］．北平：故宫博物院，1932.（据嘉庆时期稿本）

"故宫博物院"．"国立"故宫博物院普通旧籍目录［M］．台北："故宫博物院"，1970.

Landes, David S. Revolution in Time: Clocks and the Making of the Modern World. Cambridge, Mass.: Harvard University Press, 1983.

戴维·兰德斯．时间的革命：钟表与现代世界的形成［M］．马萨诸塞州剑桥：哈佛大学出版社，1983.

Late Imperial China. Edited by James Lee and Charlotte Furth. Pasadena: Society for Qing Studies, twice yearly from 1985.

李中清，费侠莉．帝制晚期中国［M］．帕萨迪纳：清史研究会，1985 年起半年刊．

Lessing, Ferdinand D., comp. Mongolian-English Dictionary. Bloomington,

Ind.: Mongolia Society, 1973.

费迪南德·莱辛．蒙英字典［M］．印第安纳州布鲁明顿：蒙古研究会，1973.

李剑农．中国近百年政治史［M］．上海：商务印书馆，1948.

李鹏年，等．清代中央国家机关概述［M］．哈尔滨：黑龙江人民出版社，1983.

李宗侗．办理军机处略考［J］．幼狮学报，1959，1(2)：1–19.

李宗侗．史学概要［M］．台北：正中书局，1968.

历史档案［J］．1981 年创刊．季刊．

马端临．历代经籍考：2 卷 4 册［M］．台北：新兴书局，1959 年重印本．

历代小说笔记选（清）［M］．香港：商务印书馆，1958.

梁章钜．称谓录：32 卷［M］．1875.

刘子扬．清代的军机处［J］．历史档案，1981（2）：99–104.

刘伟．军机处与军机值房［M］// 林克光，等．近代京华史迹．北京：中国人民大学出版社，1985.

Liu, Yat Wing. "The Ch'ing Grand Council: A Study of Its Origins and Organization to 1861." M. A. thesis, University of Hong Kong, 1966.

廖日荣．清代军机处：起源及 1861 年之前的组织研究［D］．香港大学，1966.

Lo Hsiang-lin. "The History and Arrangement of Chinese Genealogies." In Studies in Asian Genealogy, edited by Spencer J. Palmer. Provo, Utah: Brigham Young University Press, 1972.

罗香林．中国谱牒的历史与内容［M］// 斯彭塞·帕尔默．亚洲谱牒研究．犹他州普罗沃：杨伯翰大学出版社，1972.

Lui, Adam Yuen-chung. "The Practical Training of Government Officials Under the Early Ch'ing, 1644–1795." Asia Minor 16, nos. 1–2 (1971): 82–95.

吕元骢．清代前期政府官员的实习培训制度［J］．小亚细亚，1971，16(12)：82–95.

Martin, W. A. P. Hanlin Papers: Essays on the Intellectual Life of the Chinese. London: Trübner, 1880.

丁韪良．翰林论丛：关于中国人知识生活的论文［M］．伦敦：特吕布纳公司，1880.

Mayers, William Frederick. The Chinese Government: A Manual of Chinese Titles, Categorically Arranged and Explained, with an Appendix. 1st ed. Shanghai: Kelly and Walsh, 1897; repr. Taipei: Ch'eng-wen, 1970.

梅辉立．中国官名手册［M］．上海：别发洋行，1897. 台北：成文出版社，1970年重印本．

Meng S. M. The Tsungli Yamen: Its Organization and Functions. Cambridge, Mass.: Harvard University Press, 1970.

蒙思明．总理衙门的组织与功能［M］．马萨诸塞州剑桥：哈佛大学出版社，1970.

孟森．清代史［M］．台北：正中书局，1960.

Metzger, Thomas. The Internal Organization of Ch'ing Bureaucracy: Legal, Normative, and Communication Aspects. Cambridge, Mass.: Harvard University Press, 1973.

墨子刻．清代官僚机构的内部组织：法律、道德及联系诸方面［M］．马萨诸塞州剑桥：哈佛大学出版社，1973.

明清历科进士题名碑录［M］．台北：华文书局，1969.

明清史料：15编［M］．1930—1957年第1版．台北："中央研究院"历史语言研究所，1972年重印本．

李光涛．明清档案存真选辑：初集［M］．台北："中央研究院"历史语言研究所，1959.

明会典：40册［M］．台北：商务印书馆，1968.

明实录：117册［M］．南港："中央研究院"历史语言研究所，1964—1966年重印本．

Mote, Frederick W. "The Growth of Chinese Despotism: A Critique of

Wittfogel's Theory of Oriental Despotism as Applied to China." Oriens Extremus 8 (1961): 1–41.

牟复礼 . 中国专制主义的成长：对于魏特夫东方专制主义运用于中国的评论 [J] . 远东学报，1961，8：1–41.

Naquin, Susan. Millenarian Rebellion in China: The Eight Trigrams Uprising of 1813. New Haven: Yale University Press, 1976.

韩书瑞 . 千年末世之乱：1813 年八卦教起义 [M] . 纽黑文：耶鲁大学出版社，1976.

Nathanson, Alynn. "Ch'ing Policies in Khalka Mongolia and the Chingünjav Rebellion of 1756." Ph. D. diss., University of London, 1983.

阿兰·内桑森 . 清朝对喀尔喀蒙古的政策与 1756 年青衮杂卜叛乱 [D] . 伦敦大学，1983.

Neustadt, Richard E. Presidential Power: The Politics of Leadership. New York: John Wiley, 1960.

理查德·诺伊施塔特 . 总统的权力：领袖政治学 [M] . 纽约：约翰韦利出版社，1960.

年羹尧奏折：3 册 [M] . 台北："故宫博物院"，1971.

Nivison, David S. "Ho-shen and His Accusers: Ideology and Political Behavior in the Eighteenth Century." In Confucianism in Action, edited by David S. Nivison and Arthur F. Wright. Stanford: Stanford University Press, 1959.

倪德卫 . 和珅及其弹劾者：十八世纪的意识形态和政治行为 [M] // 倪德卫，芮沃寿 . 儒家思想之实践 . 斯坦福：斯坦福大学出版社，1960.

———. "Protest Against Conventions and Conventions of Protest." In The Confucian Persuasion, edited by Arthur F. Wright. Stanford: Stanford University Press, 1960.

倪德卫 . 反抗习俗与反抗的习俗 [M] // 芮沃寿 . 儒家信念 . 斯坦福：斯坦福大学出版社，1960.

Ocko, Jonathan. "The British Museum's Peking Gazette." Ch'ing-shih wen-t'i

2, no. 9 (Jan. 1973) : 35–49.

欧中坦 . 大英博物馆所藏的邸报 [J] . 清史问题，1973，2(9) : 35–49.

Oxnam, Robert B. "Policies and Institutions of the Oboi Regency." Journal of Asian Studies 32, no. 2 (Feb. 1973) : 265–86.

安熙龙 . 鳌拜辅政时期的政策与制度 [J] . 亚洲研究杂志，1973，32 (2) : 265–286.

———. Ruling from Horseback: Manchu Politics in the Oboi Regency, 1661–1669. Chicago: University of Chicago Press, 1975.

安熙龙 . 马上治天下：鳌拜辅政时期的满族政治（1661—1669）[M] . 芝加哥：芝加哥大学出版社，1975.

侯仁之 . 北京历史地图集 [M] . 北京：北京出版社，1985.

钱仪吉 . 碑传集：160 卷 [M] . 第 1 版 . 无出版地：江苏书局，1893. 台北：台湾银行，1974 年重印本 .

北平故宫博物院文献馆一览：1 册 [M] . 北平：故宫博物院，1932.

Petech, L. China and Tibet in the Early XVIIIth Century: History of the Establishment of Chinese Protectorate in Tibet. Leiden: E. J. Brill, 1972.

伯戴克 . 十八世纪前期的中原和西藏 [M] . 莱顿：布利尔出版社，1972.

傅恒，等 . 平定准噶尔方略：171 卷 [M] . 殿版，1772.

阿桂，等 . 平定两金川方略：136 卷 [M] . 殿版，1779—1780 年完成，1800 年刊印 .

潘祖荫 . 平定罗刹方略 [M] // 功顺堂丛书：第 21 册（4 卷）. 清末木刻本 .

勒德洪 . 平定三逆方略 [M] . 1786 年完成 . 台北：中华书局，1970.

张玉书 . 平定朔漠方略 [M] . 1708 年完成 .

Priest, Quinton G. "Portraying Central Government Institutions: Historiography and Intellectual Accommodation in the High Ch'ing." Late Imperial China 7, no. 1 (June 1986) : 27–49.

昆顿 · 普里斯特 . 描绘中央政府机构：盛清的史学和知识调适 [J] . 帝制晚期中国，1986，7(1) : 27–49.

六部成语注解［M］. 东京：大安出版社，1962.

Rosso, Antonio Sisto. Apostolic Legations to China of the Eighteenth Century. South Pasadena, Calif.: P. D. and Ione Perkins, 1948.

安东尼奥·西斯托·罗索. 十八世纪罗马教廷派往中国的使团［M］. 加利福尼亚州南帕萨迪纳：P. D.-约内·帕金斯出版社，1948.

Schlesinger, Arthur M., Jr. The Age of Roosevelt. Vol. 2: The Coming of the New Deal. Boston: Houghton Mifflin, 1958.

阿瑟·施莱辛格. 罗斯福时代. 第2卷：新政的到来. 波士顿：霍顿米夫林出版社，1958.

Schram, Stuart R., ed. The Scope of State Power in China. London: School of Oriental and African Studies, University of London, 1985.

斯图亚特·施拉姆. 中国的政权［M］. 伦敦：伦敦大学亚州学院，1985.

Shakabpa, W. D. Tibet: A Political History. New Haven: Yale University Press, 1967.

夏格巴. 西藏政治史［M］. 纽黑文：耶鲁大学出版社，1967.

单士魁. 清代历史档案名词浅释［M］// 故宫明清档案部. 清代档案史料丛编：第3辑. 北京，中华书局，1979：195-202.

单士元. 故宫军机处值房［J］. 文物，1960（1）：41-43.

单士元. 故宫博物院文献馆所藏档案的分析［J］. 中国近代经济史研究，1934，2（3）：270-286.

单士元. 清宫奏事处职掌及其档案内容［J］. 故宫博物院院刊，1986（1）：7-12.

商全. 清代和珅在京家产考实［M］. 未刊稿，约1936.

上谕内阁：159卷［M］. 北京. 殿版. 1731年和1741年.

沈仁远，陶希圣. 明清政治制度：1册上下编［M］. 台北：商务印书馆，1967.

故宫博物院文献馆. 史料旬刊［M］. 北平：故宫博物院；台北：国风出版社，1963年重印本.

梁章钜．枢垣记略：2册28卷［M］．台北：文海出版社，1967.

Smith, Kent Clarke. "Ch'ing Policy and the Development of Southwest China: Aspects of Ortai's Governor-Generalship, 1726-1731." Ph. D. diss., Yale University, 1970.

肯特·克拉克·史密斯．清朝政策与中国西南的发展：总督鄂尔泰研究（1726—1731）［D］．耶鲁大学，1970.

Spence, Jonathan D. Emperor of China: Self-Portrait of K'ang-hsi. New York: Alfred A. Knopf, 1974.

史景迁．中国的皇帝：康熙皇帝自画像［M］．纽约：诺普夫出版社，1974.

———. Ts'ao Yin and the K'ang-hsi Emperor: Bondservant and Master. New Haven: Yale University Press, 1966.

史景迁．曹寅与康熙皇帝：奴才和主子［M］．纽黑文：耶鲁大学出版社，1966.

Struve, Lynn A. The Southern Ming 1644-1662. New Haven: Yale University Press, 1984.

司徒琳．南明史［M］．纽黑文：耶鲁大学出版社，1984.

杉村勇造．乾隆皇帝［M］．东京：二玄社，1961.

Sun, E-tu Zen. "The Board of Revenue in Nineteenth-Century China." Harvard Journal of Asiatic Studies 24 (1962-63): 175-228.

任以都．十九世纪中国的户部［J］．哈佛亚洲研究，1962—1963，24: 175-228.

———, ed. and trans. Ch'ing Administrative Terms: A Translation of the Terminology of the Six Boards, with Explanatory Notes. Cambridge, Mass.: Harvard University Press, 1961.

任以都．清朝六部成语注解［M］．马萨诸塞州剑桥：哈佛大学出版社，1961.

大清会典［M］.（康熙、雍正、乾隆、嘉庆与光绪五朝会典。乾隆朝有会

典则例，嘉庆、光绪朝有会典事例。北京：殿版，分别是 1690、1732、1767、1818 及 1899 年）

光绪会典事例 [M] . 1899. 台北：启文出版社，1963 年重印本 .

大清历朝实录：96 册 [M] . 台北：华联出版社，1964 年重印本 .

大清十朝圣训：20 册 [M] . 台北：1965 年重印本 .

大陆杂志 [J] . 1950 年 7 月创刊 . 半月刊 .

邓文如，王锺翰 . 谈军机处 [J] . 史学年报，1937，2（4）：193–198.

天嘏 . 满清外史 [M] . 台北：广文书局，1971.

Torbert, Preston M. The Ch'ing Imperial Household Department: A Study of Its Organization and Principal Functions, 1662–1796. Cambridge, Mass.: Harvard University Press, 1977.

陶博 . 康雍乾内务府考 [M] . 马萨诸塞州剑桥：哈佛大学出版社，1977.

总管内务府堂现行则例：4 册 5 卷 [M] . 1853.

杜联喆 . 关于军机处的建置 [M] . 堪培拉：国立澳大利亚大学东方研究中心，1963.

Tun Li-ch'en. Annual Customs and Festivals in Peking. Translated and annotated by Derk Bodde. 1st English ed. Peiping: Henri Vetch, 1936; repr. Hong Kong: Hong Kong University Press, 1965.

富察敦崇 . 燕京岁时记 [M] . 卜德英译并注释 . 英文第 1 版 . 北平：（魏智）法国书店，1936. 香港：香港大学出版社，1965 年重印本 .

郑樵 . 通志：200 卷 [M] . 上海：商务印书馆，1935.

Twitchett, Denis. Introduction to The Cambridge History of China, vol. 3: Sui and T'ang China, 589–906, pt. 1, edited by Denis Twitchett. New York: Cambridge University Press, 1979.

崔瑞德 . 剑桥中国隋唐史：绪论 [M] . 纽约：剑桥大学出版社，1979.

词林典故：64 卷 [M] . 1806 年完稿，1887 年刊印 .

Wakeman, Frederic E., Jr. The Great Enterprise: The Manchu Reconstruction of the Imperial Order in Seventeenth-Century China. 2 vols. Berkeley and Los Angeles：University of California Press，1985.

魏斐德 . 洪业：清朝开国史：2 册［M］. 伯克利和洛杉矶：加州大学出版社，1985.

Waley，Arthur. Three Ways of Thought in Ancient China. Garden City，N. Y.：Doubleday，1956.

阿瑟・韦利 . 古代中国的三种思维方式［M］. 纽约州花园城：双日出版社，1956.

王昶 . 军机处题名记［M］// 皇朝经世文编：上册 . 1827 年版 . 台北：国风出版社，1963 年重印本 .

王国维 . 库书楼记［M］// 王观堂先生全集：第三册 . 台北：文华出版公司，1968：1164–1168.

王善端 . 雍正朱批奏折略述［M］// 文献专刊 .“论述”. 北平：故宫博物院，1944.

王士禛 . 池北偶谈：2 册 20 卷［M］. 1691. 台北：商务印书馆，1976 年重印本 .

Watt，John R. The District Magistrate in Late Imperial China. New York：Columbia University Press，1972.

约翰・瓦特 . 清朝的知县［M］. 纽约：哥伦比亚大学出版社，1972.

Wechsler，Howard J. Mirror to the Son of Heaven：Wei Cheng at the Court of T'ang T'ai-tsung. New Haven：Yale University Press，1974.

魏侯玮 . 人君之鉴：魏徵与唐太宗［M］. 纽黑文：耶鲁大学出版社，1974.

魏秀梅 . 从量的观察探讨清季布政使的人事嬗递现象［J］.“中央研究院”近代史研究所集刊，1971（2）：505–533.

Weiss，Robert N. “Flexibility in Provincial Government on the Eve of the Taiping Rebellion.” Ch'ing-shih wen-t'i 4，no. 3（June 1980）：1–42.

罗伯特・韦斯 . 太平天国前夕地方统治的灵活性［J］. 清史问题，

1980, 4(3): 1–42.

文献专刊 [M]. 北平：故宫博物院，1944.(收入《文献特刊论丛专刊合集》)

文献特刊论丛专刊合集. 包括《文献特刊》(1935 年)、《文献论丛》(1936 年)和《文献专刊》(1944 年). 台北：台联国风出版社，1967.

文献论丛 [M]. 北平：故宫博物院，1936.(收入《文献特刊论丛专刊合集》)

文献特刊 [M]. 北平：故宫博物院，1935.(收入《文献特刊论丛专刊合集》)

文献丛编：43 期 [M]. 北平：故宫博物院，1930—1937. 重印共 2 册. 台北：台联国风出版社，1968.

文物 [J]. 创刊于 1950 年；1950—1958 年为《文物参考资料》，1967—1971 年停刊.

Whitbeck, Judith. "The Historical Vision of Kung Tzu-chen (1792–1841)." Ph. D. diss., University of California, Berkeley, 1980.

朱迪思·惠特贝克. 龚自珍的历史观 [D]. 加州大学伯克利分校，1980.

Will, Pierre-Etienne. Bureaucratie et famine en Chine au 18e siècle. Paris: Mouton/Ecole des hautes études en sciences sociales, 1980.

魏丕信. 18 世纪中国的官僚制度与荒政 [M]. 巴黎：社会科学高等学院，1980.

Woodside, Alexander Barton. Vietnam and the Chinese Model: A Comparative Study of Nguyen and Ch'ing Civil Government in the First Half of the Nineteenth Century. Cambridge, Mass.: Harvard University Press, 1971.

亚历山大·伍思德. 越南与中国模式：十九世纪上半叶阮氏政权与清朝的文职政府比较研究 [M]. 马萨诸塞州剑桥：哈佛大学出版社，1961.

Worthy, Edmund H. "The Founding of Sung China, 9501000: Integrative Changes in Military and Political Institutions." Ph. D. diss., Princeton University, 1976.

埃德蒙·沃西. 宋朝的建立（950—1000）：军事和政治制度的一体变化 [D]. 普林斯顿大学，1976.

吴长元．宸垣识略：2 册 16 卷［M］．1788 年木刻本．台北：文海出版社，1972 年重印本．

吴哲夫．“国立”故宫博物院藏书简介［J］．教育与文化，1974，418：30–36.

吴振棫．养吉斋丛录：2 册 26 卷，余录 10 卷［M］．1896 年序．台北：文海出版社，1968 年重印本．

吴孝铭．军机章京题名［M］．第 1 版．1828. 台北：文海出版社，1970 年重印本．

吴秀良．清代军机处建置的再检讨［J］．故宫文献（台湾），1971，2（4）：21–45.

Wu，Silas Hsiu-liang. Communication and Imperial Control in China：Evolution of the Palace Memorial System，1693–1735. Cambridge，Mass.：Harvard University Press，1970.

吴秀良．通信与帝国控制：奏折制度的发展（1693—1735）［M］．马萨诸塞州剑桥：哈佛大学出版社，1970.

———. “Emperors at Work：The Daily Schedules of the K'ang-hsi and Yung-cheng Emperors，1661–1735.” Tsing-hua Journal of Chinese Studies，n. s.，8，nos. 1 and 2（Aug. 1970）：210–27.

吴秀良．工作中的皇帝：康熙和雍正的日常安排（1661—1735）［J］．“清华”学报，1970，8（1–2）：214–215.

———. “The Memorial Systems of the Ch'ing Dynasty，1644–1911.” Harvard Journal of Asiatic Studies 27（1967）：7–75.

吴秀良．清代的题奏制度［J］．哈佛亚洲研究，1967，27：7–75.

吴秀良．南书房之建置及其前期之发展［J］．思与言，1968，5（6）：6–12.

———. Passage to Power：K'ang-hsi and His Heir Apparent，1661–1722. Cambridge，Mass.：Harvard University Press，1979.

吴秀良．康熙朝储位斗争记实［M］．马萨诸塞州剑桥：哈佛大学出版社，1979.

———. “Transmission of Ming Memorials and the Evolution of the Transmission Network, 1368-1627." T'oung-pao 54, nos. 4-5(1968): 275-87.

吴秀良．明朝本章的办理与流程的演变（1368—1627）[J]．通报，1968，54(4-5)：275-287.

杨启樵．雍正帝及其密折制度研究 [M]．增订第 2 版．香港：三联书店，1985.

杨乃济．乾隆京城全图考略 [J]．故宫博物院院刊，1984(3)：8-24.

姚元之．竹叶亭杂记：2 册 8 卷 [M]．1893 年第 1 版．台北：文海出版社，1969 年重印本．

叶凤毛．内阁小志内阁故事：各 1 卷 [M]．1836.

英和．恩福堂笔记：上下卷 [M]．1837.

余英时．历史与思想 [M]．台北：联经出版事业公司，1976.

雍正朱批谕旨：10 册 [M]．台北重印本，1965.

雍正朱批谕旨不录奏折总目 [M]．北平：故宫博物院文献馆，1930.

雍正末年拨放驻防官兵饷需史料 [J]．历史档案，1986(3)：13-16.

萧奭．永宪录 [M]．台北：文海出版社，1971 年重印本．

Zelin, Madeleine. The Magistrate's Tael: Rationalizing Fiscal Reform in Eighteenth-Century Ch'ing China. Berkeley and Los Angeles: University of California Press, 1984.

曾小萍．州县官的银两：18 世纪中国的合理化财政改革 [M]．伯克利和洛杉矶：加州大学出版社，1984.

索引 *

A

---

* 索引中的页码是原文页码（本书边码）；原书的书后注改为每章的章后注，序号保持不变。为了阅读方便，已将全书的尾注改为脚注，且原序号保持不变。另，作者指出，本书对于地名、人名的拼写一般采用威氏拼音（Wade-Giles romanization）；满人名字以汉文形式逐字拼写（如 Ma-erh-sai，而不是 Marsai），同时索引给出汉字，以便于在汉文史料中找到它们。——译者

D

E

F

G

H

J

K

L

M

N

O

P

R

S

T

U

V

W

Y

Z

中文版后记

我一生几乎都在新英格兰（美国的“东北”）度过。1949 年，我从史密斯学院（Smith College）取得学士学位。那时，史密斯学院没有任何有关中国历史或中文的课程。后来，我在耶鲁大学历史系师从芮沃寿和芮玛丽（Arthur and Mary Wright）教授夫妇并取得博士学位，教授夫妇于第二次世界大战前后在中国（主要是在北京）待过很多年。

为什么研究中国？

从史密斯学院毕业以后，我在纽约一所高中教历史，并成为该校的历史系主任。当时，美国高中教授的大多是欧美历史。世界上其他伟大的历史文明，例如亚洲、拉丁美洲以及非洲的文明等，在很大程度上都被忽略了，而仅有的一些相关课程内容都带有强烈的欧洲帝国主义色彩。我下决心要改变这种狭隘的课程安排，并开始委任能够教授非西方历史的老师。我先后开设了世界史（古代到 19 世纪）以及中国和印度近代史等课，自己负责教授亚洲史部分。在长时间的物色之后，我也终于找到了可以教授其他地区历史的人选。

然而，物色合格教师的艰难让我意识到，即使在美国的大学也很少有人教授非西方历史。从此，我开始学习中文并研读清朝、民国和近代中国历史的博士课程。我最初的中文课是在哥伦比亚大学上的，课堂里大多数学生不过十八岁，学起中文来要比我这个中年人快很多。但很快我就发现，这些学生学得快，忘得也快，我学得虽慢，但优势是学过的都能记住。这之后，我又学习了日文，甚至是满文——一种对于研究清史非常重要的语言。

在耶鲁大学学习了两年后，我在1970年前往台北，打算使用当时的台北“故宫博物院”图书文献处的清朝档案研究清代军机处的兴衰（那时，美国人还未能够进入中国大陆）。读者可能会奇怪我为什么能在台北开始我的博士论文研究，而所有的清朝档案中，只有百分之十在1948年从南京被带到了台湾。幸运的是，我研究的是军机处档案，而在南京码头上很大一部分军机处档案是被特别选中运到台湾的。所以在这方面我所读到的档案实际超过了百分之十。此外，军机处从18世纪开始启用了新的档案抄写系统，于是很多档案在北京和台北各存有一份，台北“故宫博物院”甚至还有北京所没有的一些档案，诸如阐明了雍正皇帝同其弟弟兼顾问怡亲王允祥的关系的“雍正上谕档”。因此，虽然台北在其他方面（诸如内务府和理藩院）的馆藏要远远少于北京，其军机处的档案却多于总量的百分之十。不过，在1980年到1981年，我作为第一批通过美中学术交流委员会的支持而访问中国大陆的学者，在北京得以接触中国第一历史档案馆的许多重要资料。1985年，我再次访问中国，读到了很多珍贵的满文资料。

为什么研究军机处?

我是如何决定研究军机处，又是为何关注它在18世纪的历史的？一开始，我只是研究鸦片战争以前的中国历史，因为当我涉足这一领域时，发现当时大多数美国学者的研究重心都在1840年以后。我想要研究鼎盛时期的中国，同时也希望可以用到相关档案，于是我排除了清朝以前的中国历史。我从嘉庆时期开始向上溯源，最终摸索到了乾隆和雍正时期。我意识到军机处是一个非常有效甚至掌握重大权力的政府机构。在当时，还没有任何以西方语言撰写的关于军机处的书面研究成果问世。因此，我将为西方读者描绘一个异常强大且令人敬佩的政府组织。最幸运的是，许多非常重要的内廷档案，例如宫中档奏折、录副奏折、军机大臣奏片（以向皇帝报告或请旨），以及最关键的随手登记档等，都开始于雍正或乾隆年间。三位帝王的朱批为帝王掌管政事提供了强有力的证据。另外，政事观察者或参与者如席吴鳌、张廷玉、赵翼等人也都写有回忆材料。这一历史时期有关军机处的材料如此之丰富，我凭一己之力无法穷尽。

我目前的计划是写一本有关清朝档案历史的书，不光记录清朝的部分，也包含20世纪以来的档案处理。我想，这本书将同样以对研究清朝以降的档案工作者和学者的感谢结篇。他们整理、抢救并记录了无数珍贵的历史资料，使得我们今天能够对中国漫长历史上最重要的时期之一进行细致的研究。

白彬菊（Beatrice S. Bartlett）

2013年12月于纽黑文

译后记

《君主与大臣》的中译本付印在即，身为译者，还有一些感想要说。

1991 年，《君主与大臣》英文版出版。此后，论及 18 世纪清朝中央政府机构、决策、君臣关系等内容的各类英文著述，常常会引用这本书，它是得到征引和推荐阅读最多的清史著作之一，是西方学者公认的研究清朝中央统治机构的权威著作。

1996 年，《满学研究》第三辑刊出了这本书“序言”与“结语”的中文译文，对于向中文读者介绍作者的观点，起着积极推动作用。然而，二十多年来，在中文著述中引用这些观点的并不多，更不用说商榷了。

这当然是一本值得完整翻译的书。如今，军需房—军机房—军机处的三阶段说已没有多少人坚持了，可我们还是可以看看这本书是如何否定这种说法的，也可以检视书中所认为的“军机处乾隆二年说”是否有道理。书中着力论述了从君主统治到大臣管理的内廷转型，指出存在从雍正朝君主专制到乾隆朝君主与大臣合作的变化，甚至决策时大臣可以制约君主独断的看法，这不同于我们历来的清朝 18 世纪时皇权日益强化的认识。了解作者的这些结论性认识固然有必要，更为重要的是，我们要看作者的论证。

白彬菊教授是西方学者中最熟悉清朝中央档案的。这本书是她娴熟利用汉文与满文档案的最好证明。可能是我偏爱细节的缘故吧，在翻译的过程中，常常叹服书中研究的细致入微，美不胜收。细节往往具有重大意义，例如，白教授仔细比对档案，明确无误地指出，雍正皇帝的朱批，有的完全抄自内廷大臣为他准备的议片，雍正皇帝自诩的朱批“一字一句，皆出自朕之心思”，就这样被彻底颠覆，由此也使得我们要重新考察雍正朝奏折的处理程序。我有时也不禁在想，对于一个外国人来说，查阅并研究这些档案，该需要怎样的功夫！

白教授很在意这本书，这是她到目前为止唯一的专著。我提出要翻译此书，她十分高兴。她给我开了一个名单，希望中译本出版后，能邮寄给帮助过她的人和有关学者，她希望听到中国学者对她著作的评价。正如在“中文版序言”中所说，她提供的并不是终极答案。白教授也希望有学者深入研究清后期的军机处。

在本书的翻译过程中，白教授给予我很多帮助。为了找出一些引文原文，她翻出了几十年前抄录的档案，并到台北查阅原档。她也到北京与我商量一些翻译问题。

近些年与白教授见面，聊天时，我也会问到她对现今清史研究趋势与作品的看法，白教授对此没有什么回应。这让我想到了一件往事：1995 年 4 月，还是硕士研究生的我在中国第一历史档案馆结识了白教授，有次她对我说，她不明白，这里有这么多珍贵的档案，为什么中国人要到美国去学习清史。我当时不清楚她为什么会这样问，现在明白了，一切都在于她深爱着清朝档案，完全沉浸在清朝档案的世界里。她好几次对我说，真要感谢从清朝一直到今天的档案工作者！白教授正在写一本清朝档案历史的书，祝愿这本书能早日出版。

我感谢多年来关心中译本的认识与不认识的朋友。感谢文化部清史纂修与研究中心的赫晓琳积极推动中译本的出版，感谢中国人民大学出版社的王琬莹、李文为中译本的编校与出版付出的辛劳。

有必要说明的是："结语"译文经白教授与周晓莹核校过，"致谢"与"结语"各有一处遵从白教授的意见做了改译，"中文版后记"由周晓莹翻译。

依中国传统计岁，今年适值白彬菊教授九十华诞，我将中译本敬献给白彬菊教授，以为寿庆。

董建中

2017 年 4 月于中国人民大学清史研究所

这次重版《君主与大臣》，修正了译文的一些错误，同时调整了版式，增加了一些图片。

董建中

2018 年 8 月

图书在版编目（CIP）数据

君主与大臣：清中期的军机处：1723—1820 /（美）白彬菊（Beatrice S. Bartlett）著；董建中译 . —北京：中国人民大学出版社，2018.9
（海外中国研究文库）
ISBN 978-7-300-25432-6

Ⅰ. ①君… Ⅱ. ①白…②董… Ⅲ. ①军机处 - 研究 - 中国 - 清代 Ⅳ. ① D691.2

中国版本图书馆 CIP 数据核字（2018）第 006372 号

海外中国研究文库 · 一力馆
君主与大臣：清中期的军机处（1723—1820）
[美] 白彬菊（Beatrice S. Bartlett） 著
董建中 译
Junzhu yu Dachen: Qingzhongqi de Junjichu（1723—1820）

出版发行	中国人民大学出版社		
社　　址	北京中关村大街 31 号	**邮政编码**	100080
电　　话	010-62511242（总编室）		010-62511770（质管部）
	010-82501766（邮购部）		010-62514148（门市部）
	010-62515195（发行公司）		010-62515275（盗版举报）
网　　址	http://www.crup.com.cn		
	http://www.ttrnet.com（人大教研网）		
经　　销	新华书店		
印　　刷	北京联兴盛业印刷股份有限公司		
规　　格	148mm × 210mm　32 开本	**版　　次**	2018 年 9 月第 1 版
印　　张	19.5 插页 2	**印　　次**	2023 年 5 月第 3 次印刷
字　　数	488 000	**定　　价**	99.00 元